Manager avec les ERP

Architecture Orientée Services (SOA)

Éditions d'Organisation
Groupe Eyrolles
61, bd Saint-Germain
75240 Paris cedex 05

www.editions-organisation.com
www.editions-eyrolles.com

© Groupe Eyrolles, 2008
ISBN : 978-2-212-54094-5

Jean-Louis LEQUEUX

Préface de Jean Joskowicz, Président de l'AFISI

Manager avec les ERP

Architecture Orientée Services (SOA)

Support de l'ouvrage sur le blog de l'auteur :
http://www.weltram.eu/jeanlouislequeux.aspx

Troisième édition

EYROLLES

Éditions d'Organisation

In memoriam Jacques MD Lequeux (1925-1998[†])

Avec tes frères d'armes, après avoir traversé deux océans,
tu as rejoint le front d'Extrême-Orient à la fin
de la seconde guerre mondiale. Beaucoup de tes amis
ne sont jamais revenus Toi, tu n'as retrouvé la paix
que 18 ans plus tard. Sur vos sentiers de guerre
sont bâties nos grandes avenues de la liberté.
Il y a dix ans, alors que je finissais de rédiger
la première édition de cet ouvrage, tu nous as quittés
pour des rivages plus paisibles que ceux du Pacifique
que tu as tant aimés.
Que cette troisième édition te soit dédiée !

Jean-Louis LEQUEUX

Préface

C'est toujours un plaisir d'être invité à faire une nouvelle présentation d'un ouvrage dont on a eu le privilège de préfacer la première édition.

Ce qui est sûr, c'est que, si nous en sommes à la troisième édition de *Manager avec les ERP*, c'est parce que les deux premières se sont bien vendues et ont trouvé un lectorat favorable.

Il ne surprendra d'ailleurs personne que, dans un domaine aussi mouvant que celui de l'informatique, des mises à jour soient régulièrement nécessaires.

C'est essentiellement sur ces dernières que je concentrerai mon propos, puisque des évolutions et des bouleversements sont apparus dans l'univers des TIC depuis le changement de millénaire.

Des termes comme « outsourcing », « off shore », voire externalisation, pour parler français, sont apparus et ont pris une influence croissante avec la mondialisation. Les entreprises ont accru leur développement sur tous les continents, obligeant leur personnel à une plus grande mobilité, au moins intellectuelle et culturelle. Parallèlement, la nécessité d'une gestion réelle de la qualité, de la sécurité, de la normalisation, ainsi que de l'industrialisation des pratiques, s'est imposée.

Les SI ont naturellement accompagné, et bien souvent devancé, cette tendance. Les solutions apportées par les ERP se sont affinées, même si leurs grands principes directeurs sont restés les mêmes. Grâce à cet ouvrage, vous pourrez accompagner cette évolution, ainsi que la réflexion de l'auteur, puisqu'il fera usage d'un blog pour procéder aux mises à jour qu'il jugera indispensables.

Par ailleurs, quels progrès immédiats convient-il de célébrer ? La meilleure mise en évidence des exemples était déjà notable pour la seconde édition, qui avait d'ailleurs été complétée par un CD-Rom bien utile ; et ceci avait apporté une refonte importante du chapitre 8. C'est donc avec plaisir, que j'ai encore noté l'introduction d'exemples complémentaires, dont le cas type est celui de ce même chapitre 8 qui pourrait s'intituler « Dix ans après ».

Un autre remaniement était apparu dans le chapitre 9. Cette évolution se confirme avec la nouvelle édition qui nous propose de prendre désormais en compte les attentes des futurs utilisateurs en matière d'urbanisation, de conformité, d'orientation services et gouvernance.

Ces futurs utilisateurs seront donc heureux de pouvoir profiter des acquis d'une dizaine d'années d'expérience. Souvenons-nous de l'appréhension qui étreignait, naguère, les responsables informatiques, quand ils se voyaient obligés, qu'elles en fussent les raisons réelles, à passer à la mise en place d'un ERP dans leur entreprise... J'en connais qui, après y être allés, n'ont rien eu de plus pressé que d'en revenir !

Heureusement, nous n'en sommes plus là, et ceux qui font désormais le choix réfléchi de s'en remettre à un ERP peuvent bénéficier de l'expérience de leurs pairs, sans oublier celle des experts de ce domaine qui ont eu l'occasion de pratiquer réellement, et avoir ainsi plus d'assurance quant à la réussite de leur migration. Ce que je leur souhaite, c'est que la lecture de ce livre les aide encore davantage à faire le meilleur choix, pour eux, comme pour leur entreprise.

Jean JOSKOWICZ

Consultant international
Président de l'Association Française
d'Ingénierie des Systèmes d'Information

Avant-propos

Cette édition est la troisième de *Manager avec les ERP*. Ce segment du métier informatique est au milieu de sa deuxième décennie d'existence et les systèmes d'*Enterprise Resource Planning (ERP)*, ou Progiciels de Gestion Intégrés (PGI), sont devenus, depuis, le cœur incontournable du Système d'Information (SI) de l'entreprise.

Ce positionnement s'insère dans l'histoire de l'informatique où on a assisté à un glissement du « centre de gravité » du système d'information au fil du temps. À ses débuts, ce centre était constitué par les matériels, et les constructeurs ont été longtemps seuls fournisseurs face à leurs clients et utilisateurs. Par la suite, ce centre de gravité s'est déplacé vers les systèmes d'exploitation et les systèmes d'administration des réseaux locaux et distants, le matériel étant condamné à une banalisation croissante. Rapidement, les systèmes d'exploitation eux-mêmes ont dû se rendre le moins visibles possible, jusqu'à prétendre viser le point de « Zero Administration », peut-être dernière frontière théorique qu'il est difficile d'atteindre. Parallèlement, ce sont les systèmes de gestion de base de données qui sont devenus le noyau de la constellation informatique. Aujourd'hui, l'utilisateur a presque obtenu que les bases de données se banalisent, se rendant le plus interchangeables possible. Puis, le centre de gravité est devenu, à juste titre, le système applicatif lui-même et l'architecture sur laquelle il était fondé. Mais il ne sera pas possible d'exiger qu'il se banalise trop, car chaque entreprise est elle-même un cas spécifique d'organisation.

Alors qu'une architecture de réseau et de système d'information peut être générique, laissant aux éditeurs et aux constructeurs un rôle essentiel à jouer face à l'utilisateur qui peut se contenter de paramétrer les produits à ses besoins et les utiliser, la conception d'une architecture applicative, elle, est beaucoup plus complexe et implique davantage l'utilisateur dans un rôle actif, aidé par des consultants et des intégrateurs. Il en résulte des temps de mise en œuvre longs et la possibilité de dérives sur le plan de l'utilisation des normes et des standards des systèmes ouverts.

Désormais, l'architecture n-tiers ou en multicouches de services permet une intégration à très faible couplage entre les systèmes, grâce aux Web services. Encore faut-il être en mesure de spécifier cette intégration. Par ailleurs, les ERP se sont spécialisés en systèmes de gestion intégrés des ressources humaines, de la relation client, de la chaîne logistique. Des outils de « Business Intelligence » viennent en complément pour aider dans la connaissance intime des évènements et dans la prise de décisions. Cela constitue autant de systèmes supplémentaires à intégrer. C'est pourquoi, la démarche méthodologique de conceptualisation de domaines est nécessaire à l'aboutissement d'un système applicatif performant, et plus particulièrement dans un contexte d'évolutions technologiques très fortes, conduites par l'adoption définitive d'Internet.

Cette nécessité est accrue par la notion d'entreprise globale qui inclut dans ses préoccupations, non seulement les membres de l'entreprise, mais également ses clients, ses fournisseurs et son marché tout entier, c'est-à-dire les consommateurs de ses produits. Cette population externe à l'entreprise participe désormais au bon fonctionnement de celle-ci, et les dirigeants de l'entreprise doivent en tenir compte dans leur stratégie et lors de leurs prises de décision.

C'est dans le contexte de ces évolutions majeures du domaine des ERP que les grands challenges sont aujourd'hui,

- pour les utilisateurs :
  - l'urbanisation de leur système d'information ;
  - la mise en œuvre de leur architecture orientée services.
- pour les éditeurs :
  - la conquête du marché des PME/PMI qui commence tout juste à adopter les ERP ;
  - l'interopérabilité de leurs produits avec ceux de la concurrence.

Introduction

Les ERP constituent des réponses possibles à un besoin global de l'entreprise et non à des spécifications fonctionnelles de métier ou individuelles. La difficulté de mise en œuvre des ERP provient du fait que ces réponses sont faites sur la base de progiciels édités en série, alors qu'il conviendrait de se plier à l'organisation propre à l'entreprise. Idéalement, les systèmes matériels, les progiciels de base et les progiciels applicatifs devraient être configurés de façon à correspondre exactement aux exigences du fonctionnement de l'entreprise, dans le cadre de ses structures.

Pour atteindre ces objectifs, il faut considérer l'entreprise dans sa globalité, c'est-à-dire pouvoir gérer de façon homogène l'ensemble de ses composantes (établissements, filiales, antennes, etc.), administrer de manière unique les applications utilisées et, surtout, être en mesure de fonder la gestion et le pilotage des affaires sur un référentiel unique.

Il est donc capital de fonder le projet de choix d'ERP sur une méthode de modélisation et de spécification pratique et tenant compte du fait que l'issue du choix sera un ensemble de progiciels déjà intégrés ou dont il faudra assurer l'intégration.

Parallèlement, la progression des technologies est un vecteur de développement de la concurrence sur certains segments de marché de l'entreprise. Aujourd'hui, cette accélération technique se concrétise par :

▷ la maturité des technologies Web, et plus particulièrement des Web services ;

▷ le développement des architectures de services, facilitées par la mise en œuvre de modèle n-tiers ou en couches de service.

Les méthodes de spécification d'architecture applicative doivent tenir compte de ces facteurs. C'est la définition de l'architecture du Système d'Information (SI) qui est déterminante pour permettre l'intégration de nouveaux éléments au fil des avancées technologiques.

Les neuf chapitres de cet ouvrage abordent l'ensemble de ces aspects.

Plan de l'ouvrage

Le chapitre 1 « L'ERP et le SI », après avoir défini les notions liées aux ERP, décrit leurs champs d'application. Il présente ensuite diverses approches de la satisfaction des besoins des utilisateurs par la mise en œuvre des progiciels intégrés. Il fait enfin un tour d'horizon des technologies utilisées par les ERP, en particulier les technologies client-serveur ainsi que les technologies Internet.

Le chapitre 2 « La phase d'audit », décrit le déroulement de la phase d'audit, depuis l'étude d'opportunité jusqu'à la définition fine du périmètre applicatif concerné. Les définitions de base sont précisées : logiciel, progiciel, module, composant métier, objet. Le chapitre traite ensuite de la détermination du site pilote et liste les éléments nécessaires à la préservation de l'indépendance de l'utilisateur.

Le chapitre 3 « La modélisation des besoins », commence par le découpage du projet global en phases et la détermination des domaines. Les modèles présentés sont : le Modèle Conceptuel de Communication (MCC), le Modèle Conceptuel de Distribution (MCD), le Modèle Organisationnel Applicatif (MOA) et le Modèle en Couches de Services (MCS). Le chapitre se termine par la spécification détaillée des besoins fonctionnels.

Le chapitre 4 « L'architecture ERP centrique » introduit une nouvelle approche de l'architecture applicative du système d'information, centrée sur les ERP. L'architecture se bâtit classiquement d'abord par l'empilement (le *stack*) des couches systèmes. Puis, la couche ERP elle-même est conçue en sous-couches, assurant ainsi un maximum de cohérence au niveau de l'intégration. Cette architecture est complétée par trois éléments indispensables dans un contexte d'ERP : l'architecture d'administration système, l'architecture du système de développement et l'architecture du système des outils de productivité et de travail de groupe.

Le chapitre 5 « Les chantiers du projet ERP », décrit le déroulement du projet, depuis la constitution du cahier des charges jusqu'au déploiement de la solution, en passant par les étapes d'intégration des matériels et logiciels, la constitution des équipes de maîtrise d'ouvrage et de maîtrise d'œuvre. La démarche veille à ce que le système d'information reste ouvert à l'intégration de nouveaux produits et à ce que le système applicatif puisse évoluer dans le temps. Elle tient compte aussi des aspects humains et sociaux du projet ERP.

Le chapitre 6 « La Charte des Normes et Standards » traite des normes et standards qui constituent le fondement normatif interne à l'entreprise pour la pérennisation de son système applicatif. Il aide le lecteur à consigner, dans le cadre de ses besoins, les standards demandés aux progiciels avant de leur donner « droit de cité » sur le système d'information de l'entreprise. La CNS reste un document évolutif. Elle est aussi un élément fondamental de la qualité.

Le chapitre 7 « ERP et *Business Intelligence* », montre qu'au-delà de la maîtrise des flux, la capacité du gestionnaire à connaître les événements, à prévoir et à prévenir, est impérative pour diriger une entreprise qui se trouve dans un contexte de forte concurrence et de mondialisation. La notion de *datacentre* regroupe les diverses notions actuelles de *datawarehouse*, *datamart*, *datamining*, etc. Puis, le chapitre incite le décideur à opter pour l'une des dorsales applicatives qui doivent guider la mise en œuvre de progiciels de gestion intégrés dans son entreprise : il s'agit des dorsales orientées Applications ou Bureau ou Clients ou Distribution, ou plus globalement ERP.

Le chapitre 8 « Les tendances de l'écosystème ERP », présente :

- un synoptique du monde des ERP ;
- la « coopétition » entre acteurs dans le monde des ERP ;
- l'étude de cas de notre première édition, une décennie après l'adoption d'un ERP par un fabricant régional de pièces automobiles.

Le chapitre 9 « Les nouveaux challenges ERP », décrit les nouveaux challenges pour les utilisateurs des ERP :

- 1er challenge : finaliser l'urbanisation de leur SI, déjà commencée par l'adoption de leur ERP ;
- 2e challenge : mettre en place progressivement une Architecture Orientée Services, que l'on notera SOA (Service Oriented Architecture) ;
- 3e challenge : assurer une bonne gouvernance de leur système d'information pour la conformité de celui-ci aux nombreuses réglementations des États et organismes internationaux.

Le blog de l'auteur : http://www.weltram.eu/jeanlouislequeux.aspx constitue un support à cet ouvrage. Par ailleurs, il reprend le contenu, mis à jour régulièrement, du CD-Rom de la deuxième édition.

Sommaire

Préface 5

Avant-propos 7

Introduction 9

Plan de l'ouvrage 11

Liste des exemples 23

Liste des figures 25

Avertissement 29

Chapitre 1 – L'ERP et le système d'information 31
  Les notions préalables 31
    La notion d'ERP 31
    Les niveaux de besoins et les réponses 32
      Les niveaux de besoins de l'entreprise 32
      Des réponses aux besoins 33
  Le concept d'ERP 34
    Définition 34
    Bref historique 39
    La convergence des objectifs des utilisateurs et des éditeurs 42
      Les objectifs des utilisateurs 43
      Les objectifs des éditeurs 45
      Un marché pour les intégrateurs 47
  Le contexte d'utilisation des ERP 47
    Les secteurs précurseurs 47
      Les éléments favorables à l'émergence d'un marché pour les progiciels intégrés 47
      L'exemple des HIS dans le domaine de la santé 48
      Les autres pré-ERP : les Systèmes de Gestion des Données Techniques (SGDT) 51
    Les domaines traditionnellement recouverts par les ERP 54

Les macro-domaines d'une entreprise 56

    Le back office 57

    Le front office 58

    Le middle office 59

    Aujourd'hui, le Web office 60

    L'ordonnancement inter office des tâches 62

L'extension de l'aire d'utilisation des ERP 63

    La gestion logistique 63

    La gestion du marketing et de la clientèle 65

    La gestion de maintenance 65

    Les ERP portent les développements d'intégration de progiciels 66

Technologies informatiques et modèles d'architecture des systèmes d'information 67

L'adéquation entre modèle d'organisation et modèle d'architecture de système d'information 69

L'organisation pyramidale et architecture centralisée 69

L'organisation répartie et l'architecture n-tiers 70

    Les définitions et les concepts 70

    Les mises à niveaux vers une architecture répartie en deux tiers 73

    Nouvelle approche : l'architecture n-tiers 75

De nouvelles organisations et architectures avec Internet 77

    Le Web : expression d'un besoin générique 77

    Une architecture Web Client/Web Serveur 77

    Vers une Architecture Orientée Services 79

Expression des besoins : évolution des attitudes 79

L'héritage applicatif 79

La généralisation des progiciels 80

L'ère des composants 81

Chapitre 2 – La phase d'audit 83

Par où commencer ? 83

L'étude d'opportunité et le ciblage d'un domaine pilote d'applications 84

    L'étude d'opportunité 84

    Un « chantier procédures » 84

    Le domaine pilote 85

Les contraintes « méthode de gestion » 86

La délimitation du champ d'application de l'ERP 87

La définition de progiciel au sens normatif 88

Les critères définissant les progiciels 89

Les facteurs de jugement 91

La définition d'un module 94

L'état de dépendance ou d'indépendance d'un module 94

Fonction primaire d'un module 95

Les origines des modules 96
Module, composant progiciel et objet 98
Les critères commerciaux des progiciels 99
Une large base installée 100
La localisation 101
Le réseau commercial 102
L'extension du périmètre de l'ERP 103
Le bilan d'utilisation par le domaine pilote 103
L'extension de l'utilisation de l'ERP dans l'entreprise 104
Désintégration d'ERP ou réintégration ? 107
La préservation de l'indépendance organisationnelle de l'utilisateur 108
L'intégration vue par l'utilisateur final 109
Adopter plusieurs ERP, intégrer des compléments 111
L'audit du périmètre applicatif 112
L'audit de l'infrastructure applicative du système d'information 113
L'audit des logiciels existants 115
L'audit fonctionnel 115

Chapitre 3 – La modélisation des besoins 121
La définition des domaines de l'entreprise 122
La recherche des domaines concernés 123
Le découpage du projet en phases 124
Les types de domaines 125
La recherche des relations impactées par le projet d'ERP 126
Les notions 126
Les objectifs 126
Les topologie et représentation des termes réservés 127
L'affectation des termes réservés 127
La représentation 127
Les termes réservés de la méthode 129
Les termes réservés utilisés dans le MCC 130
Les termes réservés dans le MCD 130
Les termes du MCDS 131
Les termes du MCDC 131
Les termes du MCDL 132
Les termes réservés au MOA et au MCS 133
Les termes utilisés dans la description de l'architecture
physique du système 134
Les classes et leur représentation 135
La classification des termes réservés au MCC 135
La classification des termes réservés au MCD 135
La classification des termes réservés au MOA 137
La classification des termes réservés au MCS 140

Les modèles 140
  Le Modèle Conceptuel de Communication (MCC) 141
  Le Modèle Conceptuel de Distribution (MCD) 143
    Le diagramme du MCDS 144
    Le diagramme du MCDC 144
    Le diagramme du MCDL 145
  Le Modèle Organisationnel Applicatif (MOA) 146
    L'Organisation des Applications Clients et Serveurs (OACS) 146
    La décision d'une orientation objets 146
    La Description de la Bibliothèque des Composants de Gestion (DBCG) ... 148
    La Description de la Bibliothèque des Objets de Conception (DBOC) ... 149
  Le Modèle en Couches de Services (MCS) 151
La spécification détaillée des besoins typiques à l'entreprise 152
  La non-régression 152
  Les mesures de non-régression 153
  Personnaliser 154

Chapitre 4 – L'architecture ERP-centrique 157
  Une architecture en réponse au modèle d'organisation de l'entreprise ... 158
  Bâtir l'architecture du système d'information à partir des nécessités
  applicatives 159
  L'architecture physique : matériels et logiciels de base 160
    Le stack matériel du système d'information 160
    Le stack des logiciels de base 161
  Un modèle *OSI-like* pour l'architecture applicative 161
    Plan 1 : les OS 162
    Plan 2 : les réseaux 163
    Plan 3 : les SGDBD-R 166
    Plan 4 : les middleware 166
    Plan 5 : les objets et les composants 168
    Plan 6 : les couches applicatives de l'environnement ERP
              et leurs présentations (IHM) 171
    Plan 7 : les IHM 175
    Plan 8 : plan des datacentres 176
    Les autres aspects architecturaux du système d'information 177
  L'architecture d'administration du système d'information 177
  L'architecture du système de développement 180
  L'architecture des outils de productivité 181
    Intégration des outils de productivité aux ERP 181
    Les outils de productivité individuelle 182
    Les outils de productivité de groupe 183
      Le fondement du travail de groupe : la messagerie 184
  Les mutations de l'architecture applicative vers le Web 186

Chapitre 5 – Les chantiers du projet ERP 191

Le schéma de la démarche projet 192
Le projet applicatif est un projet ouvert 192
Les fondements du projet 193

La constitution d'une équipe de projet 194

Un cahier des charges en 10 points standards 195
Décrire les contraintes environnementales 196
Spécifier les besoins en termes de métier 196
Décliner les modèles conceptuels MCC et MCD 197
Spécifier l'architecture du système applicatif 197
Spécifier les applications 198
Spécifier les interfaces 199
Spécifier l'intégration 200
L'intégration des matériels 200
L'intégration des logiciels 201
L'intégration des logiciels matériels 202
Spécifier le rôle des intervenants : éditeurs, distributeurs, intégrateurs 203
Spécifier des besoins de support des produits 204
La Charte des Normes et Standards (CNS), version courante,
et le Plan d'Assurance Qualité (PAQ) 205

Les actions 206
Choisir 207
Sélectionner le maître d'œuvre 207
Choisir les applications 207
Les aspects commerciaux concernant les produits logiciels 209
Manager l'intégrateur maître d'œuvre 210
Tester 211
Valider 213
Récupérer les données existantes 214
Déployer 214

L'utilisation opérationnelle 216
Les objectifs : pérennité de l'investissement 216
Administrer de façon globale 216
La veille technologique 217
Évoluer 218
Les évolutions des progiciels utilisés 218
La cellule d'homologation, de test, d'intégration et de développement 218
L'ouverture aux autres progiciels 219
Cycle de vie de l'ERP et vie de l'entreprise 220
ERP et environnement de l'entreprise 220
Dimensions sociales et humaines du projet ERP 222

Chapitre 6 – La Charte des Normes et Standards 225

Les standards et normes des infrastructures 228
Les standards de systèmes 228
Les systèmes d'exploitation 229
Les standards de bases de données 231
Les standards de middleware 232
Les systèmes de gestion de réseaux locaux 232
Les standards des développements 233
Le niveau d'approche objet 234
Les développements informatiques 236
Les développements d'applications de gestion 236
Standards d'administration des applications et systèmes 237

Les standards et normes des progiciels 237
Les conditions préalables d'homologation d'un progiciel 237
Les produits homologués 237
La recherche d'indépendance et de pérennité 238
Les standards préalables à une procédure d'homologation de progiciels 238
Les Standards Techniques Progiciels (STP) 239
STP : la structure des entrées sorties et standards de convertisseurs 239
STP : la structure des données 240
STP : les standards des accès à l'application 241
STP : les standards de documentation 241
STP : les certifications dans le domaine des progiciels 242
STP : les règles générales en vigueur et les évolutions 243
STP : les règles internes 244

Standards de communication et standards Web 245
Les enjeux et la portée des standards de communication 245
Les standards de télécommunication 245
Les standards EDI 246
Les standards Web 248

Les fondements de la qualité 249

Chapitre 7 – ERP et Business Intelligence 251

CODIEL : Le Code Informationnel Élémentaire 251

Connaître 254
La connaissance des faits 254
La recherche d'indicateurs 255
Approfondir la connaissance 257
Les méthodes d'approche de la connaissance 258

Les outils pour maîtriser et prévoir 259
Business Intelligence 259
Les extractions 259
Les outils de recherche 261

Les calculs et les traitements 262
L'analyse décisionnelle 263
La présentation des analyses 263
La prise de décision 263

La notion de datacentre 264

La notion d'infocentre 265
De l'infocentre au datacentre 266
La notion de datawarehouse 266
La notion de datamining 267
La notion de datamart 268
La notion de dataweb 269

Choisir la dorsale applicative 270

Les systèmes orientés applications 270
La notion de système orienté affaires 270
La notion de système orienté bureau 271
La notion de système orienté clients 272
La notion de système orienté distribution 273
Le système orienté ERP multi-dorsales 277

Chapitre 8 – Les tendances de l'écosystème ERP 281

Synoptique des environnements ERP 281

Domaine d'étude 281
    Généralités 281
    La segmentation du domaine des ERP 282
    La spécialisation des ERP et la notion de progiciel de gestion intégré 283
    Les tendances et les évolutions générales 284
Fournisseurs des couches basses et d'ERP ? 286
    Les constructeurs et éditeurs des couches de base 286
    Les éditeurs de produits horizontaux 286
    Les éditeurs de Web applications 286
    XML : un environnement technologique de passerelles 288
    Les éditeurs d'outils pour SGBD 289
Un marché de renouveau pour le développement logiciel 290
Un début de siècle mouvementé 291
    Grippage et redémarrage du marché des ERP 291
    Les ERP sont largement utilisés dans les très grandes entreprises 292
    Les PME/PMI : le grand marché à conquérir 292
    Projet ERP versus projet d'e-Applications dans les grandes entreprises 293

La « coopétition » et l'écosystème ERP 295

Coopétition et éditeurs : concurrence et complémentarité 295
Les ERP et leur écosystème 295
Les ERP face aux autres approches applicatives 297
La nécessité de prévoir sur le long terme 298
    Utilité des applications informatiques à la prévision 298

Le rôle central des ERP 300
La cartographie applicative du système d'information
de l'entreprise 301
ERP et modèles de la Web économie 303
Les modèles de portails d'échanges commerciaux 303
Les portails Web et les e-Applications 305
Le Business Model 307
Modélisation des couches du modèle n-tiers vues organisationnelles 308
Les modèles d'échanges de données informatiques 308
EAI et ESB 310
Définition d'un ETL 311
L'ESB : du Web aux legacies 312
Les niveaux de couplage et d'interfaçage des applications 312
Intégration faciale 314
Intégration dorsale 315
Renouvellement des pratiques et standards émergents 316
Des technologies renouvelées 316
Étendre le périmètre de l'espace d'entreprise 317
Vision multiple d'une même réalité composite 318
L'intégration interétablissements ou interentreprises 319
Le caractère des applications de gestion 320
Le contournement de la linéarité applicative par le Web 320
Le caractère multi-transactionnel des applications Web 321
Recouvrement des modèles de relation d'entreprise 322
Passer de la Web Application à la Web économie 323
L'ère des providers : des ASP au SaaS 325
La généralisation du Knowledge Management 327
Les nouvelles notions de référentiels 328
Émergence de nouveaux besoins en ERP spécialisés 330
Conclusion 332
Étude de cas 334

Chapitre 9 – **Les nouveaux challenges ERP** 339
Urbaniser le système d'information 339
Définition de l'urbanisation 340
L'urbanisation logique 340
L'urbanisation physique 343
S'assurer de la conformité 343
Qu'est-ce que le domaine de la conformité ? 343
Capitaliser sur les approches d'homologation 344
Gestion des exigences 344
Élaborer un modèle SOA 345
Des Web services vers la SOA ? 345
Construire l'approche SOA 346

Maîtriser la gouvernance des systèmes applicatifs 348
    La multiplication des couches du modèle n-tiers 348
    La supervision centralisée des systèmes applicatifs 350
    Les objectifs de la gouvernance 351
    Vision offerte aux managers 352

Annexes

Glossaire 357

Copyrights 373

Bibliographie 375

Index 377

Liste des exemples

Exemple 1.1 : Évolutions des outils informatiques dans une société de fabrication de biens de consommation 34

Exemple 1.2 : Gestion des approvisionnements d'une usine 73

Exemple 1.3 : Évolution d'un système d'information vers une architecture deux tiers ..74

Exemple 1.4 : La gestion de compte client par une société de vente par correspondance à tempérament 76

Exemple 1.5 : Accès par Internet à une société de vente par correspondance et à tempérament 78

Exemple 1.6 : Le calendrier grégorien, objet de gestion élémentaire 81

Exemple 2.1 : Refonte de la gestion des ressources humaines 87

Exemple 2.2 : Les modules EDI 94

Exemple 2.3 : Modules, composants progiciels et objets 97

Exemple 2.4 : L'extension du domaine d'un ERP 106

Exemple 2.5 : Le choix d'un deuxième ERP 111

Exemple 2.6 : L'audit d'une entreprise composée de deux pôles 114

Exemple 2.7 : Règles pragmatiques d'établissement du TCO et d'approche du ROI pour aider à la décision de choix d'un ERP par une grande PMI 116

Exemple 3.1 : La définition de domaines 123

Exemple 3.2 : Le modèle global de l'entreprise Σ (suite de l'exemple précédent) 127

Exemple 3.3 : La représentation du domaine de la comptabilité de l'entreprise Σ (suite de l'exemple précédent) 128

Exemple 4.1 : Un cas de référentiels disjoints 172

Exemple 4.2 : Choix d'architecture en cohérence avec les acquis de l'entreprise à étape 1 187

Exemple 4.3 : Étape 2 → premières évolutions 188

Exemple 4.4 : Étape 3 → évolution des développements internes vers .Net 189

Exemple 4.5 : Prochaine évolution en vue → étape 4 → nouveaux outils collaboratifs ..189

Exemple 5.1 : La synchronisation des versions 218

Exemple 5.2 : La nécessité d'un référentiel de tests 220

Exemple 5.3 : Gestion des exigences et conformité du SI 221

Exemple 5.4 : Aspects sociaux et humains d'un projet ERP 222

Exemple 6.1 : Spécification des postes de travail d'une entreprise de services au marketing 230

Exemple 6.2 : L'interconnexion de réseaux locaux à standards multiples 232

Exemple 7.1 : Une agence de voyages à succursales multiples en Europe 267

Exemple 7.2 : L'activation des ventes dans un hypermarché 268

Exemple 7.3 : La prévision des ventes d'une ligne de produits d'un fabricant
de contenants 268

Exemple 7. 4 : Une société de services aux industries acquiert une nouvelle filiale
en Europe du Nord 277

Exemple 7.5 : Acquisition d'une entreprise en France 278

Exemple 8.1 : Adoption d'un ERP par un fabricant de pièces détachées
automobiles en 1998 334

Exemple 8.2 : Évolutions du Business Model de la société S^9 et mise à niveau
de son ERP 336

Liste des figures

Chapitre 1

Figure 1.1 : L'entreprise, ses hommes, ses structures, son organisation et ses besoins 33

Figure 1.2 : Le concept d'ERP 35

Figure 1.3 : Le marché des ERP, cibles actuelles et futures 40

Figure 1.4 : Les intérêts convergents des éditeurs et des utilisateurs 43

Figure 1.5 : Le système d'information hospitalier 50

Figure 1.6 : Schéma d'un système de gestion des données techniques 53

Figure 1.7 : Le noyau des ERP 55

Figure 1.8 : Back office et front office 57

Figure 1.9 : L'ordonnancement inter office 63

Figure 1.10 : La complémentarité des ERP et des DRP 64

Figure 1.11 : Extensions des ERP ou alternative des suites de gestion 66

Figure 1.12 : Organisation de l'entreprise, mondialisation de l'économie et système d'information 68

Figure 1.13 : Architecture centralisée et organisation pyramidale de l'entreprise 70

Figure 1.14 : Les concepts de l'architecture n-tiers 72

Figure 1.15 : La répartition des tâches dans une architecture deux tiers 73

Figure 1.16 : L'architecture n-tiers 76

Figure 1.17 : Le modèle Web client-Web serveur 78

Figure 1.18 : Évolutions de l'infrastructure applicative des entreprises (grands comptes) 80

Chapitre 2

Figure 2.1 : Le domaine pilote pour un ERP et ses contraintes 87

Figure 2.2 : L'évolution des critères d'appréciation d'une application selon les utilisateurs 91

Figure 2.3 : Progiciels, modules, composants, objets 95

Figure 2.4 : Le recouvrement entre les fonctions utiles à l'entreprise et celles qui sont le plus demandées par le marché dans un domaine 99

Figure 2.5 : L'interconnexion des critères commerciaux et des critères techniques . 100

Figure 2.6 : L'extension du périmètre applicatif pris en charge par l'ERP 107

Figure 2.7 : Les ERP, centres d'un puzzle applicatif ? 110

Figure 2.8 : La démarche préalable d'audit : les constats 112

Chapitre 3

Figure 3.1 : Les domaines verticaux, horizontaux et communs 125
Figure 3.2 : Représentation graphique des termes réservés 129
Figure 3.3 : Jeux de modèles 140
Figure 3.4 : Le diagramme des flux du MCC 141
Figure 3.5 : Entités et cellules du MCC 142
Figure 3.6 : Le dossier descriptif d'accompagnement du MCC 143
Figure 3.7 : La représentation du diagramme de MCDS 143
Figure 3.8 : La représentation du diagramme de MCDC 144
Figure 3.9 : La représentation du diagramme de MCDL 145
Figure 3.10 : Diagramme de l'OACS 146
Figure 3.11 : Le diagramme de décision DBCG/DBOC 147
Figure 3.12 : La représentation de la DBCG 148
Figure 3.13 : La représentation de la DBOC 150
Figure 3.14 : La représentation du MCS 151
Figure 3.15 : La personnalisation procède d'une double logique, celle de l'éditeur et celle de l'utilisateur 155

Chapitre 4

Figure 4.1 : Les objectifs d'une architecture en couches 158
Figure 4.2 : L'architecture du système d'information, fonction de l'environnement ERP 159
Figure 4.3 : La description des matériels et logiciels de base en stacks 161
Figure 4.4 : Le résumé du modèle OSI-like pour l'architecture applicative ERP-centriquev 162
Figure 4.5 : Le modèle OSI standard (6 premières couches, ses équivalents et les convertisseurs) 164
Figure 4.6 : Le réseau WAN de l'entreprise 165
Figure 4.7 : Le Web dans l'architecture de réseau de l'entreprise 165
Figure 4.8 : Les OS, les réseaux, les bases de données et les middleware 168
Figure 4.9 : La description des classes et classes affinées d'objets et de composants 170
Figure 4.10 : Référentiels unique et multiple 172
Figure 4.11 : La représentation du plan 6 de l'architecture ERP 174
Figure 4.12 : Le plan IHM et ses liens 176
Figure 4.13 : Les architectures du système d'information 177
Figure 4.14 : L'architecture d'administration système 178
Figure 4.15 : Des relations OLE vers les composants 181
Figure 4.16 : Outils de productivité de groupe et contraintes de gestion 183
Figure 4.17 : L'extension de l'architecture applicative vers le Web 187

Chapitre 5

Figure 5.1 : Le cycle de vie du système d'information applicatif 192
Figure 5.2 : Les input et output du projet d'ERP 193
Figure 5.3 : Les participants internes et externes du projet 194
Figure 5.4 : La variation des rôles est une alternative aux rôles des participants internes au projet 195
Figure 5.5 : Explicitation de la réalité physique par rapport aux modèles conceptuels 197
Figure 5.6 : Spécification infrastructurelle du Système d'Information Applicatif 198

Figure 5.7 : Spécification des applications 199
Figure 5.8 : Le couplage intégration logiciel ↔ matériel 202
Figure 5.9 : Le projet d'ERP est un ensemble complexe d'intégration, de mise
en œuvre et de paramétrage 206
Figure 5.10 : Le management, la coopération et le transfert de compétence 211
Figure 5.11 : Le cycle tests et validation 213
Figure 5.12 : La possibilité d'évolution par acquisition de progiciels 219

Chapitre 6

Figure 6.1 : Évolutions de la CNS 227
Figure 6.2 : Pérennité du standard et cycle de vie des technologies 228
Figure 6.3 : Les OS des postes de travail 230
Figure 6.4 : Un exemple de repositionnement de site à standards multiples
par la CNSP 233
Figure 6.5 : Les possibilités de conversion pour les progiciels candidats 240
Figure 6.6 : Exemple de standards objets et accès aux données 241
Figure 6.7 : Le centre d'appels, porte d'entrée du marketing direct, du pilotage
de la satisfaction client et de la gestion 246
Figure 6.8 : Les éléments de la standardisation des Web Services 249

Chapitre 7

Figure 7.1 : Les codiels, les informations et la base de données 252
Figure 7.2 : Surveillance des comportements des sous-systèmes de l'entreprise ... 253
Figure 7.3 : Les actions, les données, la connaissance et les réactions 255
Figure 7.4 : La base OLAP et la base de connaissance 258
Figure 7.5 : L'entreprise devient, avec le Web un ensemble de diffusion
et de concentration d'information 260
Figure 7.6 : Depuis les données OLAP à la prise de décision 264
Figure 7.7 : L'infocentre au service des usagers 265
Figure 7.8 : La base de données de production, le datacentre et l'infocentre ... 266
Figure 7.9 : Un référentiel, plusieurs dorsales possibles 270
Figure 7.10 : Architecture d'un système orienté clients 273
Figure 7.11 : Les circuits de distribution de la commande à la livraison 275
Figure 7.12 : Les circuits documents et données 276
Figure 7.13 : Une architecture orientée distribution 276
Figure 7.14 : La multi-dorsale applicative et ERP 277

Chapitre 8

Figure 8.1 : Double segmentation du marché 283
Figure 8.2 : L'intégration d'origine de l'éditeur ou l'intégration à façon 285
Figure 8.3 : Vers des environnements de composants objets 287
Figure 8.4 : Évolutions JEE/EJB et .NET 288
Figure 8.5 : XML, un environnement fédérateur 289
Figure 8.6 : Les éditeurs orientés « bases de données » 290
Figure 8.7 : Quelques accrocs au développement du marché des ERP en France 291
Figure 8.8 : Un taux élevé d'équipement ERP dans les grandes entreprises
(>5 000 employés) 292
Figure 8.9 : L'équipement des PME/PMI en ERP est inégal 293
Figure 8.10 : Projets ERP/Projet e-Applications, des taux de succès inversés ! ... 294
Figure 8.11 : Environnement socio-économique de l'entreprise 297
Figure 8.12 : Les ERP et l'émergence des autres systèmes de gestion 298

Figure 8.13 : Utilité des applications pour la prévision 299
Figure 8.14 : Utilisation de l'ERP à la prévention des risques 300
Figure 8.15 : Base de la cartographie applicative 301
Figure 8.16 : Utilité de la vision d'interconnexion des applications
sur la cartographie applicative 302
Figure 8.17 : Tendances et évolutions des portails Web 304
Figure 8.18 : Les entreprises doivent ouvrir leurs applications à leur écosystème 305
Figure 8.19 : La continuité entre portail et e-Application 306
Figure 8.20 : La génération d'un Business Model 307
Figure 8.21 : Synoptique des modèles d'échanges informatiques 309
Figure 8.22 : Description d'un EAI type 310
Figure 8.23 : Les fonctions principales d'un EDT 311
Figure 8.24 : Sites Web et interactions applicatives 312
Figure 8.25 : Niveaux d'interfaçage (schématisés) 313
Figure 8.26 : Principales fonctions d'une intégration par Portail-Hub 314
Figure 8.27 : Les choix possibles pour une intégration dorsale 315
Figure 8.28 : Les technologies à divers niveaux 316
Figure 8.29 : Vers une intégration inter-établissement par VPN 317
Figure 8.30 : Diverses visions de l'intégration 318
Figure 8.31 : L'interconnexion des entreprises 319
Figure 8.32 : Exemple de chaîne linéaire de traitement des commandes 320
Figure 8.33 : Exemple de relations non linéaires par le Web 321
Figure 8.34 : Les traitements Web peuvent être multi-transactionnels 322
Figure 8.35 : Intersection de modèles B-to-X 323
Figure 8.36 : Exemples de modes de passage 324
Figure 8.37 : Évolutions du métier de provider de ressources informatiques 325
Figure 8.38 : Impacts du partage de ressources entre entreprises, chez les ASP 327
Figure 8.39 : Les systèmes de gestion de la connaissance sont tributaires
des autres applications. 328
Figure 8.40 : Les types de référentiels utilisés 329
Figure 8.41 : L'éclatement du référentiel unique 330
Figure 8.42 : Description des concepts d'IRM 331
Figure 8.43 : Les modèles de vente indirecte et les progiciels de gestion intégrés
de type SCM 332
Figure 8.44 : Le cycle « Acheter-Revendre » 333
Figure 8.45 : Les informations nécessaires au management 333

Chapitre 9
Figure 9.1 : Une vue fondatrice de l'urbanisation logique 341
Figure 9.2 : Un quartier d'applications urbanisées 341
Figure 9.3 : ERP, un quartier déjà urbanisé 342
Figure 9.4 : Urbanisation physique 342
Figure 9.5 : De l'assurance de conformité à la gestion des exigences 345
Figure 9.6 : SOA, les bases de l'approche 346
Figure 9.7 : Démarche méthodologique vers une architecture SOA 347
Figure 9.8 : La SOA par étape 348
Figure 9.9 : Multiplication des couches dans l'architecture n tiers des ERP 349
Figure 9.10 : Le challenge de la supervision centralisée des systèmes à multi-tiers 350
Figure 9.11 : Les paramètres de la gouvernance 352
Figure 9.12 : La vision managériale des informations gérées 353

Avertissement

Les sigles anglo-saxons ont été conservés dès lors que leurs équivalents français ne faisaient pas encore partie du langage courant des informaticiens francophones ou quand celui-ci s'éloignait trop du contenu sémantique d'origine. C'est notamment le cas d'*Enterprise Resource Planning (ERP)* dont l'équivalent français, Progiciel de Gestion Intégré (PGI), ne recouvre pas le contenu des trois mots du sigle en anglais. Dans les autres cas, c'est le sigle français qui est utilisé, son équivalent anglais étant mentionné dans le glossaire général, avec renvoi vers le sigle français. Par exemple, RDBS est peu utilisé, c'est son équivalent français SGBDR, qui est le plus répandu.

Les anglicismes, courants dans le jargon informatique, ont été conservés, avec explication de leur signification, dès leur première utilisation dans le texte. Par exemple, le terme « localisation d'un progiciel » signifie « adaptations linguistiques, normatives et réglementaires d'un progiciel pour son utilisation dans un pays étranger à celui de son éditeur d'origine ».

Dans le cas où la traduction française d'un mot est ambiguë par rapport à un mot voisin, les versions anglaises sont utilisées par l'auteur. C'est le cas de *groupware* et *workflow* qui font l'objet d'une traduction française unique, « travail de groupe », restreignant les contenus sémantiques d'origine.

Pour certains autres mots, la traduction française est utilisée par l'auteur, bien que non adoptée par les médias en France où le jargon informatique conserve le mot anglais. C'est le cas de *browser*, très (trop) utilisé en France, que nous remplaçons par « butineur », terme reconnu et largement utilisé par les francophones canadiens – adopter « explorateur » ou « navigateur » était tentant et tout aussi poétique que « butineur »… l'auteur a préféré s'éloigner des rivages des grands empires informatiques.

De plus, l'auteur s'est permis des néologismes tout en les mentionnant en notes de fin d'ouvrage. Enfin, les sigles anglais et français sont explicités dans le glossaire.

Chapitre 1

L'ERP et le système d'information

Les notions préalables

La notion d'ERP

On définit par ERP un sous-ensemble du système d'information qui intègre les caractéristiques globales suivantes :

1. gestion effective de plusieurs domaines de l'entreprise par des modules intégrés ou des progiciels susceptibles d'assurer une collaboration des processus ;

2. existence d'un référentiel unique des données. Le référentiel est défini comme étant l'ensemble des références des données, ainsi que les indications nécessaires pour retrouver les données elles-mêmes sur une base de données ;

3. adaptations rapides aux règles de fonctionnement (professionnelles, légales ou résultant de l'organisation interne de l'entreprise et règles dictées par le marché) ;

4. unicité d'administration du sous-système applicatif (les applications) ;

5. uniformisation des Interfaces Homme-Machine (IHM) : même ergonomie des écrans, mêmes boutons, même famille de barres menu, mêmes touches de fonctions et de raccourcis ;

6. existence d'outils de développement ou de personnalisation de compléments applicatifs.

Une solution qui ne répond pas aux trois premiers critères précédemment définis n'est pas un ERP. Pour les trois autres critères, il faut s'attacher à l'adéquation des produits par rapport à l'expression des besoins. Dans la plupart des cas, il s'avère nécessaire d'adopter plusieurs progiciels du marché en vue de les intégrer.

Cette intégration est réalisée soit par l'éditeur de l'ERP, dans le cadre des produits qu'il commercialise, soit par un intégrateur. Cependant, l'utilisateur doit rester actif et moteur dans la personnalisation de ces éléments par rapport à ses besoins et dans leur intégration.

Pour l'aspect « intégration », il peut aussi, s'il s'appuie à la fois sur des progiciels qui ne répondent qu'à une partie de ses besoins et sur des modules spécifiques, rester maître d'ouvrage et s'adjoindre les compétences d'un maître d'œuvre interne ou externe.

Les niveaux de besoins et les réponses

Les niveaux de besoins de l'entreprise

Une entreprise est un ensemble organisé constitué d'hommes et de femmes exerçant des métiers différents et de structures physiques réparties sur un territoire (siège, usines, magasins, agences, bureaux de représentation). C'est l'organisation de l'entreprise qui permet de structurer, piloter et maîtriser le fonctionnement de cet ensemble.

L'informatique a pour objectif d'automatiser à la fois les gestes professionnels individuels ou collectifs, et les processus existants au sein d'une structure.

La graduation des besoins informatiques est la suivante :
- **les besoins individuels.** Ce sont ceux qui sont exprimés par chacun des individus. Ils peuvent être satisfaits s'il y a adéquation entre les intérêts individuels et les intérêts de l'entreprise. Ils s'expriment diversement, selon les individus ;
- **les besoins de groupe.** Ils ne sont pas, en général, la somme des besoins individuels. Quand il y a convergence de besoins individuels, la réponse générale s'exprime à travers des outils communs ; c'est le cas de la bureautique. La réponse aux besoins de groupe s'exprime par l'intégration de ces outils et le partage des ressources nécessaires à l'utilisation de ces outils. C'est une partie des fonctions de la bureautique intégrée, dont la désignation en anglais, *office automation* (automatisation du bureau), est plus significative que le terme français ;
- **les besoins métiers.** Ils s'expriment par la nécessité d'automatiser les tâches manuelles. Les réponses à ces besoins sont des progiciels sectoriels : Conception Assistée par ordinateur (CAO), Dessin Assisté par Ordinateur (DAO), suite de gestion comptable, etc.

Figure 1.1 : L'entreprise, ses hommes, ses structures, son organisation et ses besoins

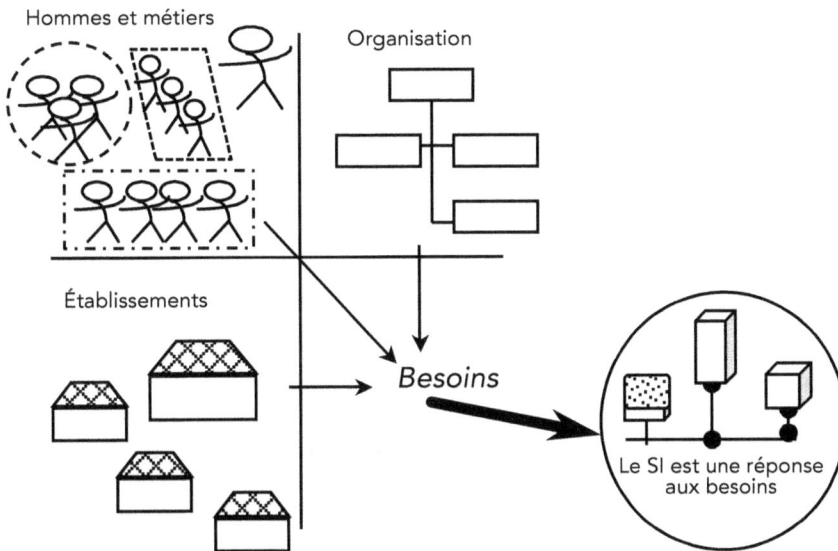

- **les besoins d'entreprise.** Ils ne sont ni la somme ni l'intégration des besoins métiers, d'une part, et des besoins de groupes, de l'autre. Ils sont la résultante d'une expression de besoins coopérative et demandent la prise en charge de l'ordonnancement des divers processus qui participent au fonctionnement global de l'entreprise ainsi que la mise en œuvre coopérative des progiciels qui permettent la gestion des divers domaines d'activité des utilisateurs.

Des réponses aux besoins

Les produits informatiques répondent aux besoins des entreprises à plusieurs niveaux :

- **les simples réponses fonctionnelles.** Il s'agit de réponses à des fonctions primaires qui ne supposent pas la prise en considération d'une organisation particulière de l'entreprise ;

- **les réponses complexes respectant l'organisation de l'entreprise.** Ces logiciels tiennent compte des structures et des règles de fonctionnement à appliquer ;

- **les réponses dynamiques.** Dans ce cas, les logiciels sont en mesure d'aider à l'ordonnancement des flux entre les diverses entités ;

- **les réponses de pilotage.** Les outils mis en service à ce niveau donnent les indications nécessaires aux décisions pour le pilotage de l'activité.

Exemple 1.1 : Évolutions des outils informatiques dans une société de fabrication de biens de consommation

L'entreprise E, créée au début du XXᵉ siècle, fabrique des biens de consommation. Au milieu des années soixante-dix, l'introduction de la comptabilité informatisée permet des gains de productivité en automatisant un grand nombre de tâches manuelles et répétitives. Au début des années quatre-vingt toutes les tâches répétitives sont informatisées : saisies des commandes, ordres de production, facturation. Vers le milieu des années quatre-vingt, les applications spécifiques de gestion commerciale, de gestion de production et de gestion comptable communiquent entre elles. Cependant, l'ordonnancement des opérations reste encore manuel, mais les délais de livraison ne sont pas critiques : les clients acceptent d'attendre une semaine, voire plus, avant d'être livrés. Au début des années quatre-vingt-dix, la situation change : l'engagement de date de livraison et le respect du délai sont un argument commercial et font la différence. Une gestion logistique est nécessaire pour ordonnancer les flux entre concessionnaires (prise de commandes), directions commerciales, usines, entrepôts et concessionnaires à nouveau (livraison). Au début du XXIᵉ, il devra aller à la rencontre des *desiderata* de sa clientèle pour pouvoir la conserver, l'entreprise devra se doter d'outils de *Customer Care* (que l'on pourrait traduire par gestion de clientèle) qui, au-delà de la simple gestion commerciale, permet de suivre les évolutions des demandes des clients, les tendances du marché, la vente des produits les plus demandés. De même, l'entreprise devra faciliter les relations avec ses fournisseurs en mettant en œuvre une plate-forme Extranet permettant d'échanger des informations, des données et des services avec eux.

Le concept d'ERP

Définition

Le concept de progiciel intégré existe depuis longtemps. Dès les débuts de la Gestion de Production Assistée par Ordinateur (GPAO), certains professionnels avaient introduit des suites d'applications intégrées comprenant, outre la gestion de production proprement dite, la gestion commerciale et la gestion comptable. On a alors parlé pendant quelque temps de triptyque Gestion de Production-Gestion Commerciale Comptable et Financière-Gestion Administrative (GP-GCCF-GA). Les Américains utilisent pour la planification des moyens de fabrication, *Manufacturing Resource Planning,* le sigle MRP. Celle-ci recouvre effectivement, au-delà de la production proprement dite, la tenue du plan directeur de la production, la gestion des hommes et des outils, la gestion des stocks, des approvisionnements, des commandes, de la logistique, etc.

Figure 1.2 : Le concept d'ERP

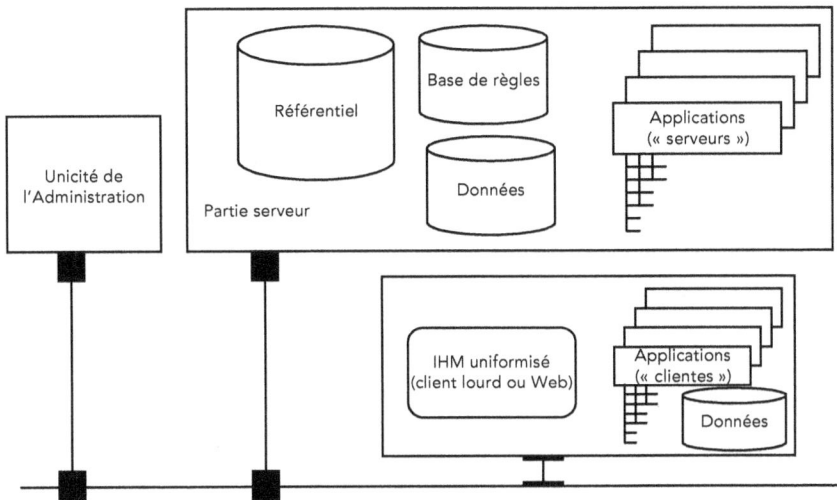

Bien entendu, les MRP s'adaptent à la méthode de gestion de production utilisée (flux tendu, Kanban, flux continu, production au projet ou à la commande, etc.).

ERP est, de fait, une généralisation de MRP. Il s'agit ici de prendre en charge la gestion intégrale de l'entreprise, incluant la gestion des ressources humaines, la gestion comptable et financière, la gestion administrative, la gestion des ventes, la gestion des achats, la gestion de la production et la gestion de la logistique.

Les ERP ont ainsi pour vocation de voir l'intégralité de l'entreprise comme un outil dont il faut assurer l'optimisation de la productivité afin de pouvoir réduire, au maximum, les cycles de mise sur le marché des produits et des services.

Cette intégration ne concerne pas seulement le modèle de gestion de la productivité, elle comprend également : la normalisation de la structure des données, l'intégration de l'architecture du système d'information applicatif et l'unification de l'Interface Homme-Machine .

Dans une architecture n-tiers, le mot « tier » étant un anglicisme communément utilisé en architecture des systèmes d'information pour désigner une couche, l'intégration peut être réalisée :

- au niveau centralisé, vers un référentiel de données concernant tous les organes de l'entreprise ;
- au niveau local, vers de multiples tiers logiques, dont les expressions physiques sont des serveurs ;
- au niveau utilisateur, vers leurs postes de travail.

Dans la pratique, les ERP intègrent donc :

- la partie centralisée du SI comprenant mainframes et serveurs d'entreprise ;
- la partie dite de l'informatique répartie du SI comprenant les serveurs départementaux ;
- les logiciels de communication nécessaires entre les différentes composantes du SI : middleware, gestionnaires de réseau local, gestionnaires de transactions.

Pour ces raisons, les ERP contribuent très fortement à l'homogénéisation du SI dans un environnement où la tendance générale tend à la diversification des fournisseurs tant de logiciels que de matériels. Cependant, pour réussir, un éditeur d'ERP doit surmonter une difficulté majeure : il s'agit pour lui de pouvoir tenir compte de quatre axes de modulation dans la gestion de l'entreprise :

- le premier concerne les règles de gestion appliquées par des corps de métiers différents ;
- le deuxième relève de la méthodologie utilisée pour la planification des moyens ;
- le troisième traite des législations en vigueur, aux niveaux local, national et international ;
- le quatrième est constitué des procédures liées à la qualification des services et produits fournis par l'entreprise, lesquels conditionnent leur mise sur le marché.

À cet ensemble méthodologique, technique et organisationnel s'ajoute, depuis le début de notre millénaire, la dimension Web qui apporte :

- une possibilité d'accès aux applications et aux données de tout point de la planète, sans que l'on ait à déployer une infrastructure spéciale de communication et sans que l'on possède un équipement terminal spécifique ;
- un effet de bras de levier à l'efficacité commerciale de l'entreprise ;
- une réactivité beaucoup plus grande au réseau de partenaires, clients et fournisseurs de l'entreprise ;
- des possibilités de mise en œuvre très rapide de nouveaux serveurs Web, avec un rapport (qualité × performances)/prix de plus en plus élevé.

Ainsi, l'amélioration de la productivité générale de l'entreprise serait vaine si l'on ne tenait pas compte du phénomène du Web dans son ensemble, c'est-à-dire :

- de l'accès général par Internet aux informations, aux catalogues « grand public », aux commandes électroniques, etc.
- aux échanges sécurisés qui ont lieu entre partenaires de l'entreprise par Extranet ;
- aux transactions entre personnes appartenant à l'entreprise, réalisées par des serveurs Intranet protégés.

Implémenter des ERP qui soient ouverts, au sens informatique du terme, et qui intègrent la possibilité d'évolution dans le cadre de l'utilisation extensive des serveurs Web implique de posséder une démarche préalable modélisatrice. Celle-ci a pour but que l'on soit assuré d'un fondement organisationnel robuste face aux évolutions technologiques et réglementaires. Les modèles d'architecture techniques et informatiques ainsi définis sont reproductibles à travers l'ensemble du réseau d'établissements, d'agences ou de filiales de l'entreprise. On dispose alors d'une certaine garantie que la structure des composants mis en œuvre permette d'intégrer des sous-systèmes Web sans affaiblir la sécurité du SI global.

Le nombre d'éditeurs majeurs dans ce domaine s'est considérablement réduit ces dix dernières années, en particulier, par le rachat des éditeurs les plus petits par les plus importants. Dans la pratique, si ces grands éditeurs répondent à un très grand nombre de besoins répertoriés, ils ne peuvent que rarement couvrir de façon exhaustive l'intégralité des besoins de tous les services d'une entreprise. Cependant, le fait qu'ils fondent leur offre sur une architecture homogène, permettant un enrichissement du système applicatif global par l'ajout d'applications ou de serveurs dédiés, a conduit à la création d'un véritable environnement d'éditeurs tiers venant interfacer leurs applications sur les couches de base des principaux ERP du marché.

Le choix du progiciel intégré ne peut s'effectuer comme l'on procéderait pour l'adoption d'un traitement de texte ou d'une CAO. Il existe des progiciels intégrés dont la vocation est d'automatiser des actes techniques ou assimilés (par exemple, la bureautique doit être acceptée dans le sens de l'automatisation du travail de bureau). Choisir ces types de progiciels peut alors être réduit à une affaire de vérification de la conformité des modules à une liste de contrôle des fonctions les plus importantes. On peut, dans ce cas, se contenter d'une approche très pratique : suivre une démonstration, tester la suite logicielle choisie, juger de l'ergonomie, de son acceptation par les utilisateurs et les administrateurs du système, etc. ; et effectuer un choix final en fonction de critères d'évaluation extrêmement pratiques.

Dans le cas des progiciels de gestion, on ne peut procéder de façon aussi linéaire, parce que :

▸ d'une part, ils doivent automatiser des processus complexes et non des actes individuels d'un ou plusieurs utilisateurs ;

▸ d'autre part, leur impact sur le cœur du SI n'est pas périphérique ou marginal. Ils constituent la partie stratégique de l'informatique de l'ensemble de l'entreprise et conditionnent définitivement la capacité de l'entreprise d'être plus réactive, plus productive, plus communicante.

L'ERP répond à des besoins d'entreprise, alors que l'application unitaire répond à des besoins métiers, voire individuels. Les utilisateurs de progiciels intégrés gagnent donc à structurer leur approche par :

- une méthodologie de spécification des besoins conduisant à des modèles robustes réutilisables pour l'ensemble de leurs domaines ;

- la spécification de leurs processus de gestion en conformité avec leur organisation interne et les règles de fonctionnement qui sont spécifiques à leurs métiers, leurs implantations régionales ainsi qu'aux contraintes particulières auxquelles ils doivent satisfaire ;

- le fondement d'une architecture de SI et de réseau local et étendu en conformité avec les concepts d'ouverture des systèmes tels qu'ils ont été définis ces dix dernières années.

Une telle approche demande un travail de spécification fonctionnelle en amont de la phase pilote du projet d'implémentation d'un ERP.

Loin de mener alors un projet purement informatique, l'adoption d'un ERP doit être l'occasion de reconsidérer les mécanismes et d'améliorer les flux participant au fonctionnement de l'entreprise ; quitte à envisager une réingénierie des processus d'affaires ou *Business Process Reengineering* (BPR). Quant aux caractéristiques informatiques du projet, fondées sur une approche normative des réseaux locaux et distants, ils doivent conduire à l'élaboration d'une architecture applicative ouverte aux standards et aux évolutions technologiques du marché.

Quand on initialise un projet d'adoption d'un ERP, c'est d'abord une remise en question des aspects organisationnels vitaux pour la productivité de l'entreprise. On ne commence que par certains aspects de la gestion. Il est impossible, sauf pour des petites structures de PME et de PMI, d'envisager d'emblée la refonte complète de l'intégralité de la gestion de l'entreprise. Le choix, la mise en place et la complète maîtrise du nouveau système sont un processus toujours long.

Mais une issue positive conduit immanquablement au besoin d'intégrer les autres applications de gestion qui sont à la périphérie du domaine couvert par les modules choisis de l'ERP. Que cette intégration se fasse par la réalisation d'interfaces pour des produits tiers ou par l'achat d'autres modules de l'ERP, le domaine du progiciel de gestion intégré aura tendance à occuper tout l'espace organisationnel de l'entreprise.

Cependant, sans outils de productivité individuelle et de groupe, les assises du système applicatif mis en œuvre ne peuvent être fortes. Il en résulte inéluctablement un projet d'application de travail de groupe, plus ou moins important selon les besoins de l'entreprise.

Une démarche de gestion fondée sur un ERP est alors une voie ouverte à la refonte :

- des processus d'affaires de l'entreprise ;
- des outils métiers et des applications de travail de groupe ;
- par conséquent, finalement de l'ensemble du SI lui-même, ou tout au moins du *Management Information System* (MIS), c'est-à-dire de la partie gestion du SI[1].

Cette recherche d'une amélioration de la productivité par une meilleure maîtrise des mécanismes de fonctionnement et du pilotage de l'entreprise serait largement pénalisée s'il n'y avait, parallèlement une recherche de qualité totale.

C'est ainsi l'occasion de marquer un jalon important vers une démarche normativement, au sens de l'ISO :

- d'une part au sens qualité de l'ISO 9000[2], quand une entreprise décide d'évoluer vers l'utilisation d'un progiciel de gestion intégré ;
- d'autre part au sens sécurité et maîtrise des risques de la démarche ISO 27001[3] car un système applicatif fondé sur le Web doit s'appuyer un fondement sécuritaire éprouvé.

Ces démarches normatives ne nécessitent aucunement d'obtenir une certification, sauf quand elle est indispensable car exigée par les clients ; c'est, en particulier, le cas de la certification ISO 9000.

Ces évolutions sont également l'opportunité pour l'entreprise de restructurer l'architecture de son SI dans un modèle n-tiers. Ce modèle assurera la pérennité de l'architecture de son système.

Bref historique

La technologie informatique a débuté à la fin de la seconde guerre mondiale. Elle est restée très longtemps une affaire d'artisans de génie. Ce n'est que progressivement qu'elle s'est industrialisée, commençant bien sûr par le matériel, dès les années soixante-dix. Les années quatre-vingt ont vu la production industrielle de certains logiciels. Les éditeurs ont commencé par les logiciels pour micro-ordinateur : systèmes d'exploitation, gestionnaires de réseaux locaux. En général,

---

1. Dans les entreprises où le métier de base reste très spécifique, avec des pratiques professionnelles rares, l'entreprise aura du mal à trouver un ERP répondant, en standard, à ses spécifications.
2. Et, dans certains métiers, au sens d'une homologation par un organisme spécifique délivrant le label nécessaire à la reconnaissance des produits et services de l'entreprise.
3. L'ISO 27000, comprend plusieurs normes relatives à la sécurité et à la gestion des risques (exemple : ISO 27005 pour l'évaluation des risques), la première étant l'ISO 27001 qui remplace l'ISO 17799.

ils ont pu éditer de façon industrielle toutes les applications très horizontales où les pratiques professionnelles sont quasi invariantes d'une entreprise à une autre à travers le monde Par exemple, les progiciels de bureautique, les applications de CAO.

Historiquement, la notion d'ERP est apparue au début des années quatre-vingt-dix et est utilisée par les médias professionnels pour qualifier moins d'une demi-douzaine d'éditeurs de progiciels qui couvrent la gestion complète d'une entreprise. Aujourd'hui, les grands éditeurs qui ont regroupé une offre complète sont : SAP, ORACLE Business Suite et Microsoft avec sa gamme DYNAMICS. D'autres grands éditeurs, tels que SAGE offrent également des suites de gestion intégrées qui peuvent être, à juste titre, considérées comme des ERP. Capitalisant sur leur expérience de système de gestion pour les entreprises, ces éditeurs ont engagé des développements qui ont apporté, au-delà de l'intégration des applications elles-mêmes, trois grandes notions indissociables des ERP :

- en premier lieu, une architecture applicative ouverte et incrémentale. Ainsi, les couches de base ont été conçues de telle façon que de nouveaux modules soient d'une implémentation relativement aisée ;

- en deuxième lieu, les modules sont réutilisables dans d'autres services ou établissements de l'entreprise où les besoins sont analogues ;

- en troisième lieu, les modules des ERP sont théoriquement conçus pour un maximum d'adaptabilité à divers environnements de travail, c'est-à-dire par rapport à des méthodes de gestion différentes et des réglementations qui varient dans le temps et dans l'espace.

Ces éditeurs ont ainsi pu reproduire en grande série des systèmes de gestion intégrés.

Cependant, d'autres progiciels sont tout aussi intégrés et méritent parfaitement la qualification d'ERP (voir chapitre 8).

Figure 1.3 : Le marché des ERP, cibles actuelles et futures

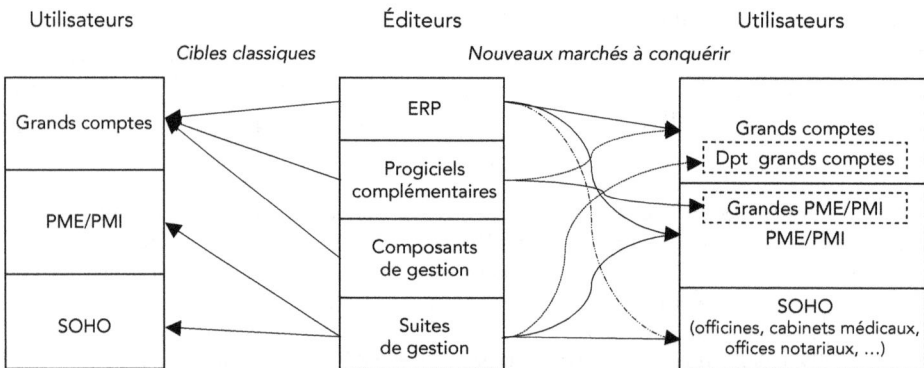

Pour les logiciels de gestion d'entreprise autonomes tournant sur des micro-ordinateurs ou sur des serveurs, le début de l'industrialisation, c'est-à-dire la production en grande série de logiciels parfaitement identiques s'est développée massivement à l'instar des autres types d'application. Dès la fin des années quatre-vingt, les progiciels de comptabilité générale ont été mis sur le marché, dont la vente a été portée par les réseaux de distribution commerciale déjà mis en place et opérationnels pour la vente des autres applications (bureautique, PAO, etc.). Les premières actions d'intégration ont alors vu le jour : des petits intégrés ont été packagés : comptabilité, paie, gestion des immobilisations. On peut appeler ces applications « suites de gestion ». Le mot « suite » étant un anglicisme désignant un ensemble d'applications interfacées les unes avec les autres. Par exemple, une suite bureautique comprend en général : un traitement de texte, un tableur, une présentation assistée par ordinateur et une base de données personnelles Mais cette intégration est restée longtemps au niveau de la gestion proprement dite et surtout, elle n'a pas eu d'impact majeur sur le SI en l'absence de la mise en œuvre d'une architecture applicative complète. Dès 1998, la marche vers la notion d'ERP, pour ces éditeurs de suite de gestion avait commencé, et les étapes successives peuvent être résumées ainsi :

◗ première étape : pour le plus grand nombre de ces progiciels, la famille d'applications intégrées fonctionnait sur un poste de travail micro-ordinateur, (en général PC ou Macintosh ou station de travail Unix) ;

◗ deuxième étape : l'ensemble de la solution était porté au niveau d'un serveur départemental, avec accès par les utilisateurs à partir d'un poste de travail en réseau local et en client-serveur lourd au départ, puis aujourd'hui en client léger (client Web) ;

◗ troisième étape : intégration, en mode client lourd ou client léger avec des applications horizontales de productivité individuelle (par exemple, des applications bureautiques) : Nous sommes aujourd'hui dans cette étape.

Les suites de gestion sont vendues en grande masse à travers un réseau de distribution hiérarchisé : grossistes généraux ou *Master Distributors*, distributeurs, revendeurs à un large éventail de clientèle comprenant les particuliers, les indépendants et professions libérales – *Small Office Home Office* (SOHO) aux États-Unis –, les PMI et les PME ainsi que les grandes entreprises.

Pour leur part, les ERP sont restés confinés jusqu'en 1998 aux grandes entreprises des secteurs industriels, commerciaux et administratifs. Par ailleurs, la mise en œuvre de suite, ne nécessite pas une grande assistance de spécialistes à multiples compétences. Il n'en est pas de même des ERP qui drainent dans leur environnement d'affaires un cortège important de consultants en organisation, d'intégrateurs, d'architectes système, de spécialistes réseaux locaux, d'experts en bases de données, etc.

Les éditeurs d'ERP tendent aujourd'hui à diversifier leurs cibles d'utilisateurs :

▶ ce ne sont plus les seules grandes entreprises privées qui sont concernées. Les organismes de tout secteur peuvent l'être ;

▶ les grands éditeurs d'ERP s'intéressent maintenant aux entreprises de taille plus modeste et mettent en place des réseaux de partenaires pour pénétrer les milieux des PME et des PMI.

▶ parallèlement, les éditeurs de suite de gestion sont intéressés par l'enjeu que représente le marché des ERP et abordent de nouveaux utilisateurs en se repositionnant dans le concept des ERP.

▶ enfin, les partenaires de tous ces éditeurs ont conçu des modules complémentaires qui disposent d'interfaces avec les ERP, soit dans des milieux professionnels plus difficiles à pénétrer par les éditeurs eux-mêmes, soit pour des traitements périphériques.

Ce foisonnement d'activité autour des ERP contribue ainsi au développement massif de ce marché.

La convergence des objectifs des utilisateurs et des éditeurs

Utilisateurs et éditeurs ont des intérêts convergents pour ce qui concerne le développement des progiciels intégrés qui génère ainsi un marché pour d'autres entreprises, les partenaires techniques et commerciaux des éditeurs.

Il ne faut cependant pas oublier que les utilisateurs recherchent avant tout d'une part, à minimiser le *Total Cost of Ownership* (TCO[1]), c'est-à-dire, le coût total d'appropriation, d'autre part, à maximiser le *Return On Investment* (ROI), dont le mode de calcul est en général extrêmement difficile à définir.

---

1. Ce *Total Cost of Ownership* comprend également, au-delà des coûts d'acquisition, d'adaptation et de mise en production des logiciels et matériels : la maintenance, dont la maintenance applicative, la formation, les mises à jour. Il se calcule donc sur la durée.

Figure 1.4 : Les intérêts convergents des éditeurs et des utilisateurs

Intérêts des éditeurs	Progiciels	Intérêts des utilisateurs

Volume des ventes	Prix des licences
Coûts des développements	Coûts des évolutions
Coûts de maintenance	Fiabilité de la maintenance
Facilité d'exploitation	Coût total d'appropriation
Effets de masse	Communauté d'utilisateurs

Les objectifs des utilisateurs

Les logiciels spécifiques sont générateurs :

▶ de développements coûteux et risqués ;

▶ d'un coût de maintenance élevé dans la mesure où l'utilisateur est seul face à son application, même s'il dispose de l'aide de prestataires externes.

En outre, les évolutions font l'objet d'un niveau de coût de développement comparable à celui des développements de nouvelles applications spécifiques.

Dans les grandes entreprises et dans les entreprises de taille moyenne pratiquant des métiers extrêmement particuliers, les développements de logiciels à façon ont été monnaie courante. Elles ont souvent conduit aux situations suivantes :

▶ une perte des compétences humaines, liée aux départs des hommes ou à l'évolution des entreprises de services ayant contribué à leur développement ;

▶ une obsolescence des matériels et logiciels de base (par exemple : système d'exploitation, système de gestion des fichiers).

Souvent, on constate également une carence dans l'homogénéité des applications de gestion (au niveau de l'IHM, au niveau des codes utilisés, au niveau du choix des technologies utilisées lors de l'écriture de nouveaux modules ou de développements complémentaires).

Dès la fin du siècle dernier, avec l'utilisation généralisée des systèmes Unix©, et Windows Server© et de la micro-informatique en gestion, des habitudes d'utilisation de produits logiciels ont été prises et ont donné satisfaction.

L'utilisateur final trouve ainsi de nombreux avantages à adopter des progiciels édités en grande série : il n'est plus isolé et peut s'appuyer sur une communauté d'utilisateurs susceptible de peser, plus ou moins, sur les éditeurs de leurs progiciels. La maintenance et les évolutions des produits, pour ce qui concerne les technologies ou les changements de réglementations, sont prises en charge par les éditeurs et leurs coûts sont répartis.

Cependant, les besoins des entreprises ne sont pas satisfaits automatiquement par la simple décision de choisir des progiciels. En particulier, les contraintes suivantes restent totalement valables :

- la solution choisie doit répondre intégralement aux spécifications fonctionnelles des utilisateurs ;

- elle doit permettre une grande souplesse vis-à-vis des évolutions. Par exemple, l'extension des besoins ;

- une facilité de mise en œuvre relative reste un enjeu d'importance pour les utilisateurs ;

- la garantie de pérennité des choix applicatifs doit être recherchée tant vis-à-vis des produits eux-mêmes qu'en ce qui concerne des éditeurs.

C'est pourquoi les composants du système d'information gagnent à :

- s'appuyer sur les normes et standards informatiques, pour les couches communication, les composants techniques et les éléments système ;

- accepter les fondements actuels des systèmes ouverts : architecture de services multitiers et ouverture sur le Web.

Quant aux composantes applicatives du système d'information, elles doivent :

- permettre le respect et la prise en compte de l'organisation de l'entreprise ;

- autoriser une implémentation de nouveaux modules sans contraindre à des « développements cachés » autour d'un noyau commun[1].

Il est fortement souhaitable que les solutions de logiciels de gestion retenues s'appuient sur une architecture comprenant un fondement commun : un référentiel, des bases de règles, des plates-formes de communication de données, des fichiers, etc.

L'approche d'une solution de type ERP, avec des applications complémentaires permet de répondre plus ou moins complètement à ces prérequis. Cependant, la méthodologie et la démarche de mise en œuvre sont fondamentales pour aboutir à un système applicatif cohérent et performant.

---

1. Cela avait conduit dans le passé à des progiciels qui n'en avaient que le nom de baptême et ont généré autant de spécifiques qu'il y avait d'utilisateurs ; chaque version n'ayant en commun qu'un noyau de code, les bases installées en sont devenues impossibles à maintenir !

Les objectifs des éditeurs

Jusqu'à l'avènement du marché de l'édition des logiciels, des sociétés de services avaient pour coutume de développer des logiciels de gestion « taillés sur mesure ». Nombre de ces développements ont conduit à des gestions de type intégré, mais au sens « système propriétaire » de l'époque. En deçà, dans le milieu des années quatre-vingt, un certain nombre de prestataires avaient eu l'idée de s'appuyer sur un noyau plus ou moins stable et d'adapter les modules de gestion aux spécifications de l'utilisateur. En fait, le noyau consistait essentiellement en un tronc commun de lignes de code qui étaient ensuite reprises selon les configurations matérielles, logicielles et selon l'organisation des divers clients.

Le client n'achetait pas alors un progiciel packagé mais des développements spécifiques dont une grande partie était à écrire. À une époque où les outils d'aide au développement étaient rares et non performants, cela pouvait constituer une aide appréciable.

Cependant, ce concept a vite abouti à autant de versions spécifiques qu'il y avait de clients et le noyau était rongé de séquences diverses, développées au gré des accords pris avec le client. On en est arrivé à des produits soi-disant finis, encore moins maintenables que des développements spécifiques, car une bonne partie du code n'était pas maîtrisée par le client et, souvent, le fournisseur avait pu perdre les compétences humaines qui lui avaient permis de développer les codes sur mesures de son client.

Les Sociétés de Services en Ingénierie Informatique (SSII) spécialistes de l'informatique de gestion ont vite entrevu les perspectives bénéfiques de l'activité d'édition de progiciels. Elles ont donc recherché par tous les moyens à pouvoir capitaliser auprès de leurs clients par des effets de masse ; une telle approche ne pouvait qu'accroître leur marché.

Parallèlement, développer une seule fois et revendre leurs produits et services en un nombre d'exemplaires le plus élevé possible, contribuent à réduire les coûts de développement, de maintenance et d'évolution. Cette opportunité n'a pu être saisie que lorsque :

▶ les Systèmes de Gestion de Base de Données Relationnelle (SGBDR) étaient devenus performants, ouverts et communicants, rendant les développements de logiciels facilement transposables d'une base à une autre, avec un minimum de commandes communes vis-à-vis du langage de requête *Structured Query Language* (SQL) normalisé, avec, en plus, des commandes propriétaires à l'éditeur de la base de données ;

- les systèmes Unix© avaient suffisamment pénétré le marché de la gestion pour rendre les développements plus aisément portables d'une plate-forme matérielle à une autre ;

- l'IHM le plus communément admis était devenu l'interface MS-Windows© de Microsoft et que les techniques de la première génération de l'architecture répartie en deux tiers, ont permis de partager les ressources entre serveurs Unix©, Windows Server© ou propriétaires d'un côté, et postes de travail MS-Windows© de l'autre.

> *Remarque : les utilisateurs de systèmes propriétaires très répandus (tels les divers environnements grands et moyens systèmes d'IBM) ont également bénéficié de développements de progiciels.*

Se concentrant sur leur mission d'édition et occupés à généraliser au mieux et au maximum leurs applications, les auteurs de ces nouveaux logiciels produits en série doivent disposer de partenaires assurant différents services aux clients : conseils organisationnels, installation et paramétrage des modules choisis, intégration de divers produits logiciels au système d'information, formation des administrateurs du système, formation des utilisateurs, etc.

Ces nouveaux éditeurs pouvaient, dès le début des années quatre-vingt-dix, s'appuyer sur le modèle de commercialisation en réseau mis en place par les constructeurs et les éditeurs de suites, qui était déjà généralisé dans le milieu des années quatre-vingt.

Les meilleures opportunités ont été celles où des développements d'envergure, dans des domaines assez généralistes, pour un ou plusieurs grands comptes se sont présentés. Les grands éditeurs d'ERP de l'époque (SAP, ORACLE, BAAN, JD EDWARDS, SSA, etc.) ont occupé ainsi « tout l'espace ». Il est resté cependant des « secteurs de niche » constitués :

- soit par des domaines de gestion où peu de produits intégrés existent. C'est le cas des métiers très spécialisés ;

- soit dans des secteurs connexes où une grande expertise métier est demandée. Par exemple, en gestion de la logistique.

En dehors de ces nouveaux pôles pour ERP, les autres professionnels peuvent lucrativement se positionner en éditeurs :

- de modules complémentaires qui s'interfacent avec des ERP leaders du marché ;

- de technologie. C'est le cas du domaine des composants métiers qui connaît un fort développement.

Les ERP constituent, dès aujourd'hui, un créneau de marché majeur en informatique qu'aucun acteur ne peut ignorer (constructeur, consultant, éditeur ou société de services).

Un marché pour les intégrateurs

Le rôle des intégrateurs est prépondérant car ils sont les interfaces des utilisateurs. Les éditeurs majeurs n'ont pas pour habitude d'intervenir chez les utilisateurs, en dehors des missions de conseil techniques liées à leurs produits, afin de se concentrer sur leur mission principale qui est l'édition de progiciels.

Les sociétés de services en informatique et en intégration de systèmes ont développé des compétences dans l'intégration des progiciels du marché.

Les éditeurs de taille plus petite font intervenir leurs propres équipes et intègrent, en général, leurs solutions à celles des ERP leaders du marché. Disposer à la fois d'une application ou d'un progiciel et de compétences d'intégration constitue souvent un atout face à la concurrence.

Le contexte d'utilisation des ERP

Les secteurs précurseurs

Dans plusieurs secteurs, les ERP ont existé de fait avant l'introduction et l'utilisation du sigle lui-même. En général, ce sont des domaines de structure complexe où il était nécessaire que des données communes soient utilisées par plusieurs pôles de gestion différents : gestion administrative de l'établissement, gestion commerciale, comptable et financière.

Les éléments favorables à l'émergence d'un marché pour les progiciels intégrés

Au-delà de ce besoin fondamental qui se traduit pour le SI à une communication entre applications, d'autres séries de facteurs étaient déterminantes pour l'apparition de ces « pré-ERP » :

- une préoccupation de rentabilité, obligatoirement liée à l'appartenance des utilisateurs au secteur marchand ;

- un souci d'amélioration de la productivité, facteur critique pour des secteurs de plus en plus concurrentiels.

Mais entre, d'une part, faire communiquer des applications entre elles, voire partager des données, et, d'autre part, aboutir à une approche d'utilisation de progiciels intégrés, des paramètres complémentaires s'avèrent indispensables :

- il faut une certaine homogénéité dans les méthodes de gestion et d'organisation des entreprises du secteur concerné ;

- les utilisateurs doivent être demandeurs de progiciels. C'est le cas quand une entreprise a plusieurs établissements qu'elle doit équiper de façon identique ;

- il est nécessaire que les progiciels demandés soient généralisables pour inciter les sociétés de services en informatique à développer des modules intégrables aux ERP ; ceci n'est vrai que s'il existe des secteurs professionnels transversaux exprimant des besoins analogues.

C'est à ces seules conditions que les sociétés de services en informatique envisageront la création d'une division d'édition de modules complémentaires aux progiciels.

Pour les ancêtres des ERP, au début des années quatre-vingt, ni la technologie, ni les produits informatiques n'étaient suffisamment avancés pour motiver les professionnels à tenter des approches par progiciels intégrés. Les réseaux locaux n'existaient pas, inutile de parler d'interface graphique, les bases de données relationnelles abordaient à peine leur phase expérimentale, les environnements étaient propriétaires sans compatibilité entre eux et Unix© restait confiné à l'éducation et à la recherche. Il fallait alors une très forte conjonction d'éléments pour créer le besoin de ces pré-ERP :

- un secteur professionnel ayant une organisation très structurée ;

- l'application d'une réglementation ou d'une législation très forte ;

- une préoccupation majeure de productivité chez les utilisateurs.

L'exemple des HIS dans le domaine de la santé

Dans le domaine hospitalier, les Systèmes d'Information Hospitaliers (SIH) ou *Hospital Information Systems* (HIS), existent depuis le début des années quatre-vingt dans les pays anglo-saxons. Ce secteur a éprouvé le besoin fondamental d'assurer la continuité entre :

- la gestion médicale du dossier du patient avec le maximum de confidentialité, mais requérant le maximum de disponibilité de tout ou partie du dossier pour les divers services de soins ;

- la gestion du *catering*, c'est-à-dire la maîtrise de la partie hôtelière des établissements (gestion des réservations et des prestations de repas, chambres, blanchisserie, etc.) ;

- la gestion des moyens et des stocks (consommables médicaux, pharmacie des établissements, etc.) ;

- la gestion tertiaire (paie, ressources humaines, facturation clients, comptabilité, etc.) ;

- la gestion des plateaux techniques qui comprend l'ensemble des appareils d'imagerie médicale et des matériels électroniques et informatiques liés aux analyses et moyens d'investigations (radiologie, scanner, échographie, etc.).

En Amérique du Nord, il est apparu évident de s'appuyer sur des applications intégrées et susceptibles de communiquer et de s'appuyer sur des données partageables. Deux explications peuvent être données :

- aux États-Unis comme au Canada, le secteur hospitalier est entièrement privé. Il appartient au secteur marchand, et les impératifs de productivité et de développement de la clientèle sont primordiaux. Dans les législations des États-Unis, les médecins et assimilés doivent un engagement de résultats à leurs clients ;

- les hôpitaux de ce continent, qu'ils soient de type confessionnel (liés à des communautés de même religion) ou purement privés, possèdent une organisation quasi similaire ; il existe, par ailleurs, un grand nombre de complexes hospitaliers métropolitains, c'est-à-dire des hôpitaux à établissements multiples desservant des métropoles urbaines.

Toutes les conditions organisationnelles, économiques et réglementaires étaient alors réunies pour inciter les utilisateurs et les fournisseurs anglo-saxons à concevoir, à développer et à mettre en œuvre les HIS.

Certes, à leurs débuts, les HIS ne pouvaient s'appuyer que sur une architecture de système centralisé : des grands systèmes centraux (mainframe : IBM, UNISYS, etc.) ou des minis, ancêtres des serveurs départementaux (IBM 34/36/38, DIGITAL/VAX© ou encore DATA GENERAL[1]). Bien entendu, à cette époque, les HIS ne pouvaient pas intégrer la problématique des plateaux techniques qui, d'ailleurs, ne disposaient que d'appareils fonctionnant exclusivement en mode analogique.

Ensuite, les HIS ont été portés sur des serveurs de nouvelle génération (AS/400©, serveurs Unix© et Linux ©et Windows Server©), d'abord en mode « terminaux passifs ». Puis, ont été implantées dans ces HIS toutes les générations successives d'architecture à multiples niveaux.

---

1. Ce constructeur, au moment de l'expansion du marché des minis, avait 30 % de son parc installé dans le domaine hospitalier aux États-Unis.

Ce n'est que depuis 1995, que des projets d'intégration plus ou moins importante de la gestion technique et de l'imagerie avec la gestion du dossier du patient ont pu être menés à bien.

Figure 1.5 : Le système d'information hospitalier

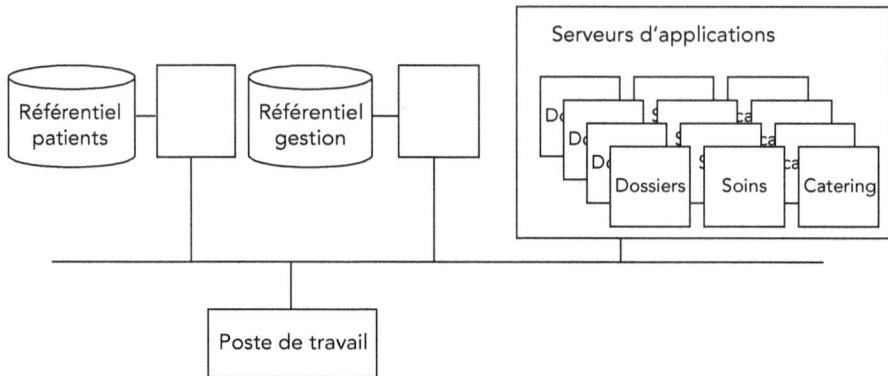

En France, la notion d'HIS apparaît très tardivement, pour plusieurs raisons :

- les hôpitaux français sont, pour leur immense majorité, publics et sous la tutelle des collectivités territoriales (mairies, conseils généraux, régions) ;

- ils sont à but non lucratif, n'ont donc pas d'impératifs de rentabilité, même s'ils ont, bien sûr, des objectifs d'utilisation optimale des budgets ;

- si leur vocation première est claire et sans équivoque, soigner, leur mission globale est très disparate. Les établissements hospitaliers français doivent : soigner, faire de la recherche médicale, enseigner, assurer un relais social à la politique du gouvernement, etc.

- d'un point de vue informatique, ils appartenaient à des « filières » dépendant d'un Centre Régional d'Informatique Hospitalière (CRIH) qui fournissait chacun des systèmes spécifiques développés pour leur zone de monopole. Les CRIH étaient eux-mêmes des émanations régionales du Centre National d'Informatique Hospitalière (CNIH) ;

- d'un point de vue organisationnel, chaque service de chaque établissement est en droit, en France, de gérer séparément le dossier patient, conduisant ainsi à la répétition du dossier d'un patient en autant de services que ceux concernés par ses soins – la notion de Dossier Médical Unique (DMU) est nouvelle en France ;

- les méthodes de gestion américaines fondées sur le *Diagnosis Related Group* (DRG) n'étaient pas utilisées en France. Ces méthodes ont pour objectif de bien maîtriser les coûts de revient des soins par rapport aux pathologies.

L'émergence d'un marché pour les SIH ne pouvait être possible dans cette situation, et les HIS américains qui existaient déjà ne pouvaient pas être utiles en France dans un tel contexte.

À travers ces deux exemples, France d'un côté, pays anglo-saxons de l'autre, on illustre bien que les conditions énoncées au paragraphe précédent doivent être remplies pour permettre l'existence et la viabilité d'un marché pour les ERP.

Depuis le début des années quatre-vingt-dix, la situation a évolué en France : le CNIH et les CRIH ont été privatisés, devenant des fournisseurs sans monopole de droit ; des études étaient lancées pour appliquer des méthodes du type DRG, adaptées à la France et instaurer le Programme de Médicalisation des Systèmes d'Information (PMSI). Aussi, de grands projets de systèmes informatiques hospitaliers s'appuyant sur des progiciels intégrés ont pu voir le jour, avec le développement en France des adaptations d'HIS.

Pour des raisons historiques, dans le domaine hospitalier, les ERP conservent leur appellation d'origine : HIS en anglais et SIH en français.

Les autres pré-ERP : les Systèmes de Gestion des Données Techniques (SGDT)

Plusieurs secteurs industriels ont dû entreprendre une intégration de leurs applications techniques et de gestion, bien avant l'utilisation du sigle ERP. Ce sont, entre autres, les industries de l'armement, la construction aéronautique, la fabrication automobile, l'industrie de la pharmacie. En général, toute activité où il existe une informatique technique dont les données doivent alimenter les pôles de gestion tertiaires.

Leurs préoccupations essentielles sont globalement très similaires : dans les quatre exemples de marché cités ci-dessus, il apparaît essentiel aux utilisateurs de pouvoir s'appuyer sur un SI qui fédère l'ensemble des applications utilisées et qui leur permette de communiquer entre elles par échange de fichiers normalisés. C'est là une analogie importante avec l'approche ERP.

Cependant, les différences demeurent très importantes :

- dans un cycle complet qui va de la conception à la commercialisation d'un produit, le nombre de progiciels utilisés est extrêmement important et fait appel à des métiers fondamentalement disjoints : CAO pour les concepteurs, applications de calculs pour les spécialistes des matériaux, simulation pour les laboratoires de prototypage, etc. C'est, par conséquent, une panoplie très complexe de produits qui est en jeu et doit être intégrée. Il est, alors, hors de question, qu'un seul éditeur puisse fournir la gamme complète d'applications nécessaires ;

▶ les ERP ne couvrent que le domaine de la gestion proprement dite. Ils n'ont pas pour vocation première d'intégrer des outils techniques, mais ils peuvent cependant prévoir des interfaces d'échange. Pour le domaine des applications purement techniques, les *Computer Integrated Manufacturing* (CIM) présentent l'analogie, avec les ERP, d'être des progiciels intégrés qui couvrent le cycle de conception, de développement et de fabrication ;

▶ les outils de travail de groupe sont des vecteurs essentiels pour parvenir aux objectifs de raccourcissement des délais de mise sur le marché. Et plus particulièrement, ce sont des applications d'ingénierie simultanée, *Concurrent Engineering* (CE) en anglais, qui constituent la véritable « épine dorsale » des communications des SGDT ;

▶ probablement la plus importante différence, les SGDT impliquent obligatoirement des projets coopératifs à pôles multiples qui réunissent les clients, les fournisseurs et les administrations de régulation des domaines concernés ; alors que les projets d'ERP ne demandent pas obligatoirement de concertation entre les divers intervenants, clients et fournisseurs de l'entreprise, en dehors des aspects liés à la coordination de la logistique et aux Échanges de Données par l'Informatique (EDI) – *Electronic Data Interchange*.

Comme nous l'avons vu dans les paragraphes précédents, le marché des ERP est soutenu, dans un secteur donné, quand il y a conjonction d'un mode d'organisation structuré des utilisateurs et d'une réglementation forte. Mais, il n'y a aucune législation technique qui puisse obliger un utilisateur à mettre en œuvre un ERP dans son entreprise. Seules, les perspectives d'une meilleure productivité et d'une amélioration des processus d'affaires poussent les utilisateurs à envisager l'adoption d'un ERP. Ce n'est pas le cas de certains utilisateurs de SGDT. Des contraintes réglementaires impératives, dictées par des organismes d'État peuvent rendre obligatoire le lancement d'un projet de SGDT respectant un ensemble de normes. C'était le cas des standards *Computer Aided Logistics Support* (CALS), consignes de normes émises par le *Department Of Defense* (DOD) des États-Unis, que doivent respecter les fournisseurs des armées américaines. Ces fournisseurs, en général maîtres d'œuvre des grands projets, répercutent à leurs sous-traitants et équipementiers les contraintes CALS. Il en allait de même des standards *Computer Aided New Drug Admission* (CANDA), émis par la *Foods and Drug Agency* (FDA) et applicables aux fabricants de médicaments en vue de l'obtention de l'autorisation de mise sur le marché. L'Union européenne dicte des consignes analogues.

Figure 1.6 : Schéma d'un système de gestion des données techniques

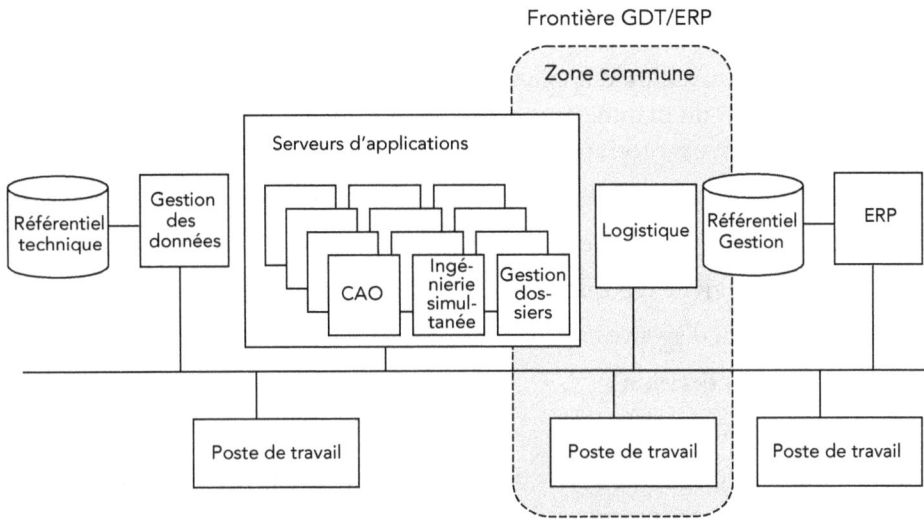

Les raisons de différenciation étant importantes, le SGDT restera une intégration plus ou moins complète des familles de progiciels suivantes :

- une application de travail de groupe, en général un système d'ingénierie simultané intégrant des outils de conception ;

- une application de *Computer Integrated Manufacturing* (CIM), intégrant des outils de conception, de développement et de fabrication ;

- des outils de pure gestion : gestion logistique, Gestion de Maintenance Assistée par Ordinateur (GMAO), GPAO, etc.

- un système disposant d'interfaces avec les logiciels précédents et qui assure la création et l'administration du référentiel de données techniques utilisant un, Système de Gestion de Base de Données (SGBD). Dans la pratique, ce système est appelé logiciel de Gestion des Données Techniques (GDT).

Les domaines de gestion logistique et de gestion de maintenance sont partie intégrante des SGDT. Ils constituent ainsi la frontière entre ERP et SGDT. Cependant, les ERP couvrent les parties les plus critiques et les plus directement sensibles de la vie de l'entreprise :

- la gestion et le pilotage marketing, générateurs des ventes ;

- la gestion commerciale ;

- les prévisions d'affaires, nécessaires au planning directeur ;

- la gestion de la production.

L'adoption d'un ERP est faite par l'entreprise et elle seule, sans qu'une concertation soit nécessaire avec des groupements de clients et de fournisseurs. Elle ne demande donc aucun consensus extérieur à l'entreprise.

Désormais, les fournisseurs d'applications de divers types disposent d'interfaces avec les grands ERP du marché qui représentent pour eux un potentiel réellement important. Ces éditeurs produisent les types de logiciels suivants :

- outils de planification spécifiques ou généraux, par exemple : gestion de projet ;
- logiciels de travail de groupe, par exemple : messagerie, agenda partagé, etc.
- outils de productivité tels que les outils de bureautique ;
- gestion de réseau d'agences ;
- outils d'aide à la décision ;
- serveurs d'applications Web.

Parallèlement, les grands éditeurs d'ERP ont développé des compléments ou acquis des modules concurrents et les ont intégrés à leur ERP. Plus que jamais, la vocation que se donnent ces éditeurs est de prendre en charge l'intégralité de la gestion d'une entreprise.

Les domaines traditionnellement recouverts par les ERP

Les applications qui sont d'habitude concernées par les noyaux des ERP ne recouvrent que des domaines classiques de la gestion de grandes entreprises. Les éditeurs n'ont intérêt à développer des ERP qu'à partir du moment où plusieurs facteurs sont vérifiés simultanément pour le marché ciblé :

- une certaine stabilité des règles de gestion imposées par la législation et concernant un vaste ensemble d'utilisateurs pour un même pays, ajoutée à la faisabilité de transcription de ces règles d'un pays à un autre. La gestion comptable a été, pour cette raison, parmi les premières applications à bénéficier de développements de progiciels ;
- des méthodes de gestion et d'organisation utilisées dans un secteur donné pour la même famille de métiers à travers le monde. C'est le cas pour la gestion de production. En effet, selon le type d'activité, il existe des méthodes facilement adaptables ; par exemple, pour la production en série, on peut choisir un modèle d'organisation permettant de gérer en zéro stock, ou appliquer la méthode Kanban ou, si le domaine l'exige, gérer à la commande ou au projet. La gestion de production est conditionnée par la gestion des approvisionnements et des stocks, qui sont donc des cibles de développements de modules progiciels intégrables à des noyaux d'ERP ;

〉 la nécessité de pouvoir utiliser des données homogènes entre divers gestionnaires de l'entreprise, ajoutée à celle de pouvoir analyser des informations de provenances diverses (production, comptabilité, commercial, etc.). Celles-ci conduisent à fonder l'intégration des modules développés sur un référentiel commun ; c'est, par conséquent fort logiquement, que la gestion commerciale a été intégrée dans le contexte des progiciels.

En pratique, ces conditions étant remplies, un éditeur d'ERP qui a stabilisé son environnement applicatif propose alors un système, communément appelé progiciel de gestion intégré qui est constitué, en réalité, d'une collection très vaste de modules :

〉 recouvrant les applications citées ci-dessus, certaines d'entre elles étant développées directement par l'éditeur, d'autres provenant de rachat d'entreprises. Dans ce dernier cas, les modules peuvent être, soit déjà intégrés, soit en cours d'intégration au noyau principal de l'ERP ;

〉 s'appliquant à des types différents de gestion. Par exemple, production en flux continu ou production en série discrète ;

〉 déclinant différentes versions nationales qui ajoutent à la traduction linguistique la transcription nécessaire aux lois nationales en vigueur ;

〉 comprenant des générateurs et des traducteurs de règles qui apportent une certaine souplesse en cas d'évolution des règles de gestion et de la législation ;

〉 ajoutant, en complément, des modules qui sont, en fait, des outils de développement d'interfaces et de modules spécifiques ;

〉 aidant les utilisateurs dans leur démarche organisationnelle : ce sont alors des outils de conceptualisation de flux et de modèles.

Figure 1.7 : Le noyau des ERP

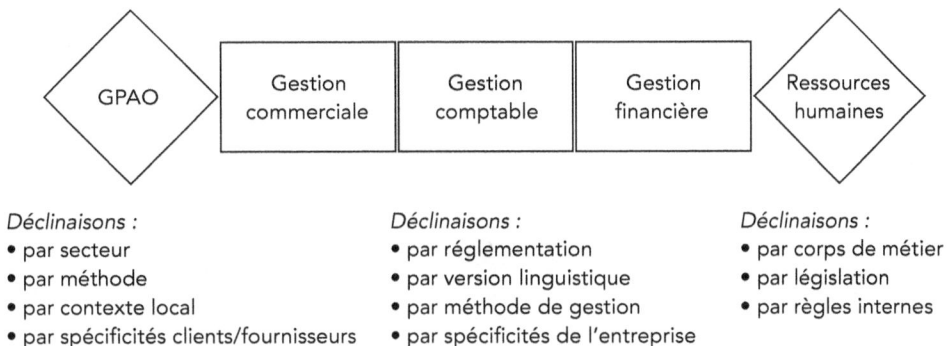

La simultanéité des facteurs de déclinaison complexifie la vision de l'utilisateur qui envisage d'adopter un ERP. C'est pourquoi dans beaucoup d'entreprises, l'approche d'ERP reste limitée à un seul domaine ; par exemple, la gestion des ressources humaines.

Certains utilisateurs n'hésitent pas à « désintégrer » des ERP, adoptant quelques modules d'un éditeur, bien souvent, pour la comptabilité, et d'autres modules d'un autre éditeur, pour un domaine dont les données seraient, dans le contexte de l'entreprise, disjointes du premier ; c'est le cas de la gestion administrative.

Nombre de besoins très localisés, du fait du métier ou des règles le régissant, restent alors traités par des applications indépendantes. L'intérêt global des éditeurs converge alors vers la possibilité de rendre leurs modules et applications interopérables.

Les macro-domaines d'une entreprise

Depuis que le commerce et l'industrie existent, toute entreprise présente deux aspects :

- l'un, visible du client, communément concrétisé par un comptoir, le plus souvent situé dans les boutiques. Cette partie de l'entreprise est le *front office* ;

- l'autre, non visible du client, concrétisé par l'arrière-boutique où sont exercées des activités d'approvisionnement, de stockage, de comptabilité, etc. qui sont fondamentales à la bonne marche de l'entreprise. Ces arrière-boutiques comprennent, dans certains cas, l'atelier de maintenance ou celui de fabrication. Cette partie de l'entreprise est le *back office*.

Cette topologie de l'entreprise reste toujours d'actualité. Le monde de la banque et l'informatique ont repris les termes américains de *front office* et de *back office*. À l'origine, le *front office* désignait les salles de marché. Par extension, l'informatique des réseaux d'agences bancaires est également considérée comme faisant partie du *front office*. En France, les banquiers ont également adopté le même vocabulaire. Dans certaines professions, dont celles de quelques banques, le jargon métier utilise d'ailleurs le mot comptoir pour le *front office* ; dans d'autres jargons, les termes « service aux usagers », « service à la clientèle », « zone de service immédiat », etc. désignent le *front office*, et « zone technique », « zone laboratoire », « bureau d'études », etc. le *back office*.

Figure 1.8 : Back office et front office

Exemple : réseau d'agences

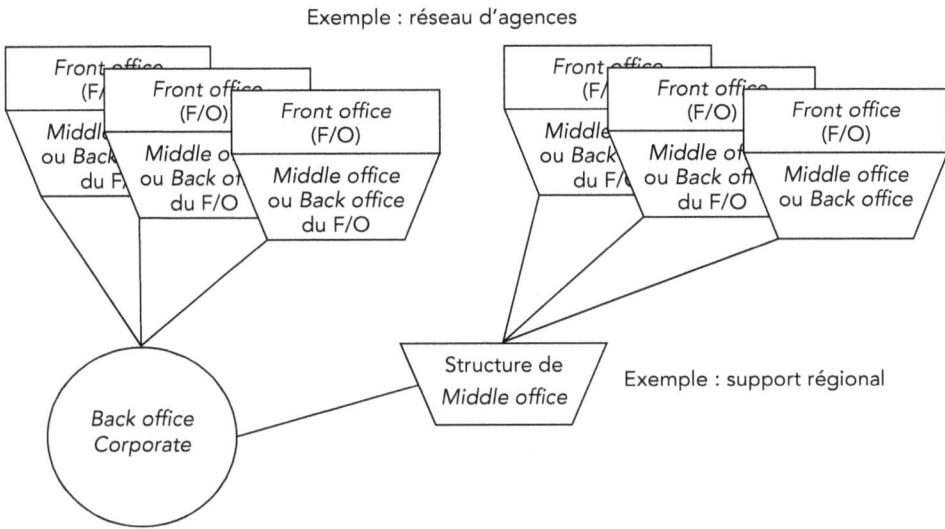

Exemple : support régional

Le *back office*

Les domaines traditionnellement couverts par les ERP, comme il est décrit dans le paragraphe précédent, appartiennent tous au *back office* qui est traditionnellement celui que les progiciels intégrés gèrent.

D'un point de vue informatique, le *back office* se caractérise par :

▶ l'importance des bases de données à gérer qui peuvent être centralisées sur un même site ou appartenir à plusieurs bases de données différentes, éventuellement réparties physiquement entre plusieurs serveurs ; que la base de données soit centralisée ou répartie, la notion de référentiel est celle qui prévaut. Le référentiel doit contenir toutes les informations nécessaires pour le pilotage de l'entreprise ;

▶ le type de programmes informatiques, une partie non négligeable consistant en des traitements en batch ; ce sont des traitements qui se font par lot soumis à un ordinateur. Il s'agit le plus souvent du traitement en bloc des opérations du jour. Cependant, une autre partie des traitements peut appartenir au domaine transactionnel, c'est-à-dire que des requêtes faites par un grand nombre d'utilisateurs doivent être traitées simultanément, tout en assurant la cohérence et l'intégrité du référentiel ;

▶ l'aspect critique des traitements qui conditionnent l'activité globale de l'entreprise ;

▶ la centralisation des systèmes d'information hébergeant ces applications, que ce soit sur serveurs ouverts à système d'exploitation Unix© et Linux© ou serveurs sous Windows Server©, ou encore des ordinateurs à système d'exploitation de type propriétaire.

La première des qualités recherchées pour les systèmes de *back office* est la cohérence et l'intégrité des données. Les applications de *back office* sont garantes du « fonds de commerce » de l'entreprise. Le critère de sécurité du système peut être mis au même niveau de qualité recherchée, à ceci près qu'il est perçu avec plus ou moins d'acuité selon l'entreprise utilisatrice, le secteur professionnel concerné et l'environnement local du système. La disponibilité des systèmes et la continuité des services sont des propriétés dont doivent disposer les applications de *back office*, allant des fonctions de reprise sur panne avec sauvegarde des données à la « tolérance de panne » des composants du système d'information. La tolérance de panne est communément définie comme la faculté pour un système de continuer à fonctionner même quand un sous-système le composant est défaillant, qui est alors changé sans interrompre le fonctionnement du système global.

Le *front office*

Les applications de *front office* sont celles qui permettent à l'entreprise de traiter rapidement l'accueil et le service aux clients. Les besoins les plus courants sont les suivants :

▶ **La gestion de la relation clientèle.** D'une part, elle comprend des outils d'administration de la clientèle : consultation des dossiers clients, mise à jour des informations, saisie des informations relatives aux opérations pour traitement par le système central ou les systèmes serveurs. D'autre part, elle inclut des outils d'aide tels que l'évaluation sur critères, les configurateurs, les deviseurs et toute autre aide interactive à la vente.

L'évaluation sur critères, encore appelée *scoring*, technique de formulaire de questions, permet de vérifier si les conditions requises sont satisfaites par le client ou le prospect, pour une vente à tempérament ou pour le choix d'une meilleure configuration. Cette dernière est établie par un configurateur dont la fonction principale est de proposer les options les plus adéquates aux besoins exprimés par le client et à ses possibilités financières. Le deviseur est un outil de calcul de devis. Ces trois types d'outils peuvent, ou non, être intégrés, sachant que le scoring est lié à la fois au produit vendu, aux critères économiques du moment et, en général, à la réglementation du crédit ; le configurateur est spécifique du catalogue fournisseur ; le deviseur peut être un outil généraliste du type tableur, paramétré pour les besoins de l'entreprise.

- **La gestion de la force de vente en agence.** Elle inclut également des applications de gestion et des outils. Elle doit gérer les vendeurs : quotas demandés, performances, réalisation des chiffres d'affaires individuels et collectifs, consolidations, calculs des statistiques et affichage des indicateurs de type *Key Performance Indicator* (KPI). Elle gère les commandes locales et transmet les informations qui en résultent aux *back office*. Elle met à disposition de la force de vente des outils de recherche de prospects, de publipostage, de tenue de carnets d'adresses et de rendez-vous, etc.

- **La gestion de la clientèle à distance.** Avec l'émergence des techniques de *Computer Telephony Integration* (CTI), la gestion des centres d'appels – *call centers* – fait également partie de la panoplie des applications qui peuvent être mises à disposition des agences.

- **Les outils décisionnels.** La suite indispensable aux applications listées ci-dessus est constituée de l'ensemble des outils d'aide à la décision pour une agence opérationnelle. Elle comprend les outils de recherche et d'extraction de données, les applications d'*Executive Information System* (EIS) ou Système Informatique d'Aide à la Décision (SIAD). Peuvent être utilisées les technologies de type *datawarehouse* et *datamining* qui aident à la détection d'informations significatives nécessaires au pilotage de l'entreprise, dans un référentiel de données.

- **La gestion du réseau d'agences.** D'une façon générale, la gestion complète d'un réseau d'agences est un complément naturel à la gestion du *back office*. Se positionner sur ce créneau est fort lucratif pour un éditeur, compte tenu du nombre d'agences dont disposent les grands organismes. Le réseau d'agences peut être constitué des succursales d'un industriel, ou des agences d'une administration ou encore d'un réseau de concessionnaires ou d'agents commerciaux qui utilisent une informatique commune définie par l'entreprise. C'est le cas, entre autres, des agents d'assurance. Les leaders du marché des ERP ont tous entrepris l'intégration de modules de *front office* dans leurs ERP.

Le *middle office*

Le *middle office* est une notion délicate à définir. Physiquement, dans l'entreprise étendue à l'ensemble de son réseau, il peut désigner :

- les zones de *back office* des agences, qui font partie du *front office* au sens « réseau d'agence » mais qui effectuent un travail de *back office* ;

- les unités de l'entreprise qui constituent un maillon entre le *back office* et le *front office,* la mission de ces entreprises pouvant être : le support du réseau, son animation, le relais vers le *back office* central.

Du point de vue informatique, les outils de *middle office* sont ceux qui sont au service des entités citées précédemment.

Avec le développement des architectures de services multi-tiers, les applications de *middle office* sont réparties sur les serveurs et le système d'information centralisé.

Aujourd'hui, le Web office

Le traitement des opérations générées par des accès aux services à distance tels le téléphone, les accès Minitel, est resté longtemps isolé, du fait de l'absence de frontière commune entre informatique et téléphonie. Un début d'intercommunication est intervenu avec l'utilisation de serveurs télématiques.

Avec les technologies Internet, le Web a introduit une nouvelle dimension à l'entreprise et à côté du *front office* et du *back office* est apparue la possibilité d'être relié au système d'information de l'entreprise à partir de n'importe quel point du globe. C'est le Web office qui conjugue les applications suivantes :

- **Les applications internes à l'entreprise.** Elles sont destinées au personnel de l'entreprise et leur accès est sécurisé par des dispositifs pare-feu. De nombreux services peuvent être fournis par ces applications, tels la coordination et la gestion de projet, la messagerie d'entreprise avec ou sans agenda de groupe, les divers types de suivi à distance, l'aide à la maintenance de matériel, le suivi logistique, etc. Ces applications utilisent l'Intranet, c'est-à-dire Internet muni des produits de sécurité nécessaires pour protéger le domaine concerné.

- **Les applications accessibles aux partenaires.** Pour l'accès réservé aux partenaires de l'entreprise, au sens large, comprenant les clients, les fournisseurs et le réseau des relations d'affaires (distributeurs, revendeurs, consultants, etc.), des serveurs Extranet proposent des services du même type que les précédents mais étendus à des utilisateurs externes à l'entreprise.

- **Les applications accessibles au public.** Concernant l'accès public aux services de l'entreprise, des serveurs Internet permettent l'extension des activités à partir de postes se trouvant chez les clients, avec une palette de services largement supérieure à ce que pouvait offrir le Minitel : véritable catalogue en ligne avec photos des articles, paiement sécurisé par plusieurs moyens possibles (porte-monnaie électronique, carte de crédit, etc.).

> *Remarque : le niveau de sécurité du serveur Internet, de l'Extranet et de l'Intranet est certes différent mais il serait dangereux et erroné de penser qu'Internet possède un niveau zéro de la sécurité et Intranet ait un taux de sécurité de cent pour cent ! En fait, un serveur Internet peut très bien être sécurisé. Par exemple : protection des données consultables, identification des internautes (utilisateurs d'Internet), offre d'abonnement gratuit ou payant selon*

le service rendu, etc. Le niveau de sécurité dépend de la seule volonté de l'entreprise et du niveau de risque que celle-ci est prête à accepter pour l'application à sécuriser.

Les serveurs d'applications Web peuvent être dédiés à divers besoins. Ils se multiplient à un rythme très soutenu. En voici quelques exemples[1] :

- **e-Messaging** ou **i-Messaging** : messagerie électronique pour entreprise ou messagerie instantanée. Les messageries électroniques par Internet sont les premières applications bénéficiant d'un déploiement important au sein des grandes entreprises. Elles sont bien acceptées par les utilisateurs finals qui se sont habitués à l'utilisation du courrier électronique e-mail.

  Aujourd'hui, les solutions d'*Instant Messaging* permettent le maintien d'une communication en mode continu entre les divers acteurs de l'entreprise.

- **e-Commerce** : commerce électronique. Celui-ci était, au départ, une simple transposition de la vente par correspondance au support Internet. Depuis, de nombreuses variantes ont vu le jour, tels les e-Mall (le *mall* est une galerie marchande en Amérique du Nord).

  Ces applications bénéficient d'une très forte médiatisation. Ce créneau de marché connaît une expansion exponentielle. Le commerce électronique s'étant dès à présent largement développé outre-Atlantique, le jeu de la concurrence ne laisse plus de choix réel aux entreprises européennes, quels que soient les états d'âme des consommateurs sur le paiement électronique. En fait, l'intégralité des sociétés françaises de vente par correspondance ont développé des sites Web dans le but d'occuper l'espace. Cette situation est aujourd'hui partie intégrante du paysage économique depuis la disponibilité de Windows CE© (aujourd'hui Windows Mobile©) qui a permis l'utilisation des *Smart Devices*[2].

- **e-Banking** : opérations bancaires. La consultation et les ordres de banque sont gérables par Internet pour un particulier. Toutes les grandes banques ont remplacé désormais leurs services de banque Minitel par des services Web.

- **e-Catalog** : catalogue électronique consultable par Internet. C'est l'application la plus répandue. Les autres applications qui commencent à être mises en place sont moins courantes, mais leur utilisation prendra de l'ampleur car elles apportent des possibilités nouvelles de diffusion rapide d'informations.

---

1. L'auteur s'est permis un ensemble de néologismes courant dans le domaine de l'Internet. Certains sont déjà largement utilisés par les médias (par exemple e-Commerce), les autres sont introduits par l'auteur.
2. Terminaux mobiles portables, ayant les capacités d'un ordinateur portable.

- **e-Publishing** : publication électronique d'entreprise. Les serveurs de publication électronique permettent la diffusion rapide de documents volumineux.

- **e-Document Exchange and Norms** : échange de documents normés. Les communications par Internet peuvent être accompagnées de documents officiels ou certifiés. C'est l'objectif d'un certain nombre de solutions déjà opérationnelles. C'est le cas de la franchise postale Internet.

- **e-Training** : formation par Internet. Dans ce type d'application, le serveur Web remplace les médias d'Enseignement Assisté par Ordinateur (EAO).

  Les Serveurs d'Applications Web apportent de nouvelles et puissantes possibilités pour la gestion des entreprises, en particulier, ils permettent d'augmenter la productivité et l'efficacité de l'entreprise étendue à l'ensemble de ses sites. Ils offrent également aux entreprises qui savent en exploiter l'opportunité, l'ouverture à de nouveaux marchés, grâce aux contacts directs avec des consommateurs internautes, au niveau mondial. Pour les éditeurs d'ERP, offrir des extensions Web à leurs progiciels est stratégique.

  Ce type d'extension est souvent réalisable, car les ERP du marché se fondent sur une architecture ouverte utilisant elle-même le protocole de réseau local *Internet Protocol* (IP).

L'ordonnancement inter office des tâches

Intégrer un nombre croissant d'applications dans un ERP ne rend pas forcément plus efficace la gestion de l'entreprise. Au contraire, une architecture applicative tentaculaire peut perdre complètement son potentiel opérationnel si des outils de planification ne sont pas utilisés. De cette planification dépendra l'efficacité logistique des approvisionnements, de la mise en phase des cycles de commandes, de production, de livraisons aux clients, etc.

Si le système d'information couvre la gestion des applications de *front office* et de *back office*, alors la planification doit être faite sur l'intégralité des domaines gérés.

Deux approches sont possibles : soit on choisit des progiciels indépendants, soit on opte pour un ERP.

- Dans le premier cas, l'utilisateur fait un choix de progiciels indépendants estimés répondre le mieux aux besoins exprimés par rapport aux *front office*, *back office* et Web office. L'intégration peut être faite par les couches basses de l'architecture du système d'information et grâce à un ensemble d'outils de middleware conjugué à la mise en œuvre d'un référentiel. Un logiciel de planification logistique permet d'assurer la fonction primordiale et stratégique d'orchestration des applications utilisées. Ici, la notion d'ERP est remplacée par celle de gestion de la planification.

Figure 1.9 : L'ordonnancement inter office

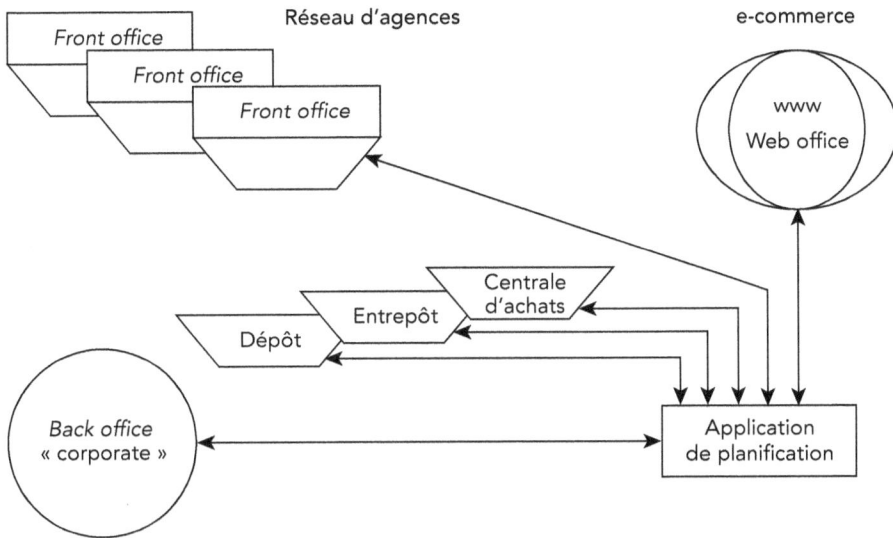

▷ Dans le second cas, il s'agira, après avoir choisi l'ERP et les applications complémentaires, de résoudre le problème de la planification logistique à l'aide d'un module déjà interfacé avec le progiciel intégré adopté.

Le paragraphe suivant traite de ce point.

L'extension de l'aire d'utilisation des ERP

Malgré les points divergents qui existent entre SGDT et ERP, il faut reconnaître que tout ce qui relève de la gestion est susceptible de faire, tôt ou tard, partie de la panoplie des progiciels intégrés des grands éditeurs du marché. Cela est particulièrement vrai quand il s'agit des domaines de gestion clefs destinés à l'amélioration de la productivité de l'entreprise.

La gestion logistique

Ce domaine est devenu stratégique pour les éditeurs d'ERP. Il connaît une progression fulgurante sur le marché européen où les entreprises sont de plus en plus gérées au niveau continental, c'est-à-dire avec un nombre important de sites répartis sur une aire géographique constituée par l'intégralité de l'Union européenne. Il comprend plusieurs types d'applications.

Tout d'abord, les applications de planification logistique, les *Distribution Resource Planning* (DRP) permettent une gestion affinée des flux. Les DRP comportent un outil de modélisation du réseau logistique avec description des flux, détermination des fréquences et des volumes entre divers points géographiques.

Leur intérêt n'est pas seulement réservé au secteur de la distribution. Toute entreprise gérant plusieurs établissements et entrepôts doit optimiser ses circuits logistiques. Très en vogue aux États-Unis en raison de la répartition territoriale des sites, ils commencent à trouver leur utilité en Europe puisque les grandes entreprises conçoivent de plus en plus leurs activités au niveau de l'Union européenne. Ces DRP, pour atteindre leur d'efficacité maximale, doivent s'interfacer avec des applications susceptibles de gérer des données prévisionnelles. L'intégration aux logiciels de gestion de marketing, de gestion et de planification des ventes, est alors une nécessité, plus aisément prise en charge par les ERP.

La gestion des transports fait également partie de la logistique. Elle concerne autant les tournées de livraison que la gestion des rotations des appareils d'une flotte.

Figure 1.10 : La complémentarité des ERP et des DRP

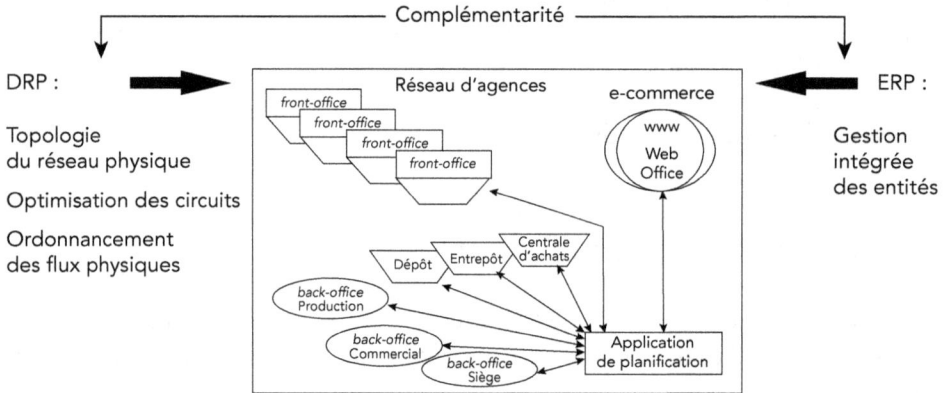

La planification industrielle ou *Supply Chain Management* (SCM), est la gestion logistique globale dont l'objectif est de prendre en charge l'ordonnancement complet des étapes du cycle de marché des produits qui se compose :

- de la prévision des commandes ;
- des commandes effectives ;
- de la planification des achats, des livraisons à la production, de la production elle-même ;
- de la gestion des entrepôts ;

- de la planification de la distribution des produits finis ;

- des livraisons finales effectives.

Les applications de SCM sont à ce point fondamentales pour les éditeurs d'ERP que ces derniers ont pratiquement tous développé des modules SCM dans leurs produits. Les principaux éditeurs de SCM ont, de leur côté, prévu les interfaces ou l'intégration dans les principaux ERP.

La gestion du marketing et de la clientèle

En amont de l'aire actuelle des ERP se trouve la gestion du marketing. Elle complète la gestion commerciale et la gestion des ventes. La portée de cette intégration de la gestion du marketing est capitale. Elle implique des interfaces avec les outils d'extraction de données en vue d'analyse et de prise de décisions stratégiques avec ou sans outils d'aide à la décision, SIAD.

La gestion du marketing intègre plusieurs aspects :

- la détermination des produits qui se vendent le mieux ;

- l'étude des comportements des consommateurs pour les secteurs des biens de consommation, *Consumer Product Group ;*

- l'étude et la gestion des positionnements concurrentiels par rapport aux produits tiers ou de complément.

Dans une approche moderne du développement commercial par la fidélisation de la clientèle, des outils doivent être intégrés à l'architecture applicative. On enrichira le système, dans un premier lieu par un *Customer Assets Management* (CAM) ou *Customer Relation Management* (CRM) ou encore Gestion de Clientèle[1]. Ce type d'application permet de développer ses ventes dans la population de clients déjà acquis aux produits de l'entreprise. Par ailleurs, des applications de CTI réalisent les couplages entre centre d'appels clients et applications de gestion commerciale et marketing.

La gestion de maintenance

La gestion de maintenance ou GMAO, présente deux caractères :

- l'un est purement technique où l'application procure des aides à la recherche des dysfonctionnements, à la détection des causes possibles et bien sûr, à leur résolution ;

---

1. Nous appellerons l'ensemble de ces applications Gestion de Clientèle ou CRM, par la suite.

- l'autre est un domaine particulier de la gestion où il faut prendre en charge tous les aspects de support aux utilisateurs, tels que :
  - la gestion du Service Après-Vente (SAV) ;
  - la gestion des réparations ;
  - la gestion logistique des approvisionnements de pièces détachées ;
  - la gestion prévisionnelle des retours.

Les ERP portent les développements d'intégration de progiciels

On ne peut parler d'hégémonie dans le marché des progiciels intégrés. Certes, les deux premiers éditeurs, SAP et ORACLE concentrent plus de la moitié du marché ; en particulier, ORACLE, par le rachat d'autres éditeurs, est devenu un fournisseur multi-ERP. Cependant, l'utilisateur reste encore maître de ses choix dans le domaine des progiciels.

Le nombre considérable de métiers et de domaines de gestion d'entreprise conduit à l'existence de créneaux de niche bien tenus par des sociétés informatiques qui disposent d'une double compétence : expertise métier et savoir-faire en développement de logiciels et packages progiciels.

Cette conjoncture, ajoutée à une demande de progiciels formulée par les utilisateurs, est une situation favorable à l'ouverture des produits d'éditeurs différents qui, à la fois, se complètent et peuvent être en concurrence sur certains points particuliers.

Figure 1.11 : Extensions des ERP ou alternative des suites de gestion

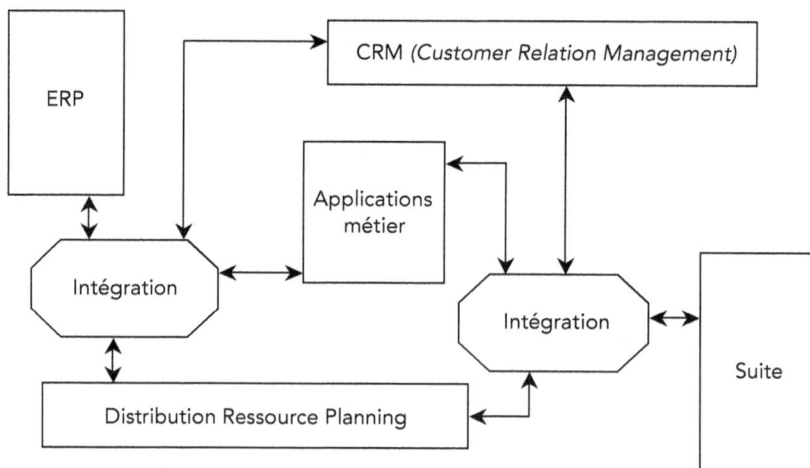

L'ampleur du marché potentiel (toutes les entreprises, pour leur activité de gestion) laisse de la place aux autres éditeurs qui vendent également des progiciels intégrés. C'est le cas, en particulier :

- des éditeurs de suites de gestion, largement implantés en petites et moyennes entreprises tels que SAGE ;

- des éditeurs spécialisés dans des secteurs professionnels très fermés comme le domaine des *back office* bancaires ;

- des éditeurs de produits de SCM qui assurent à eux seuls l'ordonnancement d'un réseau complexe de sites.

Le marché reste donc très ouvert, en ce qui concerne les éditeurs. Or, positionner, ne serait-ce qu'un premier module d'un ERP dans une entreprise, constitue une opportunité pour en introduire d'autres. On assiste, par conséquent, à un réel effort de la part de tous les acteurs pour développer des interfaces entre produits.

Parallèlement, apparaissent les éditeurs de composants logiciels réutilisables qui constituent une véritable menace pour les ERP, car ces composants, ou objets, permettent aux utilisateurs finals de se constituer un environnement applicatif réellement personnalisé en fonction de leurs besoins, et construit sur des éléments de base stables et diffusés en grande série.

Technologies informatiques et modèles d'architecture des systèmes d'information

Quand un ERP est mis en œuvre en tant que cœur applicatif du système d'information, il devient lui-même un outil de pilotage et de production de l'entreprise ; il est un support qui permet essentiellement l'amélioration de la productivité générale des services utilisateurs et l'optimisation des processus de fonctionnement entre services. On ne doit pas oublier qu'il a été également choisi pour atteindre les objectifs suivants :

- raccourcissement des temps de réponse de l'entreprise aux acteurs socio-économiques : clients, fournisseurs, banques, administrations, etc.,

- capacité de riposte à la concurrence par l'accès plus rapide des utilisateurs à des informations directement exploitables ;

- augmentation des performances d'analyse des données clés qui concernent l'entreprise et le marché.

Pour atteindre ces objectifs, cela signifie aussi qu'il faut s'appuyer sur des technologies informatiques adéquates. Pour ces raisons, les ERP sont soumis aux évolutions techniques majeures.

L'architecture du système d'information est déterminante pour la performance des applications mises en œuvre. C'est elle qui permet les communications entre utilisateurs aux standards et aux performances spécifiés.

Figure 1.12 : Organisation de l'entreprise, mondialisation de l'économie et système d'information

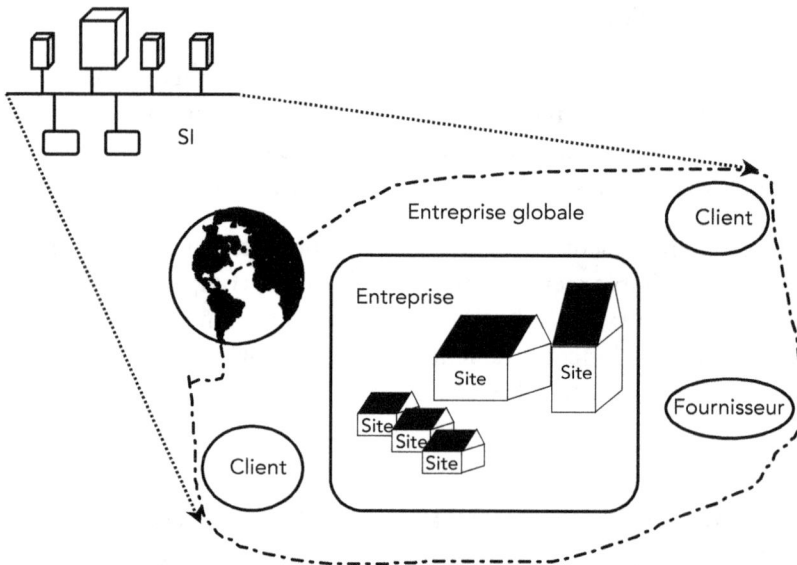

Il fut une époque où l'approche de *down-sizing*[1] était largement mise en œuvre. Elle a conduit les entreprises qui l'ont adoptée à des échecs.

Au niveau actuel de la technologie, on peut bâtir différents types d'architectures de système d'information. Par exemple, avec les technologies de réseaux locaux et distants, un utilisateur peut s'appuyer sur une architecture répartie multi-tiers. Ce modèle n-tiers est devenu de plus en plus performant au cours des années.

L'évolution trop rapide des technologies force l'utilisateur final à adopter une architecture mettant en œuvre plusieurs générations de technologies. De plus, l'architecture du système informatique élaboré doit refléter l'organisation opérationnelle de l'entreprise.

---

1. Le down-sizing consistait à remplacer, chaque fois que cela était possible, un ordinateur par un micro-ordinateur.

On constate aujourd'hui que le cycle de vie maximal d'un matériel opérationnel est au maximum de trois ans pour une génération de micro-ordinateurs et de moins de cinq ans pour les serveurs. Les systèmes d'exploitation subissent des évolutions majeures tous les deux ans.

Ce raccourcissement des cycles de vie technologiques conduit à l'introduction de systèmes opérationnels tiers et à des risques d'obsolescence pour les utilisateurs qui les ont adoptés, et qui sont en concurrence avec l'entreprise.

Cependant, l'architecture applicative d'un système d'information est une infrastructure qui doit rester opérationnelle pendant une période de la durée minimale d'une décennie, bien qu'il y ait renouvellement de matériels et enrichissement du système en logiciels applicatifs.

Conjuguer ces impératifs technologiques et conceptuels, c'est chercher l'adéquation entre le modèle d'organisation qui reste propre à l'entreprise, et un modèle d'architecture de système d'information qui soit suffisamment pérenne.

L'adéquation entre modèle d'organisation et modèle d'architecture de système d'information

Organisation pyramidale et architecture centralisée

L'architecture centralisée qui a prévalu pendant toute la durée de vie des systèmes propriétaires, encore appelée architecture en étoile, correspondait parfaitement au modèle organisationnel monolithique et pyramidal des grandes organisations et entreprises.

Cette organisation a été mise en place au XIXe siècle avec la naissance de la grande industrie. Le plus souvent, les entreprises ont été créées par des grands capitaines d'entreprise, seuls maîtres à bord. Dans la première moitié du XXe siècle, peu de chose a changé, et la mondialisation progressive de l'économie a simplement modifié la topologie des sites des grandes entreprises. L'organisation et les organes de contrôle et de décision demeuraient centralisés. Toute cette période a été gérée sans informatique. Le troisième quart du XXe siècle a été une période de reconstruction pour l'ensemble des pays industrialisés qui ont connu la seconde guerre mondiale. C'est la première époque de l'informatique. Le modèle organisationnel des entreprises demeurait celui d'avant-guerre. L'informatique n'était utilisée que par les informaticiens.

Figure 1.13 : Architecture centralisée et organisation pyramidale de l'entreprise

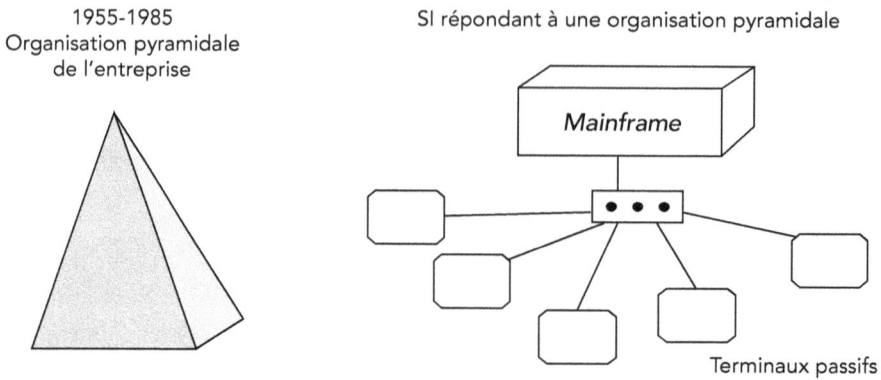

1955-1985
Organisation pyramidale
de l'entreprise

SI répondant à une organisation pyramidale

Mainframe

Terminaux passifs

La technologie ne pouvait produire que des ordinateurs de type centralisé, architecturé en étoile, appelé « mainframe » sur lequel l'intégralité des utilisateurs se connectait.

Cependant, les entreprises voyaient leurs activités se développer de plus en plus, avec une plus grande répartition géographique. Progressivement, certains utilisateurs non informaticiens et non scientifiques apparaissaient… des gestionnaires. À partir de la fin des années soixante-dix, les constructeurs développent les minis, ordinateurs plus communicants, susceptibles de se connecter à des réseaux locaux, installables en dehors du site central. C'est le début du concept d'informatique répartie.

L'organisation répartie et l'architecture n-tiers

L'architecture n-tiers[1], c'est-à-dire à n couches a débuté avec le modèle dit deux tiers. Elle est intrinsèquement liée à celle d'informatique répartie. Elle s'est stabilisée en présentant plusieurs niveaux d'implémentation.

Les définitions et les concepts

L'architecture répartie deux tiers a été lancée dans la seconde partie des années quatre-vingt. Elle était fondée sur le principe de la répartition de tâches entre différentes machines.

---

1. Il s'agit d'un anglicisme, le mot « *tier* » désignant, en Anglais, un étage ou une couche.

Dans cette architecture, il existe un niveau serveur constitué de machines qui mettent des services à la disposition d'autres éléments du système. Ces services peuvent être du partage de fichier, des applications diverses ou des partages de nombreux types de ressources.

Le niveau client se compose de machines qui peuvent venir chercher des ressources sur les serveurs auxquels elles ont une autorisation d'accès.

Un client peut partager des ressources avec d'autres clients ou serveur et devenir lui-même serveur pour les ressources qu'il partage. Inversement, un serveur peut disposer des services d'un autre serveur et être vu par ce dernier comme un client.

Toutes les tâches sont partagées entre machines, assurant, entre autres, un délestage de charges à chacun des nœuds du réseau. En particulier, pour tout ce qui relève de la productivité et du travail individuel (bureautique, PAO, CAO, etc.) c'est le poste client qui fait tourner ces tâches, libérant ainsi les serveurs d'une charge inutile pour les applications de gestion.

Les types de tâches ainsi répartis sont essentiellement :

▷ la prise en charge complète au niveau local de l'IHM, très consommateur de ressources ;

▷ la répartition des données entre plusieurs bases, dont certaines parties peuvent être gérées au niveau du client ;

▷ la répartition des modules applicatifs dont une partie se trouve sur les serveurs et une partie sur les postes clients.

Les éléments techniques nécessaires pour achever l'opérationnalité de l'architecture répartie sont :

▷ **les systèmes de gestion fiable de réseaux locaux** ou *Local Area Network* (LAN). Le modèle conceptuel à sept couches, dit modèle Interconnexion des Systèmes Ouverts (ISO) ou Open System Interconnection (OSI) en anglais, a largement contribué à la diffusion et à la mise au point des LAN, même si ce sont des systèmes exclusivement propriétaires qui sont aujourd'hui commercialisés (WindowsWindows Server©[1], Novell© et autres).

▷ **la généralisation des interfaces utilisateur graphique** ou *Graphic User's Interface* (GUI). Il s'agit des couches de base supportant les IHM en mode graphique que l'on peut construire au-dessus du GUI et selon les spécifications de l'utilisateur. Aujourd'hui, les GUI utilisés en gestion sont presque exclusivement MS-Windows©. Il reste cependant encore des postes de travail

---

1. Le système d'exploitation de Microsoft, Windows Server©, qui a débuté avec Windows NT©, est un OS disposant de multiples services dont un service de gestion de réseau local.

MacIntosh©. Les postes de travail Linux© ne disposent pas encore en cette fin de première décennie du XXe siècle d'une base installée conséquente. Pour chacun de ces GUI, des outils de développement[1] permettent de paramétrer facilement les fenêtres, rajoutant ou modifiant les barres de menus et les icônes.

▷ **les bases de données réparties.** Les bases de données relationnelles sont aujourd'hui capables de prendre en charge un mode réparti, c'est-à-dire que la base complète est hébergée sur plusieurs systèmes physiques différents. Des processus permettent de consolider l'ensemble au sein d'un référentiel, ou base centrale qui est gérée soit par un serveur d'entreprise, soit par un mainframe.

Ce n'est qu'à partir des années quatre-vingt-dix que l'ensemble de ces trois technologies est devenu réellement opérationnel et que des applications en architecture deux tiers ont pu être mises en place avec efficacité.

Figure 1.14 : Les concepts de l'architecture n-tiers

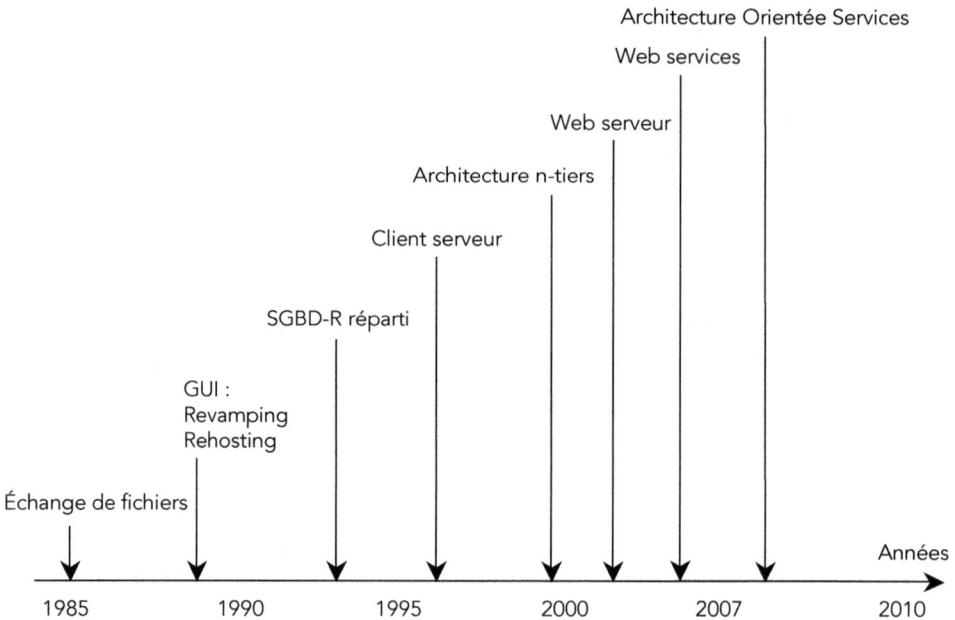

---

1. Par exemple : VISUAL C#©, VISUAL BASIC©, VISUAL C++© avec l'environnement de développement VISUAL Studio© ou Java© avec l'environnement de développement Open Source ECLIPSE©.

Exemple 1.2 : Gestion des approvisionnements d'une usine

Une usine fabrique des automobiles à partir de pièces détachées se trouvant sur trois sites différents. Un serveur central, au niveau de l'usine, gère le Plan Directeur de Fabrication (PDF) et commande les pièces à chacun des trois sites. Ces derniers disposent chacun d'un serveur de gestion des stocks qui gère la fourniture des pièces demandées à l'usine et le réapprovisionnement du site en tenant compte du PDF. Les bases de données relationnelles de chacun des sites sont consolidées au niveau du référentiel géré par le *mainframe* du site informatique central.

Les mises à niveaux vers une architecture répartie en deux tiers

Plusieurs approches sont possibles pour mettre à niveau une architecture applicative centralisée vers un modèle réparti sur deux tiers. Elles ne nécessitent pas toutes le même niveau de modification au sein du système d'information :

- le rhabillage (*revamping*) permet aux applications hébergées par un mainframe ou un serveur central d'être accédées depuis un poste de travail, en client lourd ou en client léger. Il se contente de rhabiller les fenêtres d'accès aux applications par un IHM graphique (encore que l'utilisateur peut se contenter d'une fenêtre d'émulation). Les postes de travail disposent eux-mêmes de capacités locales à même d'effectuer des tâches de type bureautique ou pour présenter les données traitées par les applications centrales ;
- le réhébergement (*rehosting*) consiste à transposer, à porter ou à remplacer une partie d'une application ou un module du *mainframe* vers un serveur sur le LAN ;
- la réingénierie (*reengineering*) concerne la refonte des processus et la réécriture de toute l'application ou son remplacement par des progiciels. Dans ce cas, il est plus avantageux de cibler directement une architecture multi-tiers.

Figure 1.15 : La répartition des tâches dans une architecture deux tiers

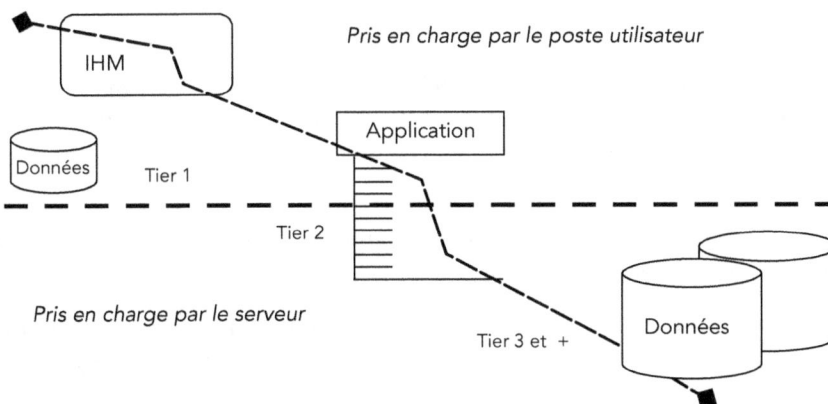

Exemple 1.3 : Évolution d'un système d'information
vers une architecture deux tiers

Une entreprise dispose d'un système central de type mainframe. Au niveau applicatif, un même logiciel prend en charge la comptabilité, la gestion des ressources humaines et la gestion commerciale. Les utilisateurs disposent de terminaux passifs.

L'entreprise désire rester sur mainframe car l'application donne satisfaction mais elle souhaite que l'ensemble des utilisateurs puissent disposer, à partir du même poste de travail, d'outils bureautiques. Un projet d'architecture client-serveur de type rhabillage est lancé. Les terminaux passifs seront remplacés par des PC et le mainframe évolue vers un modèle acceptant un réseau local avec le protocole TCP/IP. L'utilisateur, après évolution du système d'information accédera au mainframe par une fenêtre avec un IHM en mode graphique et il pourra simultanément ouvrir une fenêtre bureautique.

Par la suite, le module de gestion des ressources humaines ne donne plus satisfaction et doit évoluer, car la législation a été profondément modifiée. Un module d'un ERP est acheté, spécifiquement destiné à la gestion des ressources humaines ; il fonctionnera sur un serveur Unix connecté au réseau local et des interfaces seront développées entre le reste de l'application et le nouveau module. C'est une opération de réhébergement de l'application de gestion des ressources humaines.

Avec le temps, l'ensemble de l'application de gestion ne donne plus satisfaction à l'exception de la base de données référentielles qui doit, pour des raisons de sécurité, continuer à être gérée par le mainframe. La réingénierie de l'application est conduite, avec pour objectif d'enrichir le système en modules comptable et de gestion administrative du même ERP. Cela est fait par le rajout de serveurs Unix©, sans changement des postes clients ni du serveur qui reste au cœur du système.

Plusieurs modèles d'architecture deux tiers sont possibles, lesquels mettent en œuvre plus ou moins d'éléments de l'architecture complète :

- modèle serveur de fichiers : c'est le niveau le plus simple, et historiquement le plus ancien. Des fichiers gérés par un serveur sont partageables entre les clients. Un gestionnaire de LAN permet de prendre en charge les fonctionnalités de ce modèle ;

- modèle serveur de données : ce niveau implique l'utilisation d'un système de base de données permettant la prise en charge de bases réparties ;

- modèle serveur d'applications : ce niveau est le plus complexe car il implique la mise en œuvre du partage des applications entre diverses machines serveurs, voire clients.

Nouvelle approche : l'architecture n-tiers

L'architecture n-tiers réconcilie le système d'information réparti et l'organisation de l'entreprise en centres de revenus et de coûts. On y trouve :

▷ **le premier niveau**, le niveau central avec mainframe ou serveur d'entreprise. C'est celui qui gère le référentiel d'entreprise. C'est aussi lui qui prend en charge la gestion des transactions. Une transaction est définie comme étant un ensemble indissociable d'opérations de gestion élémentaires. La transaction est globalement acceptée ou refusée. Le gestionnaire de transaction a la charge de partir d'un état d'équilibre du référentiel et de le remettre à un nouvel équilibre après acceptation de la transaction. Quand l'acceptation dépend d'un seul serveur, elle est appelée *simple commit*, quand elle demande l'approbation de plusieurs serveurs pour un ensemble d'opérations élémentaires, elle est dite à *double commit*. Ce dernier doit faire l'unanimité des serveurs. Le serveur central (celui qui gère le référentiel) est l'ordonnateur de la transaction. Seuls les systèmes susceptibles de traiter un très grand nombre de transactions simultanées sont dotés d'un gestionnaire de transactions.
Ce niveau correspond aux couches logiques de référentiels, d'infrastructure et d'objets techniques.

▷ **le deuxième niveau** est celui des serveurs départementaux ou applicatifs. On doit pouvoir incrémenter facilement sa structure. Une nouvelle application pouvant être mise en service par l'adjonction d'un nouveau serveur. Dans le concept ERP, la nouvelle application a le même IHM, utilise les mêmes structures de données et s'appuie sur le même référentiel.
Ce niveau correspond aux couches logiques métier.

▷ **le troisième niveau** est celui des postes ou stations de travail des utilisateurs finals. Ils accèdent aux services des divers serveurs des autres niveaux.

En architecture n-tiers, on distingue fondamentalement deux types de clients :

▷ le client dit « lourd » qui perpétue l'architecture client-serveur deux tiers, l'un des tiers étant le poste utilisateur et l'autre tier est constitué par les couches citées précédemment ;

▷ le client dit « léger » ou Web qui consiste à accéder à l'application par un simple butineur, Internet Explorer© ou FireFox© ou autre.

Il existe également le cas idéal du client appelé « Smart Client » dans le monde Microsoft ou « Client Riche » chez les autres éditeurs, où la fenêtre graphique est susceptible de consommer ou de publier des services Web.

Figure 1.16 : L'architecture n-tiers

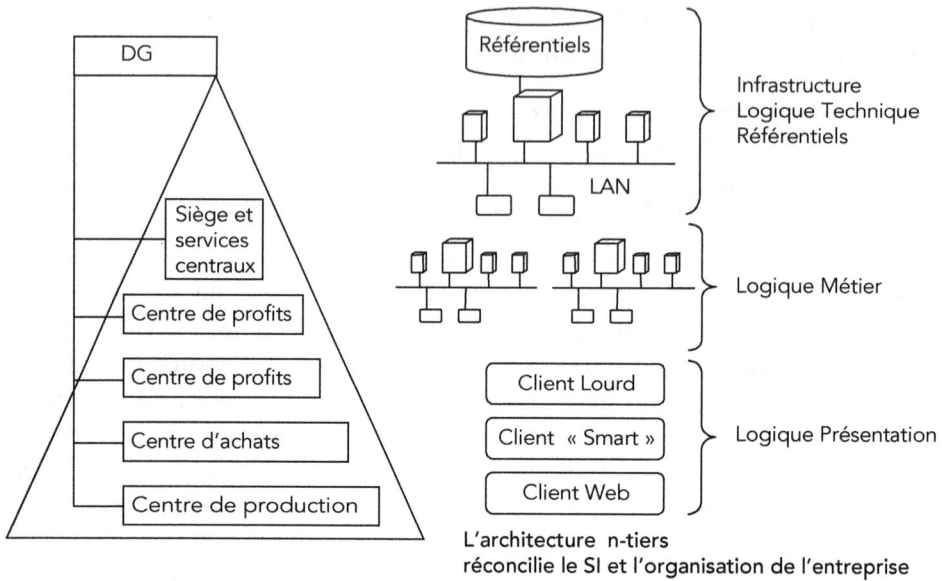

L'architecture n-tiers
réconcilie le SI et l'organisation de l'entreprise

Exemple 1.4 : La gestion de compte client
par une société de vente par correspondance à tempérament

Une société de vente par correspondance et à tempérament dispose d'un serveur central ayant des références clients. Au niveau 2 se trouvent un serveur d'autorisation, qui gère les montants de crédits accordés, et un serveur de commande. Les clients disposent d'un montant autorisé. À partir d'une commande par téléphone, la transaction se compose des opérations élémentaires suivantes :

– identification du client et du compte client ;

– analyse de la commande au niveau du montant ;

– vérification du cumul crédit et du non-dépassement du montant autorisé ;

– autorisation de la dépense ;

– passation de la commande ;

– mise à jour du compte client.

La transaction, constituée de six opérations élémentaires, est traitée en *double commit* par les trois serveurs du système. Elle est globalement acceptée ou refusée. L'ensemble des bases réparties des trois serveurs sont mises à jour par les applications se trouvant sur chacun d'entre eux. L'opérateur accède à une application intégrée qu'il voit de façon unique à partir de son micro-ordinateur.

De nouvelles organisations et architectures avec Internet

Avec la venue des serveurs Web, le système d'information devient accessible aux personnes extérieures à l'entreprise et en particulier au grand public (potentiellement à toute personne disposant d'un ordinateur ou terminal disposant d'une intelligence – par exemple, téléphone portable –, d'un modem, d'un accès Internet et des autorisations d'accès nécessaires).

Le Web : expression d'un besoin générique

L'utilisation du Web n'est pas un effet de simple mode, il est la réponse à un ensemble de besoins génériques :

- communiquer plus facilement et à moindres frais ;
- accéder à distance aux documents sans avoir à se doter d'un équipement lourd, onéreux et spécifique ;
- banaliser encore plus les outils d'accès et de présentation des données et des documents.

Avec Internet, à partir d'un simple butineur, ce sont des pages structurées en format *HyperText Mark-up Language* (HTML) qui se présentent. Ce format permet de présenter des documents dynamiques avec des hyperliens, c'est-à-dire que le simple clic de souris sur les liens permet de lire d'autres pages qui sont sur le même serveur ou d'aller vers un autre serveur dont le routage de la communication est assuré par le provider, c'est-à-dire par le fournisseur d'accès Internet auquel on est abonné ; cette facilité de communication n'est possible que par l'utilisation du protocole *HyperText Transport Protocol* (HTTP).

La même page structurée qui présente des hyperliens de navigation, présente également des « objets », au sens de la micro-informatique : onglets, boutons, fenêtres de saisies, etc. permettant d'utiliser des applications hébergées par un serveur Web.

Une architecture Web Client/Web Serveur

Les systèmes d'information en architecture multi-tiers peuvent facilement être étendus par l'intégration d'un serveur Web, facilitée par l'utilisation de TCP/IP comme protocole de réseau local.

- Le premier avantage est relatif à la facilité d'évolution du système applicatif de l'entreprise dans son ensemble

En s'appuyant sur le World Wide Web, l'enrichissement d'un système applicatif, par la mise en œuvre d'un serveur Internet, ouvre l'entreprise à de nouveaux marchés sans investissement lourd en ressources humaines et en nouveaux locaux. La partie cliente du Web client-Web serveur est réduite à son expression la plus simple : un butineur ! Point besoin d'application clients, point besoin également de spécifier un type de client particulier. Tout équipement permettant d'accéder au Web fait l'affaire (PC, Macintosh, Station Unix, écran de télévision avec un boîtier Web-TV, etc.).

Figure 1.17 : Le modèle Web client-Web serveur

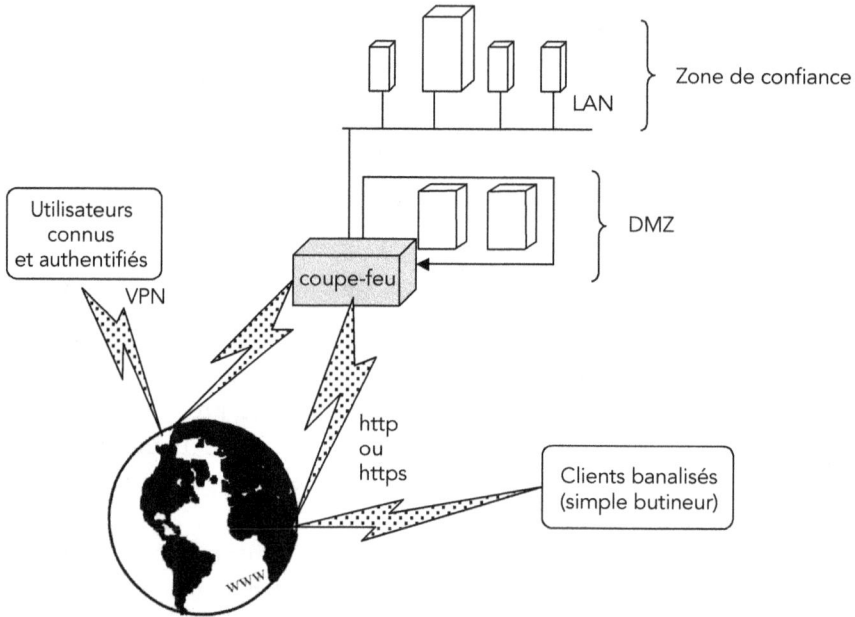

▶ Le deuxième avantage est relatif aux gains concurrentiels et à l'accroissement de clientèle potentielle pour les produits et services de l'entreprise :

– accès directs des clients internautes ;

– capture de nouveaux clients qui se sont connectés dans des domaines où il n'y a pas nécessité pour un client de se rendre à une agence physique.

▶ Le troisième avantage, souvent le plus visible, est la connexion au système d'information des membres de l'entreprise et des partenaires distants sans investissements lourds ; un terminal disposant d'un accès Internet suffit.

Exemple 1.5 : Accès par Internet
à une société de vente par correspondance et à tempérament

La société de l'exemple 1.3 décide de créer une agence virtuelle sur Internet. Le site Web de l'entreprise présentera les produits, permettra aux visiteurs qui ne sont pas encore clients de demander l'ouverture d'un compte, et aux clients de commander directement depuis leur domicile. Le projet de Web serveur comprend un serveur Web principal auquel l'accès public est autorisé, et un serveur d'authentification et de certification qui permet aux clients de passer leurs commandes après s'être identifiés et s'être certifiés (le client est authentifié et il ne pourra nier avoir passé la commande, car un jeu de code confidentiel et de mot de passe assure la non-répudiation de la transaction). Les Web serveurs sont isolés du réseau local d'entreprise par des passerelles de sécurité physiques et logiques.

Vers une Architecture Orientée Services

L'Architecture Orientée Services (SOA – *Service Oriented Architecture* –) consiste à publier des services – par exemple, des services de données – par le Web et permettre à d'autres applications de pouvoir les « consommer », c'est-à-dire de pouvoir les utiliser.

C'est le modèle le plus élaboré de l'architecture multi-tiers Web client/Web serveur.

Cette architecture exige une bonne maîtrise du « Business Model[1] » de l'entreprise et de sa modélisation.

Expression des besoins : évolution des attitudes

Depuis que l'utilisation des progiciels se généralise, des compromis sont demandés aux utilisateurs entre leurs habitudes organisationnelles et la nécessité de se plier aux pratiques imposées par les concepteurs des progiciels choisis. Par ailleurs, l'adoption d'un progiciel de gestion intégré, de préférence à un développement totalement spécifique, ne constitue jamais une réponse complète aux besoins de l'entreprise.

L'héritage applicatif

Dans la plupart des grandes entreprises, l'architecture applicative date de l'époque où l'on développait des applications spécifiques pour tout type de besoins. Leur spécification a souvent été fondée sur une méthodologie et une démarche très structurantes. L'absence d'outils et de technologie permettant des évolutions simples a conduit, dans la plupart des cas, à un héritage d'applications difficilement maintenables.

---

1. Nous conserverons cet anglicisme car la traduction française « Modèle d'Affaire » n'est pas utilisée.

Pour la plupart des domaines de gestion généralistes soumis à une réglementation très stabilisée, l'utilisateur a un choix très large de progiciels. Ce n'est pas le cas de tous les métiers, et il demeure des segments de la gestion où la démarche de développement d'un spécifique reste de rigueur. Cependant, les environnements ont changé et l'utilisateur a intérêt à tenir compte de deux éléments essentiels, indépendamment du choix d'outils de spécification et de développement :

◗ l'existence de composants qui, d'une part, réduisent l'effort de développement et, d'autre part, permettent de bâtir l'intégralité de l'application sur des objets identiques à ceux utilisés par les autres modules ;

◗ la nécessité de s'intégrer à un niveau plus ou moins important avec les parties du système applicatif. L'intégration pourra ne concerner que la structure des données échangées, au niveau le plus bas jusqu'à l'interaction entre modules au niveau le plus élevé.

Figure 1.18 : Évolutions de l'infrastructure applicative des entreprises (grands comptes)

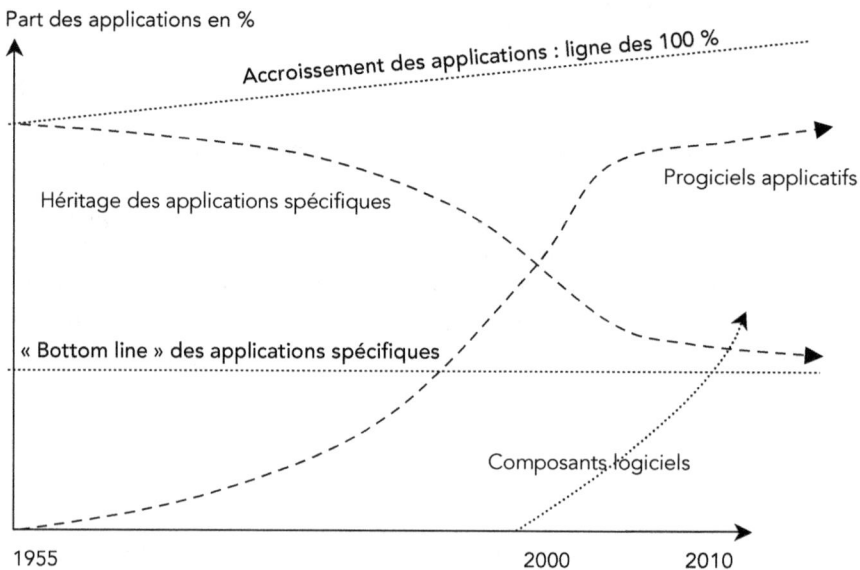

La généralisation des progiciels

L'utilisation généralisée des progiciels et des suites d'application a souvent fait oublier la nécessité de modéliser ses besoins avant d'acheter les progiciels. Une approche simplement produits, consistant dans la comparaison des fonctionnalités, quelques mesures de performances et une évaluation d'ergonomie peuvent être envisagées pour des applications ne mettant en jeu que des besoins liés à un métier ou à la productivité individuelle des utilisateurs. À partir du moment où on traite un besoin d'entreprise, c'est-à-dire de groupes d'utilisateurs, les phases de spécifications et de modélisation restent aussi importantes que lorsqu'on décide de développements spécifiques.

L'ère des composants

La notion de composants est liée à celle de l'objet informatique. Un objet est une n-uplet qui peut se définir ainsi :

objet = {données, méthodes d'accès, règles, paramètres caractéristiques ou propriétés}

Un objet est stable, il peut prendre plusieurs aspects. Il est réutilisable par des applications et des modules différents dans le système d'information. Un composant de gestion est un objet informatique utilisé en gestion, les règles qui le régissent sont des réglementations légales en vigueur ou des règles métier.

Tous les systèmes informatiques ne sont pas susceptibles de gérer des objets, on sera particulièrement vigilant aux SGBD-R dont seulement les versions les plus récentes intègrent la notion d'objets, leur gestion et leur manipulation.

> Exemple 1.6 : Le calendrier grégorien, objet de gestion élémentaire
>
> Comme cela l'avait été largement commenté dans les médias lors du passage à l'an 2000, les dates étaient gérées localement dans chaque application progiciel ou logiciel spécifique, sur 6 digits, du type JJ/MM/AA.
>
> La date gagne à être gérée par un objet « calendrier grégorien » que l'on peut décrire ainsi :
> - date comprenant les jours (en texte), le jour du mois (deux digits), mois (en texte ou chiffres) et année sur quatre digits ;
> - règles du calendrier grégorien (exemples : les années bissextiles, les règles concernant les années de début de siècle c'est-à-dire se terminant par double zéro) ;
> - paramétrage local des jours ouvrés et non ouvrés (exemple : pour les filiales de l'entreprise au Moyen-Orient, les jours de fermeture sont le jeudi après-midi et le vendredi) ;
> - paramétrage des fêtes reconnues au niveau mondial (jour de l'An) ;
> - paramétrage des fêtes locales, entre autres, les fêtes nationales.
>
> Tout traitement de date doit faire appel à l'objet calendrier grégorien.

Chapitre 2

La phase d'audit

Le constat d'une évolution nécessaire des applications informatiques peut conduire, après réflexion, à cibler une approche par progiciel de gestion intégré. Certes, de tels choix entraînent, à terme, un fonctionnement très structurant de l'entreprise. Mais un projet de mise en œuvre d'ERP est toujours lourd, les processus qui vont de la spécification des besoins au déploiement sont longs. Sauf pour des petites structures, il est, par conséquent, fort risqué de remettre en cause l'intégralité de l'architecture applicative de l'entreprise.

Par où commencer ?

Décider d'une approche de type « progiciel de gestion intégré », c'est prendre le parti d'unifier et de rationaliser les applications en fonction des habitudes des utilisateurs, sans pour cela se retrouver pris, de gré ou de force dans un courant irrésistible de changements dictés par une architecture applicative trop lourde et que les utilisateurs n'arriveraient plus à maîtriser. Il faut garder à l'esprit le fait que tout ERP n'intégrera que les modules qui intéressent l'entreprise, le reste des domaines de gestion pouvant être pris en charge par des applications tierces.

L'étude d'opportunité et le ciblage d'un domaine pilote d'applications

L'étude d'opportunité

Une étude d'opportunité d'évolution vers une architecture de produits applicatifs de type ERP doit être menée préalablement à tout projet. Elle doit être faite à un niveau global de l'entreprise.

Tout doit partir en fait d'un constat de satisfaction ou d'insatisfaction global du système d'information. Peut-être le système en place est-il déjà suffisamment fédérateur, sur le plan de la collecte et de l'accès aux données critiques relatives à la gestion et au pilotage de l'ensemble des activités de l'entreprise.

Les constats suivants sont en général déterminants pour décider de l'opportunité d'un projet d'ERP :

- hétérogénéité des systèmes utilisés, tant pour les systèmes d'exploitation que pour les applications ;

- absence ou grande difficulté de vision d'ensemble pour pouvoir décider des actions à entreprendre ;

- difficultés ou impossibilité d'analyser avec précision les impacts et influences des évolutions d'une structure par rapport à une autre au sein de l'entreprise ;

- existence d'îlots, de bunkers où des groupes de personnes se retranchent derrière la non-communication des technologies ;

- grandes difficultés d'adaptation de certains personnels quand il s'agit de passer d'une structure à une autre pour des causes de changement d'application (les craintes sont en général : formation longue aux nouveaux écrans de saisie, procédures différentes, etc.).

Un « chantier procédures »

Sur une issue positive de l'étude d'opportunité, il est souvent nécessaire de la compléter par un « chantier procédures[1] ». Aucun progiciel, aussi intégré soit-il, ne pourra résoudre les problèmes posés par un ensemble de procédures hétérogènes et l'efficacité optimale de l'entreprise ne résultera en aucun cas de la concaténation des procédures existantes.

---

1. L'auteur préfère l'expression « chantier procédures » à celui de BPR (*Business Process Reengineering*) ou Réingénierie des Processus d'Affaires. En effet, le BPR suppose une refonte impliquant des modifications profondes, voire le bouleversement des processus. Le chantier procédures peut être plus ou moins étendu.

Le chantier procédures est plus ou moins complexe selon à la fois, le degré d'homogénéité des diverses composantes de l'entreprise et la résistance aux changements qui peut exister au sein de celle-ci.

Deux cas se présentent :

- L'entreprise est homogène, il n'existe pas d'assemblage de structures à cultures d'entreprises différentes telles que : filiales, filiales partielles, sous-filiales, autres entités tierces rachetées. Le chantier procédures consiste en la révision des circuits procéduraux qui permet d'obtenir une meilleure productivité et réactivité de l'entreprise. Ce type de chantier peut être partiel ou concerner toute l'entreprise ;

- Il faut uniformiser les procédures de plusieurs structures qui se trouvent dans le cadre d'une même entreprise. Les degrés de complexité de ce type de chantier sont :

  - le chantier souple : les procédures internes à chaque structure de l'entreprise ne sont pas contradictoires, les hommes ont une forte volonté de coopérer. Il s'agit alors de définir des règles d'interstructures et d'aménager le fonctionnement de certaines d'entre elles ;

  - le chantier ouvert : les règles de fonctionnement doivent être reprises globalement, mais les structures sont complémentaires. Elles peuvent avoir leur domaine spécifique. Les règles communes sont revues et généralisées pour toutes les structures. Chacune des structures reste pilote pour la refonte des processus qui lui sont spécifiques, dans le respect des règles communes établies pour l'ensemble de l'entreprise ;

  - la refonte des processus d'affaires : dans certains cas, les règles internes à chaque structure sont contradictoires alors que les processus de chacune ont des impacts sur les autres. Il faut alors procéder à une refonte des processus d'affaires. Ce cas est le plus complexe. Il conduit inéluctablement à un chantier procédures lourd.

Quelles que soient les hypothèses de départ, le chantier procédures est un préalable au projet, car c'est lui qui fixe les règles d'organisation sur lesquelles les progiciels choisis devront se fonder.

Le domaine pilote

Au départ du projet ERP lui-même, il convient de définir un premier périmètre applicatif.

Celui-ci est de préférence dans un domaine pilote qui a fait l'objet d'un chantier procédures. Dans ce domaine, les applications utilisées ont fait leur temps et ne donnent plus satisfaction, soit parce qu'elles ne répondent plus aux besoins actuels de l'entreprise, soit parce qu'il est difficile de les faire évoluer vers de nouvelles réglementations ou vers une nouvelle organisation des services.

Cependant, il faut que le domaine ciblé soit suffisamment riche en applications. Si le besoin du domaine est couvert par un seul logiciel, il serait un mauvais domaine pilote pour un ERP, parce qu'il y aurait incohérence entre le potentiel applicatif représenté par un ERP et le besoin considéré. Il convient que les données utilisées par le domaine pilote puissent, en tout ou partie, être également utilisées par d'autres applications ; sinon, il y aurait isolation de fait du domaine, et l'un des avantages des ERP, celui de la gestion globale de l'entreprise et de son référentiel, serait caduc.

L'intérêt du domaine pilote sera d'autant plus important qu'il est reproductible sur plusieurs sites de l'entreprise. Dans ce cas, il est possible que plusieurs applications différentes, mais ayant les mêmes buts, soient destinées à être remplacées par un ERP.

Il faut distinguer le site pilote du domaine pilote. Le site pilote est un site où l'on décide d'implanter une solution, en vue de tests en utilisation opérationnelle. Le domaine pilote est un domaine applicatif. Il peut concerner plusieurs sites. Il est plus sécurisant de procéder par palier : cibler un domaine pilote, choisir un site pilote, valider les choix et déployer sur le domaine pilote.

Les contraintes « méthode de gestion »

Le domaine pilote étant trouvé, il convient de mettre à plat l'organisation et le fonctionnement du domaine. Cela a été l'objet du chantier procédures.

Il faut alors valider que les règles de fonctionnement et les procédures définies puissent être prises en charge par les ERP du marché. Si on est trop loin d'un fonctionnement standard, il sera difficile d'envisager une réponse aux besoins par la mise en œuvre de progiciels.

L'ensemble des règles de gestion, des dispositions administratives et des textes légaux concernant le domaine pilote doit être déroulé afin de pouvoir établir une base de règles paramétrables par chaque site qui utilisera la nouvelle application.

Il est important que le domaine pilote puisse être encapsulé, c'est-à-dire relativement isolable par rapport aux autres applications de l'entreprise. Il faut permettre à l'ensemble de l'entreprise de continuer son fonctionnement dans l'attente de la nouvelle application.

Figure 2.1 : Le domaine pilote pour un ERP et ses contraintes

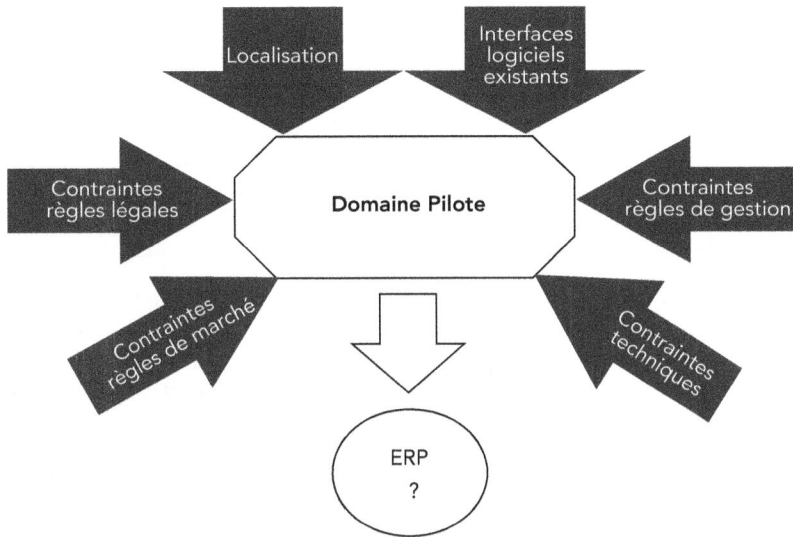

La délimitation du champ d'application de l'ERP

Bien qu'il soit encapsulé, le domaine pilote doit gérer des entrées et des sorties dont les données doivent être structurées de façon à être gérables par les autres applications. En pratique, ces données sont stockées par le référentiel.

Il est indispensable de conserver la possibilité de continuer à gérer l'entreprise en utilisant des progiciels autonomes. En effet, il n'est pas certain que l'ensemble des établissements puisse être pris en charge par le même ERP. Certains domaines pourraient très bien se doter d'autres modules du même ERP, mais d'autres n'en verront pas la nécessité.

Les managers d'un projet d'ERP devront veiller à ne pas se laisser enfermer dans une démarche de monopolisation progressive des domaines de gestion par un même éditeur.

Exemple 2.1 : Refonte de la gestion des ressources humaines

Une entreprise s'est développée en acquérant des filiales pratiquant des métiers complémentaires et par l'ouverture des filiales aux États-Unis et dans d'autres pays de l'Union européenne. Chaque filiale dispose de sa propre informatique. À l'exception du système central de la maison mère (qui est elle-même une filiale du groupe), aucune des applications existantes utilisées par les sociétés achetées ou nouvelles implantations, ne dispose d'un ensemble complet de modules de Gestion des Ressources Humaines (GRH) : gestion des embauches et des affectations, gestion de la formation continue, gestion des carrières. La gestion de la paie est traitée par les services comptables et le restera.

L'entreprise souhaite uniformiser la gestion du personnel au niveau du groupe, mais l'application centrale est difficilement modifiable et onéreuse à généraliser dans les filiales étrangères. Le groupe opte alors pour des modules de GRH d'un ERP d'un éditeur E_1, incluant une base de règles qui rassemble les divers métiers du groupe, une base de législation du travail adaptable à chaque pays où une filiale est implantée. Une traduction de l'interface utilisateur existe aussi dans la langue locale de chacune des filiales.

Les Directions des Ressources Humaines (DRH), de chaque filiale continuent à gérer le personnel localement, mais selon une organisation unique mise en place au niveau du groupe ayant fait participer toutes les filiales qui ont apporté leur savoir-faire pour ce qui concerne les métiers spécifiques et les particularismes nationaux.

Un site pilote est désigné, celui de la maison mère. Après validation par le site pilote des choix effectués, le domaine pilote est déployé sur l'ensemble des filiales du groupe. Le nouveau système se compose des parties suivantes :

— un serveur central Unix qui héberge le référentiel GRH ;

— dans chaque filiale, un serveur local qui gère les données concernant les employés grâce à une réplication de la base de données centrale GRH. Les modules utilisés par les filiales sont chargés sur les serveurs locaux.

Le serveur référentiel réplique sur chaque système comptable les éléments strictement nécessaires à l'établissement des fiches de salaire et à la gestion de la paie. Cette solution est mise en place dans l'attente de l'utilisation de progiciels par le domaine comptabilité et finances.

La définition de progiciel au sens normatif

Avec le développement des progiciels de tout type produits en grande série, les utilisateurs ont malheureusement tendance à confondre progiciels et produits logiciels empaquetés, distribués et vendus en un très grand nombre d'exemplaires. En aucune façon, les caractéristiques commerciales d'un produit ne pourraient conférer à celui-ci la qualité de progiciel sans qu'il ne présente les critères techniques recommandés par l'AFNOR. L'appréciation de la validité de l'utilisation du terme « progiciel » pour l'appellation d'un produit reste donc relative au niveau des utilisateurs. En particulier, les critères commerciaux qui suivent doivent être considérés comme partie intégrante des qualités demandées à un progiciel :

▶ la diffusion auprès du plus grand nombre d'utilisateurs ;

- l'existence d'un réseau de revendeurs à valeur ajoutée, distributeurs ou consultants et formateurs ;
- l'existence de versions localisées c'est-à-dire ayant fait l'objet d'une traduction linguistique et des adaptations nécessaires par rapport aux usages locaux.

La distinction entre progiciel et logiciel reste ainsi une affaire de classification, et l'utilisateur gagne à maîtriser sa propre interprétation de ces deux termes.

Les critères définissant les progiciels

L'AFNOR a défini des critères qui doivent être vérifiés par les progiciels. Cependant, il n'existe pas de label d'organismes indépendants qui seraient délivrés pour les progiciels. Seuls certains éditeurs de systèmes d'exploitation et de systèmes de gestion de réseaux locaux délivrent des estampilles plutôt technico-commerciales. Ces dernières prouvent que le produit a été développé correctement par rapport aux spécifications techniques des couches de base (système ou réseau) mais n'apportent pas de garantie relative aux normes.

Les utilisateurs ont intérêt à mettre une notation qui leur est spécifique parce que les points à vérifier seront appréciés diversement selon les entreprises par rapport à leurs besoins exprimés et selon leurs cultures technique et professionnelle. En tenant compte des caractéristiques progicielles listées par l'AFNOR tout en tenant compte de l'état actuel des technologies et des standards, il faut vérifier qu'un produit logiciel soit :

- adaptable, c'est-à-dire qu'il puisse être adapté au plus grand nombre de situations et de cas possibles, avec adjonction ou non de compléments. Sous cette rubrique, on pourra rajouter : paramétrable (personnalisation de l'application à des cas, par simple attribution de valeurs à certains paramètres), évolutif (par de nouvelles versions), modulaire (par intégration de modules complémentaires) et expansible (par la possibilité de choix optionnels pendant ou après l'achat) ;
- apte à l'appropriation, c'est-à-dire d'une utilisation simple par rapport aux critères professionnels en vigueur, permettant à l'utilisateur de s'habituer rapidement au fonctionnement du produit logiciel. Cela signifie que l'apprentissage du progiciel est rapide et, dans la mesure du possible, peut se faire en autoformation. Cette notion suppose aussi un niveau de documentation suffisant à l'attention de l'utilisateur final ;
- couplable ou utilisable avec d'autres applications. Au minimum, le progiciel doit accepter en entrée des fichiers en formats standards. Reste encore à définir quels standards, pour quels types de données et à quels niveaux, c'est-à-dire à

quelle version ? Dans la pratique, on demande à un progiciel d'accepter en entrée les standards les plus utilisés dans le domaine concerné. Il en va de même des standards des fichiers de sortie produits par l'application. On demande également au progiciel d'accepter les protocoles d'échange de fichiers les plus répandus sur le marché dans le domaine d'application concerné. De plus en plus, on demandera la possibilité d'accéder par un IHM banalisé. C'est le cas des accès aux applications par butineur Internet c'est-à-dire par un browser qui ouvre une page HTML, présentant elle-même des touches et des onglets de fonction. Selon les besoins exprimés, le couplage peut aller jusqu'à l'interfaçage ou l'intégration à d'autres logiciels. On constate que cette notion de couplage va aujourd'hui au-delà du simple standard de fichiers en lecture et en écriture dont on se contentait il y a encore quelques années ;

- efficace aux traitements demandés. La notion d'efficacité est liée à celle de performance. Il faut que la performance corresponde à l'attente de l'utilisateur, or les temps d'exécution sont fonction des plates-formes matérielles, des périphériques, des volumes de données et des périodes de journée auxquelles ont lieu les traitements ;

- maintenable, c'est-à-dire disposant des automatismes suffisants pour diagnostiquer les types d'erreurs. Un produit est maintenable quand il est bien documenté, quand son architecture est cohérente. Il faut qu'il puisse aussi bénéficier d'une aide à l'utilisateur lui permettant de paramétrer certaines options en vue de pouvoir résoudre des problèmes de fonctionnement (support téléphonique, aide en ligne, etc.) ;

- portable, c'est-à-dire utilisable sur divers types de matériels (après paiement des licences, évidemment), avec une certaine indépendance vis-à-vis des systèmes d'exploitation, de bases de données et de gestionnaire de réseaux locaux ;

- robuste à des cas d'utilisation non attendus, voire non prévus. Le niveau de robustesse doit bien sûr être défini au préalable. Il peut aller de la simple permissivité de certaines erreurs de l'utilisateur, signalées ou corrigées automatiquement, jusqu'à un niveau de tolérance aux pannes (par exemple, la reprise d'un traitement au point où il avait été laissé avant une panne système) ;

- sécurisé, c'est-à-dire susceptible de bénéficier d'un certain nombre d'options relatives à la sécurité. La sécurité peut inclure : la protection de l'accès aux applications, la protection de lecture et de modification des données créées, la gestion d'historique de dossiers créés, le cryptage des données en entrée et en sortie, etc.

- testable c'est-à-dire susceptible d'être soumis à un banc d'essai, *benchmark*, avec la possibilité d'observer des séquences de traitement (par exemple, grâce à des sorties intermédiaires) et de mesurer les résultats selon des critères de mesure objectifs. Estimer ces critères avec objectivité équivaut à élaborer des jeux de tests et des grilles de comparaisons qui tiennent compte des objectifs recherchés par les utilisateurs et des conditions d'utilisation.

Les facteurs de jugement

Les facteurs de jugement sont totalement dépendants du contexte d'utilisation.

Figure 2.2 : L'évolution des critères d'appréciation d'une application selon les utilisateurs

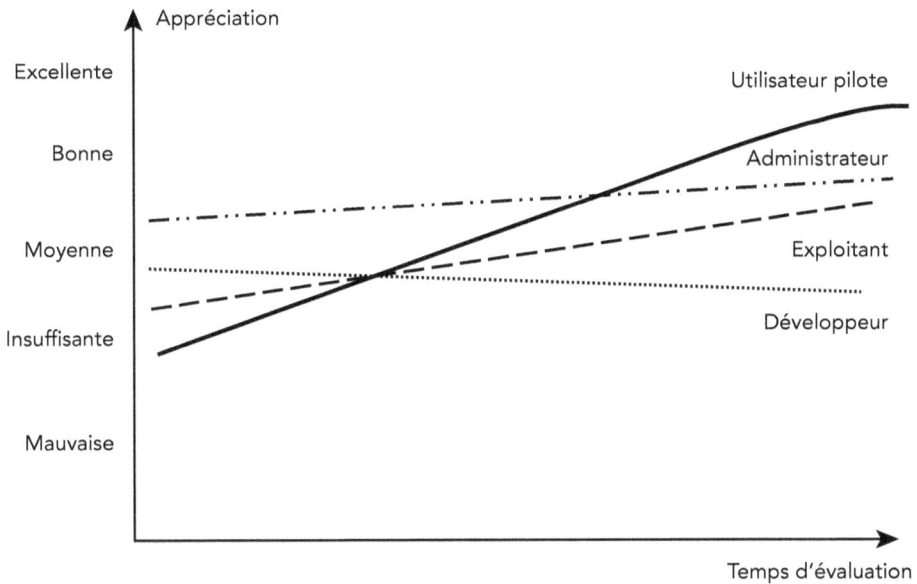

Le tableau qui suit est une aide possible pour détecter les points forts et les éléments de faiblesse d'un logiciel applicatif. Son utilisation suppose une concertation entre les divers acteurs de la maîtrise d'ouvrage : utilisateurs finals, responsables métiers, informaticiens, managers, responsables méthode, responsables qualité.

Tableau 2.1 : Un récapitulatif des critères de jugement des progiciels

Critères	Fonctions à remplir	Utilisateurs	Sites locaux	Système d'information
Adaptable	Description du produit	Réponses aux besoins		
Appropriable	Fonctions : 1. standards 2. avancées 3. expertes	Quels niveaux de formation ? 1. de base 2. avancé	Culture et niveau de formation des sites locaux	
Couplable	Liste des formats : – en entrée – en sortie	Quels formats sont utilisés dans la profession ?	Formats spécifiques ?	Acceptation des formats par le système d'information
Efficace	Définir le niveau de performances attendues	Quelle couverture de besoin ?		Sur quels matériels ?
Maintenable	Maintenance système Maintenance applicative	Utilisateurs finals Administrateur de l'application	Utilisateurs finals Administrateur de l'application	Cohérence avec la maintenance du système d'information
Portable	Indépendance par rapport aux couches de base	Quels postes de travail au niveau des utilisateurs ?		Liste de matériels serveurs et stations Liste des systèmes d'exploitation
Robuste	Définir les cas typiques de mauvaise utilisation du logiciel	Liste des habitudes métiers	Éventuellement, sites présentant des particularités	Par rapport aux pannes systèmes Par rapport aux autres pannes (SGBD, etc.) Niveau de tolérance aux pannes du système
Sécurisé	Niveau de sécurité à définir par fonction	Quelles habilitations ? Définition des utilisateurs habilités		Ne pas réduire le niveau de sécurité global du système d'information
Testable	Définir les entrées et sorties intermédiaires	Définir les jeux de tests souhaités		Quels : – matériels ? – réseaux ? – OS ?

Dans la pratique, l'évaluation préalable doit s'appuyer sur trois séries de facteurs :

▷ **Les facteurs quantifiables** qui font l'objet de tests mesurables. Ces tests sont des évaluations préalables. Des tests approfondis seront nécessaires qui nécessiteront des outils de simulation de charge. Un banc de test doit être défini en commun entre les utilisateurs, les informaticiens de l'entreprise et l'éditeur. Ce dernier remettra éventuellement des comptes rendus de tests, s'ils ont déjà été faits et sont publiables. Il faut définir également des jeux d'essais spécifiques à l'entreprise et caractéristiques des données réelles qui devront être traitées. Les matériels sur lesquels ont été effectués les tests sont déterminants pour les performances, côté client et côté serveur, de même que les systèmes d'exploitation, le gestionnaire de réseau et la base de données. Pour les environnements Unix©, on pourra se reporter, dans un premier temps, aux résultats des bancs de test du *Transaction Processing Council* (TPC), organisme indépendant qui mesure les performances des systèmes, sur demande des constructeurs et des éditeurs. Les bancs de test TPC donnent des performances pour des couples (plates-formes matérielles, bases de données relationnelles). L'application qui tourne au-dessus de ces couches de base peut modifier profondément les performances. Les performances TPC font toujours l'objet de publications commentées par le constructeur. L'éditeur d'ERP peut éventuellement disposer de résultats de bancs de tests complémentaires.

▶ **Les facteurs qualitatifs.** Une autre série d'informations proviendra des réponses à un questionnaire relatif à la maintenance et aux évolutions du progiciel. Les questions devront porter sur les points de la liste suivante qui est non exhaustive :

– explicitation de la politique de l'éditeur en ce qui concerne la maintenance corrective ;

– description des clauses contractuelles pour la maintenance évolutive à court et moyen terme ;

– liste de l'historique des versions sur les trois dernières années ;

– coûts générés par les mises à jour. Les versions doivent être déclinées de façon classique en versions, *release*[1] et *service pack*[2] ;

– description des projets d'évolutions à long terme. Ces projets devront inclure les changements majeurs certains tels que : évolutions vers des législations européennes, *outsourcing* ou encore *off shorisation* de certaines activités ;

---

1. Mot anglais désignant les sous-versions. En général, la nomenclature est « version V release R ».
2. Les correctifs généraux font l'objet d'une arrière sous-version appelée « *patch, fix* » ou encore « *service pack* ». La nomenclature de l'éditeur tient compte, en général, du niveau de correctif, soit en rajoutant une entrée « version V release R fix SP », soit en rajoutant une lettre minuscule au niveau de version ou de release.

▷ **Les facteurs résultant de comparaisons fonctionnelles.** La troisième série est constituée par une check-list comparative des fonctions demandées et de celles existantes dans le logiciel vendu. Cette check-list peut être complétée par des comptes rendus de tests comparatifs issus de la veille technologique que l'on a entrepris sur divers thèmes.

La définition d'un module

Comme cela a été exposé dans les paragraphes précédents, la notion de progiciel devient, avec les ERP, équivalente à celle de système applicatif plus ou moins complète par rapport aux besoins de l'entreprise. Les progiciels intégrés présentent ainsi une palette de fonctions.

Quand on rajoute des modules à un ERP, il faut veiller à ne pas complexifier l'environnement applicatif. L'utilisateur doit, tout comme pour la notion de progiciel, valider la définition interne de la notion de module.

L'état de dépendance ou d'indépendance d'un module

Un module logiciel est une sous-application simple, susceptible d'être intégrée dans un progiciel comprenant plusieurs fonctionnalités.

Il peut être interne à une application, et dans ce cas non séparable. Il peut être externe à l'application, il est, dans ce cas, vendu en tant qu'option.

Un module ne répond qu'à un ensemble délimité de besoins. Il peut être :

▷ autonome ; dans ce cas, il est lui-même un progiciel ;

▷ dépendant d'un progiciel ; dans ce cas, il ne peut être utilisé séparément du progiciel maître dont il complète les fonctionnalités.

Un module peut avoir des progiciels maîtres différents. Il est alors conçu en plusieurs versions (une pour chaque ERP qu'il est destiné à compléter).

L'éditeur du module peut être le même que celui de l'ERP. Certains modules sont édités par des tierces parties. Dans ce cas, ils ont en général plusieurs progiciels maîtres.

> Exemple 2.2 : Les modules EDI
>
> Les EDI sont un ensemble de normes de structures de données échangées entre entreprises. Les sorties des applications laissent la possibilité d'interfacer des modules spécifiques d'EDI pour les différents secteurs d'activité couverts par l'application.

Figure 2.3 : Progiciels, modules, composants, objets

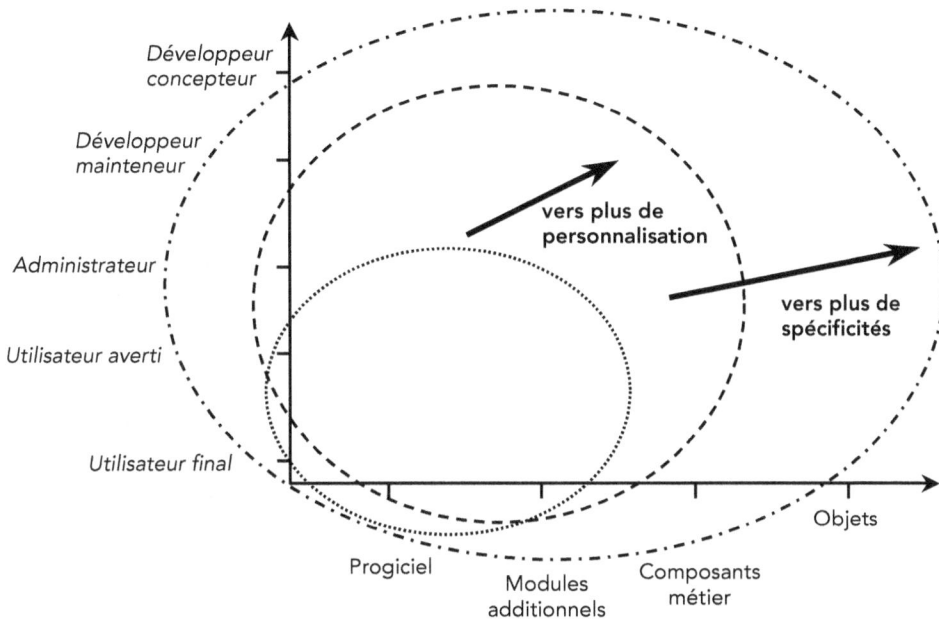

Fonction primaire d'un module

Il est recommandé de ne considérer comme module que ceux pour lesquels il existe la notion de fonction primaire.

Il incombe aux progiciels de prendre en charge un nombre important de fonctions qui interagissent les unes avec les autres. L'utilisateur, en optant pour le progiciel, doit bénéficier d'un coût de maintenance réduit, de l'existence d'une communauté d'utilisateurs regroupés en club et de l'espoir d'évolutions normées, dictées par un grand nombre d'utilisateurs.

L'enrichissement de sa panoplie de progiciels par des modules complémentaires ne doit pas laisser de place à une dégradation de ces avantages. L'enrichissement par modules complémentaires contribue à rendre le système applicatif plus complexe. Une méthode de s'en prémunir est de spécifier que ces modules soient réduits à remplir une seule et unique fonction primaire. C'est le cas de l'exemple précédent.

Cette attitude est normative car elle renvoie aux normes AF 150 à AF 153 de l'AFNOR.

Ces normes qui sont à l'origine d'une démarche appelée Analyse de la Valeur (AV), constituent une base à la définition des produits industriels et se sont insérées dans l'histoire de la démarche qualité d'un grand nombre de fabricants. Elles stipulent que, lors de la phase de définition des produits, le concepteur n'attribue qu'une et une seule fonction primaire à un produit. Liberté lui est laissée d'enrichir les fonctionnalités du produit de plusieurs fonctions secondaires.

En langage simplifié, on ne peut demander à un produit de remplir avec la même efficacité plusieurs fonctions, même s'il y a une corrélation entre elles. Par exemple, on conçoit aisément que, sous prétexte de produire aussi de l'eau bouillante, un fer à repasser électrique à vapeur ne peut avoir les deux fonctions primaires liées à la production de vapeur d'eau : repasser des vêtements et faire du café. Le fer à repasser a pour fonction primaire de repasser et pour fonction secondaire, accessoirement, de produire de la vapeur d'eau. La même remarque s'applique au percolateur à café.

Cette analogie étant faite, si les normes AF 150 à AF 153 sont difficilement applicables aux progiciels[1], elles sont parfaitement utilisables au niveau des modules. Surtout quand il s'agit de pallier un manque de réponses à certains besoins.

Les origines des modules

La panoplie de modules est spécifique à chaque entreprise et à chaque profession, leurs origines sont très diverses. On peut détecter quatre classes de modules qui sont acquis au cours du cycle de vie du système applicatif.

▷ **1re classe** : les modules issus de l'héritage applicatif. Bien souvent, des développements maison ont été nécessaires pour prendre en compte des besoins réellement typiques à l'entreprise. Si aucune application n'existe sur le marché des progiciels pour couvrir ces besoins, il faudra conserver la spécificité de ces modules en étudiant la façon dont ils peuvent évoluer et s'interfacer avec le progiciel intégré choisi. Peut-être, seulement une partie des modules sera conservée, les autres s'avérant inutiles par rapport aux fonctionnalités du progiciel. Toutes les variations sont possibles :

   – le simple portage ;

   – la réécriture avec des outils de développement actuels ;

   – la conception de nouveaux produits.

▷ **2e classe** : le développement sur la base de composants logiciels. Il est possible d'opter pour l'utilisation de composants. L'intérêt de ce choix est de permettre un assemblage, de type puzzle. Il conduit à une meilleure intégration aux pro-

---

1. Les progiciels ont, par définition, de nombreuses fonctions où il est impossible de définir la notion de fonction primaire et de fonctions secondaires.

giciels et à la réutilisation des composants dans d'autres applications acquises par l'entreprise.

Cette option exige une démarche d'analyse préalable soutenue pour déterminer avec précision la notion de composants pour l'entreprise et de ceux qui lui sont vraiment utiles.

Il faut envisager la création d'une bibliothèque de composants, c'est-à-dire un serveur logique gérant la disponibilité de ces éléments logiciels pour l'ensemble de l'entreprise.

Les composants peuvent être, soit achetés auprès d'éditeurs spécialisés, soit développés à partir des outils livrés en standard avec l'ERP. Ils peuvent également faire l'objet de développements internes quand les utilisateurs souhaitent garder la maîtrise complète de leurs évolutions. Sont dans ce cas, des outils de développements événementiels tels que VISUAL C# ou VISUAL BASIC© avec VISUAL STUDIO© de Microsoft, ou d'autres outils de type *Rapid Application Development* (RAD). Si on est en environnement *Java Enterprise Edition* (JEE), on utilisera l'atelier de développement logiciel Open Source ECLIPSE© pour développer en Java.

▶ **3e classe** : un autre progiciel en guise de modules complémentaire. Quand un module couvre un nombre important de fonctions ou quand plusieurs modules peuvent être regroupés et correspondent au champ fonctionnel d'une application, il peut être plus intéressant d'opter pour un progiciel complémentaire à l'ERP et édité par une tierce partie à valeur ajoutée. Encore faut-il être certain de la qualité et de la facilité d'intégration de ces progiciels à l'ERP.

▶ **4e classe** : des modules fournis par l'éditeur de l'ERP. Issus de la panoplie des produits de l'éditeur d'ERP, ils peuvent être soit des options standards, préintégrées au progiciel, soit des options rachetées par l'éditeur d'ERP à un autre éditeur. Dans ce dernier cas, l'intégration complète n'est pas toujours disponible au moment de l'achat du module, mais l'éditeur s'engage alors à faire de ces modules des produits natifs.

Exemple 2.3 : Modules, composants progiciels et objets

L'une des filiales du groupe de l'exemple 2.1, la société F_1, dispose de personnels certifiés par des organismes spécialisés. Ces certifications sont nécessaires pour l'activité industrielle du groupe et doivent être renouvelées régulièrement selon les diverses réglementations en vigueur. La filiale concernée recherche ainsi un module susceptible de gérer :

– les personnels soumis à certification ;

– les examens de certification de ces organismes pour le personnel concerné ;

– la planification de renouvellement des certifications.

> L'objet de gestion {employé} est créé par l'ERP. La décision est prise d'un développement de module, sur spécifications de la filiale F_1. Le développement est confié à un partenaire local de l'éditeur d'ERP, P_1, à l'aide des outils de l'éditeur E_1 et IHM utilisant les mêmes objets de présentation (fiches, onglets, bouton-pression) que les autres modules de l'ERP. Une bibliothèque d'objets applicatifs est constituée par le prestataire en vue d'être réutilisable par l'ensemble du groupe.

Module, composant progiciel et objet

Il y a lieu de distinguer les modules des composants progiciels. Un composant progiciel est un objet de gestion qui est à un niveau d'atomicité plus élémentaire que celui du module. Un module peut comprendre un traitement complexe. Un composant progiciel n'intègre, en principe pas de traitement ; il peut, en revanche, effectuer un calcul simple.

> *Exemple d'un composant progiciel : un convertisseur entre franc et euro.*

> *Exemple d'un module : un traducteur EDI.*

En pratique, les définitions suivantes sont applicables à tout secteur de métier :

- Un progiciel devrait être composé de plusieurs modules. C'est l'un des critères pour qu'un logiciel puisse être considéré, à juste titre, comme un progiciel. Un progiciel intégré comprend toujours plusieurs modules.

- Un module devrait s'appuyer sur des composants de gestion. Le conditionnel est employé, car le marché des composants progiciels est encore émergent et son utilisation demande un changement dans les habitudes et la culture des informaticiens. Il est fort recommandé d'utiliser une approche de construction de modules par composants parce que le composant progiciel sera présent dans d'autres domaines. Il sera donc complètement réutilisable.

- Un module peut utiliser des objets de développement informatique. Parmi les objets, il y a les objets de présentation : boutons, appels de barres menus, onglets ; des objets d'application : séquences de calculs, de traitement, d'enregistrement vers une base récurrente dans une application ; etc. L'utilisation d'objets permet une plus grande cohérence dans l'ensemble de l'application.

La cohérence du système global dépend d'une analyse affinée des besoins et de la classification des composants nécessaires à l'élaboration d'un système applicatif qui répond aux besoins métier de l'entreprise.

Les critères commerciaux des progiciels

Dans la pratique, l'existence d'une base installée étendue assure à l'éditeur les moyens de conduire une véritable stratégie de développement d'une ligne de progiciels. C'est par son extension commerciale qu'il pourra fournir des mises à niveau régulières et complètes. Cette extension commerciale assure à l'éditeur les moyens de maintenir des équipes de développement et de réalisation de produits, du personnel pour le support à la clientèle. C'est également l'extension commerciale de son réseau qui lui permet de lister tous les cas rencontrés, permettant ainsi une généralisation poussée de sa gamme de progiciels.

Mais, il s'agit au préalable d'évaluer le recouvrement qui existe entre les fonctions nécessaires à l'entreprise et les fonctions les plus souvent demandées par la majorité des utilisateurs.

Figure 2.4 : Le recouvrement entre les fonctions utiles à l'entreprise et celles qui sont le plus demandées par le marché dans un domaine

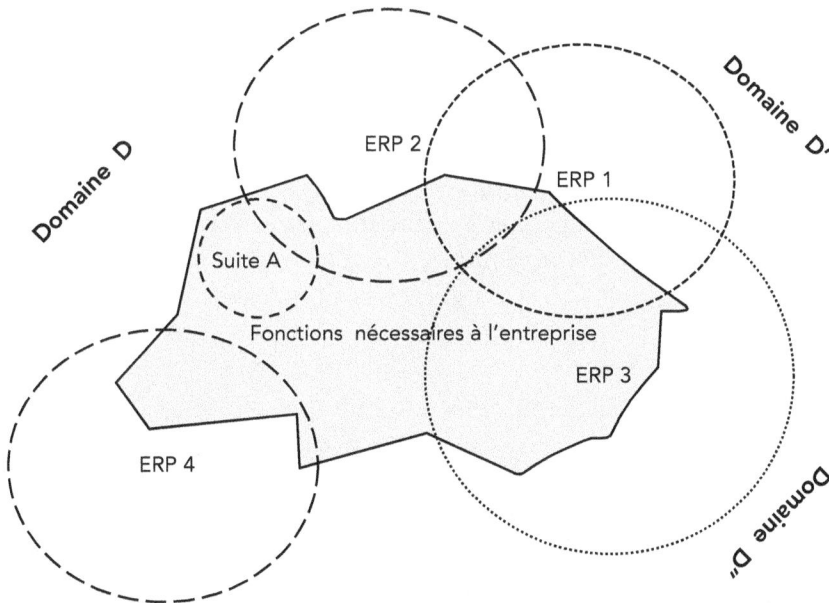

Figure 2.5 : L'interconnexion des critères commerciaux et des critères techniques

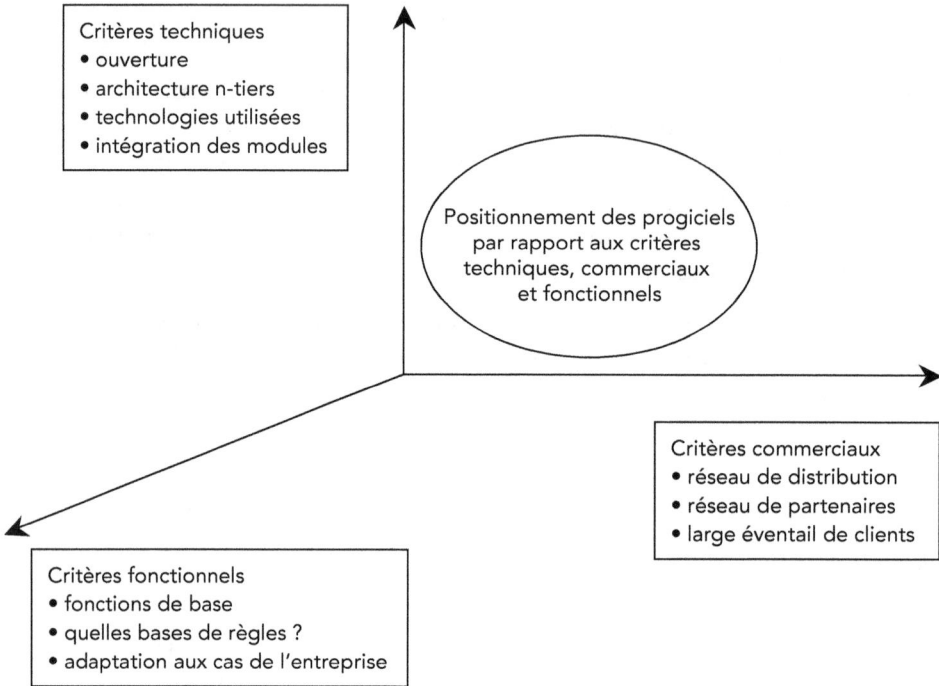

On constate en fait des interactions entre les aspects commerciaux et les aspects techniques. L'effet de masse permet à l'éditeur de faire évoluer ses progiciels dans le sens du respect des critères techniques demandés par le plus grand nombre d'utilisateurs.

Une large base installée

La taille de la base installée n'a pas de signification dans l'absolu. Il faut la considérer par rapport au domaine concerné et par rapport aux profils des entreprises utilisatrices. La clientèle des ERP est aujourd'hui très orientée grands comptes. Les éditeurs de suites de gestion qui visent le marché des ERP, en revanche, disposent d'une base installée considérable qui inclut les PME et les PMI, le marché SOHO et celui des particuliers.

Les petites et moyennes entreprises constituent désormais un enjeu très important pour les grands éditeurs. Par exemple, pour Microsoft, c'est le cœur de cible des ERP DYNAMICS© de cet éditeur.

L'importance de la base installée, dans l'absolu, joue énormément sur le prix des licences d'utilisation. Dans des domaines où la réglementation est très stabilisée, le coût de revient d'une suite de gestion est moins élevé que son équivalent sous forme de module d'ERP. Les coûts d'évolution, de formation, de prestations de services complémentaires, de personnels déjà formés et disponibles à l'embauche sont aussi plus faibles. L'entreprise devra décider du poids à donner entre une intégration très forte de progiciels d'une part, dont l'avantage réside dans la structuration du métier, et, d'autre part, le coût global d'une suite à très grande diffusion, moins intégrée à l'ERP, mais pouvant donner autant satisfaction sur le plan des réponses aux besoins des utilisateurs.

Les clubs d'utilisateurs contribuent bien sûr à influer sur la politique de l'éditeur, tout au moins quand le rapport de force reste équilibré. Pour cette raison, il n'est pas souhaitable que les utilisateurs jouent le jeu de l'attribution d'un monopole de fait à un seul éditeur.

La localisation

Les Anglo-Saxons utilisent « *to localize* » pour « mettre aux normes et standards du pays ». L'auteur conserve les termes « localisation » et « localiser » dans leur sens d'origine. La localisation est l'adaptation d'un progiciel aux caractéristiques globales d'un pays. Parmi les éléments localisables, on peut lister :

- **La traduction des écrans**. Elle peut être dans certains pays une contrainte légale (obligation d'utiliser la langue nationale) ou une exigence pratique (absence ou coût prohibitif de personnels anglophones ou francophones). La localisation linguistique peut être soumise à des particularismes régionaux.

- **L'application de règles administratives**. Elle peut être dictée par la législation en vigueur localement. On se rapportera à l'exemple précédent : pour les filiales françaises, dans le module de gestion des embauches, il est obligatoire de faire les déclarations préalables à la direction départementale de l'Inspection du travail. Si le module concerné est localisé efficacement, il doit tenir compte de ce particularisme français.

- **L'utilisation des codifications professionnelles locales et particulières**. Ces dernières sont éventuellement à prendre en considération sans qu'il y ait de contraintes légales. Le respect de ces habitudes rend le produit plus attractif, le non-respect peut le rendre invendable. L'exemple le plus courant est l'inversion du code postal (avant le nom de la ville en France, aux États-Unis et dans la plupart des codifications postales ; après le nom de la ville au Royaume-Uni, au Canada et dans certains autres pays).

» **L'intégration des normes matérielles du pays.** Il est nécessaire d'intégrer les normes pour les matériels en vigueur dans les pays des utilisateurs, surtout pour les périphériques liés aux logiciels de gestion : lecteur de codes à barres, lecteur de cartes de crédit, etc. Cette contrainte joue un rôle sur les standards logiciels. Par exemple, les polices de type code à barres font l'objet de variantes nationales et sectorielles dont il faut tenir compte.

» **Les normes informatiques relatives aux structures de fichiers.** Elles sont exigibles et interviennent de façon importante dans l'efficacité du progiciel. C'est le cas des transferts de données par l'informatique. Par exemple, le transfert des données sociales, le transfert des données pour la TVA, etc.

» **Les standards locaux de télécommunication.** Plus généralement, il faut tenir compte de la localisation des standards de télécommunication en vigueur dans les pays où le progiciel est utilisé, faute de quoi une grande partie des fonctions applicatives pourrait être inopérante.

» **La documentation.** Elle fait partie des éléments à localiser. La traduction des manuels peut être complète ou partielle (souvent, la documentation technique et d'administration du système peut rester en anglais).

» **La logique de l'aide aux utilisateurs et la formation.** Ces deux critères doivent être revus en fonction des habitudes culturelles des pays utilisateurs. Une traduction littérale des manuels et des cours sont souvent des supports jugés de piètre qualité alors qu'ils donnent satisfaction dans leur pays d'origine.

D'autres critères de localisation peuvent exister selon les domaines applicatifs.

Le réseau commercial

Les circuits de distribution des grands éditeurs deviennent de plus en plus des réseaux de compétence, surtout quand leurs éditeurs pratiquent une politique de certification professionnelle. Cette communauté de partenaires commerciaux est en contact direct avec la clientèle et peut répercuter des demandes pesant sur les évolutions du produit.

Pour les entreprises qui ont des filiales géographiquement réparties et exerçant éventuellement des métiers différents, il est important de s'intéresser au réseau commercial de l'éditeur qui comprend en général :

» **des consultants divers** : en méthode et organisation, en système et ingénierie, etc. Ils agissent en tant que conseils pour la mise en œuvre du progiciel et apportent un éclairage et leur expérience validée sur d'autres projets. Il est recommandé de s'assurer des conseils d'un consultant indépendamment des interventions des autres partenaires (voir ci-dessous).

- **des distributeurs et revendeurs de produits.** Ils constituent une catégorie importante de partenaires pour l'éditeur. C'est avec eux que l'entreprise peut ou non négocier des tarifs préférentiels. Ce sont eux qui assurent le support de premier niveau, par exemple, l'aide téléphonique. Il est primordial de s'assurer que le réseau de revendeurs est assez important pour pouvoir acheter localement.

- **des revendeurs à valeur ajoutée** *Value Added Resellers* (VAR). Ils intègrent, paramètrent le progiciel pour certains usages. Ils développent parfois des produits ou modules périphériques en complément des progiciels.

- **des formateurs** : pour les développeurs, les utilisateurs, les administrateurs. Certains éditeurs ont créé des cycles de certification de formateurs à leurs produits. Quand c'est le cas, la certification est une garantie de partenariat actif et de savoir-faire.

- **des sociétés de services**, partenaires privilégiés des éditeurs. Ces partenaires de l'éditeur doivent avoir une bonne connaissance des progiciels pour assurer toute prestation de services : mise en œuvre de l'ERP, définition des fonctions et des paramètres de l'administration du système, intégration d'autres modules, développement d'interfaces, etc. Les grandes sociétés de services sont maîtresses d'œuvre et prennent la responsabilité de l'ensemble des opérations.
Par leurs activités, ces sociétés sont les relais principaux de l'expansion des grands éditeurs de progiciels. Elles constituent le pôle de connaissance terrain nécessaire à une implantation réussie d'un ERP.

L'extension du périmètre de l'ERP

Le bilan d'utilisation par le domaine pilote

Une fois que l'ERP est opérationnel, l'utilisation qu'en fait le domaine pilote doit se prolonger jusqu'à ce qu'il soit possible d'évaluer un bilan de Retour sur Investissement (RI). Il est très difficile de mesurer quantitativement le RI, mais on peut en faire une estimation qualitative.

Il est nécessaire de réaliser des grilles d'évaluation, pour chaque module implanté. Ces grilles doivent être remplies par les divers membres de la maîtrise d'ouvrage :

- utilisateurs finals ;

- administrateur du système ERP ;

- informaticiens en charge de l'exploitation et de la maintenance du progiciel et des données.

Pour chaque module, une notation interne doit être définie.

Par exemple :

- A, si l'effort requis est léger ;
- B, s'il est normal ;
- C, si l'effort requis est lourd.

Il s'agit de l'effort consacré à un certain nombre de postes nécessaires à la mise en œuvre du produit.

Par exemple :

- la formation ;
- l'appropriation de l'application ;
- le support à l'utilisation ;
- la facilité d'utilisation ;
- la fréquence des dysfonctionnements ;
- la documentation papier ;
- la documentation en ligne ;
- la facilité à trouver une aide en ligne.

Il est important de mettre en place de telles grilles pour chaque module et de suivre à intervalles réguliers (tous les mois, par exemple). C'est la seule façon possible pour surveiller les évolutions. Le fournisseur et l'éditeur peuvent corriger avec le temps certains points ne donnant pas satisfaction. De même, les utilisateurs et les administrateurs prenant le contrôle de l'application pourraient changer leur vision de départ.

Le chef de projet doit définir la période probatoire selon les habitudes et la culture de son entreprise. À l'issue de cette période, le bilan de l'ensemble des grilles concernant l'ensemble des modules utilisés permettra de prendre un constat de satisfaction globale ou donnera lieu à une liste de points qui devront être améliorés.

La figure page suivante présente un tableau qui dresse une liste des éléments qualitatifs à faire ressortir.

L'extension de l'utilisation de l'ERP dans l'entreprise

Si la décision est prise d'étendre l'utilisation de l'ERP, plusieurs cas peuvent se présenter :

- **Premier cas.** On peut rester dans le même domaine pilote si d'autres modules s'avèrent nécessaires pour compléter les besoins fonctionnels du module. On est dans une démarche destinée à finaliser l'ensemble des besoins d'un domaine, mais on n'étend pas le périmètre applicatif de l'ERP à d'autres domaines de l'entreprise.

Tableau 2.2 : L'évaluation qualitative du TCO et du ROI du domaine pilote

Module évalué	par ▶ notes ▼	Utilisateurs finals	Administrateurs de l'ERP	Service informatique
Formation nécessaire	Légère			
	Normale			
	Lourde			
Appropriation de l'application	Rapide			
	Moyenne			
	Longue			
Support à l'utilisation	Efficace			
	Standard			
	Faible			
Facilité d'utilisation	Bonne			
	Moyenne			
	Faible			
Dysfonctionnements	Aucun			
	Acceptables			
	Nombreux			
Documentation	Précise			
	Standard			
	Insuffisante			
Améliorations observées pour les besoins internes				
Améliorations observées pour les clients				
Améliorations observées pour les partenaires				
Services du fournisseur				

▶ **Deuxième cas.** Si le domaine pilote est limité à un site pilote, l'extension consistera en un déploiement de l'application aux autres sites du domaine pilote, et, ultérieurement, peut-être, tous les sites de l'entreprise. Par exemple, si le domaine pilote d'un projet est la gestion commerciale, l'extension naturelle de l'utilisation de l'ERP sera tous les services commerciaux des sites de l'entreprise. Ce type d'extension est le moins risqué, car les modules choisis ont déjà fait leurs preuves sur le site pilote. Cependant, ce cas est relativement rare car il est difficile d'isoler complètement le domaine pilote, un ERP n'étant efficace qu'à partir du moment où il gère un ensemble étendu de besoins.

▷ **Troisième cas.** Si les modules de l'ERP sont utilisés de façon générale dans tous les sites, l'extension de l'utilisation de l'ERP peut être décidée sur d'autres domaines cibles. Le choix des domaines cibles doit ici être affiné. On préférera des domaines connexes au domaine pilote, c'est-à-dire échangeant beaucoup de données avec lui. La connexité interviendra aussi au niveau des métiers des utilisateurs. On profitera ainsi pleinement de l'aspect d'intégration des modules que présentent les ERP. La coopération entre utilisateurs rendra les phases d'extension de l'ERP moins complexes. Néanmoins, il faudra reprendre une démarche de spécification complète car il y a plusieurs possibilités de progresser dans l'utilisation des progiciels de gestion intégrés comme l'explique le paragraphe suivant et l'illustre l'exemple ci-après.

Exemple 2.4 : L'extension du domaine d'un ERP

Le groupe cité dans les deux exemples précédents, après une année de fonctionnement opérationnel de son ERP, limité aux modules de GRH, fait un constat positif et décide d'étendre son ERP à la comptabilité et à la gestion financière. Après étude, on constate que les modules de gestion comptable de l'éditeur de l'ERP (qu'on appellera désormais E_1) conviennent parfaitement pour la maison mère et le siège social du groupe. Mais ce n'est pas le cas de la gestion financière. Celle d'E_1 est insuffisante pour les besoins du groupe. En outre, on observe que les modules de comptabilité reviendront très chers pour ce qui est de leur diffusion dans filiales ; pour l'une d'entre elles, la comptabilité d'E_1 n'a pas été localisée. En revanche, une suite de gestion comptable d'un éditeur E_2 répond parfaitement aux besoins des filiales et dispose de toutes les versions nationales nécessaires. Certaines filiales disposent déjà d'une version ancienne de la suite d'E_2. L'installation et la mise en œuvre du produit d'E_2 sont aisées. Le module de gestion de la paie de cette suite dispose d'une interface pour récupérer les objets « employés » gérés par l'ERP d'E_1. Cette suite ne demande pas une formation lourde aux professionnels de la comptabilité. Par ailleurs, les modules de gestion financière allégée de la suite d'E_2 conviennent parfaitement aux besoins locaux des filiales. Les filiales se contentent de transmettre des données comptables au siège social du groupe au format spécifié par E_1. Pour la gestion financière, l'éditeur E_1 a passé un accord avec un éditeur spécialisé dans la gestion financière, E_3 dont la suite répond aux besoins. La suite d'E_3 est déjà interfacée avec l'ERP d'E_1. Dans la prochaine version de la suite d'E_3, des options seront disponibles, qui permettront d'utiliser le même IHM que celui de l'ERP d'E_1. L'architecture applicative se présente ainsi :

– pour le siège social groupe et maison mère : l'ERP d'E_1 pour la GRH et la gestion comptable, la suite de gestion financière d'E3 intégrée à terme avec l'ERP, un module de conversion de données comptables envoyées par les filiales ;

– pour les filiales du groupe : l'ERP d'E_1 pour la GRH, la suite de gestion comptable et financière de l'éditeur E_2 avec l'option gestion de la paie interfacée avec E_1

Figure 2.6 : L'extension du périmètre applicatif pris en charge par l'ERP

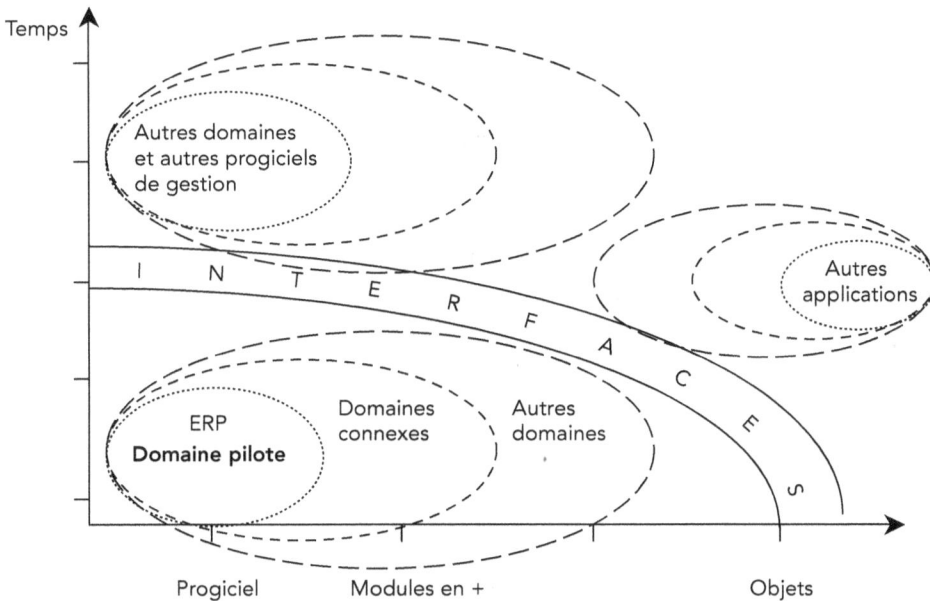

Désintégration d'ERP ou réintégration ?

Chaque entreprise étant un cas spécifique, l'architecture applicative peut être conçue de différentes manières. La règle la plus importante est de garder la maîtrise de ses choix et de son organisation. L'utilisateur a, à chaque étape de son évolution applicative, plusieurs solutions possibles. La concentration des choix vers un unique éditeur d'ERP rend l'architecture des applications, certes plus homogène, mais donne à l'éditeur choisi une position de « monopole interne » qui, sur le long terme, devenant plus lourd à supporter, gommerait les avantages du choix unique. Choisir plusieurs produits d'origine différente, oblige à plus d'efforts d'intégration et pousse à décider d'un moyen terme entre intégration complète, réponse plus affinée aux besoins et respect d'un ratio qualité/prix. Dans une large mesure, les technologies actuelles permettent aux utilisateurs de rester maîtres de l'intégration de leur système d'information

La préservation de l'indépendance organisationnelle de l'utilisateur

L'utilisateur doit conserver son indépendance organisationnelle ; corrélativement, il doit rester vigilant à ne pas se faire dicter son organisation par l'éditeur d'ERP. Ceci n'est pas contradictoire avec le fait de rester à l'écoute de ses fournisseurs, qui ne manquent pas d'attirer l'attention sur les bénéfices de l'utilisation de leurs progiciels par leurs clients référencés.

Il existe des facteurs de risques à remettre l'intégralité de ses applications entre les mains d'un seul et unique éditeur ; surtout si ce dernier se positionne en situation de monopole. Le risque le plus important est de refermer son système d'information alors même qu'une attention particulière a été apportée pour choisir les systèmes d'exploitation, les plates-formes matérielles et les bases de données. Ce risque est celui d'une fermeture pour un éditeur donné duquel dépendraient les moindres demandes d'évolution. Offrir une position dominante à un éditeur a pour conséquence de réduire les possibilités de choix de l'utilisateur au fur et à mesure de l'enrichissement du parc de logiciels en modules. Les facilités offertes de pouvoir centraliser l'administration de système applicatif et de ne pas avoir à développer d'interface conduiront à ne pas rechercher d'alternative et accroîtront les contraintes en faveur de l'éditeur maître de la place. L'utilisateur n'aura plus qu'à accepter la politique d'évolutions techniques, les conditions de prix et de maintenance de son éditeur unique. La notion de mise en concurrence de plusieurs éditeurs lors de tout nouveau projet perdra de son acuité, car les coûts d'acquisition et d'intégration de solutions qui ne seront pas dans la ligne commerciale de l'unique éditeur en place seront disproportionnés par rapport aux projets.

L'utilisateur qui maîtrise son organisation et son indépendance pourra plus facilement évoluer sans le consentement de l'éditeur. C'est un critère important dans un contexte d'évolution technologique rapide. Un exemple peut illustrer parfaitement cet état de fait. Un utilisateur dont l'activité principale est la vente par correspondance souhaite ajouter un serveur Web à son architecture applicative. S'il a accordé un monopole de fait à un éditeur d'ERP qui tarde à développer des modules s'appuyant sur le Web, l'utilisateur restera isolé pour cette extension. En revanche, s'il a déjà intégré des progiciels tiers, il sera en meilleure situation pour piloter cette évolution nouvelle. C'est un cas typique où l'utilisateur éprouve la nécessité d'évoluer plus rapidement que son éditeur favori, au niveau technique. Certains utilisateurs peuvent espérer, par la taille de leur parc, pouvoir peser sur un éditeur d'ERP. Cela reste possible pendant la phase de développement du progiciel de gestion intégré de l'éditeur, c'est-à-dire tant qu'il n'a pas encore un parc suffisant d'utilisateurs. Pour accepter une telle prise de risque, l'utilisateur devrait toujours se poser la question : « que représentent mes achats par rapport au revenu global de l'éditeur et que représenteront-ils dans l'avenir ? » ; la seule réponse possible est que cette part aille en diminution croissante, sinon le produit choisi ne sera jamais un progiciel !

Le tableau ci-après montre le type de rapports de forces entre les éditeurs et l'utilisateur en fonction de la stratégie adoptée, selon que l'utilisateur s'appuie sur un seul éditeur d'ERP, ou un éditeur d'ERP plus des modules de compléments d'éditeurs tiers, ou encore en adoptant d'emblée un noyau constitué d'un ERP principal et des modules d'éditeurs concurrents interfacés avec ce noyau.

Tableau 2.3 : Les rapports de forces typiques entre utilisateur et éditeurs

Stratégie Évolutions	Un seul éditeur d'ERP	Un ERP plus des compléments[a]	Un éditeur d'ERP plus des concurrents[b]
Site pilote	Contraintes utilisateur prépondérantes	Contraintes utilisateur prépondérantes Efforts ou recherche d'interfaces	Contraintes utilisateur prépondérantes Efforts ou recherche d'interfaces
Déploiement des 1ers modules du domaine pilote	Répétition du site pilote au domaine pilote	Répétition du site pilote au domaine pilote	Répétition du site pilote domaine pilote
Autres domaines cibles	Contraintes utilisateur Contraintes éditeur	Efforts d'interfaces facilités Contraintes utilisateur prédominantes	Utilisateur en position de force Éditeurs en concurrence
Réingénierie complète de l'architecture applicative	Contraintes éditeur prépondérantes Monopole de fait de l'éditeur	Utilisateur maître du système Interfaces déjà facilitées Éditeur d'ERP en pole position sans monopole	Architecture ouverte Éditeurs en concurrence Utilisateur en position de force Interfaces déjà facilitées

a. C'est-à-dire des modules ou des progiciels de tierce partie.
b. Les concurrents, au sens « éditeurs importants » de suite de gestion, d'autres types de progiciels prenant en charge l'ensemble d'un domaine horizontal. Par exemple : un éditeur de DRP, voire un deuxième ERP.

L'intégration vue par l'utilisateur final

L'intégration vue par l'éditeur se veut industrielle. L'éditeur a pour objectif de recouvrir le maximum de domaines fonctionnels possible, de prendre le contrôle du marché le plus large pour lui. Il poussera, en conséquence, vers une intégration forcée de nombre de produits : soit, de vrais modules natifs, conçus par ses services avec les mêmes outils que le reste de son ERP, soit des progiciels d'acquisition récente sont, dans un premier temps, simplement « pontés vers l'ERP », dans l'attente d'une nouvelle version intégrée et des produits qui appartiennent à des partenaires commerciaux plus ou moins proches techniquement de l'éditeur. L'intégration, vue de l'éditeur, n'est pas loin d'une intégration spécifique, enrichie au cas par cas.

Dès lors, l'utilisateur, tant qu'il dispose des moyens de négociation nécessaires, a intérêt à choisir des produits sur la base de ses propres besoins et à faire étudier leur intégration. Le paragraphe « Spécifier les besoins en termes de métier » dans le chapitre 5 décrit les actions à conduire en vue de définir une intégration. L'utilisateur a comme intérêt de pouvoir s'assurer du maximum d'efficacité possible de son architecture applicative ; un noyau commun à l'ensemble des produits est nécessaire, c'est là le rôle d'un ERP. Il souhaite choisir pour son entreprise les meilleurs produits. Son architecture applicative doit conserver une grande souplesse afin de se garantir d'une ouverture maximale possible. L'entreprise ne peut risquer de voir son système d'information figé dans sa partie « applications » par une dépendance exclusive à un seul éditeur. Toute société, aujourd'hui, est susceptible d'intégrer rapidement de nouvelles filiales ou, à l'inverse, de rejoindre elle-même un autre groupe ou de s'allier à une autre entreprise. Son infrastructure d'applications informatiques doit pouvoir alors intégrer ou interfacer facilement d'autres environnements de produits.

C'est en s'appuyant sur l'infrastructure de son système d'information que l'utilisateur parviendra à une intégration applicative particularisée pour ses besoins.

Figure 2.7 : Les ERP, centres d'un puzzle applicatif ?

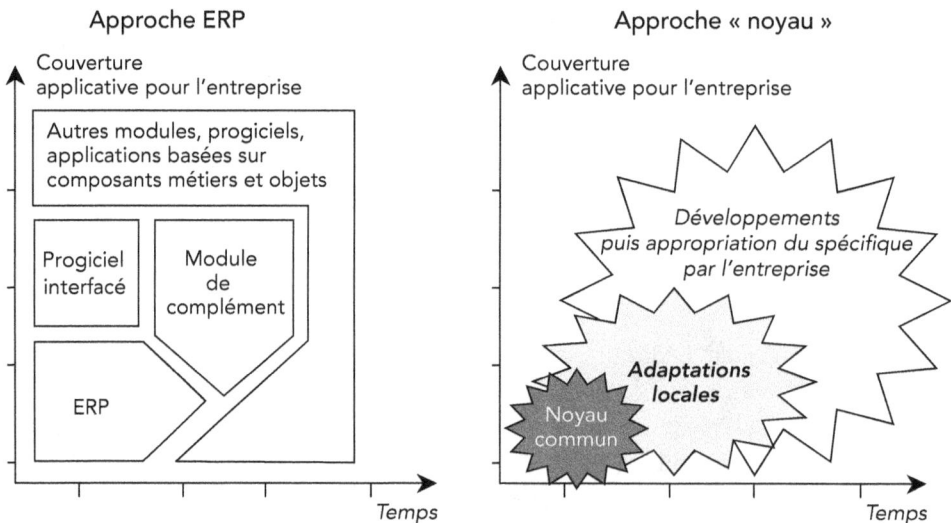

Adopter plusieurs ERP, intégrer des compléments

L'objectif de tout utilisateur est de choisir la solution la plus simple avec le meilleur rapport qualité/prix. Les possibilités sont les suivantes :

- un ERP et des compléments sous forme de modules ;
- une suite de gestion interfacée avec des progiciels métier ;
- ou un noyau ERP pour un domaine particulier et des suites de gestion pour les autres.

Tous les éditeurs de suites ou d'ERP disposent d'un réseau de partenaires à valeur ajoutée. Il est indispensable, quel que soit le projet, de modéliser les besoins indépendamment des produits qui existent sur le marché.

Exemple 2.5 : Le choix d'un deuxième ERP

Dans le groupe cité dans les exemples précédents, la même filiale F_1 dispose d'une usine de production qui fonctionne au projet. Toute fabrication est liée à un projet spécifique. Les projets et les fabrications de la société F_1 sont stratégiques pour le groupe. La GPAO de F_1 est un spécifique difficilement maintenable, développé sur une machine en voie d'obsolescence et dont la maintenance revient très cher. La filiale souhaite par ailleurs conserver les bénéfices apportés par l'utilisation de progiciels intégrés.

Les seuls éditeurs homologués par le groupe sont E_1, E_2 et E_3. Seul E_1 dispose d'un module de gestion de production mais qui ne convient absolument pas, car il ne peut piloter la production réalisée au projet. En accord avec la direction de l'informatique du groupe, la société F_1 doit rechercher un progiciel adéquat. Aucun des partenaires présentés par E_1 n'offre de produits qui satisfont aux besoins de F_1.

En revanche, l'éditeur E_4, concurrent direct d'E_1 dispose d'un ERP avec des modules de gestion de production pilotée au projet, de gestion des approvisionnements et de gestion des commandes qui répondent aux besoins de la filiale. Cet éditeur E_4, dont la spécialité d'origine est la GPAO a prévu des interfaces avec les principales suites de gestion comptable du marché, en particulier avec la suite de l'éditeur E_2. Comme le référentiel de production reste au niveau de F_1, il n'y a pas nécessité de remonter les informations de production au niveau du groupe. L'éditeur E_4 n'avait pas été consulté par le groupe lors du choix des modules de GRH, car comme il est spécialisé en GPAO, ses modules de gestion du personnel sont relativement sommaires et ne peuvent pas convenir à la gestion globale du personnel d'une multinationale.

La gestion commerciale de F_1 est caractéristique de la gestion des entreprises pilotées au projet. Celle qui est utilisée par F_1, développée autrefois spécifiquement, ne donne pas satisfaction. L'ERP d'E_4 dispose également d'une gestion commerciale intégrée au module de GPAO piloté au projet.

Après conduite d'une procédure d'appel d'offres, l'éditeur E_4 est choisi. Le système applicatif de la filiale F_1 se compose des éléments suivants :

– l'ERP d'E_1 pour la GRH (choix groupe) ;
– un module de gestion des personnels certifiés, intégré à l'ERP d'E_1, développé par le partenaire P_1 (choix F_1) ;
– la suite de gestion comptable et financière de l'éditeur E_2 avec l'option « gestion de la paie » interfacée avec E_1 (choix groupe) ;
– uniquement les modules de GPAO et de gestion commerciale, option « gestion pilotée au projet » de l'éditeur d'ERP E_4, avec interface vers la suite de gestion comptable et financière d'E_2.

La filiale F_1 devient nouveau domaine pilote pour la GPAO. En effet, dans le groupe, trois autres filiales ont des usines de production, toutes gérées en flux tendu. E4 dispose également de l'option « flux tendu » pour sa GPAO. Le groupe sera par conséquent à même de mettre en concurrence E_1 et E_4 pour les applications de GPAO et de gestion commerciale.

Dans cet exemple, on constate que la démarche de choix d'un progiciel doit être conceptualisée avant tout engagement important. Une modélisation des besoins est nécessaire après audit du paramètre applicatif.

L'audit du périmètre applicatif

L'audit du périmètre applicatif part des éléments suivants :

▷ inventaire des logiciels utilisés : progiciels, logiciels spécifiques et environnement informatique de chacune de ces applications ;

▷ définition des couplages ou intégration entre les éléments de l'existant ;

Figure 2.8 : La démarche préalable d'audit : les constats

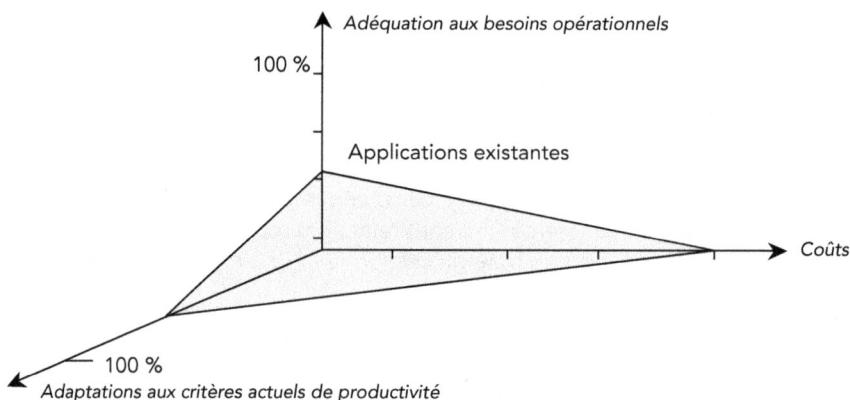

- niveau de réponses aux besoins des applications existantes et niveau des manques de l'existant ;
- coût du maintien des applications existantes et conséquences opérationnelles de l'utilisation de l'existant sur les missions des services de l'entreprise.

Sur un constat globalement non satisfaisant, une mission d'audit doit être initialisée.

L'audit de l'infrastructure applicative du système d'information

Dans le cadre d'un projet de renouvellement ou d'évolution du parc des applications existant au sein de l'entreprise, l'un des objectifs majeurs est de lister exhaustivement les fonctions assurées par les logiciels qui sont utilisés et la couverture réelle des besoins, afin d'éviter toute régression éventuelle cachée par la rénovation des systèmes matériels et logiciels à l'issue du projet.

On peut représenter le système d'information par un « empilement » de couches de logiciels de base ; nous conserverons le mot anglais *stack*. Il comprend des systèmes d'exploitation, des gestionnaires de réseau, des gestionnaires de télécommunications ainsi que des applications horizontales et des gestionnaires de base de données sur lesquels s'appuient les couches constituées des applications de gestion. Pour chacune des couches du *stack*, les questions suivantes doivent être posées :

- Concernant les systèmes d'exploitation des ordinateurs centraux :
  - doit-on les garder, les faire évoluer, les changer ?
  - quels sont les impacts financiers et techniques ?
- Concernant les systèmes d'exploitation des serveurs :
  - doivent-ils être uniformisés ?
  - les applications départementales peuvent-elles dicter le type de système d'exploitation de serveur ?
- Concernant les bases de données :
  - quels sont les SGBD utilisés par les systèmes applicatifs en place ?
  - les SGBD utilisés doivent-ils absolument être conservés ?
- Concernant les outils transactionnels :
  - leur présence est-elle absolument nécessaire ?
  - si oui, pour quelles applications ou dans quels domaines ?
- Concernant les protocoles de communication (réseau local et télécommunication) :
  - les protocoles utilisés doivent-ils être conservés, mis à jour ou remplacés ?
  - l'infrastructure des réseaux est-elle à revoir ?

– quelles charges cela entraîne-t-il ?

Pour ces logiciels, il y a un impact particulier sur le coût d'un changement d'infrastructure de réseau local et de télécommunication ; il faudra trouver un compromis entre les avantages apportés par la conservation de l'infrastructure existante et les coûts de la refonte.

- Concernant les systèmes d'exploitation des postes utilisateurs :
  – Quels sont les types de postes client utilisés ainsi que les IHM ?
  Il sera nécessaire d'établir une liste exhaustive du parc pour spécifier la future interface.

- Concernant l'administration des systèmes. Les points principaux de l'administration du système doivent être répertoriés car il faudra maintenir au moins le même niveau de cohérence et de sécurité.

- Concernant les outils de développement :
  – les outils de développement actuels sont-ils encore utilisables ou doivent-ils évoluer ?

- Concernant les outils de productivité personnelle (par exemple, la bureautique). Ils devront être interfaçables avec les progiciels choisis.

C'est au-dessus de ce *stack* que viennent les ERP, dont une partie peut se trouver du côté client et le reste du côté des serveurs. Il faudra, sans aucun doute, faire évoluer ce *stack* en fonction des progiciels choisis.

L'audit du *stack* devra donc faire la part des sous-systèmes susceptibles d'évoluer vers une architecture multi-tiers et de ceux qui sont condamnés à être remplacés.

Exemple 2.6 : L'audit d'une entreprise composée de deux pôles

Une entreprise est composée de deux établissements : l'un comprend le siège et les bureaux commerciaux, l'autre, le site de production (usine, ateliers et entrepôts). Les établissements sont équipés différemment :
- Le 1er pôle comprend :
  - le siège qui est équipé d'un mainframe ;
  - les bureaux commerciaux qui disposent de terminaux passifs.
- Le 2nd pôle comprend :
  - l'usine et les ateliers, qui disposent d'une GPAO sur serveur Unix et de postes de travail Windows, en réseau local avec le protocole TCP/IP ;
  - les entrepôts qui ne sont pas encore informatisés.

Le mainframe sera conservé mais doit évoluer vers une nouvelle version du système d'exploitation acceptant le protocole de réseau local TCP/IP. Les bureaux seront câblés en réseau local et seront équipés de PC sous Windows. L'infrastructure informatique de l'usine est maintenue.

L'ensemble des applications doit être revu dans une approche ERP.

L'audit des logiciels existants

Un audit analogue des applications utilisées dans l'entreprise doit être fait. Le bilan précise l'ensemble des produits utilisés, pour quels besoins et dans quelle structure de l'entreprise. Il doit définir les échanges de données entre les produits existants et lister, chaque fois qu'il est possible de le faire, les standards et normes utilisés. La liste des logiciels comprend quatre types de produits :

- **Les produits et outils horizontaux.** Ici, la liste exhaustive est nécessaire, car à l'aboutissement du projet, les produits intégrables par l'ERP seront conservés et, éventuellement mis à jour.

- **Les applications spécifiques maison.** Cette partie est primordiale, car c'est elle qui constitue le cœur applicatif actuel et son remplacement (voir paragraphe suivant).

- **Les semi-progiciels** (noyaux logiciels fortement adaptés au client). Ce sont des applications spécifiques qui ont été configurées à partir de noyaux de codes vendus et adaptés aux besoins du client. Souvent, les codes source n'ont pas été achetés (l'argumentation commerciale de l'époque reposait sur une différence notable de prix entre un développement purement spécifique et l'adaptation d'un tel noyau). Il convient, pour ces semi-progiciels de mener une investigation sur ce qu'ils sont devenus. Certains ont été « progicialisés », d'autres ont été adaptés en tant que modules complémentaires d'ERP du marché. De cette étude, il conviendra de prendre en considération ou non leur éventuelle reconduction, après mise à jour.

- **Les progiciels.** L'idéal est qu'ils puissent être conservés dans le cadre de la nouvelle architecture applicative, quand ils donnent satisfaction. Étant le plus souvent les plus récemment acquis, ils sont aux standards du marché. Il convient de bien connaître leurs spécifications d'entrée et de sortie pour pouvoir les interfacer. Il faut également consulter leurs éditeurs afin d'être informé de façon exhaustive sur les options complémentaires qui existent, leurs évolutions, les interfaces standards développées vers les ERP du marché. Pour assurer une réelle communication et une facilité d'évolution des nouveaux progiciels qui seront utilisés, l'architecture multi-tiers est une réponse sûre et pérenne.

L'audit fonctionnel

L'audit fonctionnel de l'existant a pour objectif de s'assurer qu'il n'y aura aucun risque de régression dans le système choisi. Il comprend deux rapports.

- **Premier rapport** : les constats de l'existant. On décrira les fonctions qui donnent satisfaction dans l'existant et qui doivent être impérativement conservées quelle que soit la solution choisie. La liste de ce qu'il faut supprimer et éviter doit être établie.

- **Second rapport** : les améliorations recherchées
  - D'une part, elles se composent de nouvelles fonctions non couvertes par le système actuel ;
  - D'autre part, elles définissent les performances souhaitées. Ces performances sont exprimables en termes d'utilisateur final – par exemple, le temps de réalisation d'un dossier –, et en termes informatiques : la puissance transactionnelle.

Les améliorations demandées doivent aussi concerner l'automatisation des transmissions d'information, de documents, de consignes, etc.

Les deux rapports doivent comprendre :

- une partie relative aux besoins internes de l'entreprise ;
- une partie relative aux relations avec les clients ;
- une partie relative aux relations avec les fournisseurs ;
- une partie relative aux relations avec les partenaires cotraitants de l'entreprise ;
- une partie relative aux relations avec les banques et les administrations.

Exemple 2.7 : Règles pragmatiques d'établissement du TCO et d'approche du ROI pour aider à la décision de choix d'un ERP par une grande PMI

Une entreprise S de fabrication de pièces automobiles est spécialisée dans une catégorie d'équipements mécaniques. En 2000, elle a 350 employés répartis ainsi :

- une usine regroupant 250 employés ;
- un magasin au centre d'une grande ville de province avec 70 employés ;
- 30 employés administratifs et comptables regroupés au siège.

S est une société familiale traditionnelle qui a vu ses parts de marché baisser progressivement et inexorablement avec l'importation de pièces équivalentes venant d'Europe du Sud, essentiellement d'Espagne et du Portugal.

Elle disposait à cette époque d'une informatique composée essentiellement :

- d'une comptabilité ;
- d'un progiciel de suivi de production.

Les deux applications sont sur des serveurs Windows NT© en 1997.

Le patron fondateur a fait développer à façon une application de gestion d'inventaire et de gestion de stock sur SQL Server© Version 7, que nous notons Application A.

Il décède en 2001. Les successeurs, pour sauver l'entreprise décident de :
- diversifier son activité en développant une distribution d'équipements automobiles en complément de la production des pièces mécaniques qui constituait son activité traditionnelle ;
- spécialiser la production uniquement sur le haut de gamme, essentiellement la partie mécanique de précision.

En quatre ans, ils ont ouvert 17 magasins et points de vente.

Pour l'informatique, ils se sont restreints au strict nécessaire :
- des outils de productivité, c'est-à-dire essentiellement une bureautique à jour, disposant de serveurs pour le partage des ressources ;
- une nouvelle application de gestion d'inventaire et de stock, indépendante de l'application existante car destinée à des pièces de nature différente des précédentes et dont la nomenclature dépend à la fois des constructeurs automobiles et des grossistes.
Nous appelons cette application B.

En 2005, la configuration de leur entreprise est la suivante :
- l'usine ne compte plus que 150 employés et produit uniquement le haut de gamme traditionnel d'équipements mécaniques ;
- un bâtiment logistique sur le site de l'usine, avec 40 employés ;
- 18 magasins répartis dans trois régions (en incluant celui qu'ils avaient déjà en centre-ville, près de leur siège social), totalisant 140 employés, qui distribuent à la fois les produits de l'usine et des équipements autres achetés aux grossistes,
- le siège qui ne compte plus que 20 employés : comptables, services administratifs et direction de l'entreprise.

En 2006, la direction décide de :
- moderniser et rationaliser l'informatique de l'entreprise, compte tenu de sa nouvelle configuration ;
- démarrer une activité de vente sur Internet.

Un consultant est missionné par l'entreprise pour faire un audit ainsi qu'une étude d'opportunité. Il oriente le choix de la direction vers les axes suivants :
- un ERP disposant de la comptabilité, gestion des achats, gestion commerciale, gestion des stocks, gestion administrative et gestion des ressources humaines ;
- un site d'e-commerce utilisant le *back office* de l'ERP.

Cependant devant les coûts importants d'acquisition, c'est-à-dire le *Total Cost of Ownership* (TCO) – coût total d'appropriation –, qui incluent :
- l'acquisition des licences et du matériel ;
- le coût de la prestation de paramétrage ;

- la mise en œuvre du serveur d'e-commerce ;
- les coûts de formation ;
- le coût de la mise en exploitation ;
- les coûts de maintenance et de mise à jour des logiciels et matériels ;

… la direction missionne un autre consultant avec pour objectifs :

- de prendre toute mesure nécessaire pour réduire ce TCO ;
- de proposer une méthode d'évaluation du ROI sur les 3 années qui suivront la mise en fonctionnement du nouveau système ;
- d'engager une étude fonctionnelle pour spécifier les besoins et rédiger un cahier des charges.

L'approche suivante est proposée par le second consultant :

- conserver la partie de suivi de production mais en la mettant à jour au niveau du développement et en s'appuyant sur Windows Server© 2000 ;
- de même, conserver les deux applications de gestion de stocks et d'inventaires A et B qui sont utilisées efficacement par des personnes différentes, en les mettant à jour au niveau du développement, de la base de données qui passent en SQL Server 2000© sur Windows Server 2000© ;
- utiliser les fonctionnalités de transformation de données DTS©[1] de SQL Server 2000© pour transférer les données vers l'ERP qui sera choisi quelle que soit la base de données de cet ERP.

Ainsi le TCO de ces deux volets applicatifs est minimisé.

Par ailleurs, les deux contraintes suivantes deviennent des exigences préliminaires :

- les ERP candidats devront s'appuyer sur la même infrastructure serveur et base de données que les applications de gestion d'inventaire et de stock ;
- les ERP candidats devront disposer, en natif, de la possibilité de créer un site d'e-commerce.

Quant à la méthode de quantification du ROI sur une durée de trois ans, le consultant mandaté et la direction de l'entreprise constate qu'il est extrêmement difficile, voire impossible de s'appuyer sur des mesures concernant les processus gérés par le nouveau système et sur les gains supposés par rapport à la situation antérieure.

---

1. *Data Transformation Services*, outil de transformation de données qui était livré en standard avec la version 2000 de la base de données SQL Server©. Aujourd'hui, avec la version SQL Server 2008©, l'outil est SSIS© (*SQL Server Integration Services*).

Le consultant propose à la direction de se contenter de mesurer ce ROI uniquement sur la base du « supplément d'affaires » apporté par les ventes sur Internet et durant la première année. En parallèle à cette démarche, il propose à la direction de l'entreprise :

– de définir au préalable le « Business Model » Internet, soutenu par une étude de marché, qui doit être mis en place :
  - vente aux particuliers ou aux entreprises ?
  - clients existants ou nouveaux clients ?
  - quels types de produits du catalogue seront vendus par le Web ?
– d'établir un « Business Plan » des ventes sur Internet avec prévision de la montée en charge ;
– de planifier et budgéter l'ensemble des actions nécessaires à démarrer l'activité d'e-commerce ;
– de mettre en œuvre le dispositif de marketing du site de vente électronique : présentation, charte graphique, etc.
– de rajouter à sa mission la spécification fonctionnelle et le cahier des charges du site d'e-commerce.

Cette démarche est acceptée par la direction qui y voit à la fois un challenge pour développer son ambition d'activité commerciale sur le Web et un moyen de cibler elle-même le niveau du ROI recherché, à un niveau atteignable par l'entreprise.

Le nouveau système d'information est entièrement « remboursé » par le différentiel de bénéfices dès la première année.

Chapitre 3

La modélisation des besoins

Modéliser les besoins est une nécessité absolue, quel que soit le type de solution que l'on envisage de mettre en place : sur la base de progiciels ou à partir de développements spécifiques. Dans un projet d'ERP, on s'appuie sur des progiciels et sur une intégration. La méthode de modélisation est fondée sur :

- une démarche entité-association ;
- l'application d'une architecture n-tiers ou en multicouches de services pour le système d'information.

Les caractéristiques essentielles de cette approche sont :

- de s'adapter complètement à une approche de choix de progiciels, les développements ne s'appliquant qu'à des compléments tels que les interfaces et les modules spécifiques ;
- de découpler la phase de spécification de tout matériel ou progiciel ;
- de consolider les aspects organisationnels avant tout choix définitif de produits ;
- de pouvoir répéter autant de fois les modèles que cela s'avère nécessaire, assurant ainsi une réutilisation des solutions spécifiées ;
- surtout de plier, autant que possible, l'utilisation des progiciels aux besoins des utilisateurs et non le contraire.

La modélisation définit un ensemble de diagrammes :

- le Modèle Conceptuel de Communication (MCC) ;
- le Modèle Conceptuel de Distribution (MCD) ;

- le Modèle Organisationnel Général (MOG), lui-même composé de :
  - l'Organisation des Applications Clients et Serveurs (OACS) ;
  - la Description de la Bibliothèque des Composants de Gestion (DBCG) ;
  - la Description de la Bibliothèque des Objets de Conception (DBOC).
- le Modèle en Couches de Services (MCS[1]).

La méthode est complétée par :

- la spécification détaillée de l'architecture du système de gestion ;
- la spécification détaillée des besoins logiciels ;
- la spécification de la personnalisation des applications ;
- la spécification d'intégration des logiciels, des sous-systèmes et des matériels,

Ce chapitre débute par la définition de domaines, c'est-à-dire par la recherche du périmètre du projet d'ERP et de l'extension progressive de ce périmètre quand il y a des objectifs de refonte complète du système d'information. Les notions nécessaires au déroulement de la méthode sont explicitées. Les mots réservés à la méthode sont précisés et les conventions de représentation graphique dans les diagrammes sont rappelées.

Il est utile d'appliquer la méthode préalablement à tout projet d'autant qu'elle n'a pas de prétention d'exclusivité et ne contredit ni les méthodes de spécifications informatiques proprement dites, ni les méthodes propriétaires vendues en option, avec leurs outils, par certains des éditeurs de progiciels.

La définition des domaines de l'entreprise

D'une façon générale, une entreprise peut être décomposée en domaines. Il faut entendre par ce terme les domaines organisationnels de l'entreprise indépendamment de la répartition géographique des établissements et de l'organisation administrative en filiales ou sous-ensembles de toute nature.

---

1. Le Modèle en Couches de Services est aussi appelé « Architecture n-tiers ». La tout première génération de cette architecture était répartie sur deux couches (ou deux tiers) ; l'une était le « client » et l'autre, le « serveur ». On l'appelait alors Modèle client-serveur. En 1999, année de la première édition de cet ouvrage, ce modèle était encore le plus courant. Nous conservons le sigle MCS car le Modèle Client-Serveur n'est qu'un cas particulier du modèle en couches multiples de services, chaque couche pouvant être cliente ou serveur, ou les deux, d'un ou plusieurs services.

Certes, il peut exister des recoupements entre domaines organisationnels et domaines géographiques et/ou administratifs. Parfois, on observe une superposition entre la notion de domaine organisationnel et celle de domaine géographique ou administratif.

La recherche des domaines concernés

Dans un premier temps, avant la modélisation effective, il faut déterminer les domaines qui entrent dans le périmètre du projet.

La topologie des domaines est une caractéristique de l'entreprise qui dépend de son organisation actuelle, bien souvent héritée d'un historique, et dans tous les cas, de la culture d'entreprise liée aux hommes qui la constituent.

Exemple 3.1 : La définition de domaines

Une entreprise Σ a défini les domaines organisationnels suivants :
- les domaines généraux intersociétés
  Toutes les filiales ϕ de Σ interviennent dans les domaines qui suivent :
  comptabilité ;
  - gestion du personnel ;
  - gestion administrative ;
  - gestion commerciale.
- les domaines spécifiques des filiales
  Chaque filiale ϕ a un domaine « services généraux » qui est autonome et fonctionne selon la nature de la filiale. Les domaines suivants existent, mais pas dans toutes les filiales, et disposent de leur autonomie :
  - production ;
  - gestion de stock ;
  - gestion des approvisionnements ;
  - gestion des entrepôts.
- les domaines communs
  Pour réduire les coûts et accroître la productivité par la facilité d'échanges de fichiers, les domaines suivants ont été définis comme communs et utilisant les mêmes outils :
  - bureaux d'études ;
  - bureautique.

Le périmètre suivant a été défini pour le projet d'ERP :
- première phase (projet de départ) :
  - gestion comptable ;
  - gestion du personnel ;
  - gestion administrative ;
  - bureautique.

- seconde phase (projet suivant la phase 1) :
  - gestion commerciale ;
  - bureaux d'études ;
  - et en parallèle, la gestion de production pour celles des filiales qui ont des usines ou des centres de production.

  Dans cette phase, les méthodes de gestion diffèrent d'un métier à l'autre et les outils informatiques choisis peuvent être différents.

Le découpage du projet en phases

Les domaines représentent l'organisation de l'entreprise à un instant donné. La représentation en domaines permet de modéliser les besoins de façon homogène sur l'étendue géographique de l'entreprise, et à travers l'ensemble de ses structures administratives.

Affecter les domaines à certaines phases d'un grand projet, c'est définir des priorités par rapport aux besoins. Il est cependant très important de définir les domaines de la première phase, car ils sont déterminants pour le choix du *backbone* (épine dorsale) de l'architecture applicative qui sera mise en place. On aura intérêt à choisir, soit des domaines où les applications sont critiques et déterminantes pour la cohérence de l'ensemble du système, soit, encore, des domaines où il y a absence ou carence d'application.

Le découpage en phases est une mesure de prudence qui permet de s'assurer du succès de chaque sous-système avant d'aborder la phase ultérieure.

Dans certains cas, le projet pourra être constitué d'une phase unique. C'est le cas notamment des types de sociétés suivants :

- **la petite entreprise** (PME/PMI). Ici, l'interaction entre domaines est tendue, la solution doit être simple, voire limitée à un seul produit.

- **la grande entreprise** composée d'une multiplicité d'agences organisées à l'identique. Là, la modélisation demeure de rigueur, car il s'agit d'être sûr de la parfaite reproductibilité de la solution. Dans ce cas, il conviendra néanmoins de diviser en phases le déploiement du projet de la façon suivante :
  - phase 1 : recherche d'une solution couvrant les besoins typiques d'une agence (tous les domaines font partie du périmètre du projet : comptabilité, ressources humaines, gestion commerciale, etc.) ;
  - phase 2 : recherche des applications de consolidation des données au siège ;
  - phase 3 : installation d'un site pilote ;
  - phase 4 : déploiement à l'ensemble des agences.

Les types de domaines

▶ **Les domaines verticaux.** Ils couvrent des besoins métiers. Les métiers peuvent être répartis sur plusieurs sites (gestion des ressources humaines, gestion commerciale) ou être spécifiques à certains d'entre eux (exemple : gestion de production).

Il s'agit d'être précis dans la définition des domaines : couverture de tous les sites, de certains sites, d'un seul site.

Plus la couverture est grande, plus la modélisation sera un facteur de réduction des coûts d'investissement, car on multipliera par autant de sites des fournitures de matériels et de logiciels identiques.

▶ **Les domaines horizontaux.** Les domaines horizontaux couvrent les besoins de métiers connexes ou des activités de même nature, dans toutes les structures de l'entreprise. On trouve dans ces domaines des entités différentes dont la mission est analogue. Ces domaines permettent la définition de fonctionnalités valables à travers toute l'entreprise. Ces fonctionnalités impliqueront l'adoption d'un progiciel ou d'un module, ou encore d'un composant réutilisable dans toutes les entités de l'entreprise.

▶ **Les domaines communs.** Ce sont des domaines horizontaux qui sont hors de la gestion. Ils définissent les grands types d'applications interprofessionnelles tels la bureautique, la messagerie, l'agenda de groupe commun, certaines applications Web.

Ces domaines communs deviennent d'autant plus importants qu'ils participent de façon conséquente aux gains de productivité. Il est préférable de choisir, pour ces domaines, des outils logiciels qui puissent s'interfacer avec les progiciels de gestion.

La bonne définition du périmètre de projet et des domaines concernés conditionne la définition des normes ainsi que les formats de données échangées entre domaines.

Figure 3.1 : Les domaines verticaux, horizontaux et communs

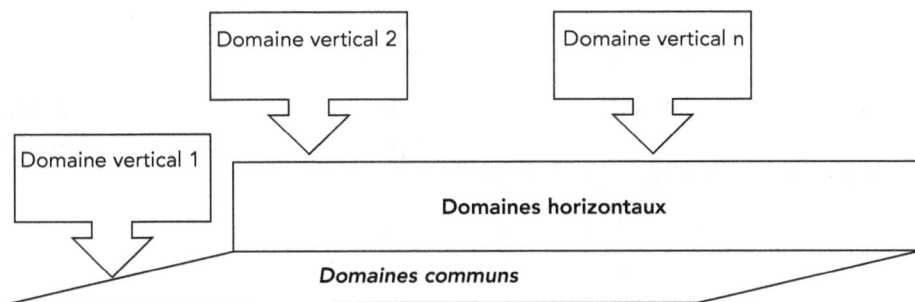

La recherche des relations impactées par le projet d'ERP

Les domaines qui appartiennent au périmètre du projet d'ERP ne sont pas les seules parties de l'entreprise qui seront impactées par le projet. Il faut déterminer la périphérie du projet. Une périphérie interne à l'entreprise peut devenir un domaine dans une phase ultérieure du projet.

Une périphérie, ou domaine périphérique, peut être impactée globalement ou seulement pour un certain nombre de métiers et d'entités de l'entreprise.

Une périphérie peut être externe à l'entreprise : client, fournisseur, partenaire, administration.

Les périphéries sont impactées dans la mesure où elles vont recevoir des données des domaines appartenant au périmètre de projet. Mais elles constituent elles-mêmes des contraintes au projet : elles envoient des données en entrée aux domaines du périmètre de projet, elles peuvent également imposer des contraintes normatives, tant au niveau de la structure des données qu'au niveau des processus internes de traitement de certains dossiers. C'est plus particulièrement le cas des donneurs d'ordre et des administrations.

Les notions

Les objectifs

Il est nécessaire que le gestionnaire puisse stabiliser une certaine vision de l'entreprise avant le projet. Les « termes réservés à la méthode » ont pour utilité de cadrer cette vision.

Ainsi, les utilisateurs qui spécifient leurs besoins pourront s'approprier une perception de leur réalité qui est indépendante des produits en cours d'utilisation et des progiciels candidats.

Les notions proposées dans cet ouvrage sont très proches de la réalité des entreprises. Elles permettent cependant d'extraire de l'organisation physique de l'entreprise une abstraction nécessaire à toute modélisation.

La vision de l'entreprise tracée par les modèles n'est pas inamovible. Elle pourra être amendée au fil des phases du projet. C'est pourquoi, il est nécessaire de tenir à jour l'évolution des versions des modèles.

De même, chaque phase de projet ERP faisant l'objet d'un jeu de modèles – l'ensemble des modèles – à l'issue du projet, constituera le « Modèle Global » (MG) de l'entreprise.

Un jeu de modèles comprend :

- le MCC qui définit les communications entre entités ;
- le MCD qui définit les liens entre sujets ;
- le MOA qui définit l'organisation applicative ;
- le MCS, qui constitue le fondement de l'architecture applicative.

> Exemple 3.2 : Le modèle global de l'entreprise Σ (suite de l'exemple précédent)
>
> On rappelle que le projet global comprend deux phases.
>
> Notons **MG** le modèle global de l'entreprise.
>
> Chaque phase a fait l'objet d'un jeu de modèles (MCS, MCD, etc.).
>
> **MG** est l'union des ensembles de modèles.
>
> $$\textbf{MG} = \{MCC, MCD, MOG \text{ (OACS, DBCG, DBOC)}, MCS\}_{phase1}$$
> $$\cup \{MCC, MCD, MOG \text{ (OACS, DBCG, DBOC)}, MCS\}_{phase2}$$

Les topologie et représentation des termes réservés

L'affectation des termes réservés

Une première série des termes réservés est pertinente à l'entreprise et à son organisation, elle est utilisée pour le MCC et le MCD. Ces termes permettent de décrire, par une convention de langage, les divers éléments de flux et de relations existant entre les différentes composantes de l'entreprise, et les liens entre les sujets gérés. Ils constituent une abstraction directement associée à la réalité organisationnelle de l'entreprise.

Une deuxième série de termes réservés est pertinente aux applications. Ils sont utilisés pour décrire la répartition des applications entre les diverses parties du système d'information global.

Une troisième série de termes est pertinente aux modèles de n-tiers. Ils sont utilisés pour modéliser l'architecture du système d'information hôte des applications.

Ces modèles d'architecture n-tiers et de répartition des applications sont des préalables à l'architecture détaillée de la solution (voir chapitre 4).

La représentation

Un modèle est constitué de diagrammes. Les diagrammes contiennent des composantes de l'entreprise désignées par des termes réservés qui, eux-mêmes, appartiennent à une classe prédéfinie, ont des propriétés et sont constitués d'éléments.

Les termes réservés comprennent : des mots réservés, des verbes, des actes et des compléments.

Les mots réservés sont représentés de la façon suivante :

[Mot {éléments du mot, liste propriétés}, Classes du mot (classe$_1$, classe$_2$, etc.)]

Chaque mot réservé est suivi, entre parenthèses, des éléments qui le constituent (voir paragraphe suivant) et de la description de ses propriétés.

La liste des différentes classes suit la liste des éléments.

Les propriétés sont décrites dans une liste faisant référence au mot réservé :

ListePropriétés (Mot)
(Description)

Les diagrammes sont accompagnés de la description des mots et de leur liste de propriétés.

Les unités sont les éléments les plus bas de la modélisation. Il n'y a plus d'éléments au-dessous des unités. Les unités appartiennent à des classes. Elles ont des propriétés.

Les unités sont représentées de la façon suivante :

[Unité = Nom de l'unité, ListePropriétés (unité), Classe de l'unité]

Exemple 3.3 : La représentation du domaine de la comptabilité de l'entreprise Σ (suite de l'exemple précédent)

Le domaine de la comptabilité peut être représenté de la façon suivante :

Domaine Comptabilité {Entités, ListePropriétés (Comptabilité)}, classe : verticale

Entités

Comptabilité fournisseurs

Comptabilité clients

Comptabilité analytique

Comptabilité générale

Comptabilité contrôle de gestion

ListePropriétés (Comptabilité)

Plan comptable groupe

Règles amortissements

Etc.

Les termes réservés de la méthode

Chaque terme réservé fait l'objet d'une représentation graphique comme l'illustre la figure ci-après.

Ces termes comprennent, nous l'avons dit, des mots, des verbes, des actes et des compléments.

▶ liste des verbes :
   – action.
▶ liste des actes :
   – durée ;
   – support ;
   – outils (*reach tools*), veille-client (*watch*), téléphone (*phone center*).
▶ liste des compléments :
   – requis (*request*).

Figure 3.2 : Représentation graphique des termes réservés

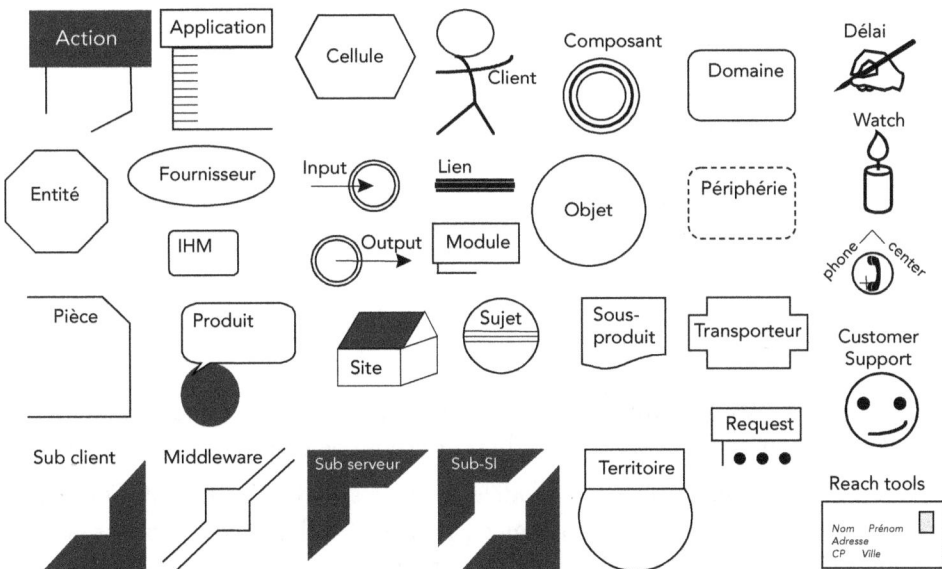

Ces représentations sont utilisées dans les diagrammes des divers modèles générés par l'application de la méthode.

Les termes réservés sont explicités dans la suite de ce paragraphe et au paragraphe suivant.

Les termes réservés utilisés dans le MCC

▷ **Domaine.** Le domaine est un domaine organisationnel de l'entreprise, il appartient au périmètre du projet (voir le chapitre 3). Un domaine contient des Entités.

▷ **Périphérie.** Une périphérie est un domaine organisationnel qui peut ou non appartenir à l'entreprise. Elle n'appartient pas au périmètre du projet, mais soit, elle présente des contraintes sur le projet, soit elle est impactée par le projet. Une périphérie peut contenir des entités.

▷ **Entité.** Une entité se trouve au sein d'un domaine ou une périphérie. Elle communique obligatoirement avec une autre entité qui doit appartenir à un domaine. Une entité peut contenir des cellules.

▷ **Cellule.** Une cellule est un élément unitaire, au niveau des domaines et des entités.

▷ **Action.** Une action est toujours représentée par un verbe formalisé en langage courant (exemple : envoyer, agir sur, retourner, partager, lier à, etc.).
Il précise la nature de la communication existante entre deux entités. Les précisions apportées seront utilisées pour les outils de travail de groupe qui permettent les communications :

– messagerie ;

– agenda de groupe ;

– *groupware, workflow,* etc.

Si certains de ces outils n'existent pas encore, leur choix fera l'objet d'autant de projets que d'outils de communication à acquérir par l'entreprise.

Les termes réservés dans le MCD

Les termes réservés de cette catégorie sont tous des éléments unitaires, à l'exception de la notion de territoire. Le MCD se compose de trois parties :

▷ **une première, obligatoire** : le modèle des sujets (MCDS). Le MCDS définit les liens entre les sujets. Ces derniers, pourront, selon l'orientation que l'on donne au projet, soit devenir des objets et des composants, soit rester des données.

▷ **une deuxième, fortement recommandée** : le modèle relation clientèle (MCDC). Le MCDC précise les relations clientèle et apporte des compléments au MCDS dans le traitement commercial. Il inclut toutes les formes du traitement de la clientèle par l'entreprise.
Le MCDC devient le modèle fondamental dans cette méthode.

- **une troisième, facultative** : Le MCD, modèle logistique (MCDL). Le MCDL établit un modèle logistique qui servira à spécifier le produit de planification des livraisons. Il fait un état des lieux de l'aspect logistique. C'est un modèle qui fixe les besoins logistiques :
  - topologie du circuit de distribution ;
  - volumétrie et fréquences ;
  - optimisation des rotations des transporteurs.

L'objectif est d'établir des modèles dynamiques de distribution logistique.

Les termes du MCDS

- **Sujet.** Un sujet est un item traité par le système d'information. Il est connu, dans toutes les applications par une même fiche d'identité et la structure des données qui le composent est invariante.
- **Lien.** Un lien relie un sujet à un ou plusieurs autres sujets.

Les termes du MCDC

- **Territoire.** C'est un espace géographique (région, pays, etc.) ou catégoriel (vente catalogue, e-commerce, vente Minitel, vente téléphonique) dans lequel l'entreprise possède des clients.

  À l'intérieur de chaque territoire, des applications peuvent, soit exister, soit faire l'objet de projets à venir. Il est important de se rappeler que les éléments du MCDC doivent être intégrés dans ces projets.
- **Client.** Il s'agit d'un client de l'entreprise. Il peut être individuel (par exemple : un particulier) ou collectif (par exemple : une autre entreprise) Il commande couramment un ou plusieurs produits. Un ensemble d'actes :
  - utilisation du téléphone,
  - veille-client,
  - outils,
  - support,

  viennent préciser des sujets, grâce au complément « requis ».
- **Requis.** Ce terme est un complément. Il permet de préciser des compléments au modèle MCD.
- **Téléphone.** Ce sont des actes téléphoniques. Le modèle doit préciser le type d'actes téléphoniques :
  - centre d'appels ;
  - aide téléphonée ;
  - centre de commandes téléphoniques ;
  - etc.

▸ **Veille-client.** Ce sont des actes de veille et d'étude de l'évolution des besoins de la clientèle. Le modèle doit préciser :
- études de consommation ;
- surveillance des indices ;
- études de marché ;
- études de produits ;
- études de prix ;
- etc.

▸ **Support.** Ces actes sont des aides à la clientèle. Le modèle doit préciser :
- aide à la maintenance ;
- demande de réparation ;
- traitement du retour sous garantie ;
- traitement des réclamations ;
- etc.

▸ **Outils.** Ces actes spécifient les outils d'aide à la force de vente. Le modèle doit préciser :
- deviseur ;
- aide à la rédaction de contrat ;
- outils de publipostage ;
- etc.

Les termes suivants du MCDS sont également utilisés dans le MCDC :

▸ Sujet

▸ Lien

L'élaboration d'un MCDC est recommandée. Certes, si le périmètre du projet inclut la gestion commerciale, le MCDC devient obligatoire. Même dans le cas où elle ne ferait que l'objet de préoccupations ultérieures, il est important d'établir un MCDC qui aurait alors pour principal avantage de préparer le terrain à une intégration future.

Les termes du MCDL

Ce modèle est facultatif, sa nécessité est liée à l'existence d'une activité de distribution qui peut être :
- directe ;
- indirecte ;
- en tant que fournisseur d'un distributeur.

Dans ce dernier cas, ce sont les clients qui imposeront les contraintes de l'activité de distribution.

▶ **Produit.** Les produits sont vendus par l'entreprise. Ils sont soit fabriqués, soit revendus par l'entreprise. Ils sont commandés par les clients.

▶ **Fournisseur.** Un fournisseur fournit un ou plusieurs produits ou sous-produits qui sont revendus, ou intégrés, ou encore, transformés par l'entreprise.

▶ **Sous-produit.** Les sous-produits servent à fabriquer, à assembler ou à conditionner les produits vendus par l'entreprise aux clients.

▶ **Site.** Il s'agit d'unité physique : comptoir de vente, entrepôt, atelier, usine, etc. Les sites envoient des requêtes à d'autres sites. Ils reçoivent des ordres d'autres sites ou de clients, ils reçoivent des sous-produits de fournisseurs.

▶ **Transport.** Ensemble concourant aux transports des produits et sous-produits. Il comprend :
  – le conditionnement ;
  – la gestion des moyens de transports ;
  – l'optimisation des circuits.

▶ **Durée.** La durée indique le délai entre la requête d'un site et la réponse et transmission par le site suivant de la chaîne logistique.

Les termes suivants du MCDC sont aussi utilisés dans le MDCL :

▶ Territoire

▶ Client

Les termes réservés au MOA et au MCS

▶ **Sub-SI.** Partie du système d'information hébergeant les applications de gestion qui font l'objet du projet. Il se compose des éléments suivants :
  – Sub-Client : parties clients du système ;
  – Sub-Serveur : parties serveur du système ;
  – Sub-Middleware : ensemble des logiciels d'interfaçage entre les Sub-Clients et les Sub-Serveurs.
  Les Subs sont composés de couches.

▶ **Couches.** Les couches sont des éléments unitaires de logiciels de base qui composent les Subs.

▶ **Application.** Ensemble de progiciels qui répondent aux besoins exprimés par l'entreprise et qui sont à intégrer au système d'information.
  La réponse aux besoins peut être complète ou partielle.

▶ **Input.** Entrée des applications et des modules. Ces entrées peuvent être faites :

- par saisie manuelle ;
- par fichiers.

▷ **Output.** Sorties des applications et modules. Ces sorties sont des données qui peuvent être sur des supports :
  - magnétiques ;
  - listings ;
  - états imprimés ;
  - virtuels, à transmettre par EDI, Internet, etc.

▷ **Module.** Logiciel effectuant des opérations élémentaires représentant une fonction primaire et intégrable dans une application. Un module peut être constitué ainsi : {couches, ListePropriétés (Sub-Serveur)} Classe de plusieurs composants.

▷ **Composant.** Logiciel réalisant des opérations et traitements élémentaires, susceptible d'être utilisé à la réalisation d'un module ou dans une application.

▷ **IHM.** Interface Homme-Machine comprenant des fenêtres de présentations des fonctions et des données, et des touches fonctions.

▷ **Pièces.** Effets documentaires produits par les applications et contenant des données mises en forme.

▷ **Objet.** Élément unitaire des applications. Il existe plusieurs types d'objets :
  - objet métier : élément unitaire utilisable spécifiquement par certains métiers au sein de l'entreprise ;
  - objet d'IHM : élément unitaire servant à l'élaboration d'un IHM ;
  - objet de programmation : élément unitaire utilisé pour la programmation et effectuant un certain nombre d'opérations élémentaires classifiées.

Quel que soit son type, un objet appartient à une classe.

Les termes utilisés dans la description de l'architecture physique du système

Les termes suivants sont utilisés dans la description de l'architecture du système.

▷ **Mainframe.** Ordinateur central hébergeant les applications centrales et les bases de données.

▷ **Serveur.** Ordinateur départemental ou applicatif hébergeant la partie serveur des applications.

◈ **Poste Client.** Ordinateur individuel servant de terminal de travail pour le système applicatif et hébergeant les données personnelles, la partie cliente des applications clients ainsi que les applications utilisées individuellement par les utilisateurs.

Les classes et leur représentation

Ce paragraphe liste les représentations des termes réservés et indique les classes les plus communément admises.

La classification des termes réservés au MCC

◈ **Domaine.** Domaine {Entités, ListePropriétés (domaine)}, Classe de domaine : horizontal, vertical, commun, autre.
Si cela nécessaire, on définira d'autres classes de domaines, selon l'organisation de l'entreprise.

◈ **Périphérie.** Périphérie {Entités, ListePropriétés (périphérie)}, Classe de Périphérie : fournisseur, client, partenaire, administration, autre domaine.
Par autre domaine, il faut entendre le domaine n'appartenant pas au périmètre du projet, mais susceptible d'être dans le périmètre d'une phase ultérieure du projet.

◈ **Entité.** Entité {Cellules, ListePropriétés (entité)}, Classes d'entité : *front, back, middle,* Web office, autre.

◈ **Cellule.** Cellule = Nom de la cellule, ListePropriétés (cellule), Classe : service, département, filiale, agence, etc.

◈ **Action.** Action = Verbe décrivant la communication [fréquences, volumes, etc.]

> *Exemple :*
> Action = Transférer rapport d'activité pour validation [mensuel, 10 pages, état de la GPAO].

◈ **Pièce.** Pièce = Nom de la pièce, ListePropriétés (pièce), Classe : facture, commande, bordereau, bon, etc.

La classification des termes réservés au MCD

◈ **Sujet.** Sujet = Nom du sujet, ListePropriétés (sujet), StructureDonnées, Classe : employé, client, fournisseur, commande, etc.

Exemples :
Sujet employé = Employé, ListePropriété (employé), StructureDonnées (employé), Classe : Employé-CDI[1]
ListePropriété (employé) :
Statut (cadre, technicien, opérateur, employé administratif)
Salaire (mensuel, hebdomadaire, horaire)
Situation familiale (marié, conjoint libre, célibataire)
Enfants (avec-n, sans)
etc.
StructureDonnées (employé) :
Matricule, nom_marital, nom, prénoms, date_de_naissance, numéro_de sécurité_sociale

▷ **Lien.** Lien = Verbe de définition d'un type de lien, avec cardinalités

Exemples :
Client_C.Lien_1.Ordre_O
Lien_1 = *passer* un ou plusieurs ordres
Employé_E.Lien_2.Dossier_D
Lien_2 = *avoir* un dossier employé et un seul
Contrat_K(K$_1$ à K$_n$).Lien_3.Client_C
Lien_3 = plusieurs contrats *sont signés* par un même client

▷ **Territoire.** Territoire {Clients, ListePropriétés (territoire)}, Classe : catalogue, correspondance, comptoir, etc.

Les termes suivants sont génériques d'une série de sujets qui, eux, ont la description standard de sujet.

▷ **Client.** Client = Nom de la catégorie, ListePropriétés (client), Classe : particulier, entreprise, etc.

▷ **Produit.** Produit = Nom, ListePropriétés (produit), Classe : fabriqué, assemblé, revendu, etc.

▷ **Fournisseur.** Fournisseur {Sous-produit, ListePropriétés (fournisseur)}, Classe : à définir par l'utilisateur.

▷ **Sous-produit.** Sous-produit = Nom du sous-produit, ListePropriétés (sous-produit), Classe : matière première, article, conteneur, etc.

▷ **Site.** Site = Nom du site, ListePropriétés (site), Classe : comptoir de vente, agence, entrepôt, atelier, etc.

▷ **Transport.** Transport = Nom du transport, ListePropriétés (transport), Classe : camion, train, avion, bateau, etc.

_____
1. Contrat à durée indéterminée.

Les actes suivants, utilisés dans le MCDC pour préciser la relation clientèle, sont décrits comme suit :

▷ **Support.** Support = Nom du support, ListeSupports (support), Classe : aide, après-vente, installation, service complémentaire, etc.

> *Exemples :*
> Support = Garantie, ListeSupports (garantie), Classe : après-vente.
> *ListeSupports (garantie) :*
> enregistrement
> retour_usine
> fiche_panne

▷ **Téléphone.** Téléphone = Nom du téléphone, ListeTéléphones (téléphone), Classe : commande, information, prospection, etc.

▷ **Veille-client.** Veille = Nom de veille, ListeVeilles (veille), Classe : étude de marché, indices, enquêtes, etc.

▷ **Outils.** Outil = Nom de l'outil, ListeOutils (outil), Classe : deviseur, publipostage, scoring, etc.

Le complément « requis » introduit des sujets complémentaires.

▷ **Requis.** Requis = ListeRequis (requis)

> *Exemples :*
> Requis du support garantie = ListeRequis (requis de garantie)
> *ListeRequis (requis de garantie) :*
> Sujet dossier_garantie = dossier_garantie, ListePropriétés (dossier_garantie), StructureDonnées (dossier_garantie), Classe : garantie
> *ListePropriétés (dossier_garantie) :*
> Type (standard, étendu-3 ans, étendu-sur site-1 an, étendu-sur site-3 ans)
> Contenu (pièces, pièces et main-d'œuvre)
> Catégorie (électronique, électromécanique)
> *StructureDonnées (dossier_garantie) :*
> Numéro_client, référence_article, référence_facture, date_achat, numéro_série, référence_contrat_garantie

La classification des termes réservés au MOA

La classification proposée a pour avantage certain de permettre une approche en douceur d'une orientation objet.

Elle permet de descendre jusqu'aux éléments unités de la méthodologie ; mais l'unité peut s'arrêter provisoirement à un certain stade.

Lors d'une mise à jour du système applicatif, de nouvelles unités peuvent être introduites, reprenant ainsi l'évolution du système applicatif.

▷ **Application.** Application {composition = logiciels (fonctions, modules internes), ListePropriétés (application)} Classe d'application : comptabilité, GPAO, gestion financière, etc.

Si une application ne rentre pas forcément dans le cadre d'une catégorie prédéterminée, il faut lui affecter une classe autre et la décrire. C'est notamment le cas de certaines applications métiers.

▷ **Module** (il s'agit de module externe aux applications progicielles et logicielles). Module {Composants, ListePropriétés (module)} Classe de module : module d'ERP, module tierce partie, progiciel externe, développement spécifique, autre.

On ne décrit les composants que si une « orientation objet » est donnée au projet. En particulier, si l'approche composant n'a pas de signification dans le projet, alors le module devient l'élément unitaire des applications, on notera : Module = Nom du module, ListePropriétés (module), Classe de module : module d'ERP, module tierce partie, progiciel externe, développement spécifique, autre.

▷ **IHM.** IHM {Objet d'IHM, ListePropriétés (IHM)} Classes d'IHM : gestion, CAO, etc.

On définit les classes d'IHM selon celles qui sont déjà utilisées dans l'entreprise. Elles sont très variées et sont très dépendantes des métiers.

En pratique, l'IHM détermine *a priori* les postes de travail.

Les objets possibles de l'IHM sont : barre de menu, onglet, bouton radio, bouton poussoir, ascenseur horizontal, ascenseur vertical, touche et bouton « Aide », etc.

Il est recommandé de descendre à ce niveau de détail, car les outils de développement modernes permettent de réaliser des IHM à l'identique de spécifications précises. On s'assure ainsi d'une homogénéité d'interface, dans le périmètre d'une même application.

▷ **Input.** Input = ListePropriétés (input), Classes d'input : saisie, pièce, reconnaissance optique de caractères, lecture à code-barres, EDI, fichier, etc.

▷ **Output.** Output = ListePropriétés (output), Classes d'output : fichier, listing, état documentaire, envoi EDI, etc.

Pour les termes suivants, si l'on n'a pas opté pour une « orientation objet » du projet, on peut se dispenser de leur description, encore que le terme composant puisse être utilisé, même quand on n'est pas dans un domaine d'orientation objet. Il est prudent de prévoir que des modules répétitifs s'appuient sur un composant bien stabilisé. C'est le cas des conversions franc/euro qui sont impératives entre 1999 et 2002.

Le convertisseur euro doit être vu comme un composant utilisable dans tous les modules de conversion du système applicatif.

Le même conseil peut être donné pour l'utilisation d'un composant TVA, dans le cadre de la convergence des législations dans l'Union européenne.

▷ **Composant.** Composant {Nom du composant, ListePropriétés, (composition objets, processus)}, Classe : convertisseur euro, calendrier, calcul de TVA, séquence de traitement, processus spécifique, etc.

> *Exemple :*
> Planning {Planning_équipe, ListePropriétés, (calendrier, employé, poste)}, Classe : planning

> *Remarque : Si l'on ne descend pas au niveau des objets :*
> *Composant = nom du composant, ListePropriétés*

▷ **Objet.** La déclinaison des objets est facultative. Il faut, avant de décliner les objets, opter pour une orientation objet et le niveau que l'on désire atteindre :
- les objets de gestion. Idéalement, les candidats objets de gestion sont les sujets que l'on retrouve de façon récurrente pour la gestion de l'entreprise. L'attribution de la qualité d'objet doit être établie avec soin, c'est pourquoi la détection des candidats doit faire l'objet d'une procédure validée. L'attribution de la qualité d'objet est définitive : c'est-à-dire qu'une fois qu'un candidat est devenu objet, toutes les applications qui ont à effectuer des traitements qui y font appel doivent prendre en compte cet objet. C'est, par conséquent, une spécification très forte qui est déterminante pour la nature du système applicatif mise en œuvre, ses évolutions et ses performances.
- les objets d'IHM. Ils comprennent tout objet concourant à la conception de l'IHM. Ils sont primordiaux pour un bon habillage des applications modernes. Leur importance est grande car ils contribuent à la productivité des utilisateurs du système applicatif. Par exemple, on conçoit aisément que si la fonction d'impression d'état est toujours représentée par un même bouton, les utilisateurs s'approprieront plus facilement toutes les applications. Si dans une application, la fonction était dans une barre de menu, dans une autre, représentée par un bouton poussoir et dans une troisième par un bouton radio, l'IHM perdrait de sa cohérence et les utilisateurs auraient plus de mal à s'habituer aux applications qu'ils utilisent.
- les objets de développement. Ils sont tous les objets utilisés pour le développement logiciel.

L'ensemble de ces objets est appelé objets de conception. Ils sont représentés ainsi :
Objet = Nom de l'objet, ListePropriétés, Classe de l'objet

La classification des termes réservés au MCS

La classification Sub-SI, en particulier pour le MCS sera utilisée dans la description physique du système d'information.

- **Sub-SI.** Sub-SI = (Sub-Client, Sub-Middleware, Sub-Serveur)
  Sub-Client {couches, ListePropriétés (Sub-Client)}, Classe : poste gestion, poste CAO, poste standardiste, etc.
  Sub-Serveur {couches, ListePropriétés (Sub-Serveur)} Classe : référentiel, départemental, frontal, Web Internet, Web Intranet, autre.
  Sub-Middleware {couches, ListePropriétés (Sub-Serveur)} Classe : OLTP, ODBC, etc.
- **Couche.** Couche = Nom de la couche, ListePropriétés, Classe : voir équivalent modèle Osystème d'information (chapitre suivant).

Les modèles

Figure 3.3 : Jeux de modèles

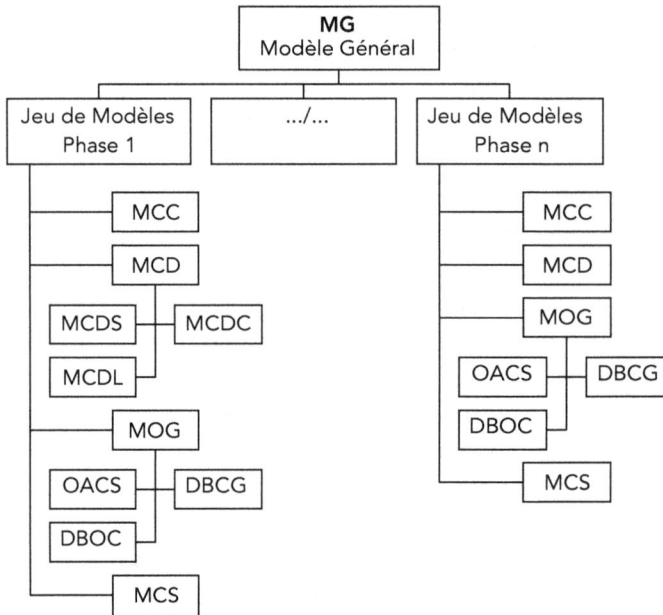

Les modèles déroulés sont les suivants :

- MCC
- MCD composé de :

- MCDS obligatoire ;
- MCDC recommandé ;
- MCDL si nécessaire.
- MOA composé de :
- OACS obligatoire ;
- DBCG recommandé ;
- DBOC uniquement si on opte pour une « orientation objet ».
- MCS

Le Modèle Conceptuel de Communication (MCC)

Le MCC doit permettre de visualiser les flux d'échange entre les diverses entités existant dans le périmètre du projet et appartenant soit au même domaine, soit à des domaines différents, voire à des périphéries.

Le MCC est constitué du diagramme des flux du MCC, de la déclinaison des entités et du dossier descriptif des éléments du diagramme.

Figure 3.4 : Le diagramme des flux du MCC

Projet phase 1 : opérations et comptabilité clients et fournisseurs

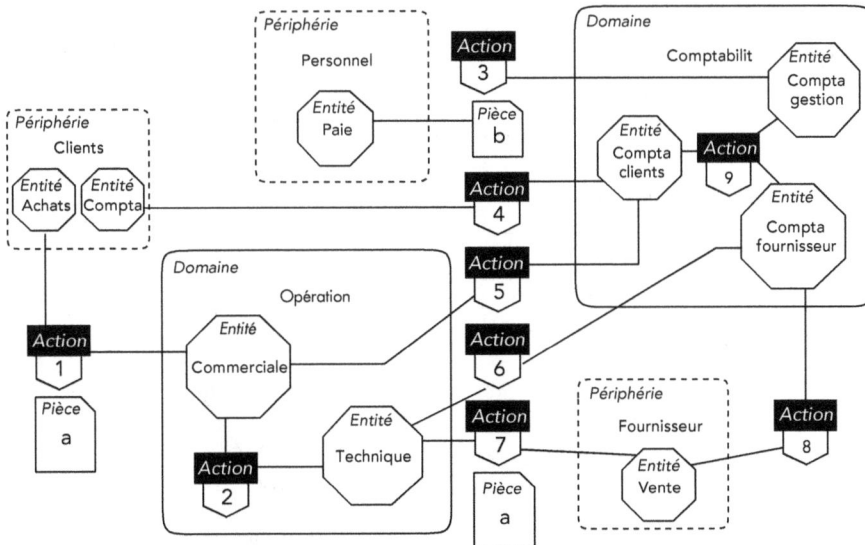

- **Diagramme des flux du MCC.** Les entités émettent des « actions » vers d'autres entités. Dans le diagramme de la figure ci-après, deux domaines

appartiennent au périmètre du projet qui a trois périphéries dont une interne (Périphérie Personnel). Neuf types d'actions existent dans le domaine.

> *Exemple :*
> Action 1 = Remettre Pièce a [sur appel d'offres, taille variable 3 à 20 pages, par fax]
> Pièce a : cahier des charges
> L'entité achat de la périphérie client remet un cahier des charges à l'entité commercial du domaine opération.
> Les actions sont accompagnées ou non de pièce(s).

◗ **La déclinaison des entités du MCC.** Les cellules des domaines du périmètre de projet sont déclinées et les flux entre cellules d'un même domaine sont précisés. On décline aussi les flux entre cellules de domaines différents. Les flux sont nommés et décrits en termes de :

— volumes ;

— types ;

— fréquences ;

— etc.

Figure 3.5 : Entités et cellules du MCC

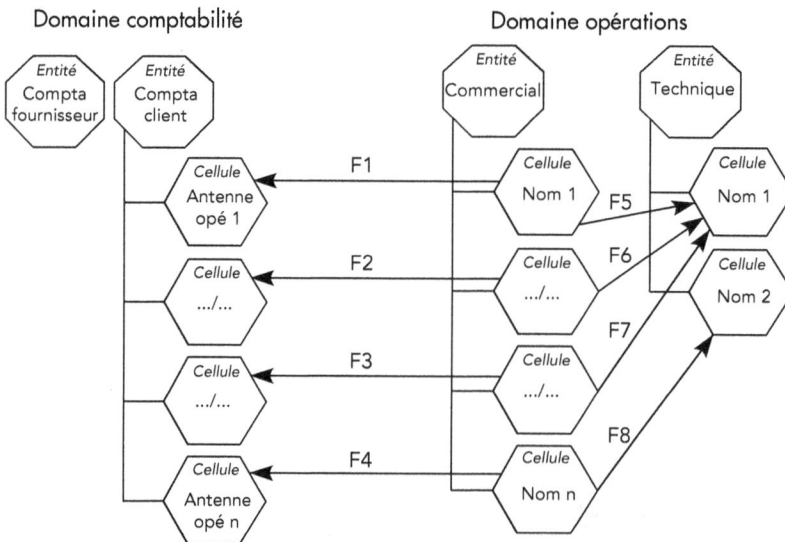

◗ **Le dossier d'accompagnement du MCC.** Ce dossier se compose de la description complète des éléments du diagramme du MCC et de la description des flux affinés qui existent entre cellules après que celles-ci aient été déclinées entité par entité. La constitution de ce dossier est importante car il pourra être réutilisé après sa mise à jour dans les phases d'évolution ultérieure du système applicatif.

Figure 3.6 : Le dossier descriptif d'accompagnement du MCC

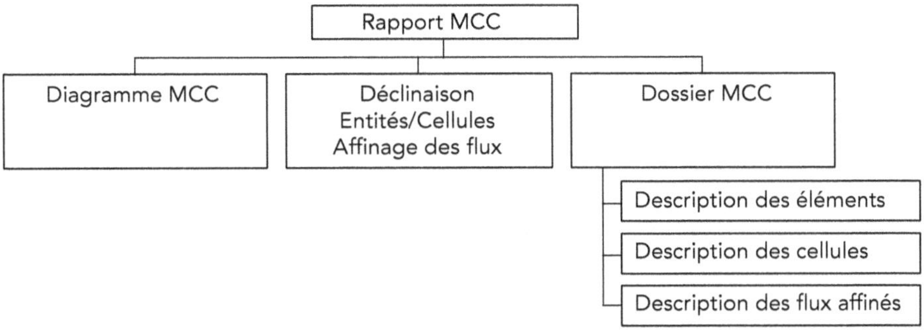

Le Modèle Conceptuel de Distribution (MCD)

Le MCD définit les liens entre sujets. Les sujets sont des items gérés par le SI. Ils ne sont pas des objets. Cependant, les sujets peuvent être considérés comme des candidats « objets de gestion ».

Figure 3.7 : La représentation du diagramme de MCDS

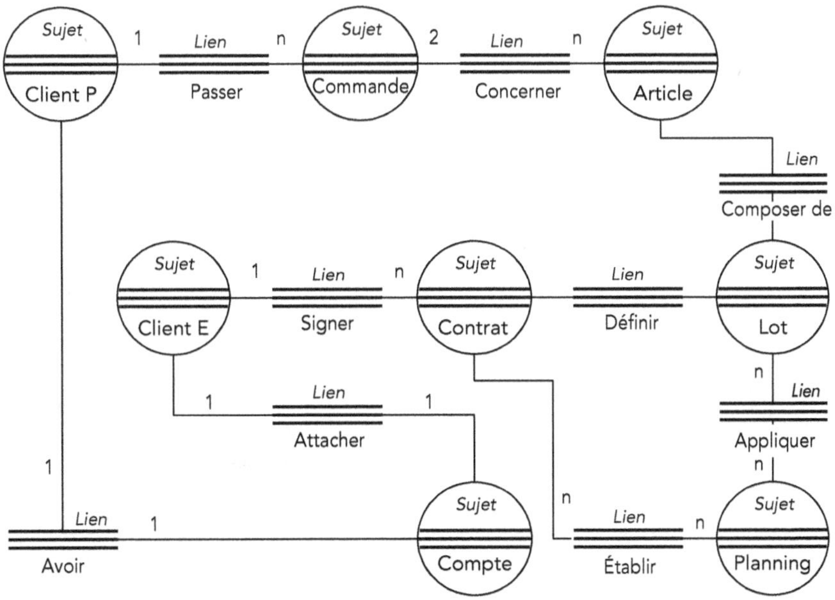

Le diagramme du MCDS

Les sujets sont en relation par des liens. Les liens sont des verbes qui indiquent la nature de la relation. Dans la figure suivante, le sujet Client P (Client Particulier) a un compte client et un seul. Un Client P peut passer plusieurs commandes.

Les natures des liens sont les suivantes :

- Client P (avoir) Compte
- Client P (passer) Commande
- Etc.

▶ **La déclinaison des sujets du MCDS.** Les sujets du MCDS sont déclinés ainsi que les liens qui les relient.

▶ **Le dossier d'accompagnement du MCDS.** Il se compose de la description complète des éléments du diagramme (voir classification dans les paragraphes ci-dessus).

Le diagramme du MCDC

Figure 3.8 : La représentation du diagramme de MCDC

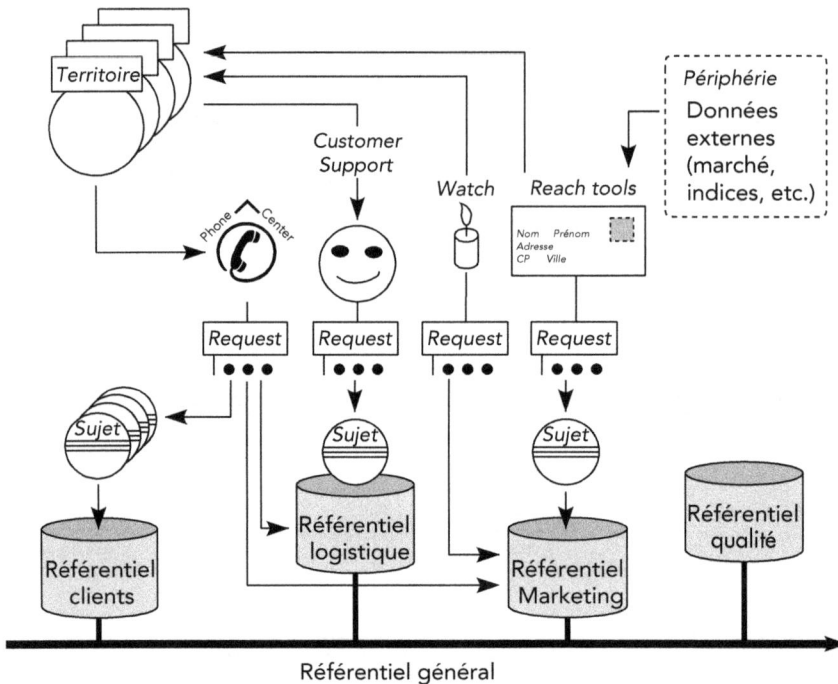

Le MCDC s'attache à définir la relation clientèle. Les actes sont accompagnés du complément requis. Des sujets complémentaires sont introduits par les requis.

- **La déclinaison des sujets du MCDC.** Le modèle doit décrire chacun des actes, des requis et des sujets du MCDC.

- **Le dossier d'accompagnement du MCDS.** Il se compose de la description complète des éléments du diagramme (voir la classification dans les paragraphes ci-dessus).

Le diagramme du MCDL

Le MCDL introduit une notion de temps à l'ensemble du MCD, alors que les autres diagrammes n'incluent pas cette notion. Le MCDL est nécessaire dans le cas de circuits logistiques complexes demandant la collaboration de plusieurs sites dans un cycle de circulation de produits.

Les circuits du MCDL doivent partir d'une commande d'un client et se terminer par une livraison au client.

Figure 3.9 : La représentation du diagramme de MCDL

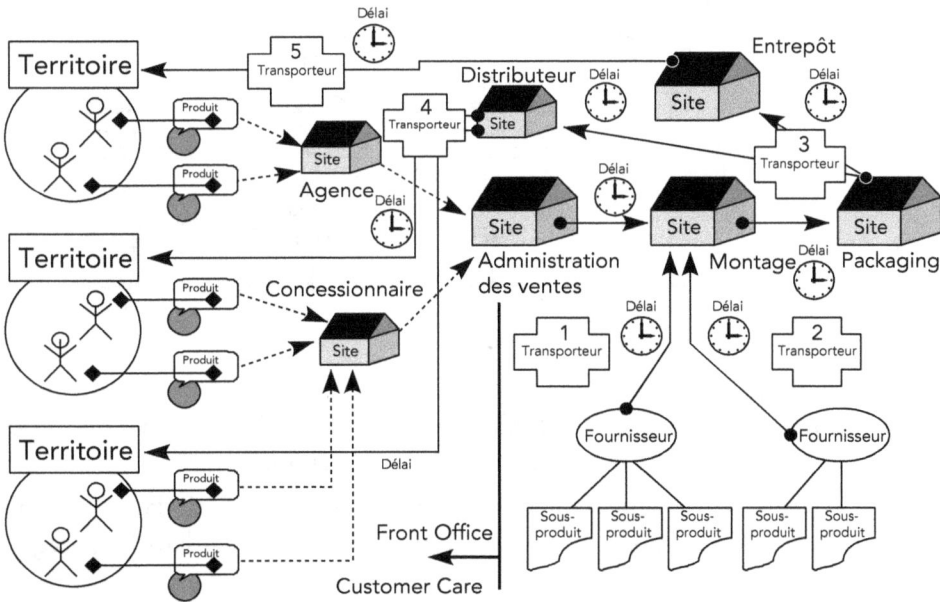

- **Déclinaison des sujets du MCDL.** Les termes du MCDL sont déclinés.

- **Dossier d'accompagnement du MCDL.** Il se compose de la description complète des éléments du diagramme (voir classification dans les paragraphes ci-dessus).

Le Modèle Organisationnel Applicatif (MOA)

Il est composé de descriptions de l'organisation des applications clients et serveurs, et éventuellement, des bibliothèques de composants et d'objets (si le choix est fait d'une orientation objets).

L'Organisation des Applications Clients et Serveurs (OACS)

L'OACS définit l'organisation applicative, c'est-à-dire :

- la liste des applications ;
- leurs entrées/sorties (input/output) ;
- leurs IHM ;
- la liste des modules autonomes, c'est-à-dire qui ne sont pas internes aux applications ;
- la description et l'organisation des données ainsi que leur répartition.

Figure 3.10 : Diagramme de l'OACS

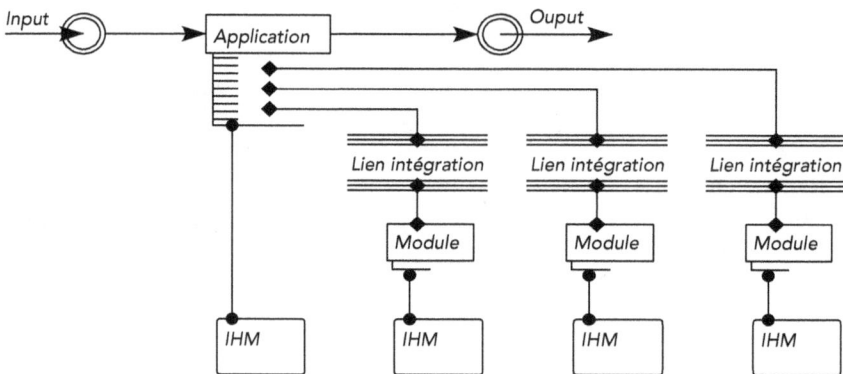

- **La déclinaison des sujets de l'OACS.** Les applications, les input, les output et les modules doivent être décrits avec le plus de précision possible.
- **Le dossier d'accompagnement du MCDL.** Il se compose de la description complète des éléments du diagramme (voir la classification dans les paragraphes ci-dessus).

La décision d'une orientation objets

Doit-on donner une orientation objet au système applicatif ? La question ne se pose pas si l'intégralité des besoins est couverte par des progiciels du marché, sans modules additionnels et sans développements complémentaires.

Sinon, il convient d'évaluer la situation sur le long terme. Le choix d'une orientation objet signifie :

- que l'on devra passer par une phase d'étude longue pour déterminer les candidats objets et attribuer les classes détectées ;
- qu'on constituera une bibliothèque de composants et d'objets qui seront réutilisés pour tous les nouveaux développements ;
- que l'on va privilégier un enrichissement des applications sur la base de spécifiques fondés sur des objets.

Cette démarche n'empêche nullement de fonder le système applicatif sur un progiciel intégré construit à partir d'objets.

Figure 3.11 : Le diagramme de décision DBCG/DBOC

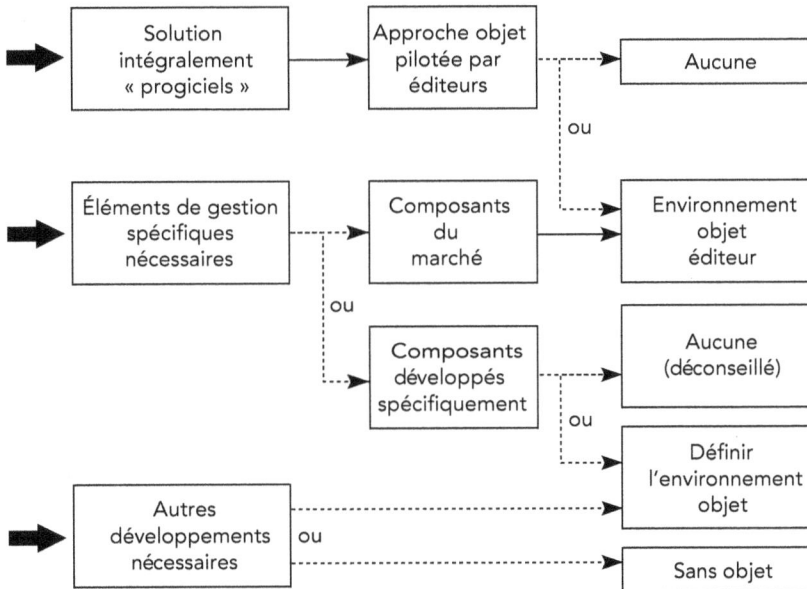

Si des développements sont nécessaires, trois cas se présentent :

- **Premier cas.** On choisit des composants de gestion sur le marché, que l'on mettra en œuvre. La nature de l'orientation objet est pilotée par le choix des solutions.

- **Deuxième cas.** On souhaite intégrer des composants que l'on aura développés soi-même, ou qui proviennent de l'héritage applicatif de l'entreprise. S'il s'agit de séquences de code non récurrentes, elles ne seront utilisées qu'une fois et une seule. Sinon, on a intérêt à adopter une méthode de conception qui permet de réutiliser ces séquences qui deviennent alors des composants logiciels du système. Il convient de définir son environnement objet (qui peut rester à un niveau de granularité « composants »).

▶ **Troisième cas.** On est, de toute façon, amené à développer des convertisseurs, des interfaces et des fonctions complémentaires. Les environnements de développement actuels permettent une approche objet de fait. Il serait dommageable de ne pas faire l'effort de se constituer une bibliothèque d'objets réutilisables dans des phases ultérieures du projet ou lors de mises à jour et d'évolution du système applicatif.

La Description de la Bibliothèque des Composants de Gestion (DBCG)

La DBCG a pour but de décrire les composants qui seront demandés dans d'autres domaines ou qui seront amenés à être modifiés lors d'une évolution de la réglementation. Adopter la notion de composant permet de ne pas recommencer à zéro dans une phase ultérieure du projet.

Figure 3.12 : La représentation de la DBCG

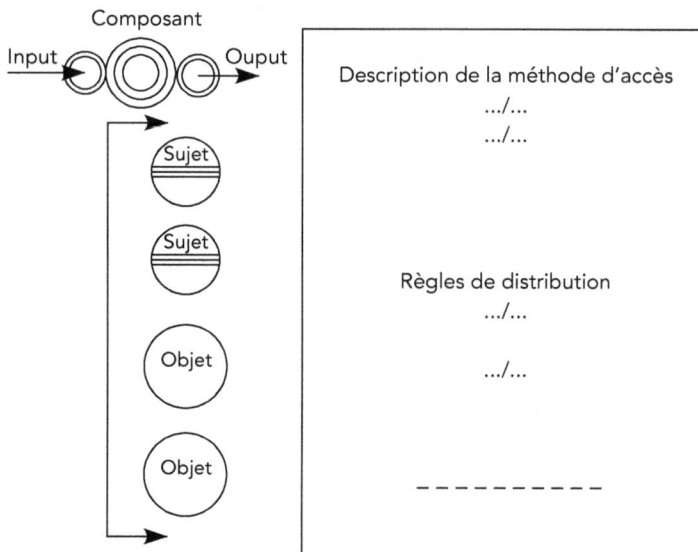

Les opérations suivantes doivent être conduites :

▶ **dresser l'inventaire des composants.** Il faut définir : les classes, les méthodes d'accès à chacun des composants, les sujets qui constituent les composants et l'accès aux sujets.

◗ **élaborer la méthode de diffusion des composants.** Il faut décider de la procédure de diffusion des composants. Elle peut être interne à l'entreprise ou externe, les composants étant alors mis à la disponibilité des partenaires. La procédure de diffusion comprend la description des entrées et des sorties nécessaires à la mise en œuvre de composant et à son intégration dans une application. On est, de fait, déjà dans une phase de spécification de développements et il convient de définir l'environnement objet (DBOC) en complément de la DBCG.

> *Remarque : on donnera une priorité aux composants de l'éditeur d'ERP s'ils existent.*

Un composant appelle des sujets et des objets. Par exemple, il fait appel aux objets d'IHM : comment le composant est-il appelé ? Par barre de menu ? Par un bouton ? Par un *Object Linking and Embedding* (OLE [1]) ?

La Description de la Bibliothèque des Objets de Conception (DBOC)

Si des développements s'avèrent nécessaires, il serait dommageable, avec les outils de développement actuels de passer outre la notion d'objet !

Ne sont objets que les éléments qui ont une existence durable au sein du système d'information et qui sont récurrents.

◗ **L'inventaire des objets.** L'inventaire des objets est un préalable. La répartition de ceux-ci en classe peut être guidée par la nature des objets.

Exemples de classes :
- la classe bon de commande ;
- la classe bordereau de livraison ;
- la classe employé ;
- la classe véhicule de livraison ;
- etc.

Exemples de classes d'objets :
- les objets d'IHM : ce sont toutes les classes d'objets rencontrées dans l'interface utilisateur graphique (barres de menus, boutons de divers types, onglets, etc.) ;
- les objets de développement : toute séquence de code que l'on est amené à écrire de façon répétitive (fonctions de calculs spécifiques, tris spécifiques, etc.) ;
- les objets banals : tout objet courant (calendrier, calcul de TVA, etc.) ;

---

1. Middleware de Microsoft permettant le fonctionnement coopératif de plusieurs applications.

– les objets convertisseurs : tout convertisseur avec règles complexes (par exemple, conversion euro) ;

– les objets métier : les candidats idéaux à devenir objets de métier sont ceux des sujets qui sont utilisés de façon courante dans certains métiers de l'entreprise ;

– les objets de gestion : les candidats idéaux sont tous les autres sujets qui reviennent dans les domaines de projet.

Figure 3.13 : La représentation de la DBOC

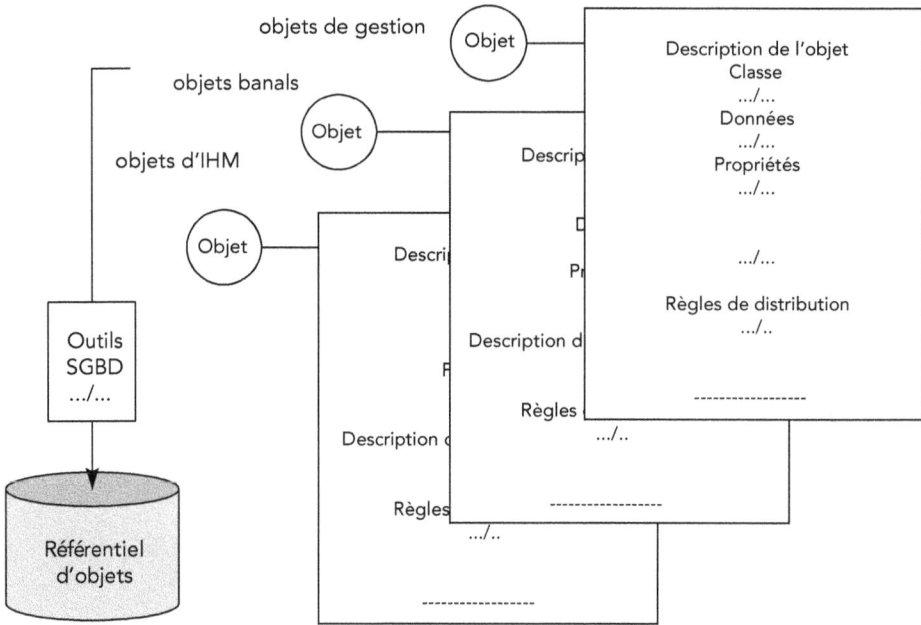

Pour tout objet, il faut définir la méthode pour y accéder.

▷ **Les outils de développement.** L'environnement de développement des objets doit être choisi. Ceux des outils de développement qui génèrent un code non propriétaire[1] permettent d'obtenir des composants indépendants des outils (pour les évolutions ultérieures).

▷ **La bibliothèque d'objets et les règles de distribution des objets.** La bibliothèque des objets doit être construite, soit à l'aide des outils qui sont disponibles dans l'environnement de développement, soit en étant fondé sur une base de données du marché.

---

1. Par exemple, du C# ou du langage Java, avec quelques réserves liées à la politique produit de l'éditeur d'outils.

Comme pour les composants, les règles de diffusion et de distribution internes et externes doivent être définies.

Le Modèle en Couches de Services (MCS)

L'utilité du MCS est de permettre une phase préalable à la définition de l'architecture physique du système cible. En ce sens, ce modèle constitue un apport important aux spécifications d'intégration des matériels, des logiciels et réseaux locaux.

Figure 3.14 : La représentation du MCS

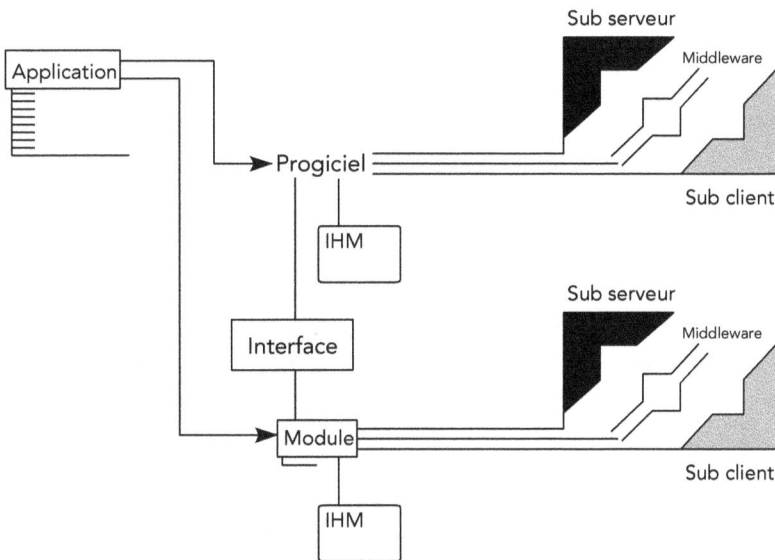

Parmi ses autres rôles essentiels, il permet :

▷ la caractérisation du contexte « système » et de l'architecture applicative générale ;

▷ le détail de l'architecture n-tiers, c'est-à-dire l'explicitation précise, par application, de la nature, du contenu et du contenant de chaque couche ; on précisera pour chaque service, qui peut être client du service, qui peut être serveur du service ; on précisera le type de service : de données, d'application, de calcul, de résolution de règles métier ;

▷ la définition des IHM (nature, technologie, description détaillée), absolument nécessaire pour une unification des accès aux applications ;

▷ les produits de middleware utilisés pour assurer le fonctionnement coopératif de l'ensemble des progiciels choisis ;

- la répartition de toutes des applications choisies entre serveurs centraux, serveurs départementaux et postes de travail client ;

- la détermination des charges entre les divers sous-systèmes.

Sur la figure ci-dessus, chaque application est décrite, en particulier les progiciels et les modules externes qui la constituent ainsi que les interfaces. Leur répartition est définie entre les parties clients et les parties serveurs.

Le MCS comprend :

- la déclinaison de toutes les applications : description de progiciels, des modules externes, de l'IHM de chacun, des parties serveurs, des parties clients et des middleware nécessaires ;

- le dossier d'accompagnement consistant, pour chaque élément du diagramme, dans la description textuelle de chaque élément du diagramme.

La spécification détaillée des besoins typiques à l'entreprise

La spécification détaillée des fonctionnalités recherchées est une nécessité, pour s'assurer à la fois que les solutions choisies recouvrent de manière complète les besoins et qu'elles sont bien configurées et paramétrées pour les cas particuliers traités par l'entreprise.

La non-régression

S'appuyer sur un progiciel n'est pas une garantie de non-régression des fonctionnalités applicatives par rapport à l'existant. La comparaison de listes de fonctions avant ERP/après ERP n'est efficace que pour les fonctions les plus importantes. La non-régression concerne plusieurs caractéristiques applicatives qu'il faut vérifier par la pratique :

- les fonctions de gestion proprement dites : ce sont les cas les plus faciles à détecter ;

- la perte de facilités ergonomiques : certains raccourcis, touches fonctions, écrans de saisie côte à côte, etc. peuvent être perdus, qui vont à l'encontre de la productivité optimale ;

- la perte d'automatismes : calculs automatiques ou systématiques sur confirmation de saisie, par exemple ;

▷ la perte d'efficacité, soit en temps de réponse, soit en temps de traitement, ou les deux.

À part l'aspect fonctionnel proprement dit, pour les autres cas de régression, il s'agit d'évaluer plusieurs paramètres : y a-t-il régression ou le changement d'habitude perturbe-t-il l'utilisateur dans un premier temps ? Il convient d'évaluer les améliorations d'une part, et de l'autre, les éléments de remplacement de ces pertes de facilités et d'automatismes.

Il faut également évaluer le coût de recréation ou de simulation des aspects ergonomiques perdus.

Pour ce qui concerne les éventuelles régressions des fonctions de gestion, il faut intégrer les fonctions de gestion manquantes d'une manière ou d'une autre, sauf avis contraire de l'utilisateur (fonctions peu utiles à la suite de l'évolution des règles de gestion, fonctions obsolètes dans le contexte économique actuel, etc.).

La perte d'efficacité doit être replacée dans un juste contexte technique. La configuration matérielle joue un rôle important. Tout aussi importante est la nécessité d'un bon *tuning* du système, c'est-à-dire d'un paramétrage précis du système d'information et du réseau local pour maximiser les performances.

Les mesures de non-régression

Pour rectifier un certain nombre de caractéristiques que l'on estime en régression par rapport à l'existant, il convient d'assurer une répartition en lots d'items « à reprendre ».

Ces lots pourront comprendre :

▷ **un lot d'améliorations des interfaces.** L'utilisateur optant pour un progiciel intégré reste extrêmement lié à l'IHM de l'éditeur. Ces améliorations ne pourront concerner que quelques affichages, particulièrement critiques au niveau de la productivité des opérateurs de saisie.

▷ **un lot d'amélioration des performances.** Ce lot est lié à l'adéquation entre le système (matériels, système d'exploitation, SGBD, réseau local et middleware) et la couverture des besoins des utilisateurs exprimée en termes de temps. Il doit être approché par des mesures de tests préalables appropriés.

▷ **des lots de fonctions complémentaires.** Il s'agit, pour ces lots, de compléter la solution standard par des modules, progiciels complémentaires ou développements spécifiques limités.

Personnaliser

▷ La personnalisation par paramétrage

La personnalisation par paramétrage est celle qui est la « plus naturelle » pour un choix progiciel : l'utilisateur bénéficie au maximum de la standardisation. Font partie des éléments de la check-list (non exhaustive) :

- les paramétrages système : OS, SGBD, LAN, etc. Ils font partie de choix optionnels ;
- les paramétrages d'unités : ce sont les conventions concernant les unités par défaut (date, devise, taux, etc.) ;
- les paramétrages linguistiques ;
- les paramétrages des règles à appliquer ;
- les paramétrages des sorties et impressions.

▷ **La personnalisation par les utilisateurs.** Les progiciels actuels permettent, en général, une personnalisation des écrans effectuée par l'utilisateur final. Il est indispensable de prévoir deux niveaux de personnalisation :

- le premier est un « standard maison » mettant tous les postes de travail au même niveau et que l'on pourra facilement régénérer en cas de problèmes. Ce standard peut être complexifié, si cela s'avère nécessaire, par une notion de classe d'utilisateur (plus ou moins avancés) ;
- le second est laissé à l'initiative de chaque utilisateur qui doit disposer d'une certaine liberté de personnalisation (si la possibilité existe).

▷ **la personnalisation par des compléments logiciels.** Elle est envisageable sur plusieurs bases possibles :

- par des options fournies par l'éditeur de l'ERP, solution la plus directe à mettre en œuvre ;
- par l'addition et l'intégration pratiquées par le maître d'œuvre ; ces solutions conduisent le plus souvent à des développements.

La personnalisation est toujours une approche où une double logique existe : celle de l'éditeur qui fait le nécessaire pour satisfaire une majorité d'utilisateurs, celle des utilisateurs qui procèdent par une triple préoccupation en se référant à trois éléments : les pratiques métiers, les habitudes de l'entreprise et les préférences personnelles.

La logique de l'utilisateur devrait primer sur celle de l'éditeur, mais cela n'est pas toujours possible : il faut que le progiciel intégré permette aux utilisateurs de personnaliser leurs interfaces.

Figure 3.15 : La personnalisation procède d'une double logique,
celle de l'éditeur et celle de l'utilisateur

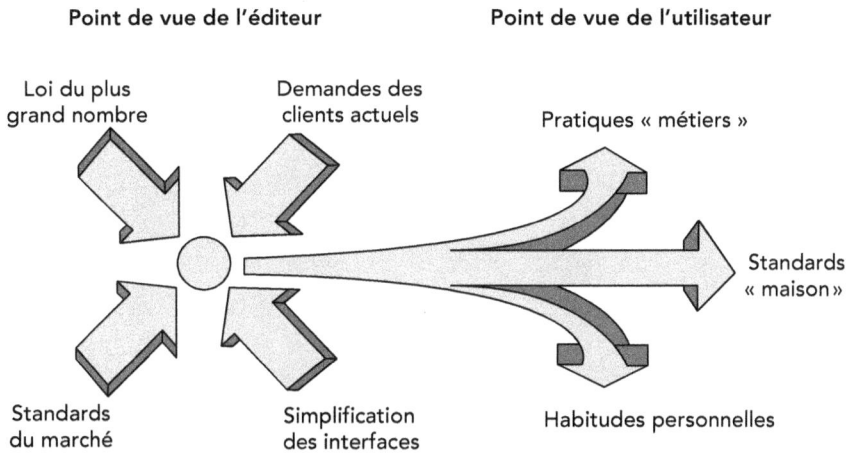

Point de vue de l'éditeur **Point de vue de l'utilisateur**

Loi du plus
grand nombre

Demandes des
clients actuels

Pratiques « métiers »

Standards
« maison »

Standards
du marché

Simplification
des interfaces

Habitudes personnelles

Chapitre 4

L'architecture ERP-centrique[1]

L'objet essentiel de ce chapitre est de construire une architecture applicative, à partir de la modélisation réalisée au chapitre précédent. Le responsable de la spécification système doit aller au-delà des modèles et proposer une architecture physique, tant au point de vue des matériels que celui des logiciels.

L'intérêt d'une architecture est de définir des couches qui peuvent être physiquement substituées par de nouvelles couches en fonction des évolutions des normes et standards. De telles substitutions entraînent forcément des évolutions dans les couches supérieures, essentiellement des mises à jour, sans remettre en cause le fondement applicatif.

Certes, la communauté des éditeurs de progiciels a mis en place une structure normative pour une standardisation des applications. Il s'agit de l'*Open Application Group* (OAG) créée en 1995, dont font partie de nombreux éditeurs du marché. L'intérêt de l'utilisateur est, certes, de suivre les résultats des travaux de ce groupe et leur mise en application par les acteurs du marché, cependant, il demeure indispensable que l'entreprise utilisatrice maîtrise, de son côté, l'architecture de son système applicatif, car une grande partie s'appuie sur des fondements normatifs de l'informatique générale. Par ailleurs, il est indispensable de recentrer l'architecture

---

1. L'ERP, en tant qu'outil de production de l'entreprise, au même titre que les couches de base, dont celles du réseau local, conditionne le modèle d'architecture. L'auteur se permet ce néologisme anglais, *ERP-centric* tout comme certains spécialistes du marketing ont introduit *LAN-centric* conduisant, dans notre jargon informatique, aux barbarismes LAN-centré ou Réseau-centré. Alors pourquoi ne pas utiliser ERP-centrique ?

du système d'information sur l'ERP, ce qui va dans le sens des évolutions actuelles. En effet, il est demandé aux OS, SGBD et LAN standards de devenir toujours plus anonymes et quasi substituables entre éditeurs de produits.

Figure 4.1 : Les objectifs d'une architecture en couches

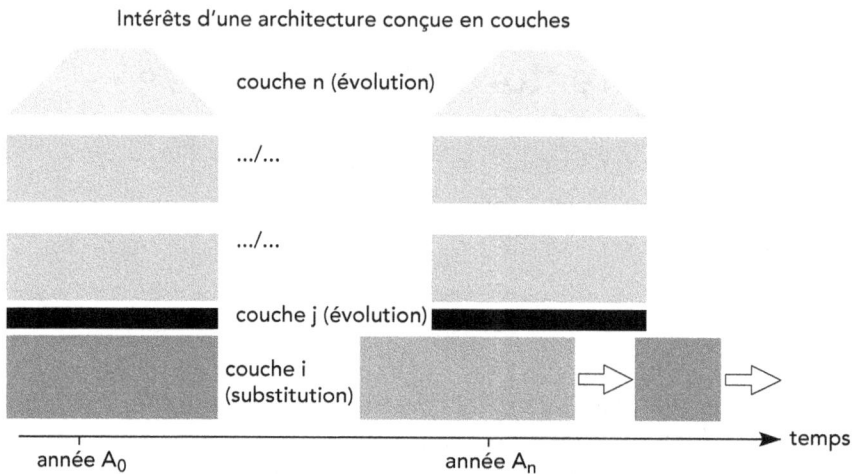

Intérêts d'une architecture conçue en couches

couche n (évolution)

.../...

.../...

couche j (évolution)

couche i
(substitution)

temps

année A_0 année A_n

Ce chapitre spécifie le découpage architectural en couches, le chapitre 6 qui traite de la charte des normes et standards guide le lecteur dans la spécification de chacune de ces couches (produits du marché autorisés ou interdits dans le système d'information de l'entreprise).

Une architecture en réponse au modèle d'organisation de l'entreprise

Les modèles (MCC, MCD, etc.) représentent une organisation composée d'hommes, d'entités, au sein d'une entreprise qui, au cours de leurs activités, coopèrent dans le cadre de processus prédéfinis.

L'architecture du système d'information est une réponse technique qui permet aux hommes de disposer d'un outil informatique qui est une réponse à l'ensemble des besoins exprimés par l'entreprise, les groupes de travail et les individus.

Le modèle d'architecture ERP centré conduit à considérer les applications de gestion et l'ERP au centre du système d'information ; c'est l'ERP (au sens large, avec ses modules natifs, ses modules de compléments, les progiciels complémentaires interfacés, etc.) qui conditionne l'architecture globale du système d'information.

C'est une approche très différente de celle qui consiste à positionner la techno-logie informatique en position de front et à tenter d'héberger ce qui peut l'être sur des serveurs et des postes de travail.

En pratique, il faut tenir compte de l'existant pour optimiser les coûts et pour s'appuyer sur un vécu.

Bâtir l'architecture du système d'information à partir des nécessités applicatives

L'architecture du système d'information est, en fait, une réponse à deux niveaux :

- un niveau physique composé des matériels et des logiciels du niveau le plus bas. Le plus proche du matériel est le *firmware*, ou logiciels d'exploitation embar-qués qui prendront d'autant plus d'ampleur, y compris sur le poste de travail que nous appellerons « client », que le marché de Windows Mobile© s'est déve-loppé. Les *Operating Systems* (OS) ou Systèmes d'Exploitation sont également à comptabiliser à ce niveau. Il faut tenir compte de l'existant en entreprise ;

- un niveau fonctionnel qui, lui, dicte les spécifications mainframe ou serveur central, serveurs départementaux et postes de travail.

Figure 4.2 : L'architecture du système d'information, fonction de l'environnement ERP

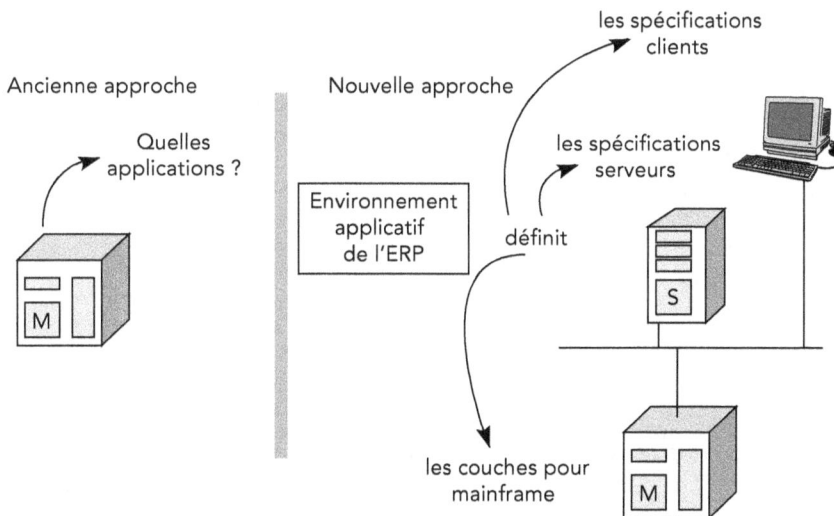

L'architecture physique : matériels et logiciels de base

Le mot anglais *stack* signifie, on l'a dit, empilement. On peut effectivement décrire le parc des matériels et logiciels de base par un empilement, car ces éléments interviennent à plusieurs niveaux de groupes de travail dans l'entreprise.

Le stack matériel du système d'information

Le *stack* matériel comprend, typiquement, un ensemble qui peut être réparti en trois composantes : les terminaux, les matériels de réseau local et de télécommunications, les matériels serveurs. Dans le détail et de façon non exhaustive, la liste ci-après décrit ces équipements.

- **Les matériels terminaux.** Ils comprennent :
  - les postes de travail fixes de différents types : de gestion, de bureau d'études, de création marketing ;
  - les périphériques autonomes attachés aux postes de travail : batterie de disque *Redundant Array of Inexpensive Disks* (RAID) ou batterie de disques sécurisés, scanner, lecteur de code-barres ;
  - les postes de travail mobiles : portables, terminaux de saisies terrain ;
  - les terminaux divers : Terminaux de Points de Ventes (TPV) avec lecteur de cartes de paiement ;
  - les terminaux de sortie : imprimantes (partagées ou individuelles) ;
  - les terminaux de réservation à écran tactile pour le public.

- **Les matériels de réseau local et de télécommunications.** Ils incluent :
  - les câblages réseau ;
  - les modems ;
  - les hubs et les routeurs ;
  - les pare-feu ;
  - les passerelles de communications qui sont des ordinateurs dédiés.

- **Les serveurs.** Ils comprennent :
  - les divers types de serveurs existants dans le système : serveurs de fichiers, de base de données, d'applications, d'administration de système ;
  - les serveurs d'agence qui centralisent l'informatique au niveau local ;
  - les serveurs centraux et mainframe ;
  - les périphériques autonomes qui sont connectés aux serveurs.

Figure 4.3 : La description des matériels et logiciels de base en stacks

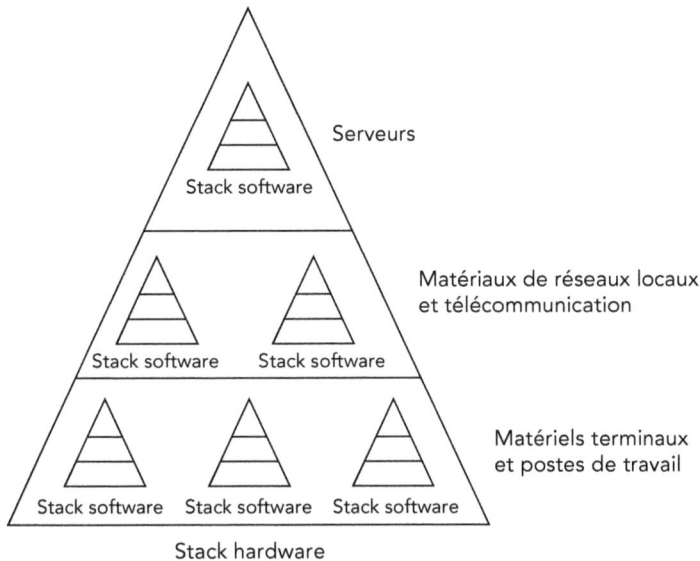

Le stack des logiciels de base

Pour chaque matériel, un ensemble de logiciels de base permet de s'assurer du fonctionnement de l'ensemble matériel. Ce *stack* pour chaque matériel comprend :

▶ les logiciels embarqués : *Binary Input Output System* (BIOS) – pour les postes de travail PC et les portables –, système temps réel pour les matériels de saisie ou de lecture, autres *firmware* de divers matériels terminaux tels que les imprimantes et les modems ;

▶ les systèmes d'exploitation proprement dits ;

▶ les protocoles de communication pour les matériels de réseaux locaux.

Dans une approche ERP-centrique, on arrête le *stack* de base à ce niveau, le reste de la pyramide de logiciels est déterminé par l'environnement ERP, compte tenu du fait que les constructeurs font remonter le *stack* logiciel jusqu'aux applications.

Un modèle *OSI-like* pour l'architecture applicative

Il est indispensable, pour disposer d'une vue claire du système applicatif, de construire ce modèle autour de l'ERP, par un ensemble de couches, que l'on appellera plans.

Le respect de ces plans donne un ensemble de couches logicielles suffisamment découplées pour permettre une maîtrise de l'évolution du système d'information applicatif. Chaque plan peut être lui-même découpé en différents niveaux, comme le montre la figure qui suit.

La complexification qui en résulte n'est qu'apparente, car l'utilisateur dispose, en fait, d'une vue précise de l'ensemble des couches du système qui sont impactées par l'ERP.

Figure 4.4 : Le résumé du modèle OSI-like pour l'architecture applicative ERP-centrique

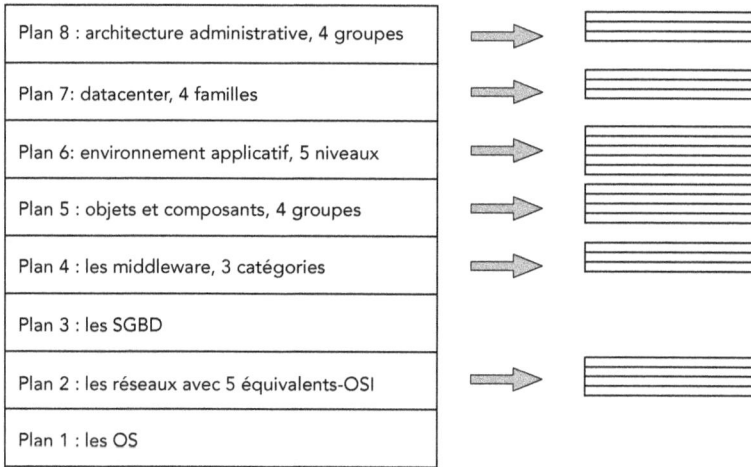

Plan 1 : les OS

Le plan 1 concerne les systèmes d'exploitation utilisés par l'ERP ainsi que les modules et les progiciels de complément qui lui sont intégrés ou interfacés.

On distingue, classiquement dans une architecture n-tiers, les familles suivantes :

▸ **Les OS des postes de travail.** Il peut y en voir plusieurs. Le marché actuel restreint tout de même les choix à trois standards :
  – le standard Windows© de Microsoft ;
  – le standard MacIntosh© d'Apple ;
    Ces deux standards comprennent eux-mêmes plusieurs OS différents.
    Pour le standard Windows©, les OS sont tous édités par Microsoft et sont le plus souvent utilisés en environnement de gestion (Windows Server, postes de travail Windows Vista© et Windows XP©) et de terminaux mobiles Windows Mobile© ;

– le système Linux©. Pour la famille Linux©, on y trouve des produits provenant de nombreuses déclinaisons ainsi que distributeurs offrant des empaquetages différents.

▶ **Les OS serveurs.** Pour les serveurs, il existe aussi trois familles :

– le système Windows Server© de Microsoft, qui existe en de nombreuses déclinaisons (appelées « Editions ») et versions différentes ;

– l'ensemble des systèmes Unix© et Linux© des éditeurs et constructeurs du marché ;

– les OS propriétaires, où, dans la pratique, seul le système OS/400 de la gamme AS/400 d'IBM fait l'objet d'effort de développement d'ERP, en progression, par les éditeurs du marché.

▶ **Les OS centraux.** Ce sont les systèmes d'exploitation des mainframes et des serveurs centraux d'entreprise. On y trouve les mêmes systèmes que pour les OS serveurs, avec des gammes de machines plus puissantes destinées à un plus grand nombre d'utilisateurs. Viennent s'y ajouter les OS de mainframe, en particulier ZOs d'IBM, successeur des versions antérieures de MVS.

Plan 2 : les réseaux

Le modèle OSI de l'*International Standard Organization* (ISO) est devenu le standard sur lequel tous les éditeurs de produits de réseaux locaux du marché font référence pour leur architecture.

Cependant, le marché est occupé dans son intégralité par des produits propriétaires, et ce, à tous les niveaux des couches équivalentes à celles de l'OSI.

On remarquera que les protocoles *Transfer Control Protocol* et *Internet Protocol* (TCP/IP) n'appartiennent pas au modèle OSI puisqu'ils sont d'origine DOD.

Ce plan 2 comprend donc une description donnant les équivalences des 6 premières couches OSI. On se limite aux six premières couches puisque la septième est celle des applications (bases de données comprises).

Les composantes suivantes du système d'information sont concernées :

▶ **Les *Local Area Network* (LAN).** Une architecture de système d'information peut intégrer plusieurs types de LAN différents. Dans ce cas, le plan 2 doit comprendre également les couches d'intercommunication entre les réseaux locaux.

- **Les *Wide Area Networks*** (WAN). Les WAN permettent la communication entre sites distants, en permettant aux utilisateurs de ne voir qu'un seul réseau logique. Ils permettent la communication entre les sites distants et le système informatique central.

- **Le *Web Area network*** (WebAN). Le WebAN se compose :

  - d'une part du LAN et du WAN dont les serveurs doivent être accessibles par Internet ;

  - d'autre part, du *Virtual Private Network* (VPN), appelé Réseau Privé Virtuel (RPV) de l'entreprise qui comprend :

    - toutes les applications Web accessibles en interne ou dont l'accès est autorisé à des utilisateurs extérieurs à l'entreprise sous réserve des vérifications de sécurité nécessaires ;

    - le *World Wide Web* et son accès par les utilisateurs.

Le VPN de l'entreprise comporte l'ensemble des services Internet de l'entreprise (Intranet, Extranet et Internet lui-même). Il s'appuie sur les couches des protocoles TCP/IP.

Le plan 2 du réseau est la base de l'architecture des couches et des produits de sécurité et d'isolement des serveurs Web du reste de l'architecture applicative.

Le plan 2 est représenté sur les deux figures ci-après.

Figure 4.5 : Le modèle OSI standard
(6 premières couches, ses équivalents et les convertisseurs)

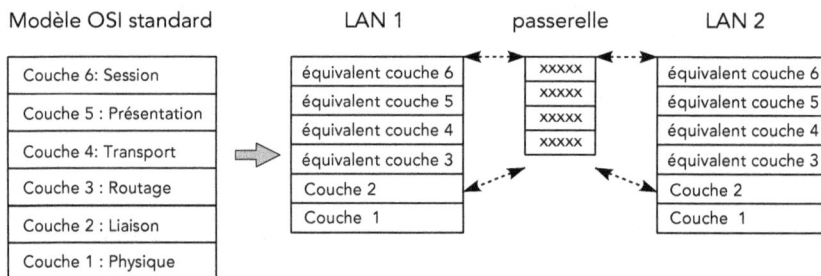

La figure 4.7 montre l'architecture générale des relations existant entre des réseaux locaux et distants d'une part, et l'architecture Web de l'entreprise d'autre part.

Figure 4.6 : Le réseau WAN de l'entreprise

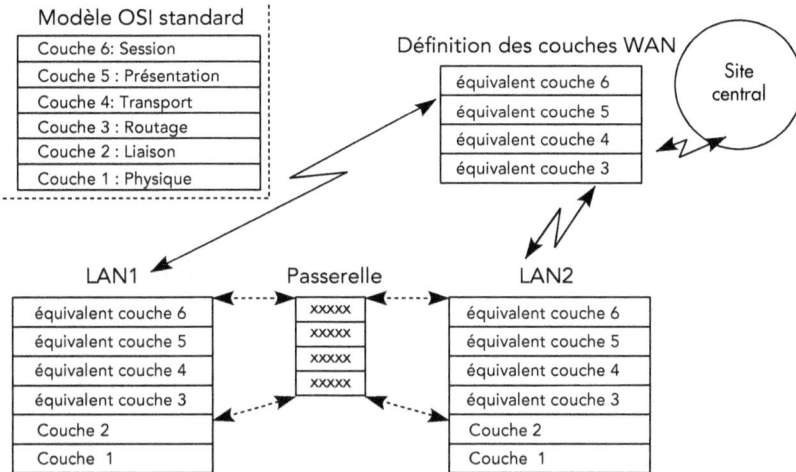

Modèle OSI standard

Couche 6: Session
Couche 5 : Présentation
Couche 4: Transport
Couche 3 : Routage
Couche 2 : Liaison
Couche 1 : Physique

Définition des couches WAN

équivalent couche 6
équivalent couche 5
équivalent couche 4
équivalent couche 3

Site central

LAN1

équivalent couche 6
équivalent couche 5
équivalent couche 4
équivalent couche 3
Couche 2
Couche 1

Passerelle

xxxxx
xxxxx
xxxxx
xxxxx

LAN2

équivalent couche 6
équivalent couche 5
équivalent couche 4
équivalent couche 3
Couche 2
Couche 1

Figure 4.7 : Le Web dans l'architecture de réseau de l'entreprise

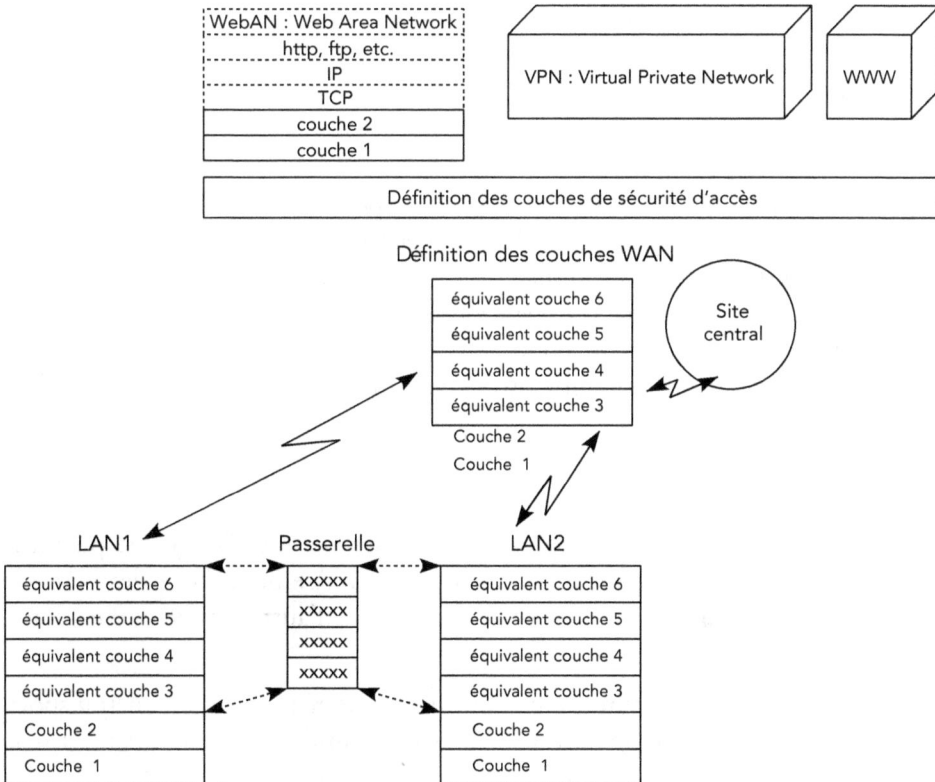

WebAN : Web Area Network
http, ftp, etc.
IP
TCP
couche 2
couche 1

VPN : Virtual Private Network

WWW

Définition des couches de sécurité d'accès

Définition des couches WAN

équivalent couche 6
équivalent couche 5
équivalent couche 4
équivalent couche 3
Couche 2
Couche 1

Site central

LAN1

équivalent couche 6
équivalent couche 5
équivalent couche 4
équivalent couche 3
Couche 2
Couche 1

Passerelle

xxxxx
xxxxx
xxxxx
xxxxx

LAN2

équivalent couche 6
équivalent couche 5
équivalent couche 4
équivalent couche 3
Couche 2
Couche 1

Plan 3 : les SGDBD-R

Les bases de données constituent une composante répartie sur l'ensemble du système d'information, c'est-à-dire à chacun des niveaux de l'architecture n-tiers. Ces composantes comprennent :

- **Le référentiel.** Logiquement, pour un système applicatif donné, il y a un référentiel unique dont les données peuvent être réparties physiquement plusieurs sites. Le site du référentiel proprement dit, gérant les informations qui décrivent les données, et les bases qui les gèrent effectivement.

  La notion de Grand Référentiel est envisageable. C'est une base centrale qui contient les indications et les routages vers celui des référentiels qui contient l'information recherchée par un utilisateur.

  Quand un projet met en œuvre des applications d'éditeurs qui s'ignorent, la création d'un tel type de référentiel est impérative.

- **Les SGBD départementaux et serveurs.** Les bases de données départementales et serveurs peuvent se présenter sous plusieurs formes :
  - sous forme native, le SGBD-R étant installé sur le serveur pertinent ;
  - sous forme encapsulée, c'est-à-dire intégrée dans une application serveur et non directement visible par les utilisateurs.

    Remarque : le référentiel central peut être fourni sous la forme d'une encapsulation dans le progiciel intégré.

- **Les SGBD personnels.** Ces bases sont sur les postes de travail de certains utilisateurs. Comme pour les SGBD départementaux, elles peuvent être natives ou encapsulées dans des applications.

  Il est important de définir comment toutes ces bases communiquent ou coopèrent entre elles, et surtout, comment elles interagissent avec le référentiel. C'est, en partie, le rôle des middleware (voir plan 4).

Plan 4 : les middleware

Le middleware est un produit logiciel qui permet des interfaçages de plusieurs natures entre systèmes hétérogènes, et plus particulièrement entre des bases de données, et par ailleurs, d'autres bases de données ou d'autres systèmes d'exploitation.

Alors que le produit de communication ou de réseau n'assure qu'un transport, avec liaison, enlèvement et livraison, un logiciel de middleware peut permettre la coopération des processus, voire l'interopérabilité entre les systèmes.

On classe les middleware en quatre catégories :

» **Catégorie 1 : les middleware du type émulateur.** Cette catégorie comprend les middleware qui permettent d'accéder à un OS par une fenêtre d'émulation tournant sous une interface utilisateur graphique non natif de l'OS. Par exemple, on émule un accès à un système central propriétaire à partir d'un poste de travail micro en station de travail Unix©.

» **Catégorie 2 : les passerelles.** Les passerelles permettent de véhiculer des informations entre deux environnements différents :
  – soit au niveau de l'OS ;
  – soit au niveau du LAN ;
  – ou au niveau des bases de données.

» **Catégorie 3 : les accès inter bases.** Cette catégorie comprend des passerelles qui permettent :
  – de communiquer de base de données à base de données pour effectuer des consolidations de base ou des extractions, des fusions, des réplications d'une partie des bases de données ;
  – d'effectuer des traitements en exécutant des ordres à partir d'un poste de travail vers une base de données ; par exemple, pour effectuer des requêtes d'un micro-ordinateur vers une base de données sur serveur ou mainframe, comme le permettent les interfaces *Open Data Base Connection* (ODBC©) de Microsoft.

Cette catégorie de middleware assure une réelle interopérabilité entre systèmes. Avec la généralisation du poste de travail sous Windows©, ces derniers produits sont très massivement utilisés dans les systèmes d'information.

» **Catégorie 4 : la gestion des transactions.** Une transaction est une série d'opérations élémentaires non séparables. Une transaction n'est effective que si l'intégralité des opérations élémentaires a pu être validée. Le terme anglais qui désigne les gestionnaires de transactions est *On-Line Transaction Processing* (OLTP).
Dans cette catégorie, on trouve les produits qui assurent la mise à jour et l'intégrité d'une base de données quand plusieurs centaines, voire milliers de transactions ont lieu en même temps.

Exemple de transaction : une prise de commande
Les opérations comprennent :
  – l'ordre de commande ;
  – la recherche de disponibilité ;
  – la passation de l'ordre d'achat ;
  – la sortie de la fourniture hors du stock ;

– la mise à jour de la base de produits disponibles ;

– l'ordre de facturation client ;

– la mise à jour du compte client.

Cette transaction se décompose en 7 opérations non sécables. Dans certains domaines d'activité, elle peut avoir lieu plusieurs milliers de fois quasi simultanément ; par exemple, dans le cas d'ordre d'achat d'actions. Les bases (actions, comptes clients) peuvent être physiquement sur des sites différents. Si l'une des opérations est invalide, l'intégralité de la transaction ne peut avoir lieu.

Figure 4.8 : Les OS, les réseaux, les bases de données et les middleware

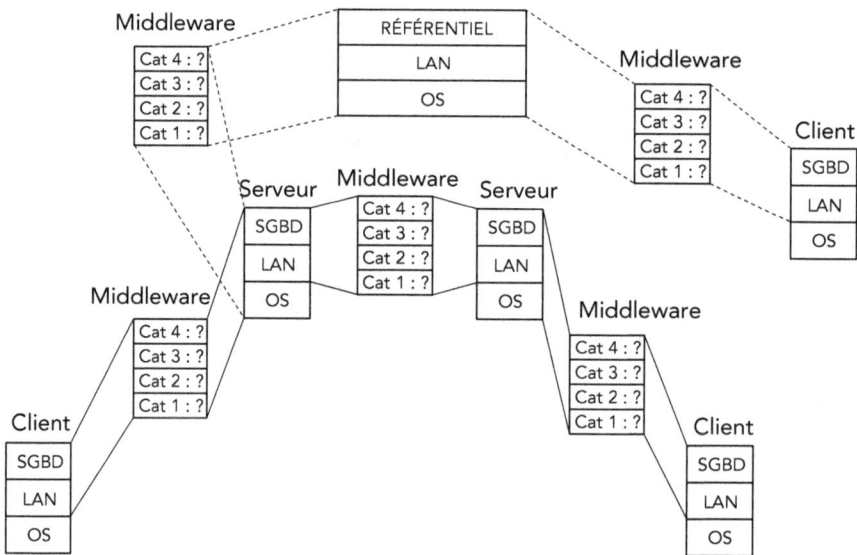

Plan 5 : les objets et les composants

Le modèle *Common Object Request Broker* (CORBA), qui résultait de l'OAG, et ses déclinaisons, telles que COM/DCOM de Microsoft, bien que devenus obsolètes, subsistent encore, en 2008, dans de nombreux systèmes, y compris dans l'architecture de beaucoup de progiciels.

Les modèles qui ont pris le relais sont JEE chez la plupart des éditeurs et de modèle « .Net » (lire « Dot Net ») chez Microsoft et son écosystème. Ces deux modèles ne sont pas compatibles. Il est nécessaire de décider pour l'un ou l'autre, par sous-ensemble du système applicatif. En revanche, ces deux modèles interopèrent.

Cependant, il restera des îlots de systèmes en architecture CORBA et COM/DCOM, dont il faudra assurer l'interopérabilité avec les parties du système en architecture JEE ou .Net.

L'organisation des objets est liée à l'architecture de développement que l'on adopte (voir le paragraphe concernant l'architecture d'administration du système).

Ce plan 5 est constitué de toutes les classes que l'on a définies pour les besoins de l'entreprise. Chaque classe est susceptible d'être scindée en plusieurs classes affinées selon les besoins et le type d'utilisation des objets.

- **Classe 1 : Objets de Conception.** Ce sont tous les objets nécessaires au niveau du développement. Ils peuvent faire l'objet de classe affinée :
  - Classe 1.1 : Objets de Conception Outils fournis avec l'environnement de développement.
  - Classe 1.2 : Objets de Conception Spécifiques créés par les équipes de développement de l'entreprise.
  - Classe 1.3 : Objets Graphiques de Base destinés à la génération des composants graphiques. Ces composants ne concernent par les IHM mais des objets graphiques élémentaires destinés à toutes conceptions de dessins, schémas, etc. Ils devraient être l'expression objet de la Charte Graphique de l'entreprise.

- **Classe 2 : Objets d'IHM.** Ce sont tous les objets nécessaires à la création des IHM : boutons, onglets, barre de menu. Les objets de base sont standards, c'est-à-dire déjà fournis avec les produits de développement choisis. L'entreprise peut créer des objets complexes, à base d'objets standards, à condition d'avoir défini au préalable les éléments de l'IHM « maison » (voir chapitre 6, dans la charte des normes et standards).

- **Classe 3 : Composants Graphiques.** Les composants graphiques sont nécessaires quand il s'agit de représenter, de façon constante, les mêmes types d'objets physiques. Ils sont utilisés par divers métiers au sein de l'entreprise, c'est pourquoi, il est impératif de créer des classes affinées, par exemple :
  - Classe 3.1 : Composants Graphiques « Corporate » consistant en logos, descriptifs divers destinés aux en-têtes de documents (lettres, fax, bons divers, etc.).
  - Classe 3.2 : Composants Graphiques de PAO pour les services de communication et de marketing.
  - Classe 3.3 : Composants Graphiques Commerciaux destinés aux services commerciaux qui doivent les utiliser dans toutes leurs correspondances (catalogue, propositions, etc.).

Figure 4.9 : La description des classes et classes affinées d'objets et de composants

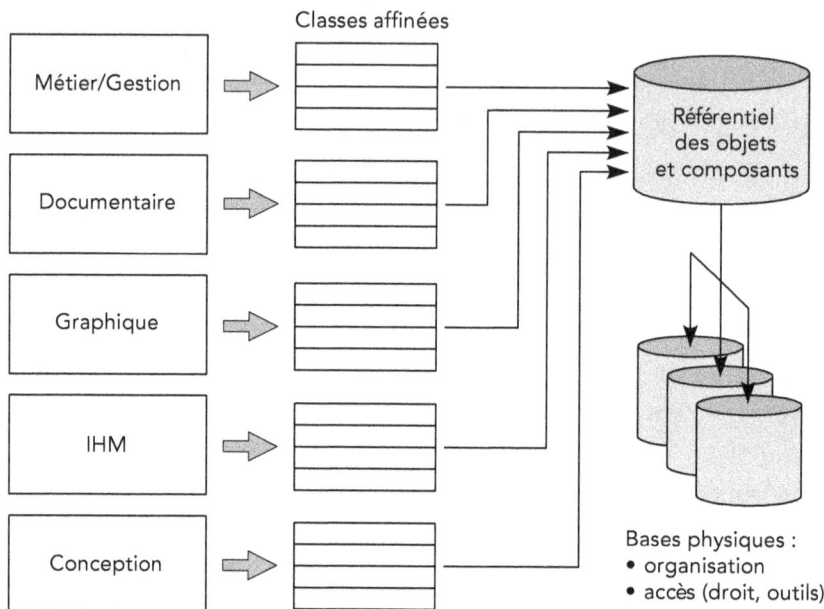

- Classe 3.4 : Composants Graphiques Techniques réservés aux services techniques, bureaux d'études, laboratoires, etc.

Tous ces composants graphiques sont réalisés à partir d'outils différents mais leur format de fichier doit appartenir aux standards définis dans la Charte (voir chapitre 6).

- **Classe 4 : Composants d'États et de Documents.** Ils appartiennent à la catégorie des objets nécessaires à la création d'état de sortie, de rapports, etc. Avec les évolutions actuelles des suites bureautiques, ces composants seront identifiés comme Composants Bureautiques.

- **Classe 5 : Composants Métier**, que nous appelons Composants de Gestion. Cette classe est particulièrement importante dans le contexte des projets d'ERP. Les grands éditeurs fournissent un certain nombre de composants de gestion. On peut, en général, admettre l'existence de trois classes affinées :

- Classe 5.1 : Composants de Gestion Horizontaux qui sont utilisables dans tous les domaines de gestion.

- Classe 5.2 : Composants de Gestion Métiers qui sont spécifiques aux divers métiers de gestionnaire. Ils sont fournis par les éditeurs.

– Classe 5.3 : Composants de Gestion Entreprise qui sont spécifiques à l'entreprise. Il faut les détecter et les reconnaître en tant que composants. Les créer, de manière à pouvoir les gérer en harmonie avec les deux classes précédentes, sera aussi nécessaire.

Remarque : chacune des classes 5.1 à 5.3 peut être subdivisée en sous-classes pour respecter les particularismes éventuels de l'entreprise, surtout au niveau de la spécificité de certains métiers.

Plan 6 : les couches applicatives de l'environnement ERP et leurs présentations (IHM)

L'ERP et les applications qui lui sont intégrées s'appuient sur l'ensemble des plans précédents. En particulier, le référentiel et les bases de données du plan 3, font partie intégrante de l'environnement applicatif.

Le plan 6 ne reprend que les éléments applicatifs des plans inférieurs, tels que les processus divers de gestion des bases réparties, les processus d'administration, etc.

Le plan 6 comprend six niveaux qui sont décrits ci-après.

- **Niveau 1 : la logique du référentiel.** Ses fonctions principales sont :
  - la définition de l'emplacement physique des données, dans le cas de plusieurs bases de données susceptibles d'interactions mutuelles ;
  - la gestion de la répartition des données de façon à assurer l'intégrité du référentiel ;
  - l'accès aux données ;
  - la définition des opérations inter bases telles que la mise à jour des informations communes ;
  - les opérations inter bases effectives, aux fréquences et pour les informations définies ;
  - les opérations effectives de réplication de bases ou de fusion vers le référentiel ;
  - la gestion du référentiel unique, cœur des données de l'entreprise.
  Ce niveau 1 est lié à l'ERP choisi. Il doit être fourni par l'éditeur, avec l'ERP.

Remarque sur les systèmes à référentiels disjoints : dans le cas où il y a des domaines disjoints, c'est-à-dire sans qu'il y ait un recouvrement nécessaire de connaissances entre les données de ces domaines, ni échanges, il est préférable de gérer plusieurs référentiels. Dans les autres cas, le référentiel doit être unique.

Quand il y a multiplicité de référentiels, les applications doivent parfois s'interfacer, ou tout au moins communiquer entre elles.

> Exemple 4.1 : Un cas de référentiels disjoints
>
> Dans un hôpital les données suivantes sont disjointes et doivent faire l'objet de trois référentiels disjoints :
> – les données patients font l'objet d'un référentiel ;
> – les données de recherche épidémiologiques sont également isolées dans un référentiel où l'anonymat des cas reportés est préservé ;
> – les données administratives de la gestion du personnel de l'hôpital sont indépendantes.
>
> Bien que le référentiel patient et le référentiel épidémiologie soient distincts, dans l'application de traitement des dossiers patients, il convient de transmettre les cas des maladies contagieuses à l'application « épidémiologie ».

La figure ci-après illustre les cas d'existence de référentiels unique et multiple.

Figure 4.10 : Référentiels unique et multiple

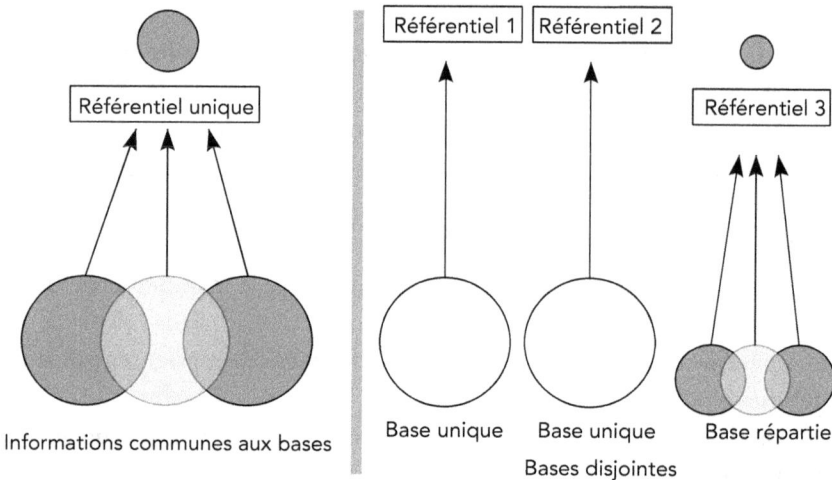

- **Niveau 2 : les bases de règles.** Le niveau 2 est constitué d'une base de règles de plusieurs catégories :
  - règles générales ;
  - règles légales spécifiques au pays ;
  - règles internes à l'entreprise ;
  - règles métiers ;
  - règles de routage des informations entrantes et sortantes.

À l'intérieur de chaque catégorie, le niveau de stabilité des règles est très varié allant d'un caractère quasi immuable à des fluctuations annuelles.

◗ **Niveau 3 : les applications cœur de système.** Les applications cœur de système sont idéalement organisées en modules :
  - les modules standards de base à l'ERP ;
  - les modules standards optionnels ;
  - les modules complémentaires de tierce partie développés en conformité avec les standards définis par l'environnement de l'ERP.

Quand l'ERP le permet, et que cela a été prévu au niveau de sa conception, les modules du niveau 3 s'appuient directement sur le plan 5 des objets et des composants de gestion.

La caractéristique commune de tous ces modules est leur intégration complète dans l'ERP.

◗ **Niveau 4 : les interfaces et convertisseurs d'entrée et de sortie des ERP.** Ce niveau comprend :
  - les interfaces qui permettent de communiquer avec les applications périphériques (niveau suivant) ;
  - les convertisseurs : de données, de fichiers, d'unités, etc.

◗ **Niveau 5 : les applications périphériques.** On appelle applications périphériques celles qui ne sont pas complètement intégrées, elles communiquent par interfaces et conversion avec les applications cœur du niveau 4. Les applications périphériques comprennent :
  - certaines applications spécifiques « maison » qui proviennent de l'héritage applicatif ;
  - des produits logiciels indispensables pour des métiers particuliers ;
  - des logiciels imposés par des donneurs d'ordres.

Le niveau 5 repose fortement sur les plans 4 et 5 de l'architecture. De même, les plans 3, 4 et 5 font appel à l'environnement de développement (voir paragraphe suivant qui concerne l'architecture de développement).

◗ **Niveau 6 : l'administration applicative.** L'administration applicative d'un ERP doit être prévue par le concepteur, dans le progiciel intégré. Elle doit pouvoir prendre en charge tous les modules complémentaires proposés par l'éditeur ainsi que ceux de ses partenaires homologués. Elle comprend :
  - les opérations de sauvegarde régulière ;
  - les lancements de *batch* ou traitement massif par lot ;
  - les mises à jour des bases de données et du référentiel ;
  - les opérations d'archivage des données anciennes.

Idéalement, l'administration du système applicatif est conduite à partir d'un poste de pilotage dédié à cette fonction (à condition que l'éditeur l'ait prévu). Sont aussi du ressort de l'administration des applications, les opérations suivantes :

– l'affectation de droits aux utilisateurs ;

– la gestion des mots de passe des applications ;

– l'administration des groupes d'utilisateurs d'application.

L'administration applicative comprend également des opérations exceptionnelles :

– la mise à jour des nouvelles versions des logiciels ;

– le contrôle des licences d'utilisation de progiciels ;

– toute autre opération exceptionnelle : passage d'antivirus, etc.

Elle se greffe en général sur l'architecture d'administration du système défini dans le paragraphe concernant l'architecture d'administration du système d'information, qui elle, prend en charge l'administration des systèmes, logiciels et matériels et l'administration des réseaux locaux et distants.

Quand les applications choisies sont trop hétérogènes, il faudra utiliser des progiciels de gestion administrative de systèmes hétérogènes. Ils permettent de réaliser une centralisation de l'administration des applications ainsi que la sécurisation de leurs accès.

Figure 4.11 : La représentation du plan 6 de l'architecture ERP

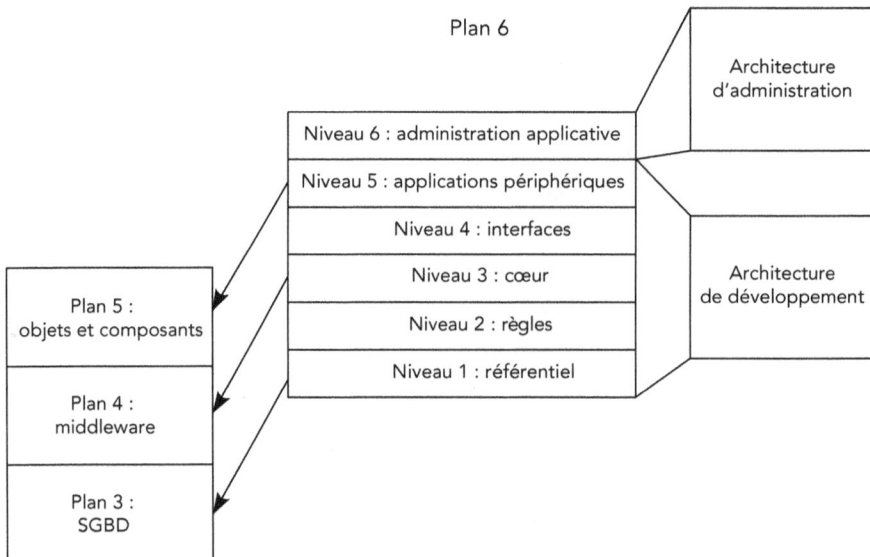

Plan 7 : les IHM

Le plan 7 définit les divers standards d'IHM. Ils gagnent à être banalisés.

Trois types d'IHM doivent être considérés :

- Les IHM liés aux ordinateurs :
  - les serveurs : ces IHM sont utilisés par les administrateurs des systèmes hébergés par les serveurs ;
  - les postes de travail : dans la grande majorité, diverses générations de Windows : Vista©, XP©; MacIntosh ; voire certains IHM du monde Linux© (Ubuntu©). Ces IHM sont standards, mais ils peuvent être bridés, si nécessaire. Le bridage peut avoir plusieurs intérêts : réduction à bon escient de la complexité de l'interface standard, accroissement de la sécurité par la désactivation de certains ports, dont les accès USB, ou encore prévention contre des erreurs de manipulation de l'utilisateur final ;
  - les divers terminaux mobiles.

- Les IHM applicatifs : tant que l'on reste dans les modules standards intégrés à l'ERP (niveau 3 du plan 5), l'interface est fournie avec les modules. En revanche, les IHM des applications périphériques (niveau 5 du plan 6) ont leurs propres caractéristiques, sauf pour les applications maison qui peuvent être rhabillées, de façon à respecter l'ergonomie générale de l'ERP.

- Les applications Web : elles sont accessibles par un butineur Internet. L'ergonomie des applications Web procède de trois facteurs :
  - le premier est l'aspect graphique, car à la base les sites Web, qu'ils soient Intranet, Extranet ou Internet, sont fondés sur des pages en format HTML. Il est important de définir une charte graphique, au même titre que celle qui existe dans les services de marketing et de communication, et de préférence en harmonie avec cette dernière ;
  - le deuxième est l'ergonomie applicative des IHM des applications. Les pages Web elles-mêmes ouvrent des applications avec l'ensemble des éléments d'une interface d'application (menus, boutons, onglets, etc.). Il est nécessaire qu'il y ait une continuité entre l'aspect graphique de l'IHM avec et sans Web ;
  - le troisième est le butineur car selon l'éditeur et la version du butineur, il sera possible ou non à l'utilisateur d'utiliser l'interface Web.

La figure suivante illustre l'architecture de ce plan 7.

Figure 4.12 : Le plan IHM et ses liens

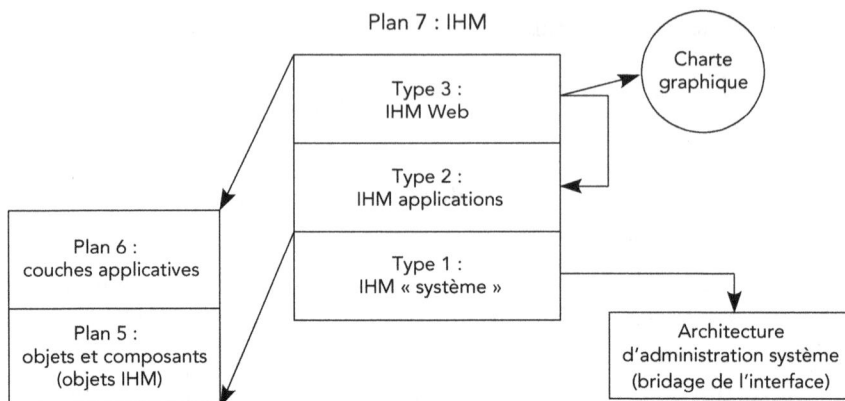

Plan 8 : plan des datacentres

Les datacentres permettent de prendre des décisions concernant le pilotage de l'entreprise, à partir d'une série d'opérations effectuées sur les données. Ces opérations sont susceptibles d'apporter une connaissance sur divers comportements de l'entreprise face à la concurrence, au marché, à la clientèle, etc. Après analyses et conclusions des rapports produits, les dirigeants de l'entreprise peuvent décider.

Ces opérations sont :
- l'extraction sélective de certaines données ;
- l'analyse statistique des éléments extraits ;
- l'étude des évolutions et interprétation basée sur une connaissance du domaine métier ;
- l'aide à la prise de décision ;
- et au plus haut niveau, la constitution éventuelle d'une base de connaissance experte.

Certes, l'ensemble des opérations de datacentre doit s'appuyer sur des progiciels et pourrait être spécifié dans le plan 7. Il est néanmoins préférable de concevoir cette couche dans un plan différent, car le plan 7 traite de données de production et le plan 8 ne concerne qu'une extraction des données de production en vue de prévoir, d'analyser, interpréter et de prendre des décisions.

Le plan 8 comprend les niveaux suivants :
- Niveau 1 : base de connaissance.
- Niveau 2 : modèles de comportement.
- Niveau 3 : outils d'extraction, d'analyse et de présentation.

Les autres aspects architecturaux du système d'information

Le chapitre précédent présente une architecture qui est celle d'une exploitation de logiciels applicatifs. Cette architecture doit être accompagnée d'autres architectures nécessaires au fonctionnement global de l'entreprise :

- l'architecture d'administration du système d'information ;
- l'architecture de développement ;
- l'architecture de travail de groupe ;
- l'architecture des outils de productivité personnelle.

La figure qui suit montre l'interaction de ces architectures.

Figure 4.13 : Les architectures du système d'information

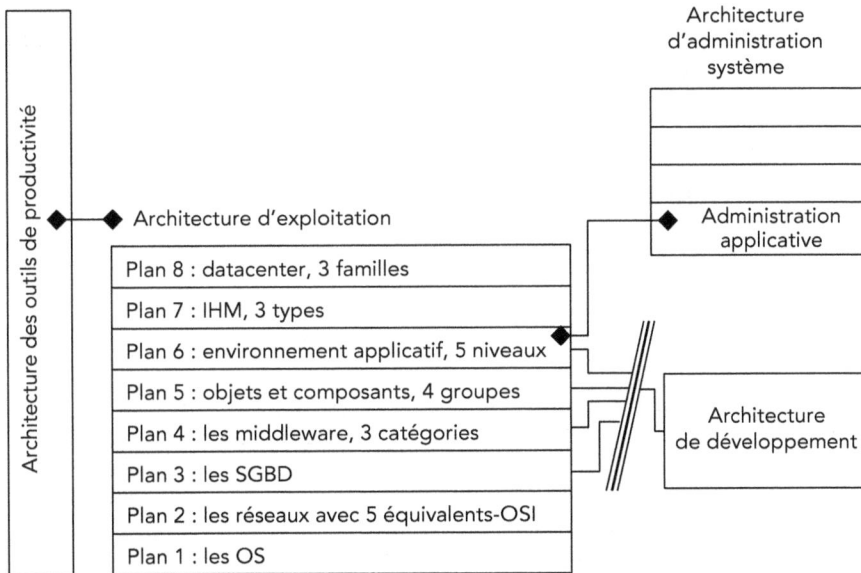

L'architecture d'administration du système d'information

L'administration globale du système d'information a un impact important sur les applications. Avec les systèmes propriétaires, cette administration était entièrement définie par le constructeur du mainframe qui a prévu l'intégralité des processus d'exploitation.

Ce n'est pas le cas pour les systèmes multi-tiers où on constate une hétérogénéité des matériels et des systèmes d'exploitation. L'administration globale du parc doit procurer aux utilisateurs :

◗ la sécurité recherchée ;

◗ la prise en charge des anomalies ;

◗ les opérations diverses de gestion des matériels et logiciels répartis dans l'entreprise.

Cette administration globale du système est faite à travers quatre groupes d'outils.

◗ **Groupe 1 : l'administration réseau.** Le groupe 1 permet l'administration du réseau local (LAN) et distant (WAN), à partir d'un serveur d'administration. Ce dernier met en œuvre :

– une base de données commune permettant de connaître les matériels et logiciels ;

– une base d'alerte commune, avertissant le gestionnaire des anomalies (par un contrôle de trames passantes) ;

– des processus de télédistribution ;

– des outils de comptage et de vérification de licence ;

– des outils de sécurité et de contrôle antivirus.

La figure suivante décrit l'architecture typique d'administration de système.

Figure 4.14 : L'architecture d'administration système

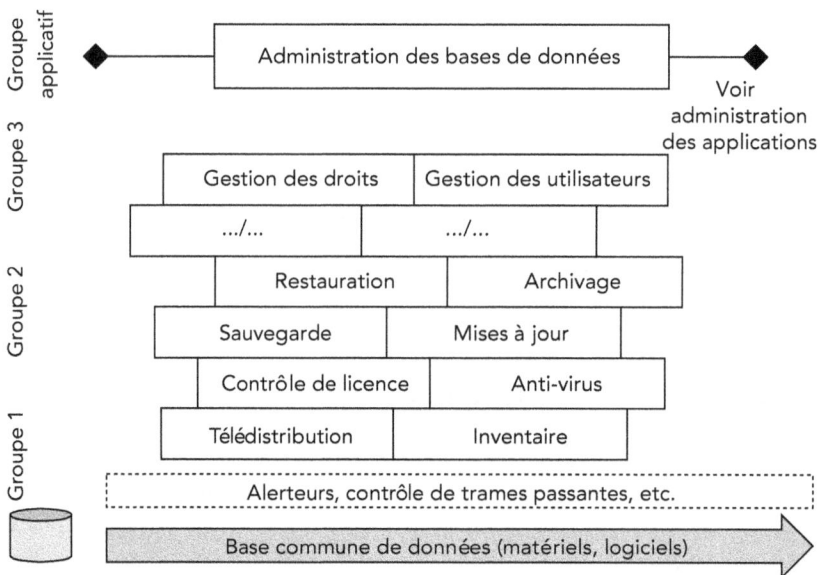

- **Groupe 2 : l'administration ordinaire et exceptionnelle.** L'administration ordinaire du système comprend les opérations suivantes dont la fréquence dépend des systèmes d'exploitation :
  - les sauvegardes ;
  - les restaurations ;
  - les mises à jour ;
  - l'archivage.

  Des procédures exceptionnelles, dites de Plan de Reprise d'Activité (PRA) doivent être prévues : mesures antidésastre de basculement vers un centre de *Disaster Recovery* en cas de catastrophes (incendies, inondations).

- **Groupe 3 : l'administration des utilisateurs.** Ce groupe concerne tous les outils de gestion des utilisateurs du système d'information qui prennent en charge :
  - les opérations de gestion des utilisateurs : création de comptes, modification, mises à jour, suppression, transfert d'utilisateurs d'un site à un autre ;
  - les droits d'accès ;
  - la gestion des mots de passe et leur régénération ;
  - l'attribution des droits d'utilisation des applications.

  Des progiciels d'administration de système d'information sont disponibles sur le marché. Certains ERP intègrent ce type de produit pour leur offre d'administration applicative.

- **Groupe 4 : l'administration des applications.** Dans le groupe applicatif, est incluse toute administration d'une application quelle qu'elle soit : SGBD, application de gestion, application horizontale, etc. Elle est, en général, prise en charge au niveau des applications elles-mêmes. Cependant, il peut être avantageux de faire appel à des produits tiers qui permettent de gérer l'ensemble des applications à partir d'un seul poste d'administration. Pour les SGBD, deux points de vue sont possibles :
  - l'administration des bases de données peut faire partie intégrante de l'administration du système d'information C'est le cas lorsqu'on dispose d'une architecture de base de données réparties et complexes. Cette administration est alors prise en charge par des administrateurs de SGBD.
  - l'administration des bases de données peut être partie intégrante de l'administration des applications de gestion. C'est le cas, lorsque les progiciels choisis encapsulent une base de données. Le SGBD est transparent pour l'entreprise. Dans ce cas, c'est l'administrateur des applications qui gère la base de données, avec les outils fournis par les progiciels.

L'architecture du système de développement

Il est impératif de séparer physiquement l'environnement de développement du système de production. L'architecture de développement reprend et simule le système d'information d'exploitation. Il englobe l'ensemble des outils qui couvre le cycle de conception et de test des développements.

L'architecture de développement comprend les couches suivantes :

- **L'environnement physique.** Il reflète le modèle multi-tiers. Il est toujours impératif de prévoir des serveurs de développement afin de ne pas « polluer » la production.

- **L'environnement logique.** Il comprend une panoplie d'outils :
  - des ateliers de Génie Logiciel – en anglais, *Computer Aided System Engineering Tools* (CASE Tools) – avec plusieurs catégories : l'atelier de spécification et de modélisation, l'atelier de prototypage des IHM, l'atelier de développement ;
  - le référentiel de développement qui gère tous les items de développement créés (modèles, entités, relations, objets, etc.) ;
  - les générateurs de code.

- **L'environnement de test.** Il doit permettre de tester depuis le code jusqu'à la montée en charge du système développé ainsi que ses performances.
  Il comprend des outils :
  - de test unitaire du code développé ;
  - de test de charge avec simulation du nombre d'utilisateurs et de la montée en charge ;
  - de test de performances.

- **L'environnement de contrôle qualité.** Il doit inclure des outils de vérification :
  - de conformité aux standards de l'entreprise (voir chapitre 6) ;
  - de respect des éléments définis par le Plan d'Assurance Qualité (PAQ) de chaque projet concerné.

- **L'environnement d'administration du système de développement.** Il est indispensable de consolider cette architecture de développement par les éléments suivants :
  - la gestion des versions des logiciels développés. Même si les développements se réduisent à des interfaces entre modules, l'évolution des versions doit pouvoir être administrée avec soin ;
  - la réalisation de la documentation. Les outils de documentation doivent être précisés. La structure type de la documentation doit être définie ;
  - la gestion de la documentation et de son évolution ;

– éventuellement des outils de rétro ingénierie. Ils pourront être nécessaires pour redocumenter ou redévelopper des applications maison dont les dossiers d'évolution n'ont pas été tenus à jour.

Remarque : beaucoup d'ERP incluent leur environnement de développement en option, ce qui permet de garder les mêmes standards que ceux qui sont utilisés par l'éditeur de l'ERP. Ces environnements ne s'appuient pas toujours sur des produits de développement du marché qui ont été intégrés en tant qu'options dans l'ERP, ou bien ils utilisent des interfaces vers les environnements de développement standard.

L'architecture des outils de productivité

L'architecture des outils de productivité comprend des panoplies qui se répartissent entre la productivité individuelle et la productivité de groupe.

Intégration des outils de productivité aux ERP

Les outils de productivité gagnent à être intégrés aux ERP. Les états produits en sortie des applications pourraient être repris directement par les utilisateurs à partir de leurs outils bureautiques. Une discontinuité entre les applications et la bureautique entraînerait :

- un manque d'homogénéité entre les états issus des applications et les autres documents ;
- une gêne, voire une baisse de productivité, dans l'exploitation des sorties.

Figure 4.15 : Des relations OLE vers les composants

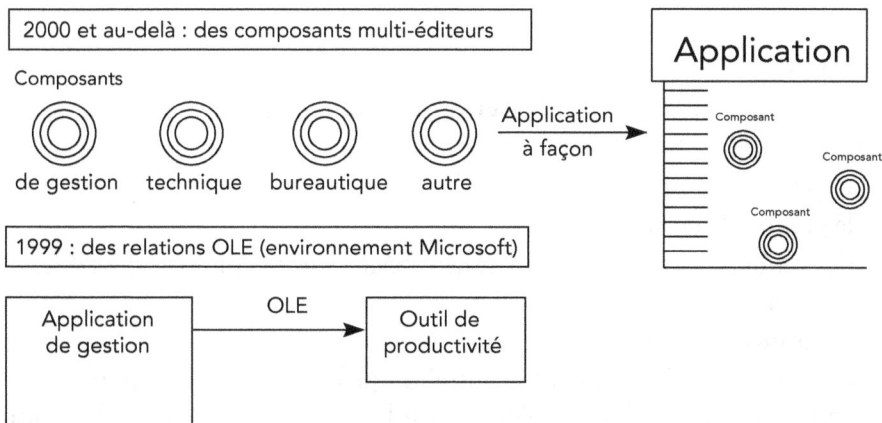

Dans la plupart des cas, cette intégration est offerte selon le standard OLE de Microsoft. Ces liens OLE, sous Windows©, permettent d'ouvrir des fenêtres d'applications bureautiques ou autres, alors que l'utilisateur est dans une fenêtre applicative.

À l'avenir, l'approche par composants, de façon générale, permettra de créer des applications mettant en œuvre, à la fois des composants de gestion et des composants bureautiques, d'éditeurs différents, assurant ainsi la création d'applications à façon intégrant plusieurs dimensions applicatives.

La figure page précédente montre l'évolution actuelle du concept d'intégration des outils de productivité aux applications de gestion.

Les outils de productivité individuelle

Bien qu'ils concernent la productivité individuelle, ces outils gagnent à être utilisés en réseau, pour des raisons d'administration, plutôt que d'être chargés individuellement sur les postes de travail.

Ils comprennent :

▷ **Suite 1 : les outils de productivité individuelle générale**
  – la bureautique intégrée avec traitement de texte, grapheur, tableur, outil de présentation, etc.
  – éventuellement un outil de schématique ;
  – une base de données personnelles ;
  – des compléments, au gré de l'utilisateur (chargés localement sur le poste de travail).

▷ **Suite 2 : les outils de productivité métier.** Ces outils ne sont disponibles que pour des métiers particuliers, mais que l'on peut retrouver dans des services différents :
  – CAO ;
  – DAO ;
  – PAO.

▷ **Suite 3 : les outils de planning et de communication.** Ils comprennent des applications diverses telles que :
  – l'agenda électronique ;
  – la gestion de taches ;
  – des utilitaires : envoi de messages SMS sur téléphones portables, fax électronique ;
  – le butineur Internet.
    Ce dernier est devenu l'outil central du poste utilisateur, au point qu'il est en mesure de remplacer intégralement le système multifenêtre du terminal

utilisateur. Avec la standardisation du Web 2.0 et de technologies telles que *Asynchronous JavaScript and XML* (AJAX), permettant un accroissement très important des performances, il devient l'interface utilisateur le plus souple pour accéder, *via* Internet, aux applications ; son seul défaut étant de ne pas pouvoir fonctionner en mode déconnecté.

Les outils de productivité de groupe

Les outils de productivité de groupe sont devenus à la fois les outils de tous les jours et des compléments indispensables à la gestion. Ils permettent de maîtriser le facteur temps et constituent des aides précieuses pour l'organisation et pour l'ordonnancement des tâches humaines.

Ils sont à classer par degré de complexité de l'interférence entre les individus. Les cinq degrés représentés sur la figure ci-dessous montrent des contraintes et des couplages graduels nécessaires à la gestion de l'entreprise.

Certaines applications offrent un module de *groupware* ou de *workflow*. Ces outils restent fermés dans le contexte de l'application utilisée. D'autres éditeurs proposent l'intégration ou l'interfaçage de leurs progiciels avec un produit de travail de groupe du marché. Cette solution est la plus intéressante car elle permettra, dans les phases ultérieures de coupler d'autres applications avec la même application de travail de groupe.

Figure 4.16 : Outils de productivité de groupe et contraintes de gestion

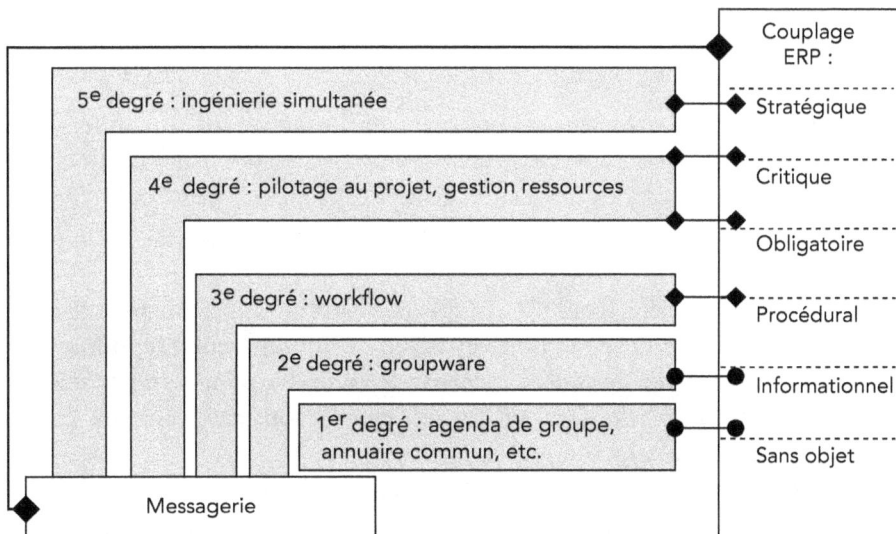

Le fondement du travail de groupe : la messagerie

Le fondement de la productivité de groupe est la messagerie. Inutile, alors, d'envisager de façon efficace ce volet, sans avoir mis en œuvre au préalable une messagerie.

Aujourd'hui, une messagerie se doit d'être ouverte au Web, assurant ainsi à la fois la communication interne et externe de l'entreprise par un seul véhicule d'information : le courriel ou e-mail (de l'anglais *electronic mail*).

Au-dessus de ce minimum commun, les solutions de productivité de groupe se déclinent en un ensemble d'applications dont le couplage avec l'ERP doit être plus ou moins fort selon le type de solution envisagée.

▶ **Premier degré** : les simples outils de groupe et de partage d'information. Dans ce degré, on trouve des outils qui n'imposent pas de contraintes procédurales particulières. Ils permettent de partager des informations sans imposer de règles ou de circuits particuliers de l'information. Ils ne demandent pas de procédures de validation. Leurs utilisateurs bénéficient d'une liberté quasi totale et disposent de l'initiative de les utiliser ou pas. Il est, par conséquent, nécessaire qu'ils soient acceptés par les utilisateurs, sinon le système perdrait de son efficacité.
On peut citer, parmi ces outils :
  – l'agenda électronique de groupe signalant les disponibilités et permettant de proposer des rendez-vous ;
  – l'annuaire partagé qui gagne à être aux standards du marché : X500, *Lightweight Directory Access Protocol* (LDAP).

▶ **Deuxième degré** : le partage de travail de groupe non contraint ou *groupware*. Le *groupware* permet de partager librement des informations entre membres d'un même groupe. C'est surtout une catégorie d'outils mettant en œuvre une méthode de travail de groupe et s'appuyant sur des ressources partageables.
Les expressions les plus courantes du *groupware* :
  – classiquement, le *groupware* consiste en l'échange de documents que chacun des interlocuteurs peut annoter, de façon à aboutir à un document final à l'élaboration duquel tout le groupe a participé. Beaucoup d'éditeurs positionnent leurs produits sur ce créneau, les trois majeurs étant Microsoft, Adobe et IBM, avec DOMINO ;
  – le forum, espace électronique d'expression libre ou chacun peut y mettre des remarques ou librement une question ; celui qui peut y répondre le faisant pour le service de tous. L'idéal est de créer des thèmes, chaque utilisateur restant libre de se joindre activement, ou passivement, en tant qu'observateur, à ceux qui l'intéressent ;
  – les WIKI d'entreprise permettent de créer une base de connaissance à laquelle chaque participant est venu rajouter sa contribution sous la forme :

d'un article, d'une description de produit, d'un exposé sur la méthodologie. Le modèle type est WIKIPEDIA, appliqué à l'intérieur d'une entreprise ;

– les blogs sont l'expression individuelle du *groupware* dans le sens où le propriétaire et animateur d'un blog peut mettre : commentaires, précisions sur divers dossiers, aides ; libre à lui de permettre un retour d'information sous forme de commentaires.

▶ **Troisième degré** : le travail de groupe procédural ou *workflow*. Le *workflow*, cousin du *groupware*, introduit en plus la notion de circuit de procédures. Des documents électroniques sont envoyés à un groupe de destinataires hiérarchisés qui doivent y apporter un travail particulier :

– la lecture et la validation ;

– la lecture et l'approbation ;

– le contrôle qualité ;

– la retransmission vers un autre groupe de destinataires, avec ou sans consignes ;

– la distribution massive de documents auprès des membres du groupe de travail.

L'intérêt majeur du *workflow* dans le contexte des progiciels intégrés de gestion, réside dans son couplage avec l'ERP. Les éditeurs d'ERP ont réalisé un tel couplage, soit par intégration de produits de *workflow* du marché, soit en développant leur propre module (voir chapitre 8).

▶ **Quatrième degré** : la gestion de ressources et la gestion au projet. Un outil de gestion de ressources et de gestion au projet ne fait partie des outils de productivité de groupe que :

– si chaque utilisateur a la possibilité de saisir les éléments qui le concerne : les tâches effectuées, les tâches reportées ;

– et si une consolidation est possible au niveau du chef de projet.

La panoplie applicative comprend :

– la planification globale du projet et son découpage en tâches ;

– la recherche des chemins critiques ;

– la planification de l'utilisation des ressources par rapport à leur disponibilité ;

– le suivi de temps des ressources ;

– le calcul de devis ;

– les interfaces ou l'intégration avec les modules de gestion commerciale ;

– le suivi de planning et le pilotage prévu/réalisé ;

– le calcul des coûts de revient ;

– les interfaces ou intégration vers les modules comptables.

Selon les besoins, les outils de gestion de projet seront des outils généraux du marché, interfacés avec les applications ou des modules intégrés à l'ERP.

- **Cinquième degré** : l'ingénierie simultanée. Les outils du degré 5 sont à la limite du domaine de la gestion. Ils permettent de coordonner des actes d'ingénierie et doivent être liés à des produits de CAO et de CFAO, dans le cadre de projet de Gestion des Données Techniques.

  Néanmoins, les interfaces vers la gestion de production et la gestion de projet sont de rigueur. Le couplage avec l'environnement ERP est donc critique pour une meilleure maîtrise des coûts et des délais.

- **Degré ultime** : la messagerie simultanée. Les technologies de messagerie instantanée permettent désormais à des membres d'un même groupe de travail de communiquer en permanence et en temps réel, tout en faisant autre chose, raccourcissant ainsi considérablement les délais de prise de décision.

Les mutations de l'architecture applicative vers le Web

On observe une évolution marquée d'une partie de l'architecture applicative vers le Web.

La concurrence rend obligatoire les évolutions suivantes :

- l'indispensable nécessité d'une présence sur le Web, qui sert de vitrine électronique, créant un effet levier pour les services de communication et de marketing ;

- l'absolue obligation de site Web intranet pour que les membres de l'entreprise puissent disposer d'outils simples et efficaces d'accès à la documentation ;

- pour certaines activités, renoncer à vendre par Internet sera, dans peu de temps, équivalent à renoncer à un marché potentiel très important, et en constante expansion ;

- les serveurs d'application Web permettent de se projeter hors des frontières à un coût extrêmement faible (catalogue consultable, enregistrement de commandes, etc.) ;

- le raccourcissement considérable des délais de transmission des documents.

Globalement, l'extension des applications Web ne remet nullement en cause l'architecture n-tiers de l'entreprise ; cependant, est indispensable de mettre en œuvre la sécurité nécessaire (voir figure suivante), afin :

- d'isoler les brins de réseaux locaux applicatifs des serveurs Web et de protéger les données et les applications de l'entreprise ;

- de créer un sas de sécurité, grâce à un système pare-feu, entre les serveurs d'accès au Web, appelés serveurs « Proxy », et la zone de confiance hébergeant les réseaux locaux.

Figure 4.17 : L'extension de l'architecture applicative vers le Web

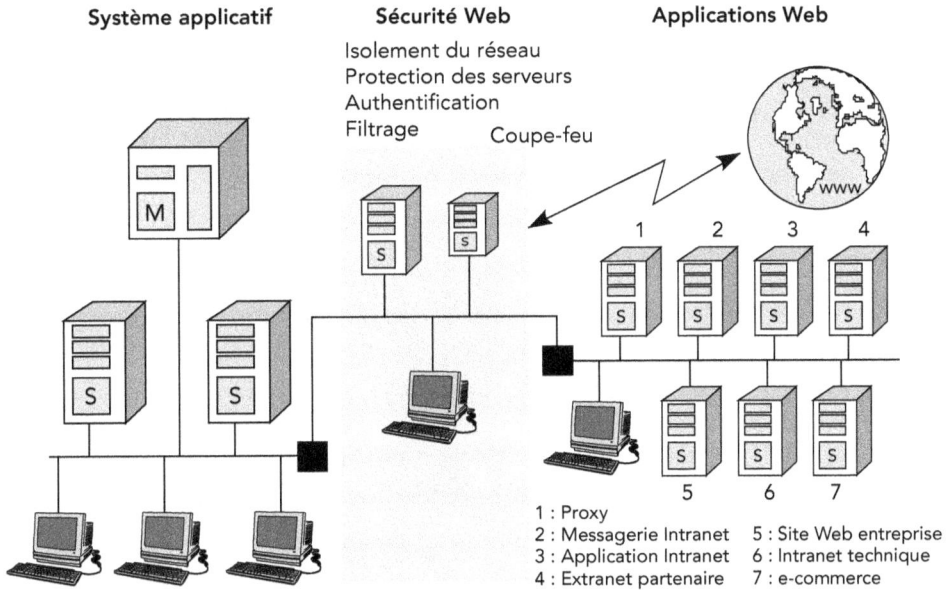

Exemple 4.2 : Choix d'architecture en cohérence avec les acquis de l'entreprise à étape 1

Cette PMI familiale, de fabrication et de commercialisation de matériaux à base de verre, a 400 employés répartis sur 4 sites : le siège social, deux sites de production, un yard servant d'entrepôt et de base logistique.

En 1999 elle dispose du système d'information suivant :

- un système bureautique très complet, avec serveur de documents partagés, entièrement fondée sur les outils de Microsoft ;

- des applications de suivi du yard et de la production développées par un membre de la direction générale (directeur administratif) sur MS-Access©. Le développeur a une formation d'informaticien ;

- la comptabilité est totalement sous-traitée à un cabinet d'experts-comptables, néanmoins les comptables employés par l'entreprise, sous la direction du chef comptable, réalisent des saisies sur Excel© qui sont remises au cabinet ;

– c'est le directeur administratif qui manage l'ensemble de l'informatique micro, serveurs compris, avec l'aide d'une entreprise extérieure. Les serveurs sont hébergés dans l'entreprise.

La direction souhaite s'équiper d'un ERP mais demande au consultant qui l'aide dans cette démarche, que :

– le TCO soit le plus bas possible ;
– le directeur administratif puisse continuer à être actif dans le management de leur informatique sans avoir à se former à d'autres technologies ;
– l'ergonomie du produit ne change pas les habitudes des utilisateurs ; L'ERP a une cinquantaine d'utilisateurs, à cette époque, tous utilisateurs bureautiques ;
– les applications développées avec MS-Access© ne soient pas redéveloppées ; elles peuvent cependant être remplacées par des modules de l'ERP ;
– la partie comptabilité de l'ERP soit validée par le cabinet d'experts-comptables.

Un cahier des charges fonctionnelles et techniques est réalisé, tenant compte des contraintes dictées par la direction de l'entreprise.

Compte tenu des demandes des utilisateurs, le consultant s'oriente vers des ERP tournant sur serveur Windows NT, à l'époque afin d'assurer un TCO, coût total d'appropriation le plus bas possible, car :

– l'entreprise dispose déjà d'une infrastructure basée sur cette technologie ainsi que de contrats avec une société de services qui en assure l'exploitation et la maintenance ;
– le directeur administratif peut effectivement conserver le leadership sur le management de cette infrastructure.

Le choix final est le suivant :

– Navision© pour sa proximité ergonomique avec les produits Microsoft (en 1998, l'éditeur de Navision était totalement indépendant de Microsoft) ;
– la comptabilité est le produit de SAGE, dans l'édition correspondant à la taille de l'entreprise : ce choix résulte d'un compromis entre le cabinet d'expertise comptable, les utilisateurs et l'intégrateur chargé de la mise en œuvre et du paramétrage de l'ERP Navision©.
– les applications MS-Access© sont gardées à l'identique au niveau fonctionnel et mises à jour au niveau de la version de MS-Office©. Elles continuent à être utilisées par l'entreprise.

Exemple 4.3 : Étape 2 → premières évolutions

Cinq ans plus tard, l'entreprise a enrichi son parc informatique interne. Elle s'est équipée d'une messagerie MS-Exchange©, et Outlook© est devenu l'outil le plus utilisé par l'ensemble des utilisateurs.

La décision est prise de mettre à jour la version de Navision© dont l'interface d'accès devient similaire à Outlook©.

Le site e-Commerce de Navision est utilisé, permettant ainsi aux clients de l'entreprise (tous des professionnels) de commander par Internet. La direction envisage d'élargir son réseau de clientèle à des artisans, qui accéderaient uniquement par le Web. Une étude de marché est lancée afin de mesurer le retour sur investissement de cette partie de la clientèle.

La comptabilité SAGE est mise à jour.

La décision est prise de choisir l'édition de Navision s'appuyant sur SQL Server©.

Toute l'infrastructure est mise à jour vers Windows Server 2003©.

Exemple 4.4 : Étape 3 → évolution des développements internes vers .Net

2005 : L'entreprise a acquis deux nouveaux sites, en région. L'entreprise acquiert un progiciel de gestion d'entrepôt qui utilise SQL Server©.

Les applications développées en interne étant très spécifiques, elles n'ont jamais été remplacées par des progiciels. La direction souhaite que l'ensemble des développements en MS-Access© soient homogénéisés, consolidés et directement utilisables par d'autres applications dont la gestion d'entrepôt.

L'ensemble des développements MS-Access© sont repris par un prestataire de services et réécrits dans l'environnement .NET©, en Smart Client. Les données étant sur SQL Server©, certains output de ces applications sont utilisés directement par les progiciels.

Exemple 4.5 : Prochaine évolution en vue → étape 4 → nouveaux outils collaboratifs

2007 : quelques membres de la direction générale ont, depuis près de deux ans, pris l'habitude de communiquer très couramment en messagerie instantanée pour le grand public.

Lors d'une réunion pour le renouvellement d'un contrat commercial majeur du premier de leur client, venu visiter l'entreprise, le directeur des ventes s'apprête à refuser un prix demandé par le client, au risque de perdre ce contrat ; le prix exigé étant jugé trop bas, et ce, malgré des négociations très avancées du client avec la concurrence.

Étant connecté en messagerie instantanée, le directeur des ventes envoie une question au directeur des achats. Ce dernier, venant de négocier les prix avec leurs fournisseurs, lui indique que, malgré l'importance de la remise demandée, l'entreprise fera une bonne marge. L'affaire est conclue en séance.

Sur ce succès, la direction décide de lancer un projet de mise en œuvre d'outils collaboratifs :

– d'une part, en capitalisant sur l'expérience acquise avec SharePoint Services pour les partages de documents, pour mettre en place Moss[1]© 2007 avec :
  - des forums utilisateurs sur trois thèmes : utilisation des applications, échange d'informations techniques, loisir pour les employés ;
  - la mise en place de formulaires techniques, commerciaux et pour l'administration de l'entreprise ;

– d'autre part, en étendant à l'ensemble de l'équipe dirigeante, l'utilisation de la messagerie instantanée avec LCS[2]©.

Cette décision est facilitée par le fait que le renouvellement du contrat commercial, à lui seul, a justifié le retour sur investissement. LCS© est choisi afin de ne pas avoir à passer par une messagerie instantanée publique, pour des raisons de sécurité.

---

1. Microsoft Office SharePoint Services.
2. Light Communication Services : solution de messagerie instantanée.

Chapitre 5

Les chantiers du projet ERP

La conduite d'un projet d'ERP est différente de celle d'un projet de développement ; mais elle est également différente de celle d'un projet d'intégration de système. En effet, par rapport au projet de développement, on ne peut se permettre de réaliser à façon, et par rapport à un projet d'intégration à composantes presque intégralement techniques, l'organisation de l'entreprise et ses modes de fonctionnement doivent être respectés. Un projet d'ERP présente deux, caractéristiques difficiles à faire cohabiter :

- d'une part, il fait appel à des produits du marché qui, forcément, n'ont pas été réalisés sur mesure pour l'entreprise ;
- d'autre part, il doit répondre à des besoins d'entreprise qui, pris de façon brute, paraissent très spécifiques.

L'existant logiciel, le parc matériel utilisé, les habitudes des utilisateurs, sont autant de contraintes par rapport à un simple choix de produits « sur étagère ». D'autres contraintes s'avèrent délicates à maîtriser : l'étendue des applications impactées par les choix qui seront faits, le paramétrage des applications, puis le déploiement de la solution retenue. Il y a donc un nombre considérable de compromis à négocier.

Ce chapitre présente une conduite de projet d'ERP avec l'ensemble des paramètres que l'utilisateur doit maîtriser.

Le schéma de la démarche projet

Le projet applicatif est un projet ouvert

Le projet applicatif doit être ouvert dans le temps et dans l'espace. L'ouverture dans le temps est nécessaire compte tenu des évolutions économique, technique, réglementaire. L'ouverture dans l'espace est liée aux possibilités qu'a l'entreprise de se développer et de s'étendre. On ne peut pas concevoir un système applicatif figé.

Le projet applicatif marque plutôt une étape : l'objectif est de remettre à un certain palier le système d'information, par le biais des applications nécessaires pour les réponses aux besoins de l'entreprise, des professionnels exerçant leur métier avec l'entreprise et des individus qui composent les groupes de travail.

La fin du projet ne marque pas la clôture des évolutions. Au contraire, s'appuyant sur des systèmes ouverts, le projet d'ERP doit intégrer tous les éléments techniques et organisationnels lui permettant d'évoluer par enrichissement de modules, de composants. Il doit même pouvoir interfacer des systèmes applicatifs utilisant d'autres progiciels que ceux de l'entreprise. Cette dernière qualité du système d'information sera essentielle en cas de fusion avec une autre entreprise ou d'acquisition de filiale.

C'est pourquoi, contrairement au cycle de vie en V des systèmes informatiques, le système informatique applicatif a un cycle de vie en palier. Chaque palier est une version nouvelle du référentiel applicatif de l'entreprise, ce dernier étant composé de divers produits, chacun étant à une version qui lui est propre.

La figure 5.1 montre le cycle de vie en palier d'un système fondé sur une approche ERP.

Figure 5.1 : Le cycle de vie du système d'information applicatif

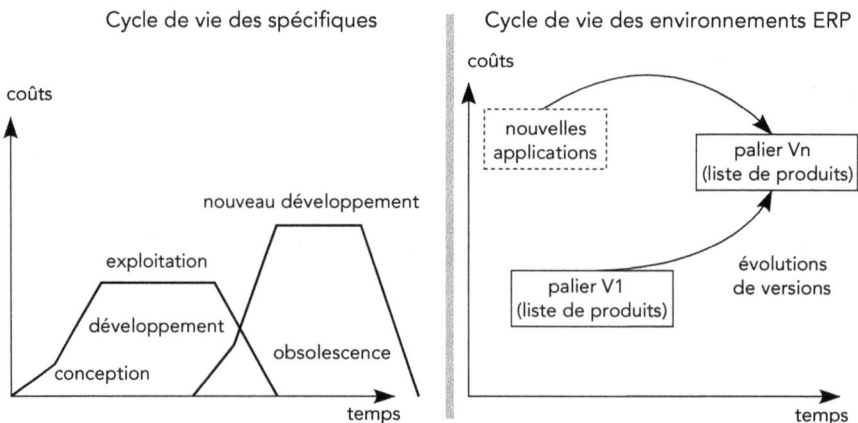

Les fondements du projet

Les rapports fondateurs du projet sont :

- l'étude d'opportunité et l'audit effectués préalablement au lancement du projet. Ils contiennent :
  - la description de l'existant ;
  - l'explicitation les objectifs recherchés ;
  - la définition des limites du projet.
- les modèles conceptuels qui décrivent le fonctionnement de l'entreprise ;
- les modèles organisationnels ;
- les autres modèles de données ;
- l'architecture cible du système incluant l'ensemble des couches logicielles recherchées ;
- Le cahier des charges.

Ces documents fondateurs sont les annexes d'un cahier des charges qui doit être élaboré par l'équipe de projet.

Figure 5.2 : Les input et output du projet d'ERP

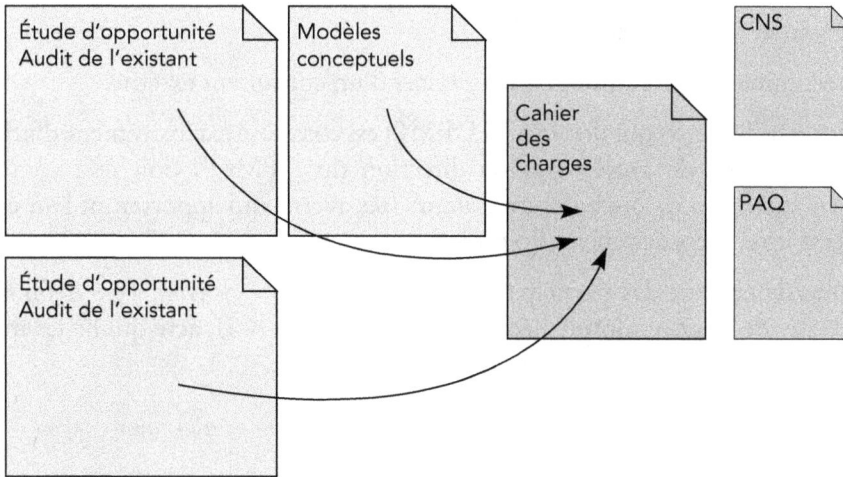

À ces documents s'ajoutent :

- la version courante de la Charte des Normes et Standards (CNS)

La CNS spécifie l'ensemble des standards des diverses couches logicielles que l'entreprise a homologuées. La CNS, reflet normatif du Système d'Information Applicatif (SIA), n'est pas un document figé. La version courante est stabilisée pour toute la durée du projet et pour atteindre le palier cible correspondant au projet. La CNS évoluera forcément, ne serait-ce que pour la simple raison que les standards eux-mêmes évoluent.

▷ le Plan d'Assurance Qualité (PAQ)

Il est réalisé selon les standards internes de l'entreprise.

La constitution d'une équipe de projet

La première étape est la constitution d'une équipe de projet. Cette équipe doit être mixte :

▷ des utilisateurs moteurs doivent faire partie de l'équipe. Parmi les utilisateurs, la présence d'un organisateur est nécessaire ;

▷ des informaticiens représentant plusieurs types de compétences doivent être intégrés à l'équipe : des architectes système et réseau et des développeurs.

À qui attribuer la direction du projet ? Il est recommandé d'établir la notion de Maîtrise d'ouvrage interne (MA) et de maîtrise d'œuvre interne (MOI). Il y a donc un Directeur de Projet MA (DPMA), toujours utilisateur, et un Directeur de Projet MOI (DPMOI). Le DPMO est client du DPMOI. Le DPMOI est client de la Maîtrise d'œuvre externe (MOE).

Il est recommandé de s'adjoindre les services d'un consultant externe.

Le groupe utilisateurs qui dépend du DPMO est composé exclusivement d'utilisateurs. Le groupe de projet, sous la direction du DPMOI, doit être composé d'informaticiens et de quelques utilisateurs très avertis qui apporteront leur éclairage dans les étapes successives du projet.

Les rôles de chacun des participants internes au projet doivent être définis par écrit. Cette description donne lieu au Contrat Interne (CI), acte qui lie les membres du projet et les engage pour la bonne fin du projet.

Figure 5.3 : Les participants internes et externes du projet

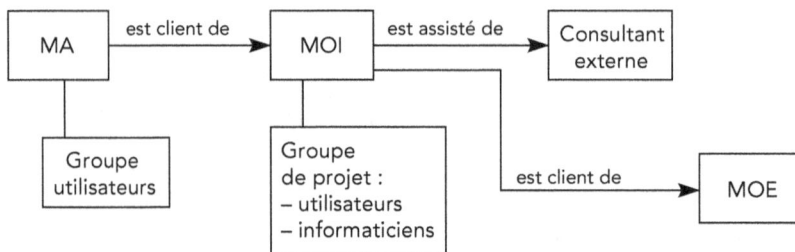

Dans la suite du projet, des intervenants externes viendront se joindre à l'équipe, leurs rôles et leurs missions sont définis par des contrats commerciaux.

Le fonctionnement en deux pôles internes (MA, MOI) est devenu courant dans les très grandes entreprises et est spécifié dans le Manuel Assurance Qualité du Système d'Information (MAQSI). Il l'est moins dans les autres sociétés, en raison du nombre plus faible de ressources humaines et, souvent, à cause de la culture d'entreprise (il n'est pas évident de jouer les rôles de clients et de fournisseurs alors que l'on appartient à la même entreprise).

Il est cependant important de maintenir ce schéma, même si l'on doit modifier la dénomination des rôles. Dans ce cas, le DPMA doit être un responsable hiérarchique de haut niveau et assumer le rôle de Représentant de la Direction Générale (RDG) et le DPMOI devient Directeur de Projet Maîtrise d'Ouvrage (DPM).

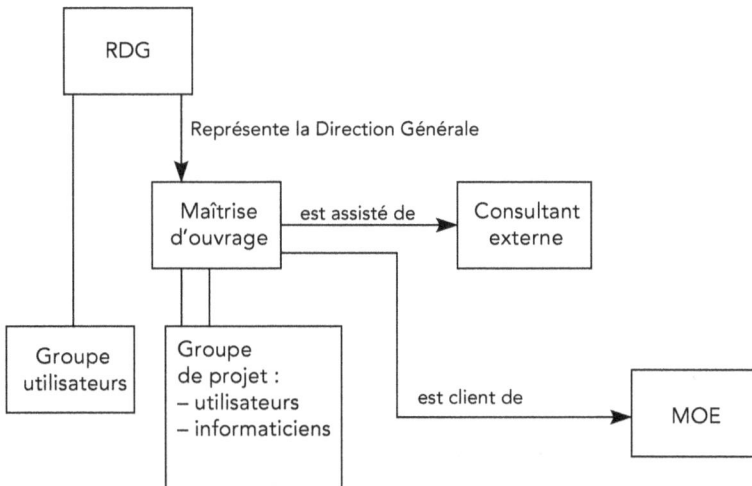

Figure 5.4 : La variation des rôles est une alternative
aux rôles des participants internes au projet

Un cahier des charges en 10 points standards

La réalisation du cahier des charges et sa validation par le DPMA sont le premier acte du projet effectif. Ce paragraphe déroule les dix points qui sont nécessaires à l'élaboration d'un cahier des charges dans un projet d'ERP.

Décrire les contraintes environnementales

Il convient de décrire :

▶ l'entreprise ;

▶ les établissements et les services concernés par le projet.

Il faut reprendre les éléments de l'audit et de l'étude d'opportunité pour :

▶ décrire l'existant ;

▶ expliquer les objectifs du projet ;

▶ faire un point sur les parties à améliorer et sur ce qui donne satisfaction ;

▶ définir avec précision les limites du projet.

On doit également définir l'environnement de travail des personnes qui appartiennent aux domaines concernés par le projet. Enfin, il faut expliquer les ouvertures laissées ainsi que les possibilités d'évolutions futures.

Spécifier les besoins en termes de métier

▶ La description des métiers de l'entreprise. Elle est restreinte aux métiers exercés par les personnes suivantes :

 – soit les utilisateurs directs ;

 – soit les utilisateurs indirects, dans le sens où ils sont susceptibles de transmettre, de recevoir et d'utiliser des données et des documents produits par les applications recherchées.

 La description de ces métiers doit aussi comprendre :

 – le contexte environnemental : mobilité, point d'attache géographique, travail de bureau ou de chantier, etc.

 – les contraintes légales et réglementaires qui peuvent avoir des impacts sur les applications utilisées ;

 – des données socioculturelles qui influent fortement sur l'ergonomie des produits à fournir (simplicité ou complexité de l'interface, voire langue de travail effective de la catégorie professionnelle).

▶ La détermination du nombre d'utilisateurs :

 – en précisant la répartition par métier ;

 – en donnant un aperçu sur le potentiel d'évolution du nombre d'utilisateurs projeté pour le futur proche ;

 – en s'efforçant d'affiner la notion de nombre d'utilisateurs simultanés aux diverses périodes de la journée.

Décliner les modèles conceptuels MCC et MCD

L'ensemble des modèles MCC et MCD du chapitre 3, accompagnés de leur description, doit faire partie intégrante du cahier de charges. Il est important d'expliciter la réalité en regard des modèles qui sont une conceptualisation nécessaire.

L'explicitation de la réalité permet, entre autres, aux lecteurs du cahier des charges d'acquérir plus rapidement une vision opérationnelle de l'entreprise ; ce qui est nécessaire pour l'encadrement de leur offre technique et commerciale.

Figure 5.5 : Explicitation de la réalité physique par rapport aux modèles conceptuels

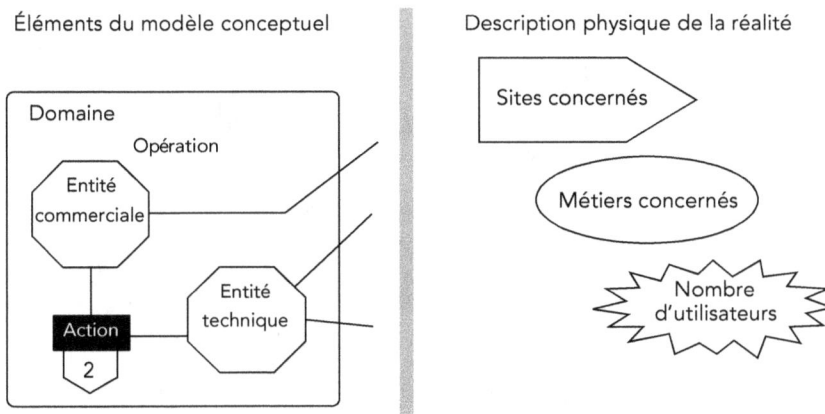

Spécifier l'architecture du système applicatif

Spécifier l'architecture du système applicatif, c'est en conserver la maîtrise sur le long terme.

Certes, cette spécification d'architecture doit laisser suffisamment d'ouverture et de liberté de propositions aux candidats à la fourniture du système. Ce qui doit être spécifié est l'infrastructure du système. Cette infrastructure pourrait se limiter aux quatre premiers plans définis dans le chapitre précédent, avec :

▶ pour chaque plan, les sous-couches qu'il comporte ;

▶ pour chaque sous-couche, les produits obligatoires et les ouvertures laissées aux fournisseurs ;

▷ pour les aspects relatifs aux réseaux locaux, on se limitera aux cinq premières couches équivalentes du modèle standard OSI des systèmes ouverts à sept couches.

Cette spécification infrastructurelle reste ouverte, comme le montre la figure 5.6 où les carrés noirs sont ceux qui sont spécifiés en dur et les autres, avec un point d'interrogation, ceux qui permettent des propositions selon les standards.

L'infrastructure de l'architecture définit l'existant et l'immédiat futur. Elle cadre les évolutions souhaitées.

Figure 5.6 : Spécification infrastructurelle du Système d'Information Applicatif

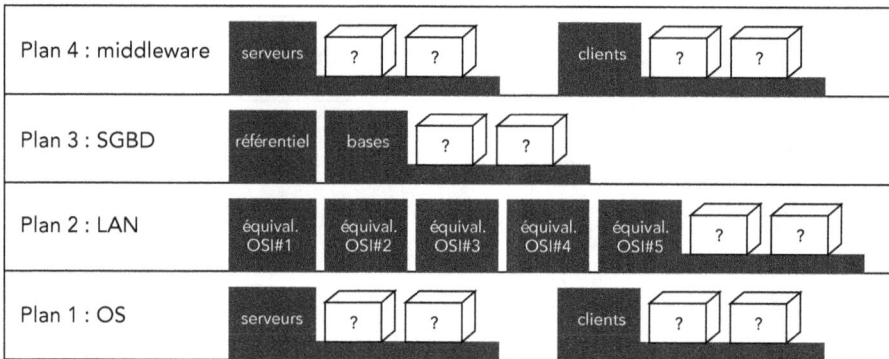

Spécifier les applications

Le modèle OACS est la base de la spécification des applications. Le modèle doit être complété par le plan 6 de l'architecture tel qu'il a été défini au chapitre 3. On procédera, comme pour l'étape décrite au paragraphe précédent, en fixant certains niveaux et en laissant la possibilité aux fournisseurs de proposer les briques alimentant les autres niveaux. Le niveau 2 (les règles de gestion) doit être particulièrement rigide, comme le montre la figure 5.7, seule la façon de traiter ces règles peut être laissée ouverte aux propositions.

Les niveaux applicatifs 3 et 5 sont ouverts aux propositions, à la condition que les propositions soient conformes à l'OACS. Le spécificateur dit ce qu'il veut obtenir, l'offreur propose comment y parvenir.

Figure 5.7 : Spécification des applications

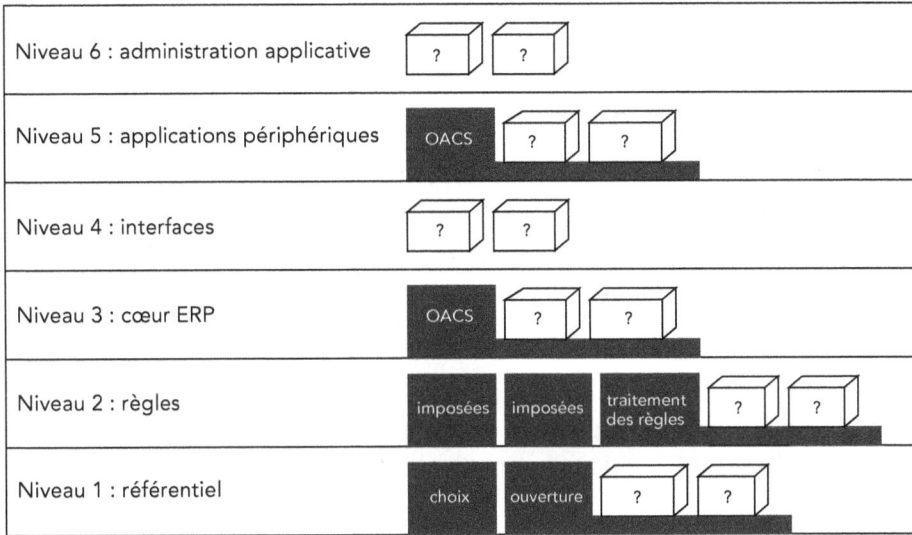

Niveau 6 : administration applicative	?	?		
Niveau 5 : applications périphériques	OACS	?	?	
Niveau 4 : interfaces	?	?		
Niveau 3 : cœur ERP	OACS	?	?	
Niveau 2 : règles	imposées	imposées	traitement des règles	? ?
Niveau 1 : référentiel	choix	ouverture	?	?

Spécifier les interfaces

La spécification des interfaces concerne plus particulièrement le niveau 4 du plan 6. Deux contraintes doivent être prises en compte :

◗ Première contrainte : conserver certains des logiciels existants. Pour les spécifiques, l'entreprise doit être en mesure de spécifier et de connaître les éléments techniques d'interfaçage. C'est aussi l'occasion d'envisager la rénovation de ces applications spécifiques. La description des applications spécifiques pourra donner lieu à des propositions soit d'intégration, soit de refonte de ces applications par les candidats. Pour les progiciels existants, il faut envisager de les faire évoluer vers leurs versions les plus récentes. Il est bon de considérer ces nouvelles versions au même titre que les progiciels qui seront nouvellement acquis. On mentionnera alors les progiciels existants.

◗ Seconde contrainte : assurer la cohérence du nouvel environnement applicatif. Elle dépend très fortement de la qualité de l'intégration des diverses applications qui composent le système applicatif. L'utilisateur se trouvera ainsi face à des choix stratégiques de pools d'éditeurs qui, aujourd'hui, sont souvent derrière les leaders de l'édition d'ERP.

Le codage des interfaces donnera forcément lieu à de nouveaux spécifiques, de champs plus réduits que les développements principaux. Néanmoins, il est indispensable que l'utilisateur maîtrise ces développements sur le long terme. C'est pourquoi, il est impératif que la spécification des interfaces contienne une spécification de l'environnement de développement utilisé dans l'entreprise ainsi que les standards de documentation, de « versionnage », c'est-à-dire d'affectation d'un numéro de version (*versionning* en anglais) et de qualification interne des développements.

Il faut évaluer, en termes de coût total d'acquisition, la possibilité d'utiliser un système d'*Enterprise Application Integration* (EAI) ou d'*Enterprise Service Bus* (ESB). Ces systèmes offrent des interfaces préconfigurées pour la plupart des principaux ERP du marché. En outre, ils incluent des outils de développement d'interfaces spécifiques.

Les grands fournisseurs d'ERP dispose d'une offre EAI ou ESB.

Il faut s'appuyer sur le plan 4 des figures qui précèdent, car les middleware jouent un rôle de fond dans les possibilités de communication entre environnements différents, car, effectivement, en sous-jacence à l'interfaçage se trouvent les nécessités de faire communiquer des univers différents.

L'environnement de développement doit être expressément orienté RAD.

Spécifier l'intégration

Spécifier l'intégration est devenu une nécessité pour la maîtrise du parc de matériels et de logiciels. Le modèle en couches de services, malgré ses immenses avantages, peut générer une profusion considérable d'équipement. Choisir d'homogénéiser par marque (par exemple, choisir tous les serveurs départementaux d'un seul constructeur) ne sert à rien. La raison en est que la banalisation des pièces et composants est telle qu'un même constructeur ne peut assurer de fournir de façon continue exactement les mêmes machines. Individuellement, pour une seule machine, les conséquences peuvent être minimes. Pour un parc de matériels, l'effet de masse entraîne des difficultés considérables de gestion et de maintenance.

L'intégration des matériels

La spécification d'intégration, dans sa partie matérielle, doit bien séparer les matériels de production des matériels des phases de tests et développement.

L'intégration présente deux aspects :

- l'intégration unitaire des matériels. L'intégration unitaire des matériels doit être spécifiée comme suit :
  - une matrice reproductible sera validée entre le maître d'œuvre et le maître d'ouvrage ;

- la matrice peut comporter plusieurs types de matériels ;
- la matrice peut évoluer, aussi la définition des règles de gestion des versions doivent-elles être définies au préalable ;
- le clonage se fait en usine, c'est-à-dire avant livraison ;
- une procédure d'installation rapide et de mise en service doit être proposée et validée ;
- une procédure particulière doit être prévue pour les matériels spécifiques : environnements durcis, environnement temps réel, terminaux spécifiques.

▶ l'intégration des matériels entre eux. L'interconnexion des matériels entre eux doit comprendre les éléments suivants :

- la préparation de la partie réseaux locaux : c'est un préalable pour pouvoir intégrer rapidement, après installation des équipements, c'est pourquoi une procédure de validation doit être établie. Cette procédure ne pourra être spécifiée en détail au niveau du cahier des charges qui doit préciser et définir son élaboration ;
- la spécification physique des environnements durs, afin que les matériels spéciaux puissent être proposés pour les sites concernés ;
- l'ébauche des scénarios de déploiement pour que les installations matérielles ne perturbent pas le déroulement normal de l'activité de l'entreprise. La définition spatiale et temporelle de ces scénarios est du ressort de l'entreprise afin que le maître d'œuvre puisse proposer les moyens et l'organisation qu'il lui faudra assurer.

L'intégration des logiciels

L'intégration des progiciels est un compromis entre les développements et l'intégration de produits du marché.

On distingue les postes d'intégration qui suivent :

▶ les aspects développements. La démarche classique de développement doit être respectée, avec les phases suivantes :

- l'analyse détaillée de tous les développements ;
- la définition des outils de développement ;
- la définition de la documentation d'analyse ;
- la remise des codes sources à l'entreprise ;
- les tests unitaires ;
- les tests d'intégration ;
- la documentation utilisateurs et la documentation administrateur.

▷ les aspects progiciels. L'intégration des progiciels passe souvent par des paramétrages, des modules optionnels et des compléments d'application.

Les spécifications utilisateurs doivent comprendre les étapes suivantes :

– la définition des profils produits des utilisateurs. Il faut définir les classes d'utilisateurs et, dans chaque classe, les progiciels auxquels ils ont accès : les applications de gestion, les applications de productivité, les applications autres ;

– la définition des interactions entre applications de chacun des profils ;

– l'intégration des progiciels est alors définissable par profil utilisateur.

Cette approche met en évidence la nécessité de définir une stratégie de gestion des licences qui sera utile lors de la phase de décision commerciale (voir chapitre suivant).

Figure 5.8 : Le couplage intégration logiciel ↔ matériel

Interaction de l'intégration des logiciels et des matériels

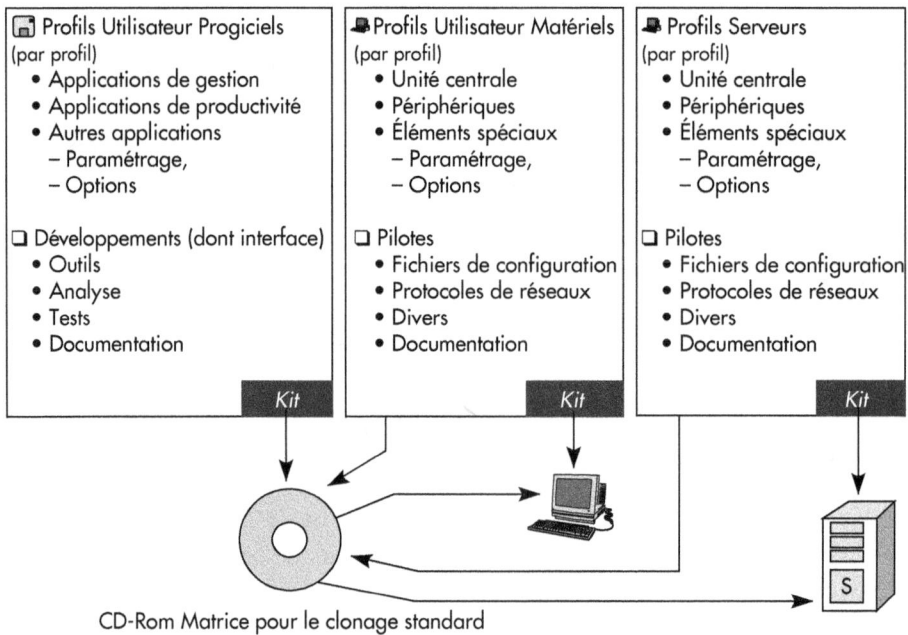

CD-Rom Matrice pour le clonage standard

L'intégration des logiciels matériels

Logiciels et matériels ne peuvent être séparables ; il faudra reprendre, pour ce qui concerne le kit de clonage, les profils définis ci-dessus et raisonner en termes de :

▷ profils de kits serveurs ;

▷ profils de kits clients ;

- profils de kits périphériques ;
- profils spéciaux.

La figure 5.8 montre les interactions qui existent entre l'intégration des logiciels et celle des matériels.

Spécifier le rôle des intervenants : éditeurs, distributeurs, intégrateurs

Comme pour les autres domaines informatiques, le marché des ERP et des applications de gestion est devenu très segmenté.

Les grands éditeurs ne vendent plus en direct, les distributeurs n'interviennent pas, en général, dans l'intégration applicative… à de grandes exceptions près. Certaines sociétés de services en informatique éditent des ERP et ont créé une ou plusieurs divisions pour mettre en œuvre leurs produits.

En fait, l'entreprise devra passer par les services d'une SSII exerçant le métier d'intégrateur. Il existe des variantes :

- les intégrateurs purs n'éditant aucun progiciel ;
- les intégrateurs-éditeurs qui éditent des progiciels complémentaires à l'ERP (par exemple, un produit de GPAO).

L'utilisateur a tout intérêt à coordonner les interventions en plusieurs temps :

- Premier temps : la spécification de la maîtrise d'œuvre du projet. La maîtrise d'œuvre du projet doit être contractuellement assumée par un intégrateur prenant un engagement de résultat. Il se substitue aux éditeurs des produits intégrés. Cette condition est primordiale à la bonne coordination et à la bonne fin du projet.
  Aussi la notion de kits logiciels et matériels et de CD-Rom Matrice illustrée au paragraphe précédent jouent-ils un rôle essentiel, car l'intégrateur exerce sa responsabilité d'un produit réalisé par lui, sur la base de progiciels et de matériels.
- Deuxième temps : la spécification du rôle des distributeurs. Les distributeurs sont les grossistes qui revendent des matériels et des progiciels. L'utilisateur est leur client direct, seule solution économiquement acceptable, pour les grandes entreprises.
  Il est préférable de sélectionner plusieurs distributeurs pour éviter les dangers de la source unique de fournitures de produits (matériels et progiciels).
  En environnement de petites et moyennes entreprises, il est plus judicieux de confier également la fourniture des produits à l'intégrateur car les faibles volumes ne permettent pas des conditions d'acquisition réellement avantageuses.

- Troisième temps : la spécification du rôle de la tierce maintenance. Toujours pour les grands comptes, le déploiement et la tierce maintenance doivent faire l'objet de deux lots :

  - la tierce maintenance applicative des logiciels et des progiciels : c'est logiquement l'intégrateur retenu qui doit l'assumer. Les propositions techniques doivent spécifier ces aspects de maintenance des logiciels ;
  - la tierce maintenance des matériels et des réseaux locaux : ce lot doit être traité indépendamment. En fonction de la taille du parc, il sera plus ou moins avantageux de passer par un autre fournisseur que l'intégrateur lui-même. Dans le cas où les lots sont attribués à des fournisseurs différents, il est nécessaire de prévoir le transfert de compétence entre l'intégrateur et le tiers mainteneur de matériels.

  Certains matériels périphériques peuvent être rattachés au lot concernant les logiciels quand ils sont intimement intégrés à certains modules ou à certaines applications.

  Les matériels spécifiques font, bien entendu, l'objet de lots différents en ce qui concerne la maintenance.

- Quatrième temps : les relations avec les éditeurs. Elles sont toujours indirectes, sauf pour les aspects de support produits (voir paragraphe suivant).

Spécifier des besoins de support des produits

La spécification de ces besoins, de manière comparable à celle de la maintenance, doit comprendre un lot matériel et un lot logiciel. Ce dernier inclut d'une part les progiciels, et d'autre part les développements réalisés par l'intégrateur.

- Premier lot : le support des matériels. Le support des matériels doit faire partie intégrante des spécifications au niveau du cahier des charges. Dans un contexte d'hétérogénéité forcée, il faut s'assurer qu'il fait l'objet du minimum de dérive possible. Les points importants de la spécification sont :

  - les matériels, serveurs, clients et périphériques doivent bénéficier du support de leurs constructeurs respectifs. Le cahier des charges doit prévoir les procédures de validation de nouveaux types de matériels, compte tenu de l'instabilité croissante des technologies informatiques et du raccourcissement des cycles de vie des technologies impliquées ;
  - les procédures de restauration et clonage sur site des matériels qui subiraient des avaries graves ;
  - l'ensemble des procédures classiques du support des constructeurs : circuits d'appels, aide à distance, interventions éventuelles sur site (déclenchement, délais, intervention, etc.).

▶ Second lot : le support des logiciels. Pour ce lot, la situation est plus complexe, compte tenu de la dépendance entre les progiciels et les spécifiques utilisés. Les éditeurs, l'intégrateur et les services informatiques internes doivent assurer ce support.

– le support des progiciels. Les éditeurs proposent en général des services en boîte avec plusieurs niveaux d'accès aux services :

- le support téléphonique aux utilisateurs ;
- le support aux développeurs ;
- la remise des correctifs gratuitement. Ceci se fait de plus en plus par téléchargement sur Internet.

– la maintenance des développements spécifiques. Elle résulte du contrat liant utilisateur et prestataire d'intégration. Il est raisonnable de s'appuyer sur les mêmes principes que pour la maintenance des applications spécifiques.

Le service informatique interne est concerné par ce support dont il est important de prévoir les principes de fonctionnement : le déclenchement de la demande de support, le point de contact technique, la qualification de la demande, le type de support fourni et la constitution d'une base de connaissance partageable qui permettra d'accélérer les temps de réponse du support technique.

> *Remarque importante : dans un domaine tel que celui des ERP qui intègre un grand nombre de logiciels, il est essentiel de pouvoir détecter la source réelle des problèmes d'utilisation afin de pouvoir s'adresser au bon intervenant.*

La Charte des Normes et Standards (CNS), version courante, et le Plan d'Assurance Qualité (PAQ)

La CNS utilisée est la version en cours. Ce document doit être une annexe obligatoire du cahier des charges, bien qu'il soit en évolution constante (cf. chapitre suivant).

Le PAQ est réalisé dans le respect du Manuel Assurance Qualité du Système d'Information (MAQSI). Le PAQ doit définir les revues qualité en fonction des diverses parties du système.

On distingue :

▶ la Revue Qualité Matériel (RQM) ;

▶ la Revue Qualité Progiciel (RQP) ;

▶ la Revue Qualité Développements Logiciels (RQDL) ;

▶ la Revue Générale (RG) qui inclut matériels et logiciels et dont la dernière version est la Revue Globale, une fois l'intégration finalisée.

Les actions

Une fois le cahier des charges émis, les actions concrètes du projet commencent véritablement.

Les projets d'ERP sont des projets informatiques mais différents des autres par leurs caractéristiques propres :

- ce sont des projets d'intégration, mais l'intégration technique n'est pas le cœur du sujet ;
- l'utilisation de progiciels ne devrait pas modifier ou perturber les règles de fonctionnement et d'organisation de l'entreprise ;
- l'utilisation de produits logiciels identiques ayant les mêmes valeurs fonctionnelles peut donner des résultats positifs chez un utilisateur et négatifs chez un autre selon la mise en œuvre.

Comme le montre la figure 5.9, un projet ERP présente une proportion variable d'intégration, de développement, d'interfaçage et de paramétrage. Les cas où le projet consiste seulement à un choix de produits sur étagère et de simples paramétrages sont quasi exceptionnels.

Figure 5.9 : Le projet d'ERP est un ensemble complexe d'intégration, de mise en œuvre et de paramétrage

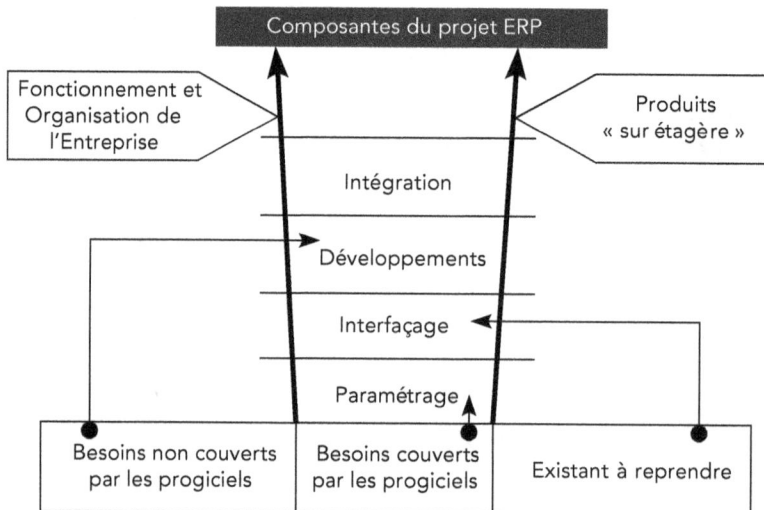

Choisir

Sélectionner le maître d'œuvre

C'est le début d'une nouvelle phase dans le projet : un prestataire externe, qui est maître d'œuvre et intégrateur, interviendra dans le projet. Les profils sont divers : certains sont partenaires de grands éditeurs qu'ils représentent localement dans un secteur géographique ou un secteur de métiers ; d'autres sont de petits éditeurs (sans aucune connotation péjorative) pouvant intervenir directement, soit parce qu'ils éditent eux-mêmes un ERP, soit parce qu'ils éditent des produits de complément qui leur donnent une plus-value dans un contexte de forte concurrence.

Les paramètres de choix sont nombreux :

- la conformité de la réponse aux spécifications du cahier des charges ;
- la taille du candidat par rapport au projet ;
- la qualité des références ;
- la proximité géographique ;
- l'expertise métier.

Choisir les applications

- Première étape : choisir et configurer l'ERP RG. Le choix et la configuration de l'ERP, c'est-à-dire la liste des options et des modules à acheter, sont une procédure qui comprend elle-même plusieurs phases :
  - les évaluations des progiciels. Les évaluations externes, c'est-à-dire hors du contexte de l'entreprise doivent être considérées avec précaution :
    - il est raisonnable de s'enquérir du niveau réel d'intégration du progiciel. Les grands éditeurs ont tendance à absorber des éditeurs plus petits. La phase d'intégration réelle des produits nouvellement admis dans la panoplie peut être longue ;
    - les versions d'évaluations (quand l'éditeur en a la pratique) doivent être considérées à leur juste valeur, celle de démonstration ;
    - l'acceptation des règles de fonctionnement de l'entreprise par le produit doit être démontrée ;
    - les engagements de l'éditeur sur le respect des standards et des normes et sur leurs évolutions doivent être clairs.
  - l'ouverture du progiciel intégré. Elle doit être démontrée de plusieurs façons ; d'une part, au travers des standards qui permettent de communiquer avec d'autres progiciels du marché, d'autre part, grâce à l'existence

effective d'un réseau important de partenaires éditeurs de modules complémentaires. L'existence et l'opérationnalité des outils d'interfaçage doivent être largement convaincantes ;

— l'ergonomie du produit. L'évaluation de l'ergonomie du progiciel et de son acceptation par les utilisateurs internes doit être faite pour éviter les phénomènes de rejet. L'IHM doit correspondre à la majorité des pratiques et des habitudes du milieu professionnel. L'idéal réside cependant dans la possibilité de personnaliser les écrans et répondre à une normalisation interne à l'entreprise.

— les outils de l'ERP. Il faut accorder une grande attention à l'outillage optionnel vendu avec l'ERP. La première catégorie d'outils est celle de conceptualisation ; la deuxième est celle des outils de tests de performance, généralement accompagnée d'aide à la configuration des modules ; la troisième est celle des outils de développement. Cette dernière a l'avantage de permettre des développements homogènes de l'environnement ERP. Elle peut éventuellement présenter l'inconvénient de refermer la solution sur un éditeur. C'est un désavantage relatif, car ce qu'il faut mesurer est leur ouverture vers les différents environnements de développement.

— les références et la base installée. Les références et la base, installée dans le secteur d'activité de l'entreprise, restent bien sûr des éléments majeurs dans un choix de produits. Néanmoins, elles ne sont pas une garantie de réussite du projet. Plus les références sont nombreuses, plus grand est le rapport de forces en faveur de l'éditeur. L'utilisateur compensera son traitement non personnalisé que lui réserve le grand éditeur par une communauté d'utilisateurs (club utilisateurs) plus importante. Les visites de sites permettent d'approfondir la qualité des références. Il faut aujourd'hui distinguer :

- les références de la base installée de l'éditeur, qui peuvent être nombreuses ;

- les références globales de l'intégrateur, qui peuvent être importantes ;

- et enfin, les références de l'intégrateur restreintes au progiciel intégré proposé, dans le secteur d'activité de l'entreprise.

▸ Deuxième étape : choisir les progiciels complémentaires. Le choix des progiciels complémentaires, dans la pratique, est fortement impacté par le choix de l'ERP. Ne pourront rester candidats que ceux des progiciels qui offrent le maximum de facilité d'interfaces avec l'ERP choisi. Il est prudent, dans le cadre d'un même projet, de conserver une maîtrise d'œuvre unique entre fourniture de l'ERP, fourniture des produits complémentaires et leur intégration.

Dans des phases ultérieures de l'évolution du SIA, l'acquisition d'autres progiciels et leur intégration constituent d'autres projets, indépendants du projet d'origine. Le lotissement peut consister à confier :

– la fourniture de l'ERP, à un maître d'œuvre ;

– des lots de progiciels à intégrer à l'ERP, à des intégrateurs.

Le lotissement est difficile à gérer, surtout en ce qui concerne la délimitation des responsabilités. La maîtrise d'œuvre unique avec engagement de résultats est plus sage.

▷ Troisième étape : décider des parties réutilisables de l'existant. L'héritage applicatif que l'on souhaite réutiliser doit :

– répondre lui-même au cahier des charges, pour les besoins qu'il recouvre ;

– être conforme à la CNS.

Les aspects commerciaux concernant les produits logiciels

Deux grands lots d'achat se particularisent :

▷ Les licences ERP. Les politiques de vente de licences sont spécifiques à chaque éditeur. L'entreprise devra évaluer sa marge de négociation par rapport à :

– l'enjeu économique qu'elle représente par rapport à l'éditeur ;

– l'importance que représente la référence supplémentaire que l'entreprise lui apporte (ouverture d'un milieu professionnel, par exemple).

Par rapport aux grands éditeurs, la marge de manœuvre du client reste, en général, faible.

▷ Les licences des produits logiciels de grande diffusion. Il s'agit ici de l'ensemble des progiciels qui complètent la solution applicative, que ce soit les progiciels de productivité, les suites d'applications de gestion complémentaires à l'ERP ou les logiciels de base nécessaires au système (OS, bases de données, progiciels de réseau local). Ces produits seront employés par tous les utilisateurs. Pour ce lot, il faut s'appuyer sur l'offre de distribution qui inclut souvent :

– des produits bundlés[1] ;

– des mises à jour concurrentielles[2] ;

– des licences en mode « Corporate », c'est-à-dire selon le nombre d'utilisateurs effectifs ;

---

1. Un *bundle* est un lot (de logiciels en général, mais cela peut-être aussi du matériel) vendu avec un système matériel (ou matériel et logiciel de base). Le prix global est moins élevé que l'addition des prix séparés.

2. Les éditeurs concurrents permettent, en général, l'acquisition des droits d'utilisation de leurs progiciels pour un prix moindre quand l'utilisateur dispose déjà de licence d'un produit de la concurrence.

– des réductions conséquentes pour les achats massifs.

Il est, par conséquent, avantageux d'adopter une politique de négociation globale pour ce lot.

Manager l'intégrateur maître d'œuvre

Il est nécessaire que l'entreprise soit en mesure de manager son intégrateur, sans interférer dans sa mission et sans compromettre la garantie de résultat. Ce management peut s'exprimer de plusieurs façons :

- le partenariat de fait entre maîtrises d'œuvre interne et maîtrise d'œuvre externe. Le bon déroulement du projet implique une coopération étroite entre maîtrise d'œuvre externe et maîtrise d'œuvre Interne. Les membres de l'entreprise qui appartiennent au groupe de projet ont un rôle de cadrage fondamental, car ils sont détenteurs de la culture d'entreprise. Les utilisateurs de l'équipe de projet doivent être très actifs sur le contrôle de recevabilité de l'utilisation des produits par rapport aux règles et méthodes de travail internes. Quant à leurs collègues informaticiens, leur rôle comprend à la fois :
  - le pilotage de l'équipe externe pour les aspects informatiques spécifiques à l'entreprise ;
  - la formation progressive ou l'appropriation des nouvelles applications sur le plan de l'informatique, dans le cadre du transfert de technologie et de compétence.
- le plan de coopération (PC). Le partenariat entre les maîtrises d'œuvre peut faire l'objet d'un plan de coopération préalable. Il fixe les éléments suivants :
  - les objectifs de la coopération ;
  - les canevas des réunions de travail et de validation entre prestataires et membres de l'équipe de projet interne ;
  - les procédures de validation précises couvrant aussi bien le tuning[1] des progiciels, la mise au point des configurations optimales, la remise des développements complémentaires.
- le Protocole de Transfert de Compétence (PTC). Le transfert de compétence joue un rôle particulièrement sensible dans la bonne conduite du projet. Le PTC fixe les étapes du transfert de compétence, qui doit être progressif. La notion du transfert de compétence est inaliénable de celle de la conduite du changement. Il s'agit, en fait, de pouvoir marier ces deux processus pour arriver

---

1. Le *tuning* est l'ajustement du paramétrage destiné à permettre les meilleures performances possibles du système global.

à une appropriation complète des nouveaux produits.

La conduite du changement se fait du groupe de projet entreprise vers les utilisateurs, représentés par le groupe utilisateurs. Il est impératif que ce groupe conserve pleinement son rôle de client (voir figure 5.10).

Figure 5.10 : Le management, la coopération et le transfert de compétence

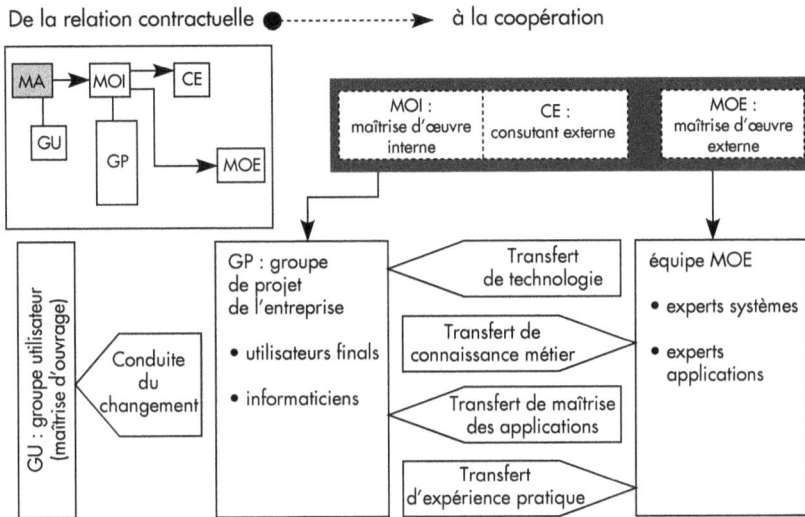

Tester

Il s'agit ici de se concentrer sur les procédures de tests pour être à l'abri des surprises en cours de projet. L'objectif principal des tests est de détecter de façon la plus exhaustive possible les dysfonctionnements, parmi lesquels :

- les dysfonctionnements dus à des non-conformités logicielles : bogues non répertoriés des progiciels, non-conformité au cahier des charges ;

- les dysfonctionnements résultant de processus d'échange de données entre ordinateurs ;

- les dysfonctionnements générés par la montée en charge du nombre d'utilisateurs ;

- les dysfonctionnements causés par les réductions de performances en périodes de pointe d'utilisation.

Pour mener à bien les tests, des outils sont nécessaires. Il est prudent d'utiliser des outils d'éditeurs tiers, ne serait-ce que pour corroborer les résultats affichés par les outils de l'éditeur d'ERP. Un autre avantage que présentent les outils d'une tierce partie est qu'ils s'appliquent à d'autres progiciels et à d'autres environnements.

La panoplie d'outils de test doit couvrir les fonctions suivantes :
- la constitution des scénarios de test ;
- les tests des éléments de l'architecture n-tiers ;
- les tests de montée en charge ;
- les évaluations des performances de l'ensemble du système applicatif.

▶ **Les outils de scénarios de test.** Il faut définir, avant toute chose, les tests que l'on doit entreprendre de la façon suivante : il s'agit d'abord de décliner les étapes de test, ensuite, pour chaque étape, on doit :
- établir la séquence des opérations de test ;
- décrire les appels fonctions ;
- détailler le résultat attendu ;
- faire le rapport de test.

Il existe des outils qui permettent d'automatiser ces séquences et de les déclencher.

▶ **Les outils de test de la chaîne matérielle et logicielle.** Ces outils sont destinés à mesurer le comportement de l'ensemble :
{Poste de Travail et IHM – Middleware et SGBD – Serveurs}
Il s'agit d'effectuer les vérifications suivantes :
- l'examen du comportement du poste de travail par des sollicitations multiples de clients dans un environnement n-tiers ;
- l'inspection des maillons intermédiaires entre les clients et les serveurs : erreurs éventuelles d'accès aux bases de données et localisation de ces erreurs au niveau des produits et couches qui constituent le middleware et les bases de données ;
- les tests des comportements des serveurs par rapport aux données de leurs constructeurs.

▶ **Les outils de tests de performances du système d'information.** Ils permettent la simulation de la montée en charge de l'utilisation du système et de l'évolution des performances. Les étapes de ces tests sont :
- la simulation et l'établissement des scénarios basés sur des configurations de types d'utilisateurs simultanés et évolution du nombre d'utilisateurs ;
- les impacts sur l'évolution des performances des postes clients ;
- les impacts sur l'évolution des performances des serveurs ;
- les mesures de flux qui transitent sur les réseaux locaux et distants en fonction des périodes d'utilisation.

Ces tests et ces simulations permettent de dimensionner les réseaux locaux.

Les outils de tests de performances sur procédures. Ces outils permettent d'évaluer les points faibles de la chaîne des procédures de gestion afin d'améliorer les performances sur les procédures. Ils permettent de :
- réduire certaines étapes procédurales ;
- détecter les étapes ou phases inutiles ;
- supprimer les doublons.

Valider

Le circuit de validation comprend deux parties distinctes : la partie technique et la partie fonctionnelle.

La validation technique. Les étapes de la validation technique sont au nombre de trois :
- d'abord, l'ensemble des tests précédents doit boucler jusqu'à extinction des points de dysfonctionnement ;
- ensuite, on effectue le passage des procédures de recette du site pilote qui valident les tests techniques sur un système intégré prêt à l'installation ;
- à la fin seulement, on procède à la signature de la validation technique.

Figure 5.11 : Le cycle tests et validation

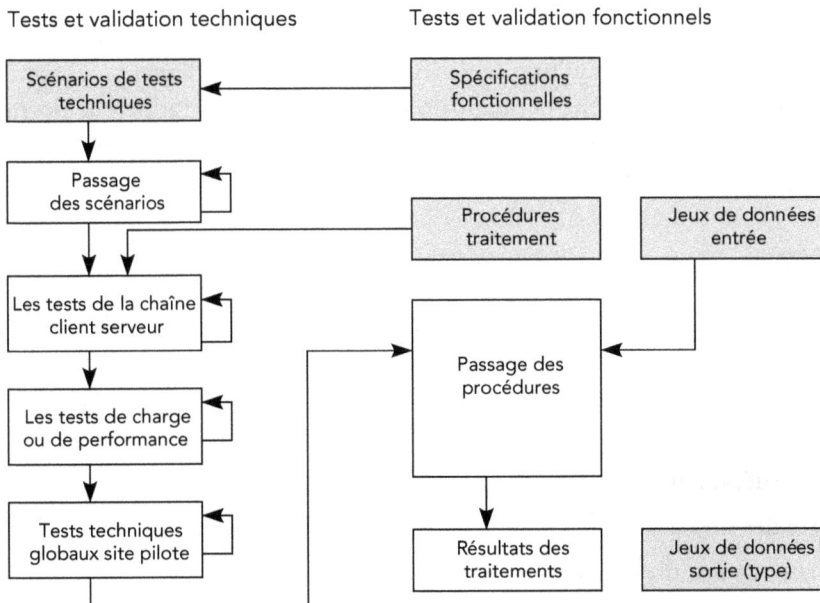

◗ La validation fonctionnelle. La validation fonctionnelle, quant à elle, doit faire l'objet d'un protocole qui définit :

– la liste des fonctions demandées (reprise du cahier des charges) ;

– l'ensemble des procédures de traitement qui seront exploitées ;

– des jeux de données d'essai (entrées) ainsi que les résultats des traitements appelés (sorties).

La procédure de validation fonctionnelle consiste à passer avec succès les éléments de ce protocole.

L'ensemble des tests de validation est représenté sur la figure 5.11.

Récupérer les données existantes

La récupération des données existantes est la phase préalable au déploiement. Elle comprend la série d'opérations suivantes :

◗ la définition du fonds de données à récupérer ;

◗ la traduction de la structure des données vers le nouveau standard de format : il est nécessaire d'utiliser un traducteur de données (qui peut être développé dans le cadre du projet) ;

◗ le chargement des données traduites sur les bases de données et le référentiel ;

◗ le contrôle qualité du fonds de données ainsi mis aux normes.

Dans le cas d'un basculement en tout ou rien vers le nouveau système applicatif, le traducteur ne sera utilisé qu'une seule fois. Dans le cas où l'ancien système et le nouveau système cohabitent pendant un certain temps, le traducteur devra faire partie de la liste des logiciels en développement spécifique, au même titre que les autres applications complémentaires de l'ERP.

Déployer

Le déploiement de l'ERP est l'opération la plus lourde et la plus délicate. C'est la plus lourde, car elle met en œuvre des moyens importants. C'est la plus délicate, car il s'agit de remplacer un système par un autre, avec tout ce que cela suppose de formation, de mesures d'accompagnement et d'aide au changement.

Le plan de déploiement doit prévoir :

◗ la liste des sites à basculer, établie dans un ordre chronologique ;

◗ la planification du basculement des sites ;

◗ l'établissement d'un calendrier de basculement, avec les dates de butée et l'explication des contraintes.

L'ordonnancement de l'ensemble des actions avant basculement comprend :

- la liste des actions avant le déploiement. Il s'agit ici de gérer la logistique du déploiement qui inclut :
  - les travaux d'infrastructure du réseau et des locaux informatiques si cela est nécessaire ;
  - la mise en approvisionnement des équipements informatiques ;
  - l'installation sur le site ;
  - le démarrage du nouveau système.

- les mesures d'accompagnement et de conduite du changement. Un déploiement d'ERP ne peut être envisagé sans une démarche d'accompagnement au changement. L'outil de production informatique va changer et modifier la vie quotidienne des collaborateurs de l'entreprise. Il faut expliquer aux utilisateurs de base les raisons du changement, les préparer à l'acceptation de nouveaux outils et se prémunir contre les appréhensions possibles du personnel.

  Il faudra donc établir des plans de communication :
  - d'une part, un plan interne, pour apporter toutes les informations nécessaires aux utilisateurs et expliquer les apports et avantages du nouveau système pour l'entreprise et pour les utilisateurs ;
  - d'autre part, un plan externe vers les partenaires, les fournisseurs et les clients de l'entreprise qui devront s'adapter au changement, en particulier dans le cadre des EDI ;
  - et également, mais une fois que le système d'ERP sera opérationnel, vers le public, afin d'améliorer et de vendre l'image de marque de l'entreprise.

  Pour les utilisateurs, ce ne sont pas que de nouvelles habitudes à prendre, c'est aussi, bien souvent, l'apparition de nombreux outils accompagnés de nouvelles façons de travailler et de nouvelles méthodes d'organisation.

  Les plans de formation vont contribuer à ce que les membres de l'entreprise, et éventuellement les partenaires, s'approprient les nouveaux outils de travail.

- la formation d'accompagnement. Les plans de formation doivent être conçus selon les profils d'utilisateurs. Pour chaque profil, un kit de formation doit être élaboré, comprenant tout ou partie des éléments suivants :
  - la formation aux concepts qui régissent le nouveau système ;
  - l'accoutumance au nouvel environnement ;
  - l'utilisation des produits logiciels auquel donne droit le profil concerné ;
  - la formation d'administrateur application pour les personnes concernées ;
  - la formation technique aux produits pour les informaticiens ;
  - la formation des formateurs internes de l'entreprise.

L'utilisation opérationnelle

L'utilisation opérationnelle consiste, en fait, à faire du système mis en place, un outil de production apprécié. Cette utilisation opérationnelle doit, dans le meilleur des cas, permettre :

- une stabilisation du système vers un fonctionnement sans anomalies ;
- sa maîtrise croissante par les équipes internes à l'entreprise ;
- l'enrichissement au fur et à mesure de son évolution.

Le principe fondamental des systèmes ouverts est de permettre leur évolution incrémentale.

Les objectifs : pérennité de l'investissement

L'objectif primordial de l'utilisateur est la pérennité du système dans lequel l'entreprise a investi. Mais pérennité n'est pas éternité.

Il faut donc appréhender, *a priori*, la durée des cycles de vie des diverses composantes du système applicatif. Dans ces cycles de vie, les progiciels présentent des paliers, dont certains sont majeurs. Le problème, dans un système intégré, est que la modification d'un seul composant peut venir perturber l'intégrité de l'ensemble, nécessitant ainsi des aménagements d'intégration ;

Dans la pratique, les mises à jour partielles devront donner lieu à de nouvelles versions du CD-Rom Matrice de clonage.

Il n'est pas facile d'anticiper sur les changements majeurs, surtout pour ce qui concerne les progiciels. La navigation est malheureusement condamnée à être menée à vue. D'où, la nécessité d'organiser une politique de gestion de l'évolution.

Administrer de façon globale

L'administration d'un système applicatif fondé sur un ERP ne peut être envisagée que de façon globale afin de s'assurer de la cohérence de l'ensemble. Cette approche globale comprend les parties suivantes :

- L'administration applicative. Comme cela est exposé dans le chapitre 4, les applications gagnent à être administrées de façon unique. C'est l'avantage qu'offrent les ERP évolués. Cette affirmation reste théorique, car hors un choix homogène d'applications, c'est-à-dire quand l'ensemble des progiciels choisis appartient à un même environnement, chaque application complémentaire à l'ERP est administrée indépendamment.

En parallèle à cette administration applicative, l'utilisateur a intérêt à mettre en œuvre une administration technique de son système d'information, qui doit être globalisée pour mieux connaître, maîtriser et prévoir.

▷ L'administration technique unique. Elle doit s'appuyer sur un produit de centralisation de l'administration d'un système d'information composé de serveurs et de postes clients, et comprend les fonctions suivantes :

  – la détection à distance des types et nature de matériels et de logiciels d'un poste de travail, d'un serveur ou d'un matériel périphérique ;

  – la gestion du parc matériel ;

  – la gestion des licences des logiciels ;

  – la mise à jour des applications par la télédiffusion.

▷ La connaissance, la maîtrise et la prévention. La connaissance de l'état du parc est primordiale pour en maîtriser la maintenance et l'évolution. Alors que la maintenance est pilotée par la vie quotidienne du système d'information applicatif, son évolution doit faire l'objet d'une politique à définir avec précision.

La veille technologique

Être à l'écoute du marché est une nécessité pour connaître les grandes lignes d'évolution :

▷ des progiciels utilisés ;

▷ des autres progiciels qui s'interfacent avec l'ERP ;

▷ des produits de la concurrence.

Il est nécessaire de cibler et d'organiser la veille technologique qui doit tenir compte des facteurs suivants :

▷ les facteurs économiques : la santé de l'éditeur, les événements survenus ou annoncés chez la concurrence ;

▷ les facteurs technologiques : l'évolution rapide des technologies conduit à une rapide obsolescence des produits si l'éditeur n'est pas doté d'un service R & D suffisamment musclé ;

▷ les facteurs organisationnels : l'organisation imposée par un modèle de productivité ou des nécessités légales peuvent conduire à des évolutions logicielles ;

▷ les études de marché ainsi que les enquêtes de satisfaction ou de retour sur investissements ;

▷ les témoignages de réalisation.

Évoluer

Les évolutions des progiciels utilisés

Parmi le nombre important de progiciels, quelle doit être la politique de mise à jour ? La mise à jour systématique au gré des évolutions est à exclure. L'attitude attentiste qui consiste à ne mettre à jour que quand on est contraint et forcé peut être la cause de problèmes à terme (par exemple, l'utilisation de versions anciennes non maintenues, le déphasage dans le couplage entre le matériel et le logiciel, les pertes de performances relatives, etc.). Or, toute mise à jour, dans un environnement multi-éditeurs, pose les problèmes qui suivent :

- la synchronisation entre éditeurs par rapport aux nouvelles versions de ses couches basses est absolument non maîtrisable ;

- la mise à jour d'un seul élément progiciel de l'ensemble intégré peut perturber l'ensemble du système ;

- la mise à jour d'un seul composant du système peut demander celle de toutes les couches logicielles qu'il utilise.

> **Exemple 5.1 : La synchronisation des versions**
>
> Un industriel s'est équipé d'une CAO de conception de cartes électroniques et d'une gestion de stock de composants électroniques ; cette dernière étant dans le cadre d'un MRP, lui-même, volet d'un ERP. Ses choix se sont portés sur des produits tournant sur le même SGBD-R et sur le système d'exploitation Unix.
>
> L'intégration est forte : la gestion de stock utilise la même base de données de composants que la CAO.
>
> Une version majeure du SGBD est disponible, sur une nouvelle version de l'Unix du constructeur. L'éditeur de CAO met à jour son produit, mais pas l'éditeur de la gestion de stock. Or la CAO alimente certaines données du stock : celles concernant les cartes fabriquées par l'entreprise. L'évolution de version du SGBD assure une compatibilité descendante et non ascendante. L'entreprise ne peut se permettre la mise à jour. Cependant, son donneur d'ordre principal rend obligatoire l'évolution de la CAO.
>
> Cet exemple montre que les interfaces doivent être conçues avec soin pour éviter les fortes dérives.

La cellule d'homologation, de test, d'intégration et de développement

Il restera toujours une partie spécifique dans un ensemble hétérogène intégré, aussi poussée que pourrait l'être l'intégration.

Il est nécessaire de disposer d'une cellule d'homologation des nouvelles versions des progiciels. Les missions de cette cellule sont entre autres :

- l'évaluation de l'intérêt des nouvelles versions de progiciels ;
- l'étude des impacts sur l'intégration du système entier ;
- l'évolution des développements spécifiques ;
- la mise à jour, voire l'écriture de nouvelles interfaces ;
- l'homologation de nouveaux progiciels si nécessaire.

L'ouverture aux autres progiciels

Parmi les possibilités d'évolution, il ne faut pas oublier celle qui consiste à pouvoir enrichir fonctionnellement le système de nouvelles applications si l'intérêt et le besoin s'en font ressentir.

C'est essentiellement à cela que sert la CNS. Le respect de celle-ci assure un minimum de coexistence possible entre les logiciels nouveaux venus et les composants du système qui sont en place (voir figure 5.12).

Figure 5.12 : La possibilité d'évolution par acquisition de progiciels

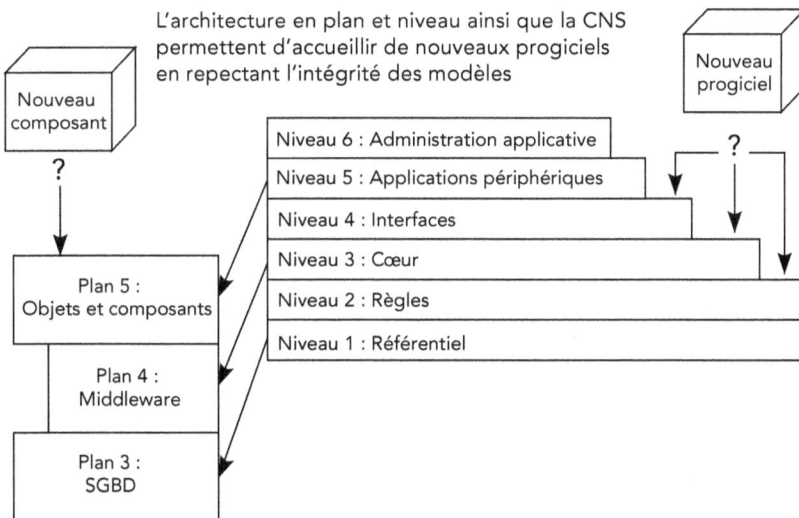

Cycle de vie de l'ERP et vie de l'entreprise

Quand une entreprise implémente un ERP, ce dernier est impacté par la vie de l'entreprise et les évènements qui peuvent la toucher. Nous illustrons cette réalité par trois exemples.

ERP et environnement de l'entreprise

Les exemples 5.2 et 5.3 montrent comment l'ERP peut être concerné par l'environnement de la société qui l'utilise, tant du point de vue des opérations courantes que de celui du cadre légal, administratif et réglementaire. Les deux conséquences sont :

- la nécessité de faire évoluer le système ERP de telle manière qu'il puisse répondre aux nouvelles conditions de fonctionnement de ses utilisateurs ;
- l'intérêt de se doter d'outils pour aider à définir, assurer et tracer ces évolutions dans le temps.

> ### Exemple 5.2 : La nécessité d'un référentiel de tests
>
> Une société S_0, spécialisée dans les services auxiliaires aux entreprises, a 800 employés répartis dans quatre branches différentes B_1, B_2, B_3 et une branche B_4 spécialisée dans le service de sondage des consommateurs par courrier et par téléphone. Pour rationaliser sa gestion, la direction démarre un projet ERP avec les modules suivants, d'une même solution E_0 :
> - comptabilité ;
> - gestion de clientèle de type CRM ;
> - gestion du personnel et paie.
>
> Le projet s'étale sur 6 mois, les chantiers sont menés successivement à bien, les tests fonctionnels, les tests techniques se passent parfaitement. Le système est mis en service et recetté.
>
> L'année suivante, la branche B_4 qui a une activité particulière souhaite intégrer une application A qui est spécifique à son métier. Un éditeur E' est pressenti car son produit s'intègre à l'ERP E_0. Un cahier des charges est réalisé, mais pour les tests :
> - l'entreprise S ne dispose pas de jeux de tests correspondant aux cas de sa branche B_4 ;
> - un jeu de données de simulation dérivant de la base des clients test de l'ERP est utilisé ;
> - les outils de montée en charge sont ceux de l'intégrateur.
>
> Tous les tests se passent bien. Mais dès la bascule, en conditions réelles, les performances s'avèrent catastrophiques !
>
> En fait :
> - la structure des données réelles de B_4 est complètement différente de celle des données des trois autres branches ;

– de même, les scénarios de montées en charge récupérés du projet principal n'ont rien à voir avec le modèle de montée en charge que connaissent les systèmes d'information de la branche B_4.

Une telle situation, si elle perdure, ne peut qu'empirer avec le temps. Le seul moyen d'y faire face, est de disposer d'un référentiel de test composé, *a minima*, des éléments suivants :

– des jeux de données de tests correspondant aux structures réelles des bases de données utilisées par les divers domaines ou branches de l'entreprise, amenées à utiliser directement des modules de l'ERP ou des applications s'interfaçant avec lui ;

– des scénarios réutilisables, mis à jour intégrant tous les processus, de bout en bout de chaîne et couvrant tous les cas et combinaisons possibles des règles de gestion ;

– des outils de tests de montée en charge et de performance utilisables par toutes les composantes du système ;

– un système dédié exclusivement à ces tests qui doit être en mesure de simuler les situations spécifiques de l'infrastructure de certains domaines ou branches tels que des sites distants, l'existence de passerelle ou de cloisonnement entre sous-systèmes.

Exemple 5.3 : Gestion des exigences et conformité du SI

Une grande société de services, appelée G, offre des prestations à diverses industries par la sous-traitance d'études ainsi que par la conduite de missions de conseil dans divers domaines :

– industries aéronautiques ;

– industries d'armement ;

– industries navales ;

– toute industrie mettant en œuvre des systèmes complexes.

Elle intervient dans l'ensemble des pays de l'Union européenne, avec des structures physiquement implantées en France, au Royaume-Uni, en Allemagne, aux Pays-Bas, en Belgique, en Italie, en Espagne et en Suisse.

Cette entreprise a environ 3500 employés.

Pour rationaliser la gestion du groupe et améliorer les processus internes, la direction de G lance un projet ERP en 2000. C'est un succès et une vitrine commerciale pour G. Ses dirigeants pensent alors que l'ensemble des besoins étant couverts, l'informatique interne bénéficiera d'une période d'évolutions à un rythme de croisière.

Mais les trois années suivantes voient arriver un ensemble d'évènements :

– un évènement heureux : la fusion avec une entreprise américaine, présente aussi au Canada, ayant près de 1500 employés et cotée sur une place de marché des États-Unis ;

– un renforcement, sans exemples antérieurs, des contraintes sécuritaires et qui enthousiasme la direction car elle estime que l'entreprise connaît bien ces problématiques fortement liées à ses secteurs d'activité ;

– la définition de standards européens, accompagnée d'un nombre important de Directives de l'Union européenne.

Dans la pratique, dès 2004, non seulement, l'entreprise doit faire face à une longue série d'audits supplémentaires, auxquelles elle est habituée, mais les évènements cités ont des impacts intrusifs dans son système d'information, à savoir :

– la mise en œuvre de la « S-OX Compliance », c'est-à-dire de la conformité à la réglementation Sarbanes-Oxley car, suite à la fusion avec sa consœur américaine, le groupe G fait appel aux actionnaires américains ;

– la certification sécurité ISO 17799 pour les aspects sécurité, voire au-delà des années 2008, une certification ISO 27001 et, a minima, la maîtrise des risques globaux en s'appuyant sur l'ISO 27005 ;

– parmi les standards européens, la mise en œuvre de l'International Accounting Standard (IAS) est devenue obligatoire.

Et en plus des directives de l'Union européenne, chaque pays où une structure du groupe dispose d'un établissement impose ses propres réglementations.

Pour tenir compte de ces contraintes dans le temps, il devient impératif pour le groupe de se doter d'un outil de Gestion des Exigences ou « Requirement Management System ».

Dimensions sociales et humaines du projet ERP

Il ne faut pas négliger les dimensions sociales et humaines du projet ERP. Comme il touche à l'outil de travail quotidien d'une grande partie de l'entreprise, il est susceptible d'impacter les relations humaines et sociales

Exemple 5.4 : Aspects sociaux et humains d'un projet ERP

Une société industrielle de confection, appelée C_i fabrique et commercialise des vêtements de travail et de sécurité. C_i a :

– deux usines en province, une pour la partie vestimentaire, l'autre pour les accessoires de sécurité : casques, masques et tout autre dispositif de protection ; les usines qui incluent leurs services de design et de conception ainsi que leurs services de logistique et d'approvisionnement ont 450 employés ;

– un service commercial de 75 personnes divisé en un département France avec « ventes directes aux entreprises » et « ventes indirectes » ; ce dernier est également chargé de l'export ;

– un service marketing de 25 personnes dont le rôle essentiel est la réalisation du catalogue qui paraît deux fois par an,

– un service gestion comptable, gestion commerciale et gestion des achats de 50 personnes ;

– le siège social qui comprend le service administratif et financier dont dépend un département informatique, le service du personnel et la direction de l'entreprise, soit une cinquantaine d'employés.

Le système d'information étant ancien et totalement hétérogène, la société C_i souhaite lancer un projet d'ERP pour les objectifs suivants qui sont consignés dans un document intitulé « Objectifs PGI pour C_i » :

– accroître la productivité ;

– automatiser les processus métier ;

– augmenter la performance globale de l'entreprise ;

– moderniser l'outil de gestion.

La phase préliminaire d'étude d'opportunité et d'audit est lancée, pilotée par le responsable de l'informatique interne, avec la participation de l'ensemble des chefs de service et de département. À l'issue de cette phase, la décision est prise de lancer le projet d'ERP qui inclura la fonction de GPAO. Une entreprise de consulting est contactée pour aider à la rédaction du cahier des charges et au choix de l'ERP.

Compte tenu de l'impact de ce projet sur l'environnement de travail de l'entreprise, il y a obligation pour la direction de demander l'avis consultatif du comité d'entreprise de C_i. Lors d'une réunion, la direction fait venir le responsable informatique qui projette des transparents, expliquant techniquement le projet, montrant l'architecture détaillée et expliquant la finalité du projet. Le document « Objectifs PGI pour C_i » est remis aux membres du comité d'entreprise. L'issue de cette première réunion est déroutante :

– les membres du comité d'entreprise qui ne sont pas des techniciens de l'informatique, n'ont rien compris et, par conséquent, ne peuvent pas exprimer d'avis ;

– les termes employés dans le document qui leur est remis sont interprétés ainsi :

  - des remplacements potentiels d'employés de plusieurs services par l'informatique ;

  - une augmentation de la pression sur les employés pour produire plus ;

  - un objectif de réduction des effectifs.

L'absence d'avis du comité d'entreprise retarde les phases préliminaires du projet. L'interprétation des élus du comité d'entreprise des objectifs du projet propage un mouvement de contestation dans l'ensemble de l'entreprise.

Dans les réunions suivantes, le projet ERP est présenté d'une façon plus pratique et plus proche du vécu quotidien des employés. Cependant :

– la mauvaise compréhension de la notion de « progiciel de gestion intégré » par certains, conduit à l'interprétation d'une IHM fondée sur des écrans d'une complexité extrême et intégrant l'ensemble des besoins de la gestion de cette grande PMI : le Comité d'Hygiène, de Sécurité et des Conditions de Travail (CHSCT) est saisi ;

- l'appréhension de possibles conversions alimente des échanges qui contribuent à une détérioration de l'ambiance générale dans l'entreprise.

Les membres du comité d'entreprise émettent finalement un avis consultatif négatif.

Le projet continue donc sur des relations sociales fondées sur la défiance, une perte de temps et d'énergie pour tous et un grand parasitage des chantiers « ergonomie » et « conduite du changement ».

Cet exemple montre clairement qu'un « Chantier Relations Humaines » peut être, dans certains cas, une nécessité. Ce chantier doit être lancé dès la décision de lancement du projet ERP, après la phase d'audit.

Chapitre 6

La Charte des Normes et Standards

La Charte des Normes et Standards (CNS), fondement de la qualité, a pour objectifs de :

- normaliser les choix informatiques dans le cadre des applications que l'on souhaite implanter ;

- décrire de façon synoptique les standards qui régissent l'existant en vue de cadrer les évolutions dans un contexte d'homogénéité ;

- définir, de façon structurée, les formats d'échange de fichiers et de données informatiques avec l'extérieur (clients, fournisseurs, partenaires et administration).

La CNS ne doit pas être un document d'Assurance Qualité bis, car ce dernier n'a pas les mêmes fonctions. Elle doit être souple et d'une application facile, et peut être réduite à un document restreint à une dizaine de pages. Elle comprend idéalement trois parties :

- la première est relative aux normes et standards d'infrastructures ;

- la deuxième concerne les progiciels en général, et plus particulièrement, les progiciels de gestion ;

- la troisième est destinée à la standardisation des outils de communication, ainsi que les fichiers échangés avec les clients et partenaires de l'entreprise.

La CNS est un document fortement évolutif. En effet, d'une part, les normes ne sont pas immuables, et d'autre part, les standards fluctuent rapidement en fonction du marketing, des phénomènes de mode et de l'évolution du marché.

Dans la pratique, il n'y a pas une CNS rigide, comme il y a un Manuel d'Assurance Qualité (MAQ) à évolution lente, mais une CNS, version N.X à une date donnée. Comme le montre la figure 6.1, la CNS est tributaire des évolutions du marché, que l'utilisateur le veuille ou non. Une révision annuelle de la CNS s'impose alors.

Il y a donc une version de CNS, avant le projet d'ERP, et une version CNS, après le projet d'ERP. De façon plus générale, avant chaque projet, il y a une version de la CNS, qui est susceptible d'évoluer à l'issue du projet, si ce dernier a donné lieu à l'adoption de nouveaux outils logiciels ou à de nouveaux formats de fichiers ou, encore, à de nouveaux protocoles d'échange de données.

La CNS ne tient compte que des normes et standards utilisables par l'entreprise, par exemple, des formats de fichiers qui peuvent être produits et lus par les logiciels utilisés. Il est important de distinguer les normes des standards et de ne pas raisonner en fonction de leur pérennité mais de leur cycle de vie.

- **Les normes.** La finalisation des normes résulte toujours d'agréments ou de consensus au sein d'une communauté comprenant des utilisateurs, des constructeurs, des sociétés de services et des administrations. Une norme est rarement imposée. Il faut distinguer la notion de norme de celle de réglementation.

  Certaines normes ont fait l'objet de travaux et de documents de spécifications reconnus par la communauté des professionnels de l'informatique, sans jamais faire l'objet de succès commerciaux. L'exemple des normes de réseaux locaux ISO est l'un des plus typiques de norme n'ayant pas donné naissance à des produits largement utilisés. Cette norme s'est imposée comme modèle d'architecture des réseaux, mais les rares produits purement ISO n'ont pas eu le succès espéré. Au contraire, ce sont des spécifications propriétaires qui se sont imposées (par exemple, le protocole TCP/IP qui n'est pas ISO). De tels exemples sont loin d'être rares. Mais quand une norme est cooptée, son cycle de vie marché est très long, et son déclin encore plus.

- **Les standards.** Contrairement aux normes, les standards, dans le domaine informatique, ne résultent pas d'agréments particuliers au sein d'une communauté. Les standards sont régis par la loi du plus fort :

  - plus fort, au sens du consensus des utilisateurs finals ;
  - plus fort, au sens du rapport de forces entre vendeurs concurrents ;
  - plus fort, au sens du rapport de forces entre les vendeurs et les utilisateurs.

Il s'ensuit que les standards sont, pour beaucoup d'entre eux, des technologies d'origine « propriétaire ». Ce fondement sur la force, confère aux standards une durée de vie un peu particulière :

- le consensus est le plus souvent rapide, car s'il y a forte opposition à une technologie, elle n'aboutira jamais à un standard ;
- la durée de vie est souvent bousculée par les technologies concurrentes, quand ce n'est pas le propriétaire de la technologie lui-même, qui y met fin volontairement, pour le bénéfice d'une autre de ses technologies qu'il souhaiterait promouvoir ;

▶ **Le déclin peut être vertigineux.** On peut citer l'exemple de la base de données DBASE de l'éditeur Ashton-Tate qui occupait plus de 75% des bases de données sur poste de travail, avant 1995. Maintenant, il ne reste rien, sinon le format de fichier DBF qu'on peut encore retrouver aujourd'hui, ainsi que JET Engine© de cette base de données, qui était devenue Microsoft Data Engine©.

Le respect des normes et standards n'est pas une garantie d'ouverture systématique, mais il accroît les chances de communication possible entre produits et systèmes. L'utilisation des normes et standards n'est pas non plus synonyme d'ouverture. Simplement, comme ils font l'objet de consensus, l'utilisateur trouve plus facilement des produits qui tournent dans le même environnement ou qui permettent l'interopération avec d'autres environnements. De même, cette démarche ne garantit pas le bon fonctionnement global du système, mais elle procure une minimisation des risques d'incompatibilité, et réduit les coûts ultérieurs de migration et d'évolution.

Figure 6.1 : Évolutions de la CNS

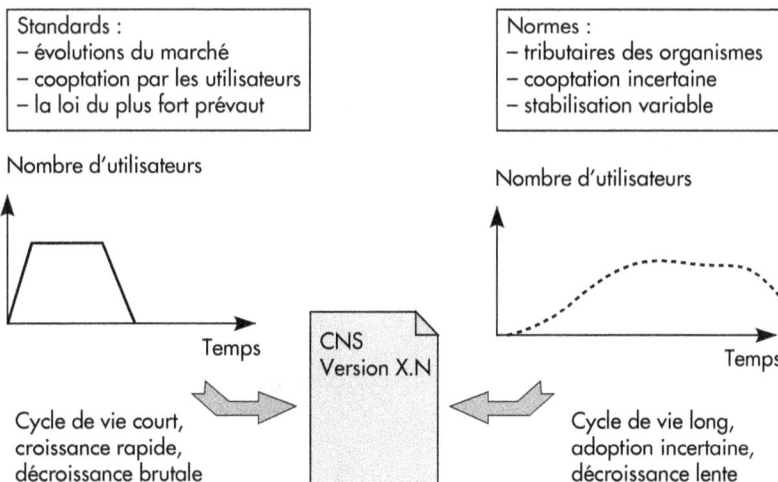

Les standards et normes des infrastructures

La CNS définit, tout d'abord, les normes et standards des infrastructures, c'est-à-dire des couches de base du système applicatif qui sont celles du système d'information

Les standards de systèmes

L'utilisateur doit imposer les systèmes d'exploitation pour chaque type de poste et de serveur. Le standard d'OS homologué ne l'est que pour une configuration de poste de travail et de serveur.

La nécessité d'une architecture ouverte suppose un respect des standards et du choix des technologies. La CNS se doit de fixer les règles du jeu par un triplet (standard, technologie, marque) comme le montre la figure 6.2. Il faut s'assurer de la pérennité des fournitures. La difficulté vient des cycles de vie de plus en plus limités des technologies, tandis que ceux des standards sont plus longs. Cependant, le cycle de vie qui prévaut est celui de la marque.

Figure 6.2 : Pérennité du standard et cycle de vie des technologies

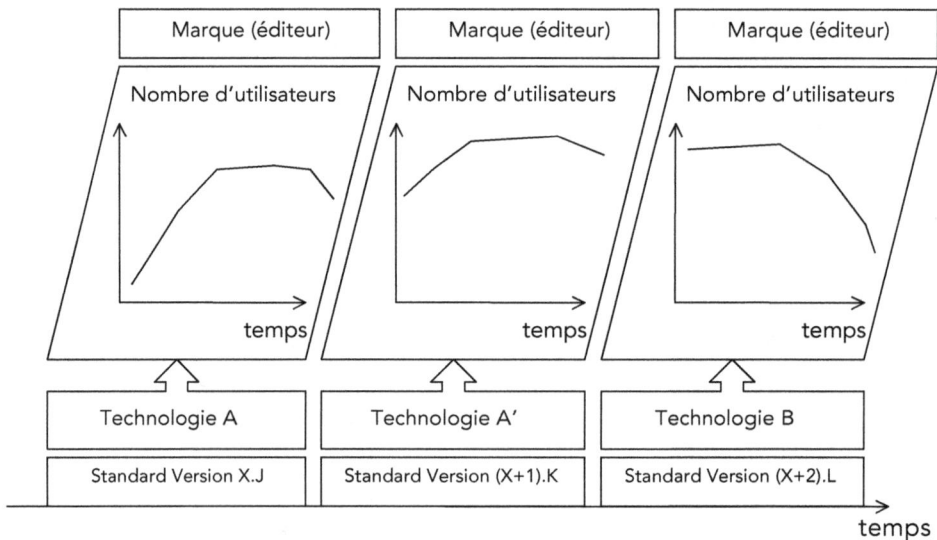

Les familles de standards d'infrastructure concernent les systèmes qui suivent :

- les systèmes d'exploitation ;
- les systèmes de gestion de bases de données ;

▷ les systèmes de gestion de middleware ;

▷ les systèmes de gestion de réseaux locaux.

Les systèmes d'exploitation

Pour les systèmes d'exploitation, il existe les standards Posix (Posix 1003.1 à 1003.11) qui définissent la portabilité des OS. Il est prudent d'exiger des fournisseurs le label Posix, surtout pour les serveurs, mais la CNS abordera de façon beaucoup plus pratique l'homologation des OS.

▷ Les OS serveurs. Pour les serveurs, le standard historique des systèmes ouverts est Unix[1], d'origine American Telegraph&Telephone (AT&T). Cependant, à partir d'un même noyau d'origine, ce système a donné lieu à plusieurs variantes. Il s'avère nécessaire, pour toute entreprise, d'homologuer celle qui lui convient, en fonction :

– de la marque de l'éditeur ;

– ou du constructeur dont l'engagement sur une technologie donnée est déterminant pour sa pérennité.

Les constructeurs et les éditeurs introduisent des spécificités qui sont des enrichissements apportés au noyau, mais qui rendent l'OS moins standard.

Les autres standards de serveurs sont :

– Windows Server qui est la propriété de l'éditeur Microsoft. Mais plusieurs types de processeurs sont possibles : Intel et compatibles Intel ;

– Linux© qui est un système Open Source[2]. Il existe plusieurs catégories de Linux distribuées par différents éditeurs, dont Red Hat ;

– les autres systèmes d'exploitation serveur sont de type propriétaire.

▷ les postes utilisateurs : on doit homologuer chacun des trois éléments qui suivent,

– les types de postes : nomade chantier ou tertiaire, poste fixe de gestion, CAO ou PAO ;

---

1. Historiquement, Unix fait l'objet de plusieurs technologies : System V Release 2 (SVR2) ou Berkeley. La plupart des grands constructeurs ont enrichi Unix en l'implémentant sur leurs matériels. C'est le cas de Hewlett-Packard avec HP-UX, d'IBM avec AIX et de Sun Microsystems avec Solaris. Certains éditeurs proposent une version d'Unix multiserveurs.

2. Les systèmes « Open Source » appartiennent à des « communautés » qui sont des organisations techniques non gouvernementales (de type association) ; il y a donc notion de licence ! Ceci est très important, car avant toute utilisation d'un système Linux, il est indispensable de connaître les termes de licence qui régissent son utilisation ; par ailleurs, « Open Source » n'a jamais signifié « gratuité d'utilisation », mais « code source accessible à tous les utilisateurs ». Il ne faut donc pas s'étonner de devoir payer une licence d'utilisation d'un système ou d'un logiciel « Open Source ».

– les types d'OS : Windows©, Apple©, Linux© ; quelles version et édition ?
– les constructeurs.

Figure 6.3 : Les OS des postes de travail

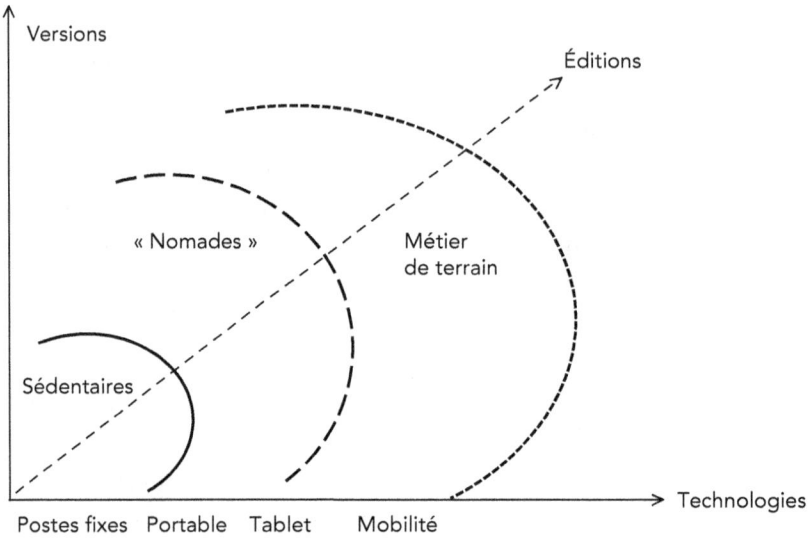

Exemple 6.1 : Spécification des postes de travail d'une entreprise de services au marketing

Une entreprise, spécialisée dans les services pour les directions Communication des entreprises, utilise pour sa gestion un ERP, pour lequel les postes utilisateurs sont obligatoirement sous Windows XP© de Microsoft. Cependant, hors le personnel de gestion, les autres métiers de l'entreprise sont : concepteurs de pages Internet et de support de communication, commerciaux, journalistes spécialisés dans les publireportages, enquêteurs réalisant des microstrottoirs et des sondages. La spécification des postes de travail adoptée est la suivante :

– pour les gestionnaires, pour des raisons de sécurité, après validation par les services informatiques : postes fixes Windows XP© SP2, avec pare-feu desktop activé ;

– pour les commerciaux, laptops portables du même constructeur avec le même OS, car ils ont à se connecter à l'ERP ;

– pour les journalistes : laptops portables avec Tablet PC du même constructeur, afin de pouvoir prendre des notes manuscrites directement sur le poste de travail ; l'OS choisi est Windows Vista Professional Edition ; ces journalistes n'ayant pas à se connecter aux applications ERP, l'entreprise préfère les équiper de la version actuelle du système d'exploitation ;

- pour les enquêteurs, un modèle de terminal portable, à écran tactile, avec Windows Mobile© a été choisi ;

- pour les créatifs, utilisation de postes de travail MacIntosh d'Apple.

Comme on le constate dans cet exemple, il faut dissocier les métiers, car l'alignement sur le poste de travail demandé par l'ERP ne permet pas de disposer des technologies les plus pertinentes pour les divers métiers de l'entreprise.

Les standards de bases de données

Les bases de données sont aujourd'hui au même niveau d'importance que les OS. Elles assurent la portabilité de fait des systèmes applicatifs.

▷ Les objectifs de l'homologation des systèmes de bases de données sont :

- d'assurer la pérennité des données de l'entreprise ;

- de se donner la possibilité de les récupérer le plus facilement possible ;

- de permettre de communiquer entre bases de données ;

- de faciliter les échanges de données entre applications ;

- de pouvoir sélectionner, extraire et exploiter des données le plus facilement possible ;

- de préserver l'indépendance du système par rapport aux éditeurs.

▷ Les bases de données utilisées doivent respecter les deux principes fondamentaux qui suivent :

- le référentiel doit être unique. il n'y a donc, au niveau du référentiel central, qu'un seul éditeur. Communiquer avec ce référentiel, sera une contrainte majeure pour les autres éditeurs qui souhaiteront être homologués ;

- les bases départementales et applicatives peuvent être d'autres provenances ; le plus souvent, leur présence directe ou indirecte, c'est-à-dire encapsulées par des applications, est imposée par les choix de progiciels venant en complément de l'ERP.

L'intercommunication entre les bases relève des standards de middleware et des outils disponibles tels qu'un *Extract Transform Load (ETL)*, permettant d'échanger des données avec des bases de tierces parties. Certains éditeurs proposent un tel outil en standard avec leur SGBD-R (c'est le cas de SQL Server© de Microsoft qui dispose de SSIS).

On peut, par conséquent, s'affranchir de la contrainte d'un éditeur unique pour toutes les bases de données.

▷ Le langage de requête et l'environnement du SGBD

Le langage de requête standard pour toutes les bases est, bien sûr, SQL. Cependant, tous les éditeurs de base de données disposent d'outils complémentaires pour la conception et le développement rapide d'applications.

Les standards de middleware

Les standards de middleware sont pratiquement tous propriétaires. Certains sont quasi incontournables, tels que OLE pour l'interopérabilité des applications sous Windows ou ODBC pour communiquer entre une interface Windows et une base de données serveur. Tous deux sont des standards Microsoft.

On se reportera au plan 4 du chapitre 4 sur les architectures du système applicatif.

Les systèmes de gestion de réseaux locaux

La référence au modèle ISO. Le modèle OSI, comme cela a été explicité dans les chapitres précédents, reste une référence sans produits commerciaux. Cependant, il reste de rigueur de spécifier les couches en termes d'équivalence à celle du modèle, surtout quand l'entreprise adopte un environnement à réseaux multiples.

▸ Les standards de réseau local. Ces standards font partie des plus lourds à mettre en place puisqu'ils comprennent toute la chaîne d'équipements, depuis le câblage des locaux jusqu'aux progiciels de gestion de réseaux locaux.
L'idéal serait d'assurer une homogénéité complète sur l'ensemble des sites de l'entreprise par l'utilisation des mêmes standards. Dans la pratique, on doit tenir compte :
– de l'existant des sites déjà câblés en réseau local ;
– des particularités locales en ce qui concerne les normes de câblage ;
– des spécificités des sites centraux.

Dans la réalité, les entreprises rencontrent souvent la contrainte de devoir interconnecter des réseaux locaux fondés sur des standards différents. Dans ce cas, il leur faudra définir des familles de standards et homogénéiser autant que faire se peut.

Exemple 6.2 : L'interconnexion de réseaux locaux à standards multiples

Une entreprise industrielle a une centaine de sites qui sont répartis ainsi :
– les sites commerciaux et administratifs sont câblés en Ethernet, protocole IPX/SPX avec Novell netware comme gestionnaire de réseau local ;
– les sites industriels et de recherche et de développement sont câblés en Ethernet, protocole TCP/IP, Network File System (NFS) pour les échanges de fichiers et Unicenter de Computer Associates comme gestionnaire de réseau local ;

© Groupe Eyrolles

- le siège social est câblé en Ethernet avec Windows for workgroup comme gestionnaire de réseau local et une passerelle SNA Server de Microsoft vers le réseau SNA d'IBM de l'informatique centrale ;

- le centre informatique utilise des ordinateurs IBM, le réseau est SNA d'IBM ; le réseau local est câblé en Token Ring.

Dans le cadre du projet ERP, l'ensemble des sites devra activer le protocole TCP/IP.

La CNS détaille les standards par type de site.

Il est important que la CNS positionne les différents standards de LAN des types de sites existants, par rapport au modèle standard OSI.

Figure 6.4 : Un exemple de repositionnement de site à standards multiples par la CNSP

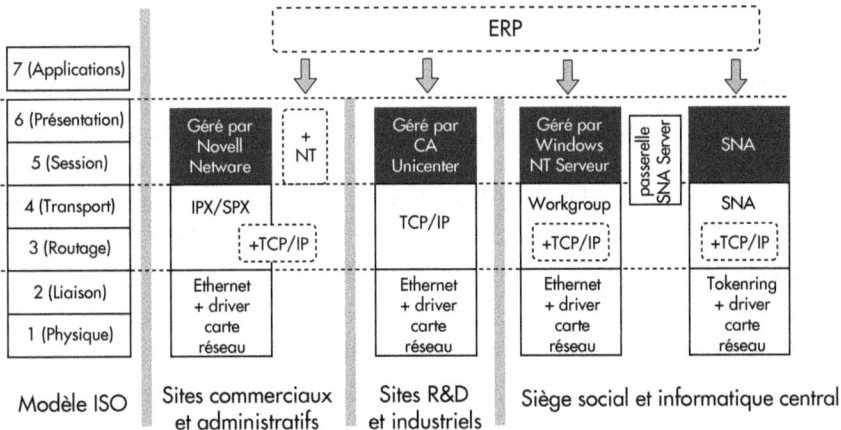

L'ERP dans le modèle ISO. Pour simple rappel, l'ERP, dans son intégralité se positionne en couche 7 (applications) du modèle ISO.

Les standards des développements

Les standards de développement sont une partie importante de la CNS, ne serait-ce qu'au niveau du développement des interfaces. Cette partie de la CNS est étroitement liée à la charte des développements informatiques. Elle vient préciser les standards de développement informatique, pour tout ce qui a un lien avec les progiciels.

La pénétration générale des technologies objets dans l'informatique rend obligatoire le fait de préciser leurs standards.

Le niveau d'approche objet

Les objets ont définitivement pénétré les logiciels du marché, et tout utilisateur manipule des objets sans forcément le savoir… tout clic de souris sur une icône, que l'on utilise Windows, MacIntosh ou une autre interface graphique, est un clic sur un objet.

Les étapes qui conduisent à l'adoption d'une méthodologie orientée objet passent par les réponses que les services informatiques de l'entreprise apporteront aux questions préalables suivantes :

- Première étape : quel niveau d'approche objet souhaite-t-on utiliser ?. On peut introduire la notion d'objet à divers niveaux :
  - l'interface utilisateur. Désormais, l'interface utilisateur est graphique. Il faudra distinguer entre :
    - client léger : c'est-à-dire, soit Web, soit « client virtuel[1] » ; dans ce dernier cas, parfois appelé « Terminal Ultra Léger[2] » quand le poste de travail peut être remplacé par un terminal sans ordinateur ;
    - client lourd c'est-à-dire, dans la pratique, Windows© ; pour ce type de client, l'intérêt est qu'il soit « *Smart Client* », c'est-à-dire, que tout en s'appuyant sur les fenêtres Windows©, il puisse : consommer et publier des services Web, fonctionner en mode déconnecté (hors disponibilité du réseau) et disposer de facilités de déploiement à distance.

  Ce premier niveau de standard objet définit, en fait, les méthodes d'accès et d'appel des fonctions applicatives et des données.

  - les autres objets. Les objets foisonnent dans l'activité de l'entreprise, que ce soit un logo appelé par un utilisateur PA, ou un dessin issu d'une CAO ou d'un DAO, ou autre. Il est utile de standardiser tous ces objets.
  - la gestion des objets par un SGBD-R
    Il faut spécifier un modèle de persistance et les outils utilisés afin d'assurer la correspondance biunivoque entre objets et données du SGBD-R.
  - la conception orientée objet. À ce niveau d'implication objet, si elle n'a pas encore eu lieu, la mutation technologique et culturelle est lourde, et sa mise en place doit être planifiée avec soin et vue comme un projet de profonde réforme dans le domaine du développement.

---

1. Nous appelons « client virtuel », la possibilité d'accéder à des fenêtres virtuelles Windows© ou Linux© ou MacIntosh© qui se trouvent physiquement sur un serveur distant, à l'aide d'outils tels que ceux de Citrix ou de Microsoft/Terminal Server©.
2. Le TUL (Terminal Ultra Léger) requiert un matériel spécifique, c'est-à-dire un terminal graphique se connectant au réseau pour recevoir les écrans émis par un serveur dédié.

▶ Deuxième étape : comment doit être conduite l'orientation objet totale ? Cette orientation procède de la convergence entre des informaticiens qui pensent en termes d'objets, et les gestionnaires qui doivent aider les informaticiens à reconnaître les objets parmi tous les items qu'ils manipulent.

L'orientation objet totale doit préciser les standards :

– de méthodologie et de modélisation. L'entreprise peut se fonder sur :
  - Unified Modeling Language (UML) de l'Object Management Group (OMG), comité de standardisation ;
  - ou Domain Specific Language (DSL) qui a l'avantage de permettre une démarche de spécification en concordance étroite avec le cœur de métier de l'entreprise.

– de langage de développement. Le langage Java d'origine Sun rallie aujourd'hui tous les acteurs du marché JEE. En environnement .Net, c'est Visual C# de Microsoft qui est le standard de fait. Dans ce dernier environnement, il y a une réelle indépendance par rapport au langage, un très grand nombre de compilateurs sont disponibles : VB, C++, Cobol, etc.

Il faut également spécifier :

– l'environnement de développement. Les environnements de développement sont disponibles. Les plus utilisés sont : Eclipse© en environnement JEE et Visual Studio en environnement .Net

– les bibliothèques d'objet. Les éditeurs de composants (et certains éditeurs d'ERP) proposent des bibliothèques de composants de gestion, permettant aux utilisateurs de s'appuyer sur des produits standards du marché.

▶ Troisième étape : quels sont les apports réels de l'approche objets pour l'entreprise ?. Les apports de l'approche objet ne peuvent être considérés que par rapport au niveau des investissements nécessaires :

– quand on se contente de standardiser les interfaces, l'investissement peut rester faible ;

– à l'autre extrémité, l'implication dans une orientation objet totale est une refondation coûteuse qu'il faudra chiffrer. Ces coûts comprennent, entre autres :
  - la formation des concepteurs ;
  - le temps et les investissements nécessaires à l'appropriation ;
  - le prix des produits, ainsi que celui de leur mise en œuvre.

L'option de standardiser par composants objets fournis par un éditeur peut constituer un juste milieu.

Le retour sur investissement n'est pas immédiat. Les apports à terme de toute standardisation interne de l'approche objet sont :

– leur réutilisation ;

– un moindre coût pour les évolutions.

Cependant, l'effort de modélisation préalable est important :

- la reconnaissance des objets doit être conduite avec précision ;
- la définition des classes d'objets doit être fondée sur une connaissance affinée des métiers de l'entreprise ;
- les objets n'ont de valeur réelle que si une bibliothèque d'objets réutilisable est créée.

Les développements informatiques

Les standards internes de développement informatique sont définis par ailleurs, et la CNS doit faire un simple renvoi en précisant les standards choisis pour :

▸ les méthodes de conception et de modélisation ;

▸ les langages de développement ;

▸ les environnements d'aide au développement qui peuvent comprendre un Atelier de Génie Logiciel (AGL), des générateurs de code, tout autre outil.

Les développements d'applications de gestion

La CNS doit limiter à la standardisation des développements d'applications spécifiques.

▸ La limitation des développements spécifiques. Le risque de développement incontrôlé se trouve, essentiellement, sur les sites autonomes éloignés au sens géographique, ou au sens de la dépendance fonctionnelle des services informatiques. Il est difficile aujourd'hui d'interdire tout développement, car des outils orientés utilisateur final donnent la possibilité de développements individuels, tel MS-Access© de Microsoft. Bien que les développements de ce type restent des actions individuelles, les données en sortie peuvent servir à l'entreprise. Il faut limiter et standardiser ces développements, en spécifiant :

- les développements autorisés et interdits ;
- la procédure d'autorisation du développement : elle doit prévoir qu'il n'y a développement local, que si le besoin est, au préalable, clairement spécifié, et qu'il y a bien absence d'application dans l'entreprise ou progiciel sur le marché qui réponde au besoin ;
- les standards de ces développements locaux ;
- la procédure de validation des développements.

▸ Les standards de développements de spécifiques. Ils sont du ressort exclusif du service « développement informatique » et doivent satisfaire aux standards suivants :

- les standards d'IHM définis dans la CNS ;

- les standards définis dans la CNS (OS, middleware, base de données, etc.) ;
- les standards dictés par l'ERP (voir paragraphe ci-après) ;
- les standards d'intégration définis par l'ERP ;
- les standards d'outils et d'environnement de développement à définir (soit indépendamment de l'ERP, soit fournis en option par l'éditeur de l'ERP).

Standards d'administration des applications et systèmes

L'intérêt d'un ERP est d'assurer une administration centralisée et unique des applications. La CNS, doit inclure la définition de ces standards afin de conserver l'homogénéité :

- de la politique d'attribution des droits utilisateurs ;
- des règles de nommage et de création de nouveaux utilisateurs ;
- de la sécurité et de la gestion des mots de passe ;
- des règles d'exploitation courante et des procédures de sauvegarde et d'archivage.

Le respect de la standardisation de l'administration est une contrainte importante que devront respecter les progiciels de gestion candidats à une intégration.

Les standards et normes des progiciels

Le système applicatif étant ouvert, il est tout à fait naturel de prévoir l'achat d'autres progiciels, sous réserve qu'ils passent les procédures d'homologation.

Les conditions préalables d'homologation d'un progiciel

Les produits homologués

L'ensemble des produits adoptés avec l'ERP, y compris les produits d'autres éditeurs qui sont intégrés à l'ERP, font partie de la liste d'homologation à établir. Elle comprend, outre l'ERP, tous les produits logiciels choisis pour constituer la solution cible.

Une liste préférentielle de progiciels directement intégrables doit être établie comprenant :

- tout module optionnel ou complémentaire de l'éditeur d'ERP ;
- tout module optionnel ou complémentaire des éditeurs des autres progiciels choisis.

Leur achat éventuel relève de deux facteurs : l'expression du besoin par certains utilisateurs et l'aspect économique – le coût total d'appropriation incluant les licences, la formation et l'implémentation.

La recherche d'indépendance et de pérennité

La recherche d'indépendance de l'utilisateur par rapport aux éditeurs implique la nécessité d'ouvrir le système à d'autres progiciels. Cette ouverture ne doit pas se faire aux dépens de la pérennité du système qui est directement liée à la santé économique des éditeurs. Parmi ces facteurs, la CNS doit définir :

- la taille des éditeurs et la taille de la base installée, en tenant compte de la rareté de certains types d'applications qui diminue forcément le nombre d'utilisateurs ;
- la stabilisation de la version du progiciel et l'existence de versions localisées ;
- les canaux de distribution de l'éditeur ; la revente par les fournisseurs attitrés de l'entreprise est un plus. La vente en direct en est un également, si elle favorise les relations entre l'entreprise et l'éditeur, et si la fourniture aux sites éloignés n'est pas perturbée ;
- l'existence de programme de certification de compétence, en intervention technique et fonctionnelle, d'une part, en formation de l'autre part, afin que les utilisateurs puissent avoir une garantie probante sur la qualité des intervenants ;
- l'existence d'un support téléphonique destiné aux informaticiens, aux administrateurs de l'application et aux utilisateurs finals, ainsi que son niveau de qualité.

Une liste non exhaustive peut être établie dans la CNS, qui comprend les éditeurs qui répondent au niveau de confiance recherché. Elle a pour objectif de raccourcir la procédure pour les éditeurs qui ont passé ce premier barrage. Elle doit évoluer dans le temps, avec les changements survenus chez les éditeurs qui peuvent racheter ou abandonner des lignes de produits.

Les standards préalables à une procédure d'homologation de progiciels

Outre la spécification des aspects économiques, la CNS doit dresser une liste de points que le cahier des charges doit établir pour la sélection de tout nouveau progiciel. C'est la Liste des Standards Particuliers, établie au cas par cas, qui comprend entre autres :

- les standards d'infrastructure : OS, réseau local, base de données ;
- les mentions explicites des standards professionnels du domaine d'application du progiciel ;
- les versions des standards internes à l'entreprise ;

- Les mentions explicites des règles de gestion à respecter, dans le cadre de l'application recherchée ;
- les mentions des réglementations légales en vigueur.

Ces standards sont des préalables à l'homologation de tout progiciel.

Les Standards Techniques Progiciels (STP)

Ces Standards Techniques Progiciels (STP) sont destinés à s'assurer de l'intégration possible des progiciels candidats à l'homologation, avec l'ERP. Il n'est pas nécessaire que le progiciel candidat satisfasse à l'intégralité de ces standards, car les applications périphériques n'ont pas forcément besoin d'être fortement intégrées.

STP : la structure des entrées sorties et standards de convertisseurs

Les standards des structures des données d'entrée et des données de sortie des modules de l'ERP sont consignés dans la CNS.

Les progiciels candidats à l'homologation doivent :

- accepter le format de sortie ERP, si le progiciel candidat est en aval d'un module ERP ;
- accepter le format d'entrée ERP, si le progiciel candidat est en amont d'un module ERP ;
- accepter les deux formats, si le progiciel candidat s'intercale entre deux modules et l'ERP.
- à défaut d'accepter les formats natifs, adopter un convertisseur.

La CNS n'a pas à reprendre la description des formats, mais elle doit simplement renvoyer vers les documents qui détaillent ces standards.

Il existe sur le marché plusieurs progiciels dont la fonction primaire est la conversion. Ces produits se divisent en plusieurs groupes :

- les générateurs de structures de données qui réorganisent des données en entrée en une structure de données différente en sortie ;
- les produits généralistes qui peuvent assurer la fonction de passerelle entre progiciels de mondes différents ;
- les produits dédiés à un secteur d'activité qui sortent des données conformes à une structure normalisée (par exemple, selon une norme EDI) ;
- les produits dédiés où l'une des extrémités est dédiée à un ou plusieurs ERP (chaque ERP faisant l'objet d'une option différente) ;
- les modules d'interfaçage de certains ERP.

Quand le nombre d'interfaces devient très important, il est nécessaire de spécifier, dans la CNS, un standard des systèmes d'EAI ou d'ESB dont le rôle est de fournir :

▶ des interfaces « sur étagère » ;

▶ un concepteur et générateur d'interface à façon ;

▶ un orchestrateur permettant de gérer ces opérations de conversion et les actions à faire suite à la conversion.

STP : la structure des données

Il faut définir le standard de structure des données gérées par le référentiel. Cette structure peut être fondée sur des données ou sur des objets, selon la technologie utilisée. Les structures des bases de données utilisées représentent autant de standards internes.

Figure 6.5 : Les possibilités de conversion pour les progiciels candidats

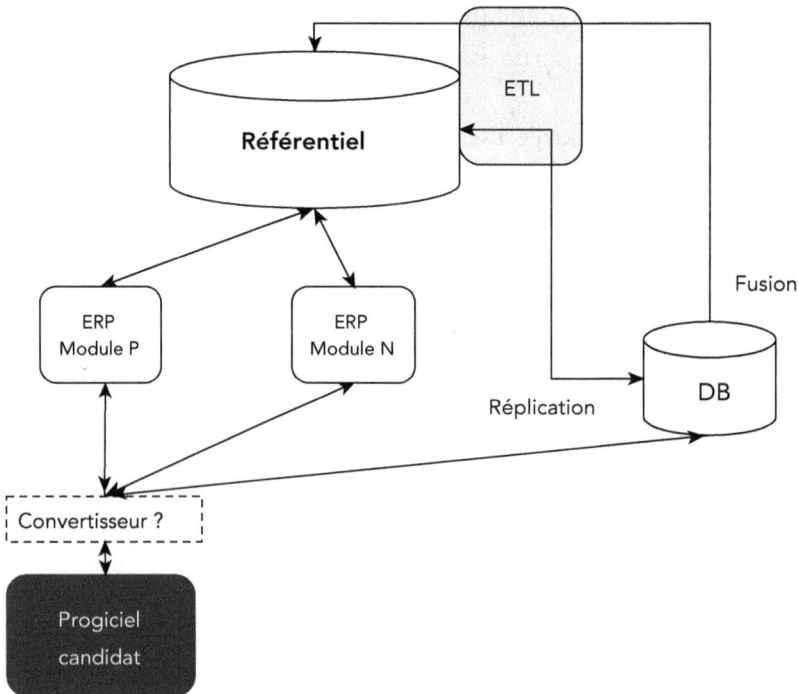

Le progiciel candidat n'a donc pas le champ libre pour créer et gérer des éléments du référentiel. Il peut, en revanche, traiter des données ou des objets qui sont dans une base du référentiel répliquée partiellement ou complètement. Comme pour

les formats d'entrée sortie, le progiciel candidat peut ne pas accepter les formats natifs, du moment qu'un convertisseur lui permet d'y accéder.

La figure 6.5 résume les standards de format pour les progiciels tiers.

STP : les standards des accès à l'application

Les accès au progiciel candidat doivent répondre à des standards respectant les principes suivants :

▶ pour les applications en architecture n-tiers, il est fondamental que l'accès aux données soit défini dans un tier spécifique ;

▶ il faut spécifier les standards de persistance entre objets et données des bases relationnelles.

Figure 6.6 : Exemple de standards objets et accès aux données

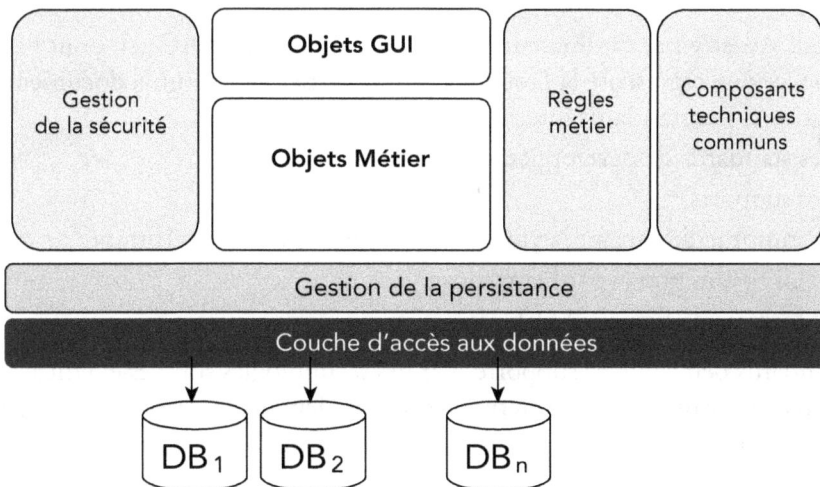

STP : les standards de documentation

Dans la pratique, la documentation des progiciels est un élément essentiel pour en faciliter l'appropriation de ceux-ci.

Elle doit être destinée aux équipes d'encadrement technique et d'administration des applications.

▶ La documentation papier. La documentation native est le fait de l'éditeur. Cependant, l'entreprise doit prévoir :

– le standard linguistique : la langue locale ou la langue de travail officielle de l'entreprise ;

- les standards pédagogiques internes formalisant une Documentation Particulière (DP) conforme à l'usage que l'entreprise fait des progiciels (chaque progiciel intégré dans le système d'information fait l'objet de la réalisation d'une documentation « maison ») ; en particulier, certaines fonctions peuvent être très utilisées et d'autres pas du tout. La DP accordera un traitement différent à ces deux types de fonctions ;

- les non-standards : il existe toujours des possibilités singulières de gagner en productivité dans l'utilisation des progiciels ; c'est pourquoi, il est recommandé de créer un forum qui permet aux utilisateurs de s'exprimer et de partager leurs expériences.

▸ L'aide en ligne. Elle est, à l'instar de la documentation papier, le fait de l'éditeur. La CNS doit exiger l'existence d'une aide en ligne en standard dans les progiciels, au même niveau de localisation que le progiciel. Le développement d'une aide en ligne, conforme à la culture et aux habitudes de l'entreprise, doit être envisagé.

▸ L'Aide Assistée par Ordinateur (AAO) ou e-training. L'AAO est, pour l'aide en ligne, ce que représente la Documentation Particulière pour la documentation « native ». Les standards internes doivent comprendre :

- les standards de développement de ces outils ;

- les supports :
    - multimédia mixant la vidéo, le son et les textes, accès Intranet ;
    - CD-Rom gravés par l'entreprise, etc.
    - formats de fichiers AAO.

Ces standards peuvent être supportés par des technologies simples et efficaces. Les standards de documentation internes, bien que demandant un investissement de réalisation, permettent de diminuer considérablement le TCO des progiciels acquis par l'entreprise.

STP : les certifications dans le domaine des progiciels

La notion de certification, dans le domaine des progiciels, doit être vue sous l'angle de la certification du progiciel lui-même et de celle des personnes qui interviennent.

▸ Les progiciels. Dans certaines activités, les progiciels doivent être homologués par un organisme qui labellise les produits destinés au domaine concerné. Dans le cas général, il n'existe pas de comité de qualification des progiciels. Les éditeurs les plus importants délivrent des labels à leurs partenaires. En général, il s'agit des éditeurs d'OS, de gestionnaire de réseau local ou de base de données. Désormais, les éditeurs de suites de gestion et d'ERP pratiquent aussi une politique de labellisation. Une autre source d'homologation des progiciels est constituée par les grands donneurs d'ordres qui peuvent, dans certains domaines, spécifier les progiciels à utiliser par leurs fournisseurs.

Dans le domaine de la sécurité, les organismes certificateurs « Common Criteria », attribuent un niveau d'évaluation – *Evaluation Assessment Level* (EAL) – de 1 à 4⁺, pour les logiciels civils, et de 5 à 7, pour les logiciels militaires.

- Les intervenants externes à l'entreprise. La plupart des grands éditeurs de progiciels de gestion ont un programme de certification pour les intervenants techniques et les formateurs qui travaillent à la mise en œuvre de leurs progiciels chez les utilisateurs finals.

Pour les aspects les plus critiques des interventions, ces certifications peuvent constituer des standards de base mentionnés dans la CNS, bien que la certification d'un intervenant ne soit pas une garantie. La certification éditeur prouve simplement le passage avec succès d'un *quiz*. Ce dernier est un long questionnaire des questions techniques à choix de réponses multiples.

STP : les règles générales en vigueur et les évolutions

Les règles générales en vigueur sont en évolution permanente, à des fréquences plus ou moins importantes selon leur domaine d'application. Dans le domaine de la paie, la Cotisation Sociale Généralisée (CSG) change souvent avec la loi fiscale du moment.

Dans la plupart des cas, l'évolution est traitée par un nouveau paramétrage. Mais cela n'est pas toujours possible, et les changements de règles ou de codification non pensés au préalable, peuvent avoir des impacts profonds sur le système d'information. L'exemple typique est celui de l'an 2000 pour lequel la codification du millésime à deux chiffres pose des problèmes de passage de millénaire.

Pourtant, dans cet exemple, l'évolution de codification était inéluctable.

Il s'agit de distinguer les évolutions prévisibles de celles non prévisibles.

- Les évolutions prévisibles. La prévisibilité n'est pas synonyme de la planification préalable. Il convient de distinguer deux types possibles d'évolutions :
  - les évolutions planifiées. La réglementation prévoit un calendrier, avec un planning plus ou moins directif. La CNS doit intégrer ces règles, en tant que standards à respecter par les progiciels à acquérir (pour l'existant, les mises à jour font l'objet de projets de mise à niveau) ;
  - les évolutions non planifiées. Le traitement de telles évolutions ne peut se concevoir qu'au cas par cas, et l'attente des annonces des évolutions fait partie du jeu. Cependant, il est utile de détecter ces cas, au niveau de la

CNS, et de les mentionner, car, lorsqu'elles sont répertoriées, il est plus facile de fixer des standards d'évolution. Les exemples de standards sont :

- l'addition d'un système au système d'information ;
- l'addition de modules internes ou externes à l'application ;
- l'utilisation de convertisseurs.

▷ Les évolutions non prévisibles. Les évolutions non prévisibles sont, pour la plupart, les plus faciles à traiter, car les gestionnaires et les informaticiens ont détecté ces cas de longue date, et ont intégré les paramétrages nécessaires dans les progiciels. Exemples d'évolutions non prévisibles : les taux de change, les variations de prix des matières, les taux d'intérêt, … toutes traitées par des règles.

STP : les règles internes

La CNS doit résumer les standards de règles à respecter, pour les progiciels, et faire les renvois nécessaires aux documents statutaires, et cela dans les situations suivantes :

▷ les sites étrangers. Pour les sites étrangers, la CNS doit définir :
  - le standard linguistique (la langue locale, la langue de travail de l'entreprise, etc.) ;
  - les standards de gestion selon la législation locale.

▷ la situation des filiales nationales. Le Service Informatique Central (SIC) de l'entreprise a-t-il son mot à dire sur les choix progiciels des filiales ? Si oui, dans quels domaines et dans quelles limites ? La CNS peut-elle être une plate-forme de base commune que chaque filiale peut personnaliser ?
  Tout dépend de l'organisation du groupe et de la mission du SIC. Ce dernier peut avoir :
  - une vocation de conseil : dans ce cas, il émet des recommandations ;
  - une vocation de maître d'œuvre interne : dans ce cas, il propose des solutions ;
  - une vocation de maître d'ouvrage délégué : il spécifie et choisit, avec les utilisateurs, les solutions.

▷ les différences catégorielles. Elles existent dans plusieurs domaines :
  - celui de la gestion du personnel où les statuts dépendent des métiers et des conventions collectives ;
  - celui de la gestion immobilière où les règlements dépendent de la finalité des locaux.

Standards de communication et standards Web

Les enjeux et la portée des standards de communication

Les standards de communication ont un impact direct sur l'efficacité de l'entreprise et son opérationnalité. Ils facilitent les échanges avec l'environnement de travail immédiat de l'entreprise que représentent les clients, les fournisseurs, les partenaires, les administrations et les prospects. Aujourd'hui, le choix des standards de communication est essentiel pour optimiser l'utilisation des progiciels de gestion, entre autres pour le traitement des données échangées entre entreprises. Ces standards joueront un rôle grandissant avec la progression des serveurs Web, avec l'adoption définitive des standards de l'EDI, et avec le développement des centres d'appels et des systèmes de couplage entre la téléphonie et l'informatique. Les familles des standards à considérer sont : ceux des télécommunications, ceux de l'EDI et ceux qui concernent le Web.

Les standards de télécommunication

Les standards de télécommunication constituent, de façon générale, l'infrastructure des standards de communication distante de voix et de données. Ils conditionnent les WAN ou réseau étendu.

Ils font référence aux avis et aux recommandations du Comité Consultatif International de Téléphonie et Télégraphie (CCITT).

▷ Les principaux éléments de standards qui impactent les progiciels. Historiquement, ils sont les suivants :
  – les standards de transferts de fichiers : par paquets (avis X25), par Réseau Numérique à Intégration de Services (RNIS) qui véhicule, sur la même infrastructure, des informations numériques par des services différents (voix, images fixes, images animées, données informatiques, etc.) ;
  – l'annuaire d'entreprise standardisé par l'avis X500 du CCITT, dont la version allégée LDAP, s'applique à Internet ;
  – la messagerie d'entreprise : le standard X400 du CCITT ne bénéficie pas du consensus dont fait l'objet le protocole de messagerie sur Internet *Post Office Protocol 3* (POP), qui oblige le téléchargement du message sur le poste client pour pouvoir le lire, et surtout, aujourd'hui *Internet Messenger Access Protocol 4* (IMAP).

Ces progiciels impactent les progiciels de messagerie, de *workflow*, de *groupware* et, indirectement, les progiciels de gestion qui doivent s'appuyer sur ces couches de travail de groupe et d'échange d'information.

▷ Les impacts des choix des standards dans les applications de gestion. Les télécommunications conditionnent considérablement les performances de l'entreprise telles que l'accueil des clients, les prises de commandes téléphonées, la réactivité des services de l'entreprise à la demande, et en particulier :

– les centres d'appels (call centers) avec leurs interfaces aux applications d'analyse de la demande de la clientèle ;

– les applications de gestion de clientèle qui permettent des accès en temps réel aux dossiers des clients ;

– les CTI qui couplent téléphonie et systèmes d'information.

La définition des standards choisis par l'entreprise est primordiale pour ces systèmes qui constituent véritablement le point d'entrée physique et pratique de la clientèle, comme le montre la figure 6.7.

Figure 6.7 : Le centre d'appels, porte d'entrée du marketing direct, du pilotage de la satisfaction client et de la gestion

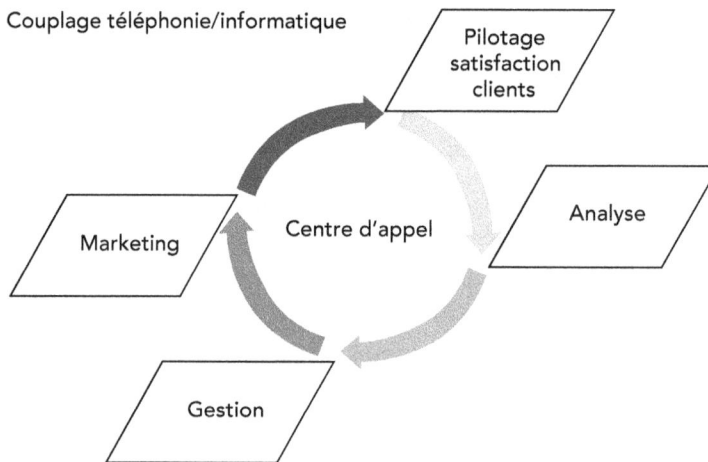

Les standards EDI

Les EDI constituent un ensemble de normes, conformément à l'avis X11 du CCITT, destiné à faciliter les échanges entre SI. Les données doivent être transmises selon une structure de données qui a obtenu l'approbation d'une communauté professionnelle constituée de clients, de fournisseurs, de sous-traitants et d'instances administratives intervenant dans le secteur professionnel donné.

Ces données échangées par télécommunication sont traitées par des progiciels indépendants les uns des autres, fonctionnant sur des machines également indépendantes les unes des autres. Les EDI qui se situent au niveau 7 des couches du modèle OSI, n'ont pas cessé de se développer, très lentement, mais très sûrement. Aujourd'hui, ils deviennent des éléments inséparables des progiciels de gestion.

- *Electronic Data Interchange for Finance, Administration, Commerce and Travel* (EDIFACT). Cette norme, d'origine ONU (Organisation des Nations unies), est la première qui ait été stabilisée. Elle constitue, en quelque sorte, l'infrastructure normative d'un système EDI. Cependant, EDIFACT ne suffit pas à décrire tout type de données informatiques échangées, car elle ne standardise que les données de gestion tertiaire (administration, commerce, transport). D'autres données peuvent être traitées par l'informatique de gestion, selon les milieux professionnels. Les acteurs de l'économie se sont réunis dans le cadre d'associations pour normaliser la structure de leurs échanges de données.

- Les organismes internationaux et nationaux. Ils jouent un rôle fédérateur et régulateur par rapport aux comités métiers. Les standards EDI globaux peuvent être trouvés auprès des instances suivantes :

  - le JEDI (Joint EDI), organisme international, dans le cadre de l'Onu ;

  - le TEDIS (Trade EDI Systems), organisme européen dans le cadre de l'Union européenne ;

  - Edifrance est une émanation de l'Afnor ;

  - Simprofrance qui est un autre organisme français de normalisation.

- Les organismes professionnels. Ils sont actifs pour l'avancement des normes EDI dans leur secteur de métier. Leurs travaux impactent leurs clients. C'est, par exemple, le cas :

  - de l'organisme gérant les Échanges Télématiques entre les Banques et leurs Clients (ETEBAC) et du Comité Français d'Organisation et de Normalisation Bancaires (CFONB) ;

  - du Groupement d'Étude de Normalisation et de Codification (GENCOD) dont les travaux s'appliquent au-delà du métier de distributeur ; les normes GENCOD concernent aussi les fournisseurs du domaine de la distribution.

- Une affaire de consensus. Dans le cas des standards EDI, l'entreprise sort du cadre limité de ses propres enceintes et implique son réseau d'affaires. La CNS ne peut pas mentionner de standards de façon directive. Le préalable à la mise en application des EDI, est la reconnaissance mutuelle de ces standards, par des couples de partenaires, dans le cadre d'un ensemble plus vaste.

Les standards Web

Le Web, par le foisonnement technologique qu'il crée, la quantité d'informations échangée, et surtout sa facilité de mise en œuvre, est générateur d'enrichissements fonctionnels du système d'information. Il faut distinguer les aspects entrant des aspects sortant :

- en entrée. C'est l'ouverture des informations de l'entreprise :
  - à ceux de ses membres qui se trouvent physiquement loin et sans équipement lourd ;
  - aux partenaires au sens large : les clients, les fournisseurs, les administrations ;
  - à tout public : des prospects de fait ou des surfers en quête d'information.
- en sortie. Ce sont, au contraire, des membres de l'entreprise qui accèdent aux informations des autres entreprises et du marché global.

La CNS a pour mission de définir ce qui est autorisé en entrée comme en sortie. Elle établira, entre autres :

- la topologie. C'est-à-dire les zones autorisées et les zones interdites. Les premiers objectifs de la CNS sont :
  - de définir les applications qui peuvent être accessibles à partir du Web ;
  - de définir les données qui peuvent être communiquées ;
  - de définir les domaines de l'Intranet, de l'Extranet et de l'Internet (grand public).

  Les applications Web doivent être considérées comme étant en périphérie du système d'information.

- l'infrastructure Web. LA CNS doit définir :
  - les standards des butineurs homologués ;
  - les standards de sécurité physique et logique pour l'isolement relatif du système d'information par rapport à l'infrastructure Web, d'une part, et pour la protection de l'ensemble vis-à-vis de l'extérieur, d'autre part ;
  - le contrôle des accès et les coupe-feu.

- les standards des présentations Web. Ils spécifient la charte graphique des pages Web de l'entreprise, qui véhiculent son image de marque à travers le monde. Il est indispensable que la CNS fasse référence à la partie Web de la Charte Graphique des Services de Communication (CGSC) et les précise en termes informatiques.

les standards des Web Services. À présent stabilisés et assurant suffisamment de performances, c'est sur ces Web Services définis par l'*Organization for the Advancement of Structured Information Standards* (OASIS) que s'appuient les communications Web.

Figure 6.8 : Les éléments de la standardisation des Web Services

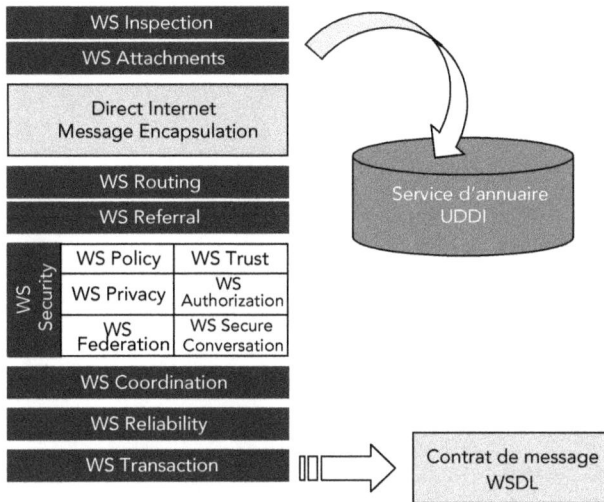

Les fondements de la qualité

Les fondements de la qualité sont traduits à travers les notions de certification et d'homologation.

- L'obtention certification ISO 9000. Elle constitue, pour chacun des établissements de l'entreprise, l'un des prolongements possibles de la mise en place de l'ERP. En principe, l'utilisation de l'ERP doit en faciliter la tâche, car :
  - les processus internes ont été affinés et améliorés ;
  - il y a une continuité du référent ;
  - on a une garantie d'intégrité des données ;
  - les relations client/fournisseur devraient être plus linéaires et plus fluides.

  La mise en place de l'ERP ouvre la voie à une démarche qualité globale, sans cependant en garantir une issue rapide.

- Les homologations métiers. Elles sont celles qui sont indispensables dans certains domaines tels que les industries aéronautiques, pharmaceutiques, pétrolières. Les standards consignés par la CNS doivent œuvrer à la facilitation de l'obtention de ces homologations.

Chapitre 7

ERP et Business Intelligence

Un système d'ERP a pour vocation de bien contrôler les flux et d'assurer la cohérence et l'intégrité d'un référentiel unique. Mais le pilotage décisionnel d'une entreprise nécessite une connaissance affinée des faits passés et présents, ainsi que des projections fiables sur l'avenir. Pour assurer ce pilotage, un ensemble d'outils progiciels s'avère nécessaire, au-delà de l'ERP lui-même et des applications qui lui sont interfacées.

L'équation : « Gérer = Connaître le passé + Maîtriser le présent + Prévoir l'avenir » qui n'est qu'une simple addition, s'avère, en fait, plus complexe à exprimer. Chacune des fonctions de cette équation dépend de trois états d'un système complexe : le passé, le présent et l'avenir. Connaissance, maîtrise et prévision n'ont de sens logique que si l'on y rajoute la dimension temporelle et un facteur d'incertitude (on peut toujours projeter des évolutions dans l'avenir immédiat mais sous réserve d'aléas).

CODIEL : Le Code Informationnel Élémentaire

▷ La notion d'information intelligible

Toute information est la concaténation d'informations élémentaires. Le codiel est la plus élémentaire des informations, perceptible, dans un domaine donné. Parmi les exemples de codiel, les informations élémentaires suivantes sont d'un usage courant :

– les lettres de l'alphabet, dans ce livre ;

– les phonèmes, dans le langage écrit ;

– les nombres binaires, 0 et 1, dans un fichier informatique.

La concaténation de codiels ne livre une information intelligible que si l'on connaît les règles d'interprétation de la concaténation. Les cinq codiels, LIVRE, sont directement compréhensibles par le lecteur, mais les trois codiels, JLL, ne le sont pas forcément pour le lecteur, alors que l'auteur y reconnaît le trigramme de son nom. La base de règle peut être pragmatique (c'est l'exemple qui vient d'être cité), ou formelle si elle est explicite : le glossaire à la fin de ce livre donne la signification des sigles, c'est une base de règles pour la compréhension des termes informatiques utilisés dans l'ouvrage.

Une base de données contient un ensemble d'informations. En général, ces informations sont intelligibles.

En tout cas, le gestionnaire ne conserve que des informations intelligibles. La figure 7.1 illustre les définitions précédentes.

Figure 7.1 : Les codiels, les informations et la base de données

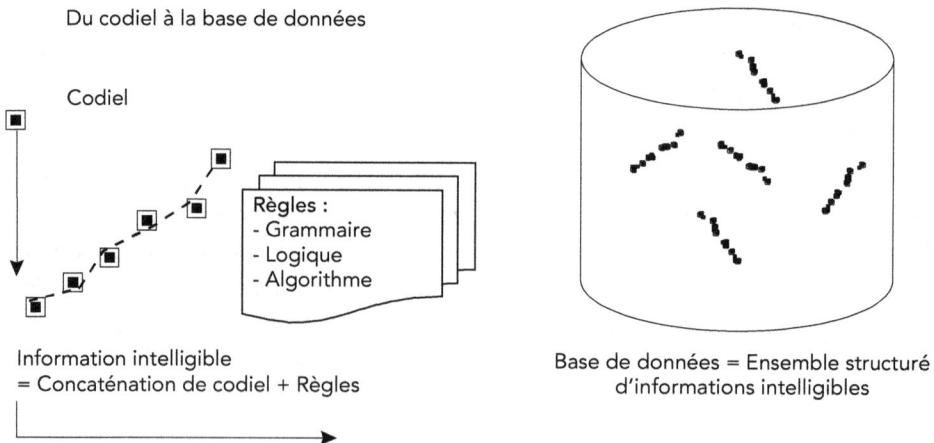

Du codiel à la base de données

Codiel

Règles :
- Grammaire
- Logique
- Algorithme

Information intelligible
= Concaténation de codiel + Règles

Base de données = Ensemble structuré
d'informations intelligibles

◗ La relativité de l'intelligibilité de l'information. L'intelligibilité de l'information n'est que relative. Elle dépend de plusieurs facteurs :

– l'environnement : conditions particulières, tendances, etc.

– l'état des autres informations ;

– l'état de la connaissance du comportement d'un système par les personnes qui le pilotent.

Ainsi, certains scientifiques collectent des informations, actuellement non intelligibles, mais qui pourraient l'être un jour. C'est le cas des astrophysiciens qui conservent des informations en provenance de l'espace, qui ne sont pas toutes interprétables aujourd'hui. Les informations de gestion sont intelligibles à plusieurs niveaux :

– ponctuellement, elles donnent une image de la réalité ;

– mais, l'analyse de certaines informations peut révéler une réalité autre ou des faits qui ne sont pas flagrants.

C'est l'intelligibilité de ces messages qui permet de connaître la réalité du passé et c'est une connaissance experte du comportement du système qui autorise des prédictions fiables.

▶ La cohérence de l'information et la santé de l'entreprise. Le bon fonctionnement global d'un système dépend du bon fonctionnement de chacun de ses sous-systèmes dont l'importance dépasse très largement leur domaine propre. La détection, l'analyse et l'interprétation des problèmes et des anomalies éventuelles des sous-systèmes est essentielle pour la bonne santé du système global.

Comme le montre la figure 7.2, les données à analyser se trouvent à divers endroits de l'espace constitué par l'ensemble des données de l'entreprise. Les sous-systèmes peuvent être des sous-ensembles fonctionnels, des domaines particuliers d'activité, ou encore un ensemble de données vues comme des indicateurs.

Figure 7.2 : Surveillance des comportements des sous-systèmes de l'entreprise

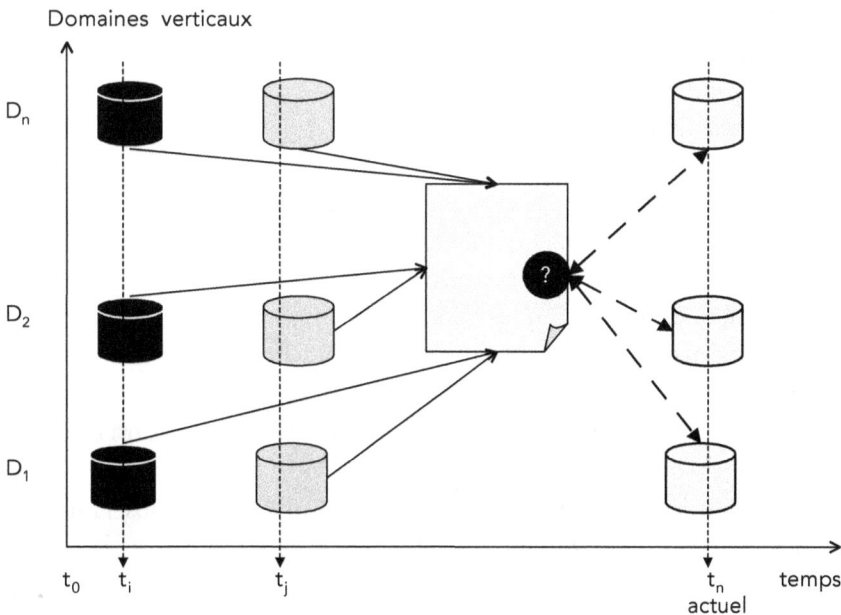

Connaître

La connaissance nécessite une observation fine des événements ; mais l'observation ne doit pas interférer avec la gestion quotidienne des données, c'est-à-dire qu'elle ne doit ni la perturber, ni avoir un impact sur ses performances. Pour connaître, il n'est pas nécessaire d'accéder ou de manipuler l'intégralité des données d'une base. Seules certaines indications présentent un intérêt. En conséquence, on doit extraire des bases d'exploitation un ensemble de données pertinentes à des fins d'analyse. Ce n'est pas un prélèvement d'échantillons, car on ne collecte pas de manière aléatoire. Au contraire, ce sont des données bien ciblées qui sont ainsi répliquées sur une base externe destinée au travail des analystes.

Les serveurs de données répliquées sont appelés *On-Line Analytical Processing Servers* (OLAPServers). Des analyses et études faites sur ces données utilisent des progiciels dédiés à ces techniques (OLAP Software).

La connaissance des faits

La première étape consiste à définir quels faits on souhaite connaître, et de quels moyens on dispose. On doit distinguer les objectifs des moyens pour pouvoir accéder à une connaissance précise des faits :

- Les objectifs des utilisateurs. Avant d'envisager l'utilisation d'un serveur OLAP, il faut se fixer les objectifs recherchés. La liste qui suit détaille quelques points de la démarche.
    - les motivations : sur quoi veut-on agir ?
        - sur la productivité de l'entreprise ?
        - sur la réactivité des hommes ?
        - sur le service à la clientèle ?
        - sur le comportement du système à certains événements ?
    - l'espace et temps jouent un rôle décisif dans l'importance que l'on accordera aux faits ; il s'agit de déterminer :
        - les domaines où ont lieu les faits ;
        - les créneaux de dates où les informations recherchées sont pertinentes.
    - les données concernées : il faut choisir,
        - lesquelles sont révélatrices de faits d'intérêt pour le gestionnaire ?
        - lesquelles sont des indicateurs ?
    - quelles sont les implications possibles qui résulteraient d'observations
        - des corrections d'anomalie ?
        - des modifications de procédures ?
        - des améliorations de certains types de fonctionnement ?

La figure 7.3 résume les actes préliminaires à la mise en place d'outil OLAP.

Figure 7.3 : Les actions, les données, la connaissance et les réactions

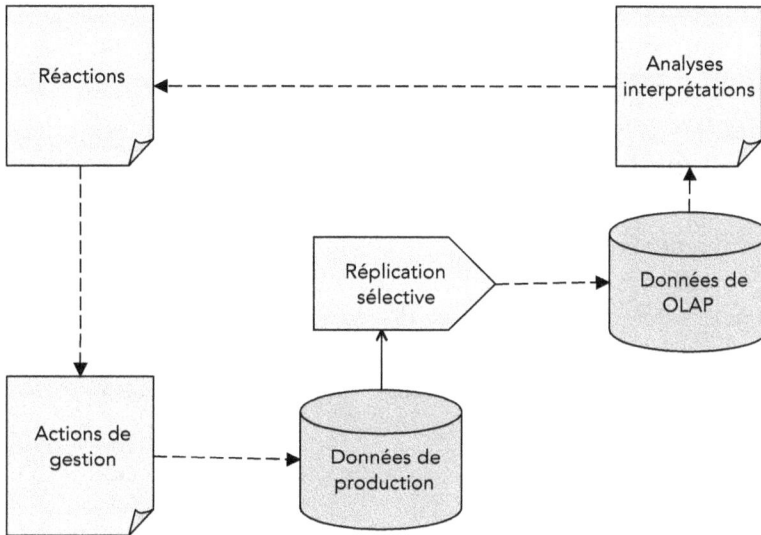

- Les moyens. Les moyens sont des outils logiciels qui permettent :
  - l'extraction sélective des éléments pertinents ;
  - l'analyse des faits ;
  - la comparaison avec d'autres faits qui sont stockés dans une base destinée à cette fin :
  - l'interprétation des faits ;
  - l'aide à la prise de décision ;
  - la présentation des analyses.

Les paragraphes qui suivent traitent de ces outils et des différentes approches possibles.

La recherche d'indicateurs

Les données pertinentes sont celles dont les variations sont indicatrices de problèmes, de dysfonctionnements ou même, en cas de fonctionnement actuel normal, de problèmes futurs. Ces indicateurs ne se trouvent pas tous au sein des systèmes de bases de données de l'entreprise. Ils résultent du croisement de trois familles d'indicateurs.

▶ Les indicateurs internes à l'entreprise. Ils dépendent exclusivement de l'entreprise elle-même et de sa gestion. Ils peuvent révéler certains faits tels que :
  – les coûts cachés ;
  – la non-optimisation de certaines procédures ;
  – des retards (de livraison, de paiement, etc.) ;
  – tout autre fait, interne à l'entreprise, relatif à ses services, ses produits, son fonctionnement, son personnel.

Ces indicateurs servent au contrôle, essentiellement. Ils ne positionnent pas l'efficacité de l'entreprise par rapport au monde extérieur.

▶ Les indicateurs entrants et sortants de l'entreprise (relations clients/fournisseurs). Il s'agit des indicateurs liés à l'activité de l'entreprise. Les données proviennent des éléments de la gestion du réseau de clients et de fournisseurs. Une partie de ces indicateurs se trouve naturellement dans le référentiel. Mais on peut perdre la partie non documentée ou non informatisée, tels :
  – les appels téléphoniques ;
  – les appels non formalisés, par exemple faits à l'occasion d'un autre échange ;
  – l'ensemble des données entrantes et sortantes ne faisant pas l'objet de traitement de gestion : e-mail, échanges sur Minitel, etc.

Des outils modernes permettent de traiter ce type d'information. Il faut distinguer ces outils de traçabilité de ces informations du filtrage d'inquisition (prohibées). Parmi ces outils, on peut citer les centres d'appels : ils permettent de traiter les évolutions des demandes clients et constituent une source de premier choix pour les indicateurs clients.

▶ Les indicateurs externes. Ils se trouvent intégralement hors de l'entreprise et de ses champs d'action. Cependant, ils ont un impact direct sur le pilotage de l'entreprise pour les raisons qui suivent :
  – ils peuvent positionner la compétitivité de l'entreprise par rapport à ses concurrents ;
  – ils informent les responsables de l'entreprise par rapport à la conjoncture du marché ;
  – ils indiquent les évolutions économiques et le pouvoir d'achat des consommateurs ;
  – ils peuvent révéler des éléments réglementaires favorables ou défavorables à l'achat des produits de l'entreprise ; c'est notamment le cas des mesures d'incitation à certains types d'investissements immobiliers, d'aide à l'équipement des entreprises ou du particulier, ou des mesures fiscales qui ont des impacts sur la consommation de produits ;

- ils peuvent fournir des indications précieuses sur une modification prévisible de la demande des clients ;

- ils constituent une source d'informations indispensables pour les choix stratégiques de l'entreprise dans un avenir proche.

La capture des indicateurs est devenue beaucoup plus aisée avec le développement d'Internet. Indépendamment de la recherche volontaire de l'analyste sur le Web, il est possible aujourd'hui de s'abonner à des bulletins d'informations qui délivrent des informations en mode *push* (l'expéditeur pousse les informations demandées vers l'abonné). L'exploitation des informations fournies est facilitée par le fait que les formats de fichiers sont aux standards Internet.

Approfondir la connaissance

Les indicateurs n'ont qu'une valeur relative, il faut pouvoir les positionner dans leur contexte pour pouvoir les interpréter et faire des déductions.

▶ La conjonction des indicateurs. C'est la conjonction de l'ensemble des indicateurs qui peut révéler des faits particuliers :

- par comparaison directe ;

- par corrélation entre indicateurs ;

- par corrélation avec des faits antérieurs qui ne font pas forcément l'objet de données ou d'informations envoyées à la base OLAP.

▶ La connaissance experte et base de connaissance. En fait, la connaissance experte de l'homme est primordiale dans ce domaine. Ces connaissances se construisent diversement :

- par une séquence de déductions logiques ;

- par habitude des comportements des systèmes qu'il étudie ;

- par analogie avec des situations antérieures ;

- dans la plupart des cas, de façon pragmatique.

L'ensemble de ces connaissances doit faire l'objet d'une base de connaissances qui est un outil de référence constamment enrichi, comme l'indique la figure 7.4

Figure 7.4 : La base OLAP et la base de connaissance

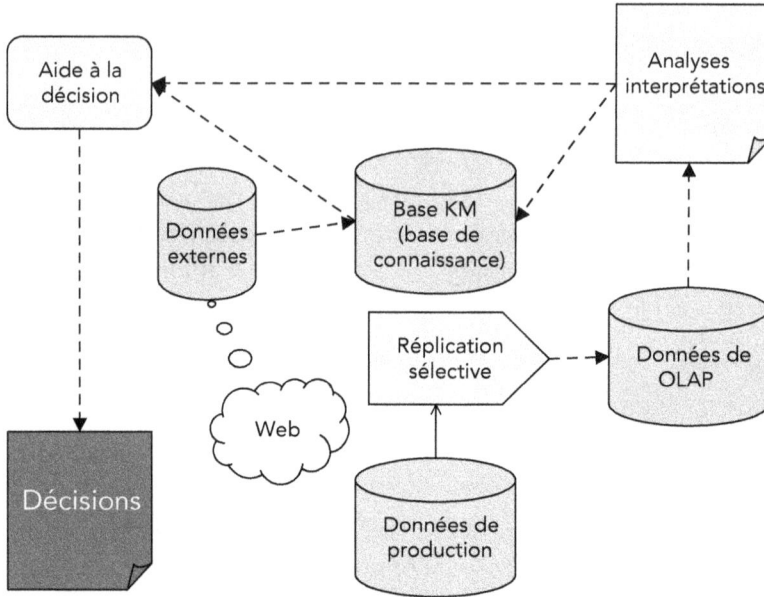

Les méthodes d'approche de la connaissance

Les méthodes de la connaissance sont modélisables. Les comportements des systèmes sont comparés à des modèles construits sur diverses approches théoriques.

- Les méthodes factuelles. Dans les méthodes factuelles, l'expert liste les faits et les analyse. Les anomalies sont ainsi détectées, telles que :
  - l'absence de certains événements ;
  - des comportements inattendus ;
  - des enchaînements non conformes de faits ;
  - des volumétries hors de la moyenne ;
  - des fréquences surprenantes ;
  - etc.

  L'analyse factuelle faite par l'homme exige un niveau d'expertise très élevé, et quand la masse d'information est considérable, l'efficacité est restreinte.

- La méthode par détection de comportement singulier. La méthode reste factuelle, mais des modèles de comportement sont créés, qui définissent les seuils haut, bas et les moyennes de chaque paramètre observé, dans des conditions prédéfinies. Par exemple, pour un vendeur de glaces, les seuils de vente minimaux et maximaux ne sont pas les mêmes en été qu'en hiver. Les maxima sont des alarmes pour la capacité de production. Des alerteurs indiquent les dépassements de seuils.

▷ **Les modèles algorithmiques.** Les modèles algorithmes sont construits à partir de fonctions. Ce cas ne peut s'appliquer qu'à des domaines extrêmement formalisés où il y a des relations mathématiques entre une situation typique et des événements recherchés.

▷ **Les méthodes statistiques.** Les méthodes statistiques permettent de créer également ment des modèles à partir d'algorithmes, à la différence que :
- le comportement modèle n'est que probable ;
- les marges d'incertitude et d'erreur d'analyse font partie intégrante de telles approches ;
- les événements ne déterminent pas de façon biunivoque les décisions à prendre.

Pour affiner ainsi la connaissance du système et des événements, il est nécessaire de s'équiper d'outils.

Les outils pour maîtriser et prévoir

Business Intelligence

En anglais, le mot *Intelligence* s'applique beaucoup au domaine de l'espionnage et du contre-espionnage (voir *Intelligence Services*). Il est vrai que la conduite des affaires est souvent assimilée à une guerre économique contre ses concurrents. La *Business Intelligence* (BI), consiste donc à pouvoir connaître et reconnaître des informations ayant des conséquences directes ou indirectes sur la conduite des affaires de l'entreprise.

Les outils de *Business Intelligence* sont de plusieurs types, qui recouvrent l'ensemble des actes de pilotage, depuis la recherche des indicateurs jusqu'à l'aide à la décision et la présentation des résultats d'analyse.

Les extractions

▷ **Les outils de requêtes.** Les outils d'extraction sont à la base de toute action d'analyse de données.
- **Les requêtes SQL.** SQL est le langage standard de requête de toutes les bases de données relationnelles. Cependant, il est un langage de programmation de requêtes non accessible à l'utilisateur final.

- Les requêtes prédéfinies. Elles peuvent avoir un intérêt quand il n'existe qu'un nombre fini de requêtes nécessaires à la mission de l'utilisateur.
- Les requêtes par grille modèle. Les requêtes *Query By Example* (QBE) permettent à l'utilisateur non informaticien de formuler ses demandes à partir de modèles de requêtes prédéfinies.
- Les requêtes par langage naturel. Les requêtes *Query by Natural Language* (QNL) offrent la possibilité de formuler les demandes en langage naturel, un traducteur SQL automatise la conversion en termes informatiques.

▸ Les outils de *push* et de *pull*. Ils permettent de filtrer les informations d'un certain type ou contenant tels types d'informations et de les diffuser vers des abonnés :

- Le mode *push* est à l'initiative du diffuseur qui pousse les informations désirées vers certains correspondants ;
- Le mode *pull* est à l'initiative du demandeur pour tirer les informations d'intérêt pour lui, vers sa base.

Avec le développement des sites Web, l'entreprise deviendra de plus en plus un ensemble de points de concentration et de diffusion de l'information. Des mesures de sécurité sont nécessaires :

- le filtrage général des informations entrantes (contre les virus, par exemple) ;
- l'auto-éducation et la discipline des utilisateurs pour ne pas s'abonner à trop de diffuseurs, sous peine de saturer le réseau d'entreprise.

Comme le montre la figure 7.5, un sas ou un barrage doit garder les accès au réseau local de l'entreprise.

Figure 7.5 : L'entreprise devient, avec le Web un ensemble de diffusion et de concentration d'information

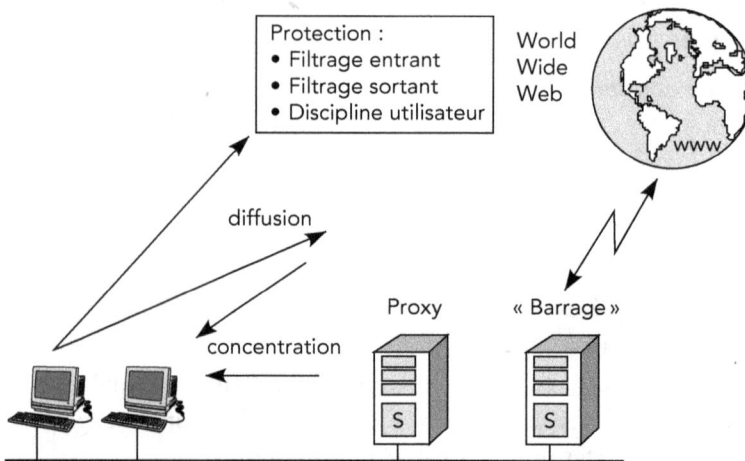

Les outils de recherche

Indépendamment des outils d'extraction, on trouve les outils de recherche. Ils sont conçus à partir de technologies différentes.

- **La recherche sur mots clés.** En recherche documentaire, les documents sont accompagnés d'un descriptif avec mots clés. Cela permet d'accéder à l'ensemble des documents contenant les mots recherchés. Tous les outils de production documentaires actuels, qu'ils soient dans le domaine bureautique ou autre, disposent de tels descriptifs. Les documents électroniques produits (fichiers de traitement de texte ou feuille de calculs, etc.) étant des objets informatiques de fait, les mots clés sont à définir dans les propriétés de l'objet.

- **La recherche sur thesaurus.** Très utilisée par les services d'information et de documentation, la recherche sur thesaurus permet de retrouver des objets dont les descriptions répondent à un certain nombre de critères. Par exemple, dans un ensemble d'objets qui sont des photos, on peut rechercher toutes celles qui représentent un joueur de football, mais on permet au système de trouver celles qui représentent des sportifs de jeux de balles. On trouvera donc les joueurs de rugby, de basket-ball, de hand-ball, etc.

  Ces outils sont complexes et nécessitent la connaissance approfondie de la construction de thesaurus.

- **La recherche sur diphonèmes.** Elle est très intéressante pour la recherche sur des noms propres dans des bases contenant d'énormes quantités d'objets, car elle extrait tous les noms se prononçant de façon voisine, mais non orthographiés sur la même base de lettres. L'inconvénient est qu'elle est liée de façon biunivoque avec la langue de développement de l'outil. Par exemple, avec un outil germanophone, la recherche sur le nom Bach permettra d'extraire tous les Bar, Barh, etc. Cela ne sera pas le cas pour la même recherche avec un outil anglophone.

- **La recherche plein texte.** C'est la plus efficace, elle extrait toute séquence de lettres correspondant à la trame recherchée, que ce soit dans un fichier informatique ou une base de données. Elle est très utilisée sur Internet, mais aussi dans tout système client-serveur, avec des performances remarquables. La recherche plein texte est intéressante car elle s'applique également à la recherche de séquence de caractères qui ne sont pas des mots. Par extension, on peut retrouver toute séquence binaire. Google est devenu l'outil standard de recherche. MS Live de Microsoft se positionne également. Les moteurs logiciels de recherche plein texte, intègrent les fonctions suivantes :

  – le filtrage de types d'informations ;

- la constitution et l'enrichissement de bibliothèques de mots classés par concepts ;
- l'attribution de scores par rapport au degré de corrélation avec les séquences recherchées ;
- les opérateurs booléens ;
- les automatismes de *push* et de *pull*.

Les calculs et les traitements

Les traitements vont de calculs plus ou moins complexes selon les domaines de gestion concernés, à la nécessité de développer des applications permettant l'exploitation des données extraites.

- **Les outils de calcul.** Il s'agit ici, dans la plupart des cas, des calculs statistiques. Les outils couvrent une plage importante de complexité :
  - pour les cas courants, un tableur d'une suite bureautique, assez riche en fonctions mathématiques et statistiques peut suffire ;
  - pour des cas complexes, des outils de calculs statistiques plus complets peuvent s'avérer nécessaires. Dans ce domaine, SAS Institute est leader sur le marché et fournit une gamme de progiciels, depuis ceux qui sont nécessaires aux calculs proprement dits jusqu'aux progiciels dédiés, par exemple, dans le domaine économique ou médical, etc.

  Ces outils doivent utiliser les middleware nécessaires à l'accès aux données gérées par des mainframes propriétaires.

- **Le développement d'applications OLAP.** Quand les calculs ne suffisent pas à l'analyse, des outils de développements d'application peuvent être nécessaires.

- **Les applications sur poste de travail.** Quand les applications restent sur le poste de travail de l'analyste, les outils orientés développements personnels offrent l'avantage d'une utilisation par l'analyste lui-même, de façon directe et assistée. Ces outils sont inclus en option dans des suites bureautiques et intégrés aux outils de présentation documentaire.

- **Les applications client-serveur.** Si les applications sur poste de travail ne sont pas suffisantes, il est nécessaire d'utiliser des environnements de développements client-serveur dédiés. De tels outils sont fournis par les éditeurs de SGBD en compléments à leurs bases de données, par des éditeurs spécialisés dans ce domaine (par exemple Information Builders) ou encore par les éditeurs d'ERP en tant que modules OLAP.

L'analyse décisionnelle

Les outils d'analyse décisionnelle sont appelés EIS ou SIAD en Français. Ce sont des applications du type précédent mais dotées d'un moteur de décision. Diverses théories sont à la base de ces moteurs, qui sont hors domaine de cet ouvrage : arbre de décision, réseaux neuronaux et logique floue.

> *Remarque* : la dénomination applications d'Intelligence Artificielle (IA) est tombée en désuétude pour les sigles EIS et SIAD.

La présentation des analyses

Les outils de présentation sont absolument nécessaires. Ils constituent la dernière étape du travail de l'analyste : élaborer une présentation ou un rapport soutenant ses conclusions. Les présentations sont faites à des responsables hiérarchiques pour décision. Les objectifs de ces présentations sont :

- de soutenir une présentation orale ;
- de structurer les messages ;
- d'illustrer le propos ;
- de donner des arguments pour justifier un conseil de prise de décision ;
- de convaincre.

Les outils de Présentation Assistée par Ordinateur (PRÉAO), générateurs de diaporamas, conviennent bien à ces objectifs à condition :

- de s'appuyer sur les middleware de connexion aux serveurs OLAP et de communication entre les applications OLAP et la PRÉAO ;
- d'être intégrés dans une suite bureautique permettant de réaliser graphes, textes, schémas, etc.
- de bénéficier de liens vers des outils de calculs.

La prise de décision

La prise de décision finale est toujours du ressort de l'homme (le décideur). Elle a des répercussions sur la vie de l'entreprise, dans le sens où la décision implique des actions. Par contre, elle n'a pas d'impact sur le système d'information de l'entreprise. La figure 7.6 illustre l'ensemble des étapes OLAP.

Figure 7.6 : Depuis les données OLAP à la prise de décision

Les actes de Traitements Analytiques en Ligne (On-Line Analytical Processing)

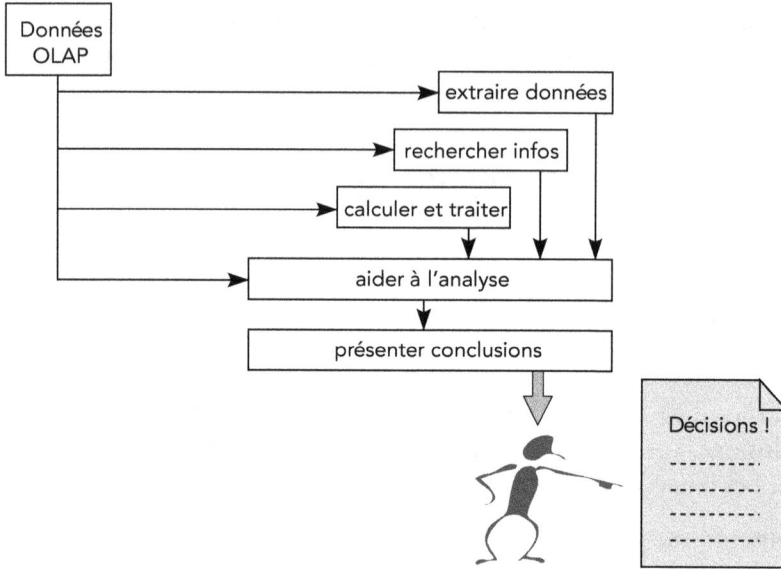

La notion de datacentre

Nous introduisons la notion de datacentre[1] pour simplifier le nombre considérable de dénominations : datawarehouse, datamining, datamart, dataweb, etc. qui sont des variantes à un même concept. La notion de datacentre est liée à celle de serveur OLAP qui est un ensemble serveur et logiciels permettant :

— des accès rapides aux données ;

— des possibilités d'analyses multidimensionnelles (voir les paragraphes précédents) ;

— la plus grande interactivité possible entre clients et serveur ;

— une exploitation quasi en temps réel des données extraites à partir d'outils de requête ;

— la non-perturbation du traitement des données de production.

La nature du datacentre n'est pas liée à des outils OLAP mis en œuvre qui peuvent être extrêmement simples.

---

1. Néologisme de l'auteur.

La notion d'infocentre

L'infocentre n'est pas l'ancêtre du datacentre. L'infocentre est constitué d'un serveur d'informations et de logiciels de gestion de requêtes. Les objectifs de l'infocentre sont différents :

- il ne donne d'information que sur des critères de recherche déterministes. Exemple : quels sont tous les vols entre telle et telle ville à telle date ?

- il permet l'accès à une information plate : des horaires de vols, par exemple ;

- l'information donnée est sans valeur ajoutée : elle ne permettrait pas de faire un diagnostic de bon ou mauvais fonctionnement d'un système d'information ;

- son objectif premier est d'être informatif (et non analytique) ;

- il est soumis, en principe, à un nombre considérable de requêtes simultanées. En général, un infocentre est à la disposition de tous les utilisateurs d'une organisation (voire de tous les usagers d'un service public ou privé) ;

- un infocentre ne permet pas de procéder à des transactions : les utilisateurs ne peuvent pas modifier les données (à la différence des serveurs transactionnels).

Les outils d'interrogation de l'infocentre doivent être à la portée de ses utilisateurs (voir figure 7.7).

Figure 7.7 : L'infocentre au service des usagers

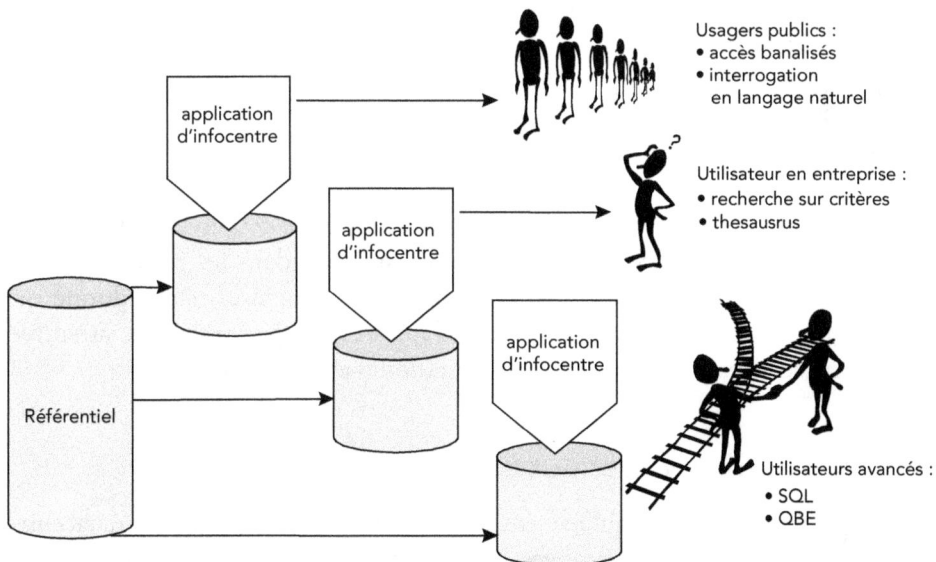

De l'infocentre au datacentre

Les datacentres rendent intelligibles certaines informations. Cette intelligibilité n'est possible qu'avec un environnement comprenant tout ou partie des applications décrites préalablement dans cet ouvrage.

Dans tous les cas, infocentre ou datacentre, les bases de données de production doivent idéalement être différentes des bases de datacentre et d'infocentre. Le référentiel unique permet de rechercher les informations demandées là où elles se trouvent physiquement.

Figure 7.8 : La base de données de production, le datacentre et l'infocentre

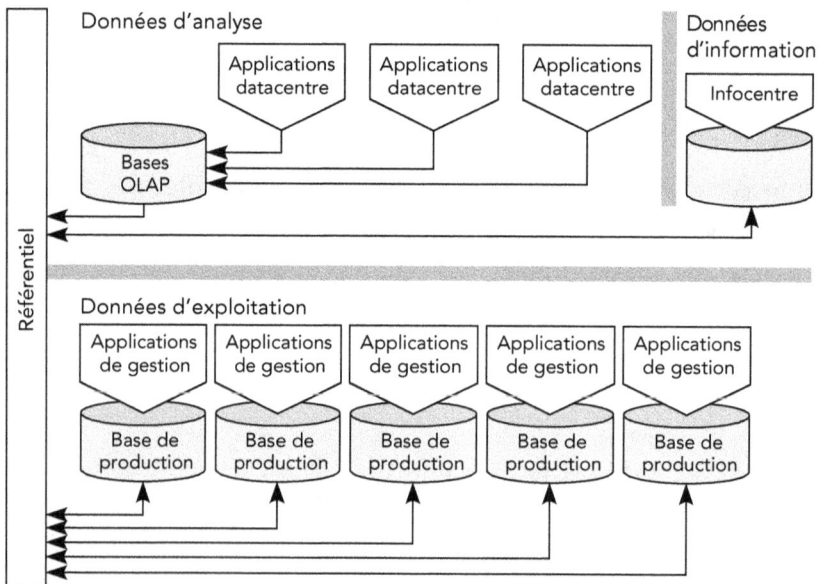

Les datacentres ne faisant pas partie du propos central de cet ouvrage, les notions de datacentre sont illustrées par des exemples simples, dans les paragraphes qui suivent. Les seuls outils évoqués sont des outils élémentaires, étant donné que l'utilisation d'applications sophistiquées n'apporte les performances attendues qu'avec un accompagnement adéquat de méthodes et de mise en œuvre.

La notion de datawarehouse

En anglais, *datawarehouse* signifie « entrepôt de données ». Dans un tel datacentre, on accède à des données significatives. Une fois ces données analysées, des décisions d'amélioration de la productivité peuvent être prises, comme l'illustre l'exemple 7.1.

Exemple 7.1 : Une agence de voyages à succursales multiples en Europe

Cette agence vend des séjours vers l'Europe du Sud, pour des clients d'Europe du Nord. La direction souhaite améliorer les performances des filiales britanniques et danoises. Les données relatives aux ventes de ces filiales sont extraites en temps réel des serveurs d'agence S_A et alimentent un serveur S_S de base de données relationnelles qui se trouve au siège, pour être analysées. Les clients remplissent un questionnaire de renseignements qui est saisi par l'agent de voyages. Ces informations vont aussi alimenter le serveur S_S : âge des touristes, premier ou non voyage en avion, etc. On constate à une même période l'année :

– que le nombre de destinations vers l'Espagne est très important au Danemark, tandis que les destinations vers l'Italie sont faibles ;

– que les clients anglais vont majoritairement vers l'Italie.

Les informations du questionnaire client montrent par ailleurs que la majorité des acheteurs britanniques de séjours pour l'Espagne fêteront leur baptême de l'air ou leur premier séjour dans un pays méditerranéen et ne s'opposeraient pas à une escale, quitte à rallonger le temps de vol.

La maison mère obtiendra une baisse très significative de ses coûts de revient en négociant des « paquages[1] » plus importants :

– au départ de Londres vers l'Italie ;

– au départ de Copenhague vers l'Espagne ;

– en aller-retour Londres ← → Copenhague ;

– de plus, elle positionnera des transits Londres → Copenhague → Espagne,

– et Copenhague → Londres → Italie pour le reliquat des touristes danois très minoritaires vers l'Italie, avec une baisse de tarifs pour ces voyageurs qui y sont très sensibles (comme le montrent les analyses du questionnaire).

La notion de datamining

Le mot datamining vient de *data* et de *mine*. Il s'agit de découvrir, enfouis dans les données, des faits susceptibles d'améliorer les résultats de l'entreprise. Cela permet de récupérer certaines vérités cachées, non immédiatement intelligibles. Le plus souvent les analystes procèdent par corrélation de faits.

---

1. Franglicisme (retour à l'envoyeur) : de l'anglais *package*, lui-même venant du vieux français, pour désigner un lot immatériel.

> Exemple 7.2 : L'activation des ventes dans un hypermarché
>
> Un hypermarché européen s'installe dans un pays d'Extrême-Orient. À l'inauguration et pendant la phase de démarrage du magasin, l'emplacement des rayons suit d'assez près le modèle de rangements qui se pratique en Europe. L'établissement souhaite augmenter la vente des yaourts qui s'écoulent mal, bien qu'une étude de marché prouve le goût croissant des habitants du pays pour ce type de produit. L'examen des factures de caisse fait apparaître une proportion importante d'achat simultané de petites cuillères et de yaourts. L'examen approfondi montre que la majorité des petites cuillères achetées sont en plastique jetable. Le gérant décide de rapprocher le rayon des cuillères jetables du rayon des laitages. On assiste au décollage des ventes du rayon laitage. Les fabricants de yaourts rajoutent alors une cuillère à chaque pot destiné à ce pays, augmentant encore leurs ventes.

La notion de datamart

Le *datamart* se compose de deux mots : *data* et *mart*, contraction de *market*.

On extrait d'un même référentiel des images de données, pertinentes à divers métiers de l'entreprise. Dans chaque domaine métier, des analystes interprètent les données qui les concernent.

> Exemple 7.3 : La prévision des ventes d'une ligne de produits d'un fabricant de contenants
>
> Un fabricant de contenants pour les industries alimentaires, de parfumerie, pharmaceutiques, etc. souhaite optimiser ses prévisions de fabrication par ligne de produits : en plastique, en métal, en verre.
>
> L'analyste produit de cet industriel est équipé d'une station de travail. Les informations suivantes lui sont nécessaires :
>
> – les informations sur les commandes : nature de matériaux, types de contenants, tailles, formes, modèles des contenants. Une extraction de la base de données commerciale est répliquée toutes les semaines sur son poste de travail ;
>
> – des études de consommation concernant divers secteurs. Il s'abonne aux études de marché de plusieurs cabinets : alimentaire (boissons, nourriture sous vide, etc.), pharmaceutique (packaging des médicaments), produits de luxe, cosmétique, etc. Les cabinets les envoient, par transferts de fichiers, sur son poste de travail ;
>
> – Il dispose de Microsoft Office avec la base de données Access ainsi que d'une application qui lui a été développé en interne, lui permettant de faire des requêtes vers les bases de données relationnelles de deux serveurs Unix hébergeant des applications de gestion commerciale et de gestion de production.

Parmi les premières prévisions qu'il fait se trouve celle qui concerne les contenants métalliques de boissons. L'un des cabinets d'études de consommation montre une augmentation très forte de la demande de cocktail de boisson d'alcool fort additionné de jus de fruit, dans des contenants de type canettes de bière, aux États-Unis. Il constate que la production de ce type de contenants pourrait être plus importante mais que les stocks de matières ne permettraient pas de faire face à une très forte demande.

Il anticipe sur la demande des consommateurs locaux et argumente auprès de sa direction qui est réceptive.

L'entreprise s'assure donc de la montée en charge de la production de ce type de contenant, lui permettant ainsi d'accroître sa clientèle au détriment des concurrents qui ne peuvent pas faire face à l'augmentation de la demande des fabricants de boisson.

La notion de dataweb

Dataweb est la contraction de *data* et de *web*. Les deux aspects majeurs du dataweb sont :

▶ l'utilisation des techniques d'Internet dans le domaine des datacentres. S'appuyer sur ces technologies présente les avantages suivants :

– la possibilité de s'abonner aux vendeurs de données qui poussent les informations vers leurs clients ;

– l'assurance de fondements homogènes de la base de données à analyser : les informations de provenances internes et externes sont capturées et convoyées à partir des mêmes formats (en revanche, les structures des données utilisées sont différentes) ;

– des accès à l'intégralité du Web, par conséquent, implicitement, à une quantité illimitée d'informations. En particulier, la visite des sites d'autres fournisseurs du marché permet de réaliser plus facilement les études concurrentielles.

▶ L'utilisation de la vitrine Internet

– en interne. Les résultats des études internes peuvent être affichés sur un serveur Intranet, à disposition des autres services de l'entreprise.

– en externe. Le site grand public permet un contact direct avec les clients. Un espace forum et discussion apporte des informations directes sur l'évolution des demandes clients.

Choisir la dorsale applicative

Les systèmes orientés applications

Le système applicatif est le centre de gravité du système d'exploitation et toutes les applications non techniques devraient être au service direct ou indirect de la gestion.

Pour un système applicatif, la seule issue viable et pérenne comprend :

- un référentiel unique ;
- des applications intégrées.

Mais, à partir de ce référentiel unique, pour bâtir l'intégration des applications, l'utilisateur a le choix entre plusieurs dorsales possibles :

- un système orienté affaires ;
- un système orienté bureau ;
- un système orienté clients ;
- un système orienté distribution ;
- un système orienté ERP.

L'adoption de la dorsale est un choix stratégique.

Figure 7.9 : Un référentiel, plusieurs dorsales possibles

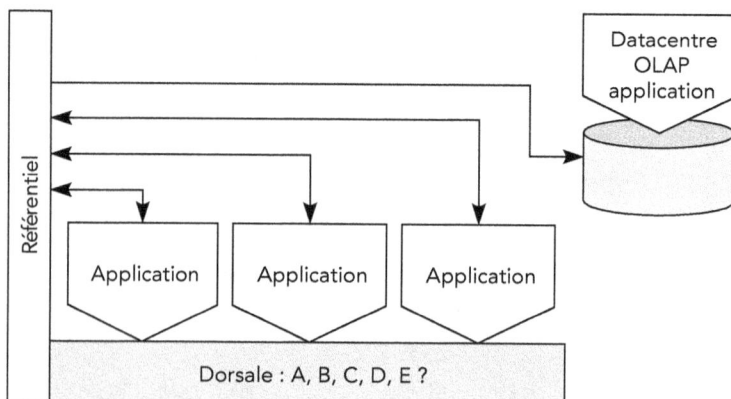

La notion de système orienté affaires

Le système orienté affaires s'applique plus particulièrement aux activités de services où il est possible de définir la notion de projet.

▷ La notion d'affaires. Une affaire ou un projet a toujours un point de départ contractuel, au sens large. Une personne ou un groupe s'engage, dans les limites d'une mission définie, pour un temps défini.

Une autre personne ou un autre groupe est le commanditaire et constate la bonne fin du projet. Les fonctions à remplir sont :

– le cadrage les objectifs. Les notions d'objectifs, de missions, de jalonnement des engagements doivent se généraliser au niveau : des individus, des groupes opérationnels, des structures de l'entreprise.

– la maîtrise du temps. Elle devient essentielle dans un système orienté affaires.

– la maîtrise des coûts. La maîtrise du temps, au niveau le plus fin, c'est-à-dire au niveau individuel permet la maîtrise des coûts. Elle ne pourra être pleinement réalisée que si on est capable de prévoir également les coûts de revient des projets. Cette projection des coûts dépend essentiellement de la maîtrise du facteur humain.

– l'ordonnancement des tâches. Il permet de connaître les chemins critiques, de prévoir les ressources en renfort, d'éviter les retards.

▷ Les outils des systèmes orientés affaires. Ces outils peuvent comprendre divers progiciels capables de gérer un projet. Les interfaces vers les applications comptables doivent être effectuées.

– les progiciels de gestion de tâches. Ils sont utilisables dans des environnements de services à projets répétitifs, plutôt légers. Les temps individuels permettent de connaître les coûts et les interfaces vers les applications de facturation et de paie sont nécessaires pour assurer une opérationnalité optimale du système.

– les progiciels de gestion de projets. Ils sont destinés aux projets plus complexes, à équipes multiples, avec gestion de ressources. La fonction « multi-projets » permet de consolider les projets. Comme pour la gestion de tâches, les interfaces vers la comptabilité sont nécessaires.

– les progiciels de gestion appliquant une méthode de gestion à l'affaire. Ils sont à utiliser dans des environnements où il y a une partie de fabrication ou de montage au niveau de chaque affaire.

La notion de système orienté bureau

Les systèmes orientés bureau s'appliquent dans les environnements de services tertiaires. Ils conviennent bien aux bureaux de vente, agences commerciales et services administratifs divers.

▷ La notion de bureau. Dans certaines activités, il faut produire le plus rapidement possible une proposition commerciale pour gagner le contrat face à la concurrence. La structure qui signe le contrat n'est concernée que par l'aspect papier. Les outils bureautiques ont alors une importance prééminente mais ne suffisent pas. Il faut disposer d'une base d'objets documentaires et de générateurs de formulaires.

▶ Les outils. La panoplie d'outils est articulée autour d'une application de travail de groupe (*groupware* ou *workflow*) et d'une suite bureautique intégrée. Exemples d'outils : un catalogue, une application de calculs de droits, la gestion de formulaires, la constitution de dossiers électroniques et un générateur de contrats. Les interfaces vers la gestion comptable peuvent être réduites à l'envoi de la base clients (prospects devenant clients, références contrats, services, produits, etc.) vers la comptabilité.

La notion de système orienté clients

Le système orienté clients a un objectif majeur : la satisfaction des clients.

▶ Les concepts et les notions. Les clients constituent la raison unique de l'entreprise et la font vivre. L'entreprise, au service de ses clients, doit avoir pour objectifs :
  – de veiller à leur satisfaction ;
  – d'aller au-delà de la demande en l'anticipant ;
  – d'assurer un accroissement des ventes et de bénéfices.

▶ Les moyens d'expression des clients. L'ensemble des moyens par lesquels s'expriment les clients doit être pris en charge par le système orienté clients :
  – lettres ;
  – téléphone ;
  – fax ;
  – Minitel ;
  – Web.
  Cette expression par divers médias comprend :
  – des demandes du client à l'entreprise (achats, maintenance, etc.) ;
  – des réponses du client aux études et enquêtes de l'entreprise en vue d'améliorer les services et de développer les ventes de celle-ci ;
  – des audits, par simulation de client, pour détecter les dysfonctionnements depuis la prise de commande jusqu'à la livraison.

▶ Les applications
  – le support *helpdesk* qui est une aide téléphonique aux demandes des clients. Cette aide peut être faite à plusieurs niveaux ;

- les centres d'appels où les clients peuvent :
  - commander ;
  - obtenir des renseignements ;
  - consulter leurs comptes ;
- l'e-Commerce sur le Web : le client commande par Internet ;
- la gestion des forces de ventes ;
- la gestion des retours et de la maintenance ;
- la gestion des *bus phoning*, c'est-à-dire du démarchage téléphonique.

La figure 7.10 montre une architecture type d'un système orienté clients. Diverses applications assurent l'entrée des données dans le référentiel client et le transfert des informations vers les applications intégrées de l'ERP (ou les progiciels de gestion, préférablement intégrés, si l'entreprise n'a pas choisi d'ERP).

Figure 7.10 : Architecture d'un système orienté clients

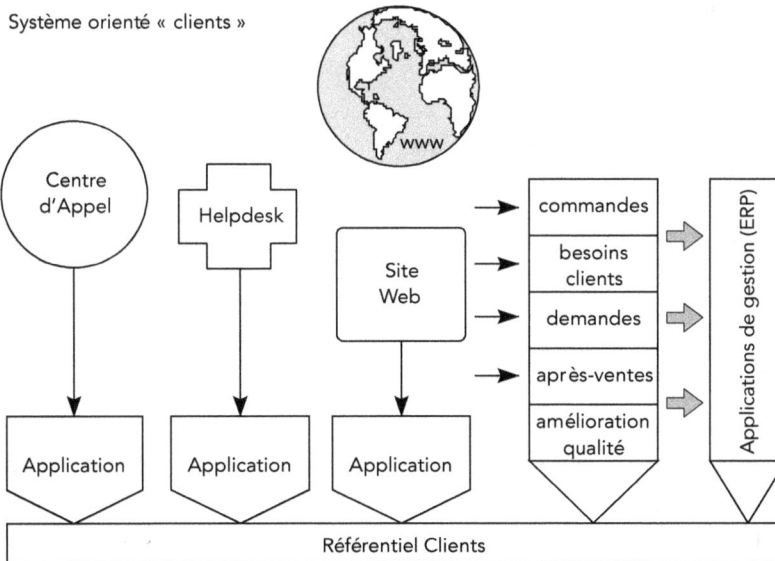

La notion de système orienté distribution

▶ Les concepts et les notions. Le système orienté distribution consolide son architecture applicative autour d'un noyau logistique qui assure :

- la maîtrise des délais : demande d'approvisionnement à fourniture de chaque étape du circuit qui va de la commande du client à sa livraison ;

– l'optimisation des flux de marchandises entre les points de concentration du circuit, constitué en général de centrales d'achats, de centrales de ventes et de points d'entrepôts ;

– l'optimisation des choix de transporteurs et des rotations de flotte.

La réduction des cycles de marché (temps total écoulé entre une prise de commande et une livraison) est un avantage concurrentiel ; elle contribue à la satisfaction du client, et globalement, elle est un facteur de réduction des coûts.

▷ Les paramètres à maîtriser. Ils comprennent :

– le temps ;

– l'espace ;

– les volumes demandés ;

– les volumes livrés ;

– les ressources humaines ;

– les ressources matérielles ;

– les circuits ;

– les transports ;

– les conditionnements de produits ;

– les dates de validité des produits ;

– les réglementations concernant la circulation des produits d'un point à un autre ;

– le stockage ;

– le déstockage.

▷ L'optimisation des circuits. Comme le montre la figure 7.11, de la commande à la livraison, il y a plusieurs circuits de distribution qui doivent tous être optimisés :

– en délais ;

– en coûts : ce qui suppose la nécessité de passer par des points de concentration tels que des centrales d'achats, des centrales de ventes, etc.

Sur cette figure, deux circuits apparaissent :

– le circuit de vente : $1 \rightarrow 2 \rightarrow 3 \rightarrow 4 \rightarrow 5 \rightarrow 6 \rightarrow 7 \rightarrow 8$. Ce circuit serait interrompu entre les étapes 4 et 5 par le circuit de fabrication, si les articles commandés n'étaient pas en entrepôt ;

– le circuit de fabrication : $a \rightarrow b \rightarrow c \rightarrow d \rightarrow e \rightarrow f$

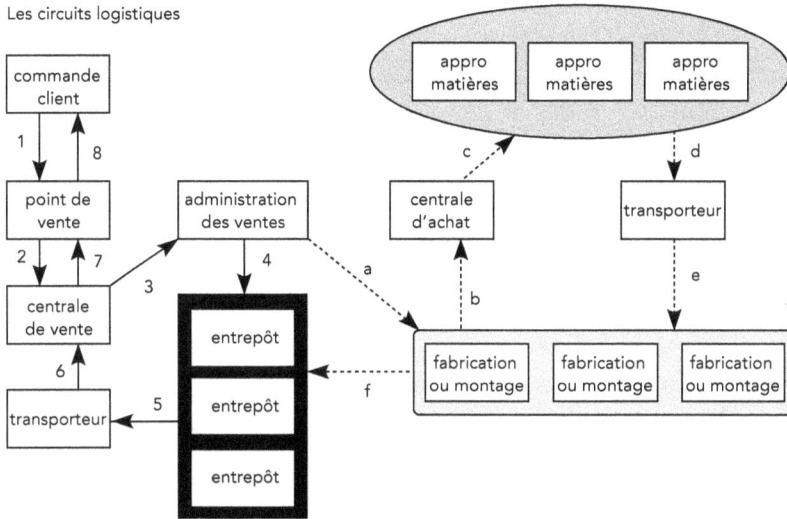

Figure 7.11 : Les circuits de distribution de la commande à la livraison

▶ La topologie logistique. La topologie logistique repose sur trois infrastructures : l'architecture physique, les échanges de données et de documents entre les composantes de l'architecture physique, les composantes logistiques du système d'information.

– l'architecture physique. Le réseau physique doit être parfaitement maîtrisé. En particulier, on doit disposer d'outils pour modéliser ce réseau physique :

- optimisation des circuits ;

- définition des points de concentration et de diffusion ;

- élaboration des rotations de transporteur en fonction des fréquences et des volumes ;

– les échanges de documents et de données par l'informatique. Les transferts de données et de documents doivent être fondés sur une infrastructure EDI. Les progiciels de conversion doivent être utilisés en application des normes qui régissent les divers documents échangés : bons de commande, de transport, de livraison, documents de dédouanement. Parmi les métiers des intervenants qui participent aux échanges avec l'entreprise, on trouve : les clients, les partenaires, les fournisseurs et sous-traitants, les banques, les administrations, les intermédiaires. Les standards normatifs doivent être sécurisés par les procédures de contrôle et d'autorisation d'échange entre partenaires (voir figure 7.12).

Figure 7.12 : Les circuits documents et données

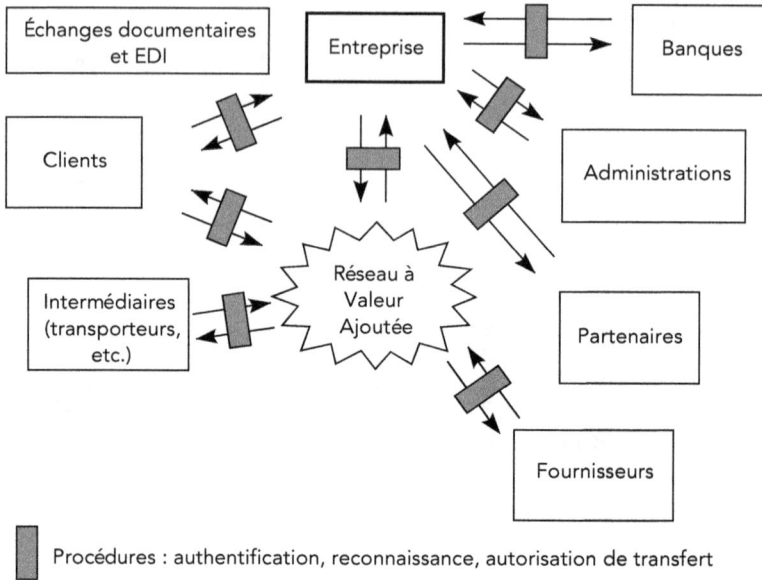

Procédures : authentification, reconnaissance, autorisation de transfert

– l'architecture du système informatique orienté distribution. Les applications logistiques sont consolidées par un référentiel unique. Les informations des applications logistiques sont envoyées aux progiciels de gestion intégrés (voir figure 7.13).

Figure 7.13 : Une architecture orientée distribution

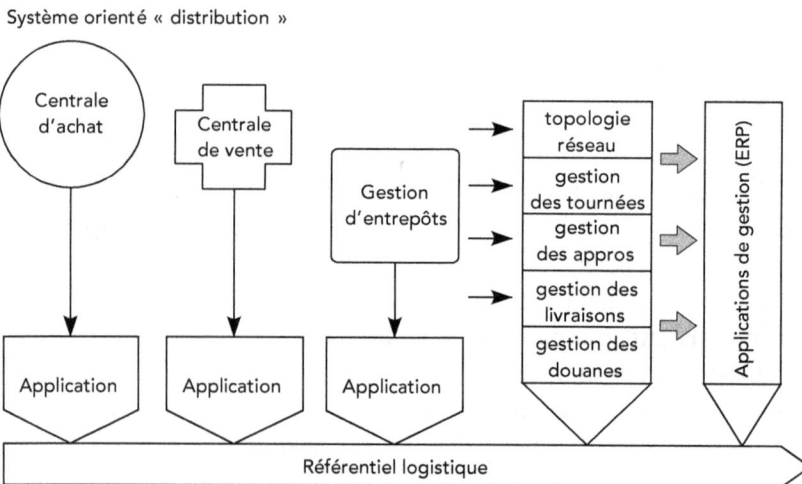

Le système orienté ERP multi-dorsales

Pour un système orienté ERP, la préoccupation unique est la planification de toutes les ressources de l'entreprise. Les problématiques affaires, bureau, clients et distribution sont pertinentes, mais dans des services bien localisés de l'entreprise. Elles ne sont nullement contradictoires avec une approche ERP.

Il faut distinguer la méthode de planification qui s'adapte particulièrement bien à un domaine de l'entreprise de l'intégration nécessaire des progiciels de gestion. C'est pourquoi, il est fortement recommandé de concevoir un système optimisé au niveau de chacune de ces fonctions principales : c'est le système orienté ERP multi-dorsale illustré par la figure 7.14.

Figure 7.14 : La multi-dorsale applicative et ERP

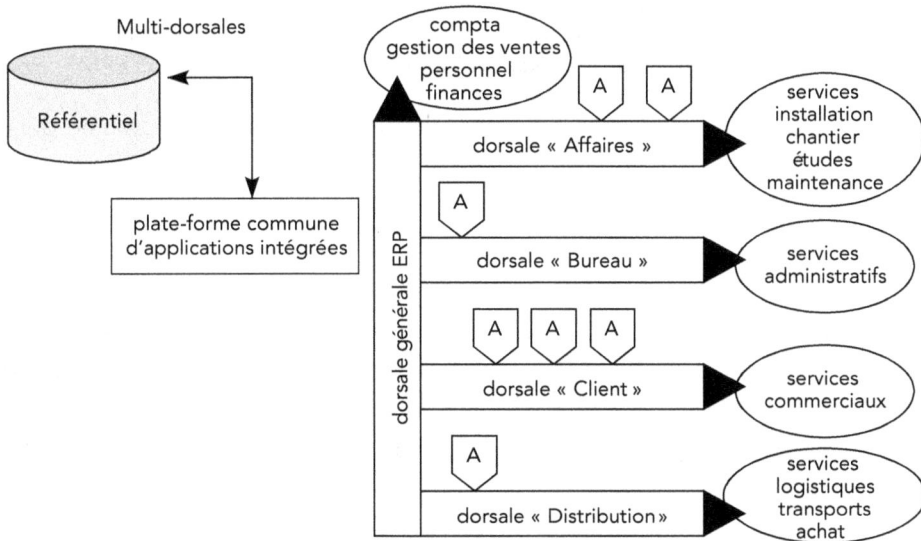

Exemple 7. 4 : Une société de services aux industries acquiert une nouvelle filiale en Europe du Nord

Cette société multinationale, que nous appelons M, est spécialisée dans les services aux grandes industries, plus particulièrement dans le domaine de la mesure. Elle est déjà équipée d'un ERP provenant de l'un des leaders de ce marché.

Elle n'est implantée qu'en Amérique du Nord et en Grande-Bretagne où elle avait acquis plusieurs entreprises travaillant dans son domaine.

En 2003, elle décide de s'implanter en Europe continentale. La direction choisit, pour des raisons linguistiques et de proximité de la clientèle, d'acquérir une société de services implantée en Europe du Nord. Son choix se porte sur l'entreprise A.

A est une grande PMI de 350 employés. L'ensemble de son activité de services aux industries est constitué d'affaires successives considérées comme une suite de projets qui doivent être maîtrisés en termes de budgets et de délais. Cette entreprise s'est équipée de deux progiciels :

– un ERP destiné aux entreprises de sa taille, en l'occurrence Navision©, qui en 2003 faisait partie de la gamme des ERP de Microsoft Business Systems ;

– un système de gestion centralisée de projets : EPM©, Enterprise Project Management© de Microsoft qui dispose d'une partie serveur et dont la partie cliente est MS-Project© Professional pour les chefs de projet, et d'une interface de saisie Web pour les collaborateurs.

Le système informatique de l'entreprise A ne correspond à aucune des normes et à aucun des standards du groupe. Néanmoins, après audit, les consultants de M, montrent que les progiciels de A permettent une gestion rationnelle par projet. La direction de M décide alors de maintenir le choix d'EPM©. Pour Navision, comme il existe un connecteur dans l'EAI utilisé par M et que ce connecteur sert déjà pour interfacer l'une des filiales de M au Royaume-Uni, il n'y a pas de modification de l'informatique de A.

Exemple 7.5 : Acquisition d'une entreprise en France

Trois ans plus tard, le groupe M est prêt à démarrer son activité en France. La direction décide d'acquérir une entreprise existante, comme elle l'avait fait trois années auparavant en Europe du Nord.

Cette fois-ci, c'est une entreprise B de 200 personnes qui est ciblée. Son informatique est la suivante :

– une suite gestion comprenant comptabilité, gestion commerciale et gestion de la paie ;

– de simples outils bureautiques pour la gestion des opérations : au mieux, certains chefs de projets disposent de MS-Projects© en versions disparates, au pire certains gèrent leurs projets avec des versions disparates d'Excel©. Cependant, l'ensemble des projets est consolidé en central par envoi de feuilles Excel© imposées par la direction.

Le groupe décide d'imposer à B l'adoption d'EPM©, ce qui ne pose pas de difficultés majeures car le modèle d'activité est conforme à celui de la filiale A d'Europe du Nord.

La partie comptable et gestion de la paie de la suite de gestion est conservée, avec mise à jour. Mais, pour tous les autres besoins de gestion, c'est Dynamics Nav©, version actuelle de l'ERP NAVISION de Microsoft qui est imposée à B.

La direction du groupe constate que, si sur les trois dernières années, au niveau de la gestion, tout s'est bien passé, par contre, il y a des points à améliorer au niveau :

– des échanges techniques entre les équipes des divers pays,
– de la capitalisation des connaissances qui permettrait de réutiliser des expériences et savoir-faire d'autres équipes,
– des échanges et du partage des documents,
– des outils de recherche,
– de la standardisation des formulaires électroniques,

et, plus généralement, au niveau de la coopération au sein des équipes qui deviennent de plus en plus importantes et multinationales.

Après évaluation, le groupe décide de mettre en œuvre un système Moss© (Microsoft Office Sharepoint server) qui présente une convergence technique avec EPM© car la partie serveur de ce dernier est Sharepoint Services©.

Un pilote est réalisé avant généralisation des deux côtés de l'Atlantique.

Les fonctionnalités de BI de Moss© qui s'appuie sur Excel Services© permettent au groupe de démarrer le premier projet de Business Intelligence lié aux opérations ; toutes les affaires étant traitées sur le mode projet avec EPM©, permettent d'alimenter facilement des classeurs Excel© exploités ensuite par le serveur Moss©.

Chapitre 8

Les tendances de l'écosystème ERP

Ce chapitre est divisé en trois parties :

La première présente une étude synoptique des environnements ERP qui inclut l'analyse du positionnement des autres acteurs du marché informatique par rapport aux ERP ;

La deuxième traite de la « coopétition » des éditeurs, néologisme utilisé par les Anglo-Saxons pour désigner une relation qui est, à la fois, de coopération et de compétition entre les acteurs du marché ;

La troisième est la présentation d'une étude de cas et de son évolution sur une décennie.

Synoptique des environnements ERP

Domaine d'étude

Généralités

Les objectifs de l'étude sont de :

- positionner les grandes tendances de ce marché à nouveau en développement ;
- préciser la définition d'ERP et de progiciel de gestion intégré, ainsi que la stratégie des acteurs actifs dans ces environnements.

Les limites du domaine concerné sont :

▷ les applications horizontales intégrables dans des ERP ;

▷ les applications indispensables d'un point de vue technique et organisationnel.

Le domaine n'interfère pas sur la gestion des données techniques, les applications techniques (CAO, CFAO, traitement d'images) et les applications documentaires.

La segmentation du domaine des ERP

La segmentation peut être analysée de façon horizontale et verticale.

▷ **La segmentation verticale.** Dans la segmentation verticale, on peut dire qu'aujourd'hui les ERP ont pénétré pratiquement tous les secteurs : les industries de fabrication, les industries de process ou en flux continu, les activités de services, les fournisseurs d'énergie et d'eau, les administrations, les activités de banque et finances, les assurances, la grande distribution et la santé.

▷ **La segmentation horizontale.** Pour la segmentation horizontale, le marché peut être considéré à partir des éditeurs fournissant :

  – des systèmes d'ERP ;

  – des modules complémentaires à un ERP ;

  – des systèmes de DRP soit intégrables à un ERP, soit susceptibles de constituer une dorsale orientée distribution sur laquelle peuvent venir s'interfacer des applications de gestion ; ces systèmes sont aussi appelés SCM ou systèmes de gestion logistique.

  – des systèmes de CAM de même, soit intégrables à un ERP, soit à la base d'une dorsale orientée clients ; ces systèmes sont maintenant appelés CRM ou systèmes de gestion de la relation clients ;

  – des suites de gestion intégrées ;

  – des progiciels de gestion de production ou de fabrication qui s'interfacent avec des applications tertiaires (comptabilité, ventes, finances, personnel).

Comme l'illustre la figure 8.1, le croisement des segmentations horizontales et verticales n'est pas toujours possible, la nature de l'activité de l'entreprise pouvant ou non le permettre.

D'autres progiciels de gestion intégrés ciblent des domaines spécifiques particuliers qui peuvent être au cœur du métier de leurs utilisateurs. Par exemple, pour un « provider » de réseaux ou de télécommunication, un ERP centré sur la gestion d'infrastructure pourrait avoir beaucoup d'avantages.

Figure 8.1 : Double segmentation du marché

Segmentation horizontale et verticale

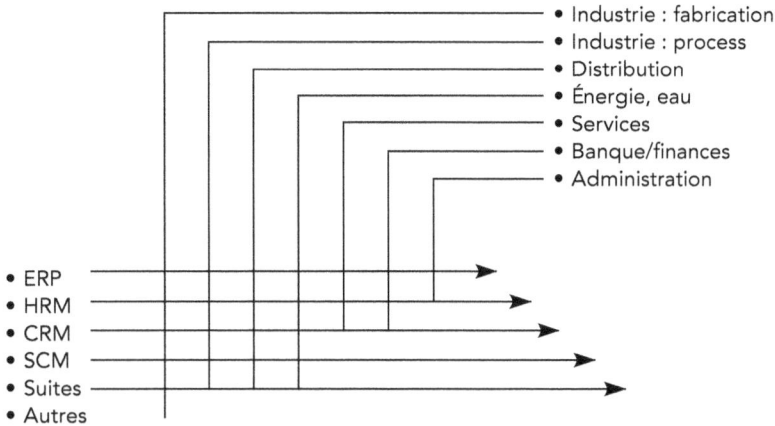

La spécialisation des ERP et la notion de progiciel de gestion intégré

La *Customer Relation Care* (CRM), le *Supply Chain Management* (SCM) et le *Human Resource Management* (HRM) sont parfois assimilés à des ERP. Cela est justifié car, même si leur but initial était restreint, leurs éditeurs ont systématiquement rajouté les modules comptables et administratifs nécessaires pour en faire de véritables ERP. Les éditeurs d'ERP généralistes ont, de leur côté, intégré les modules nécessaires à la couverture des besoins de gestions spécialisées, telles que la gestion de la relation client, de la chaîne logistique, des ressources humaines, etc.

- **La CRM** ou *Customer Relation Care* (CRC), système de Gestion de la Relation Client (GRC), où l'objectif cible est la gestion des affaires commerciales. La CRM doit inclure :
  - la *Sales Forces Automation* (SFA) ou système d'Animation des Forces de Ventes (AFV) ;
  - le *Marketing Management System* (MMS) ou système de Gestion de Marketing Intégré (GMI) ;
  - le *Partners Animation and Care System* (PACS) ou système de Gestion des Partenaires Commerciaux (GPC).

- **Le SCM** ou système de Gestion de la Chaîne Logistique (GCL) qui est dédié à toute la problématique d'approvisionnement, livraison, réception, stockage. Le SCM comprend :
  - la gestion des tournées ou des rotations ;

- la gestion de la flotte de transporteurs ;
- la gestion des transporteurs tiers ;
- les échanges et le traitement des effets documentaires ;
- etc.

▷ **Le HRM** ou système de Gestion des Ressources Humaines (GRH), avec la gestion du registre du personnel, des carrières, des formations, des affectations, des salaires, etc., en fait, tout module ou application de gestion concernant l'évolution du personnel de l'entreprise.

Encore plus spécialisés, les ERP spécifiques métiers s'adressent à des communautés professionnelles retreintes à certains secteurs d'activité.

La distinction entre « Suite applicative intégrée » et ERP faite dans les années qui précèdent, n'a plus lieu d'être. Les « suites » qui avaient pour plates-formes de prédilection Windows Server©, étaient confinées à leur utilisation en PME/PMI. Avec Windows Server 2008©, cette classification devient obsolète.

▷ **Les réseaux de partenariat.** Les réseaux de partenariat des éditeurs sont souvent à compétences multiples, assurant ainsi des services sur plusieurs produits qui sont parfois en concurrence frontale. Des éditeurs de progiciels spécifiques métier jouent aussi le rôle d'intégrateurs sur leur marché, ce qui leur permet d'afficher une plus-value sur le plan professionnel ou géographique.

Les tendances et les évolutions générales

Les canaux de vente, les volumes de marché et la répartition des revenus conditionnent le marché des ERP et des logiciels de complément.

▷ **Les canaux de vente.** Certains éditeurs, comme Microsoft, vendent exclusivement en mode indirect, à travers un réseau de partenaires pour leur gamme Dynamics. Les autres grands vendent en direct aux grands comptes, et en indirect aux autres utilisateurs.

▷ **Le regroupement des grands éditeurs.** Le grand changement depuis 2005 est le regroupement des grands éditeurs :
- en rachetant Solomon©, Great Plains©, Axapta© et Navision©, Microsoft a créé sa gamme Dynamics©.
- Oracle a racheté Peoplesoft©, JD Edwards©, Siebel©…
- IBM a « jeté l'éponge » et revendu HR Access©.

▷ **La répartition des revenus liés aux projets ERP.** La part la plus importante des revenus revient aux services, c'est-à-dire le conseil, l'intégration et le transfert de compétence, estimés entre 30 et 45 %. Ensuite, est la part des éditeurs constituée par les prix des licences des progiciels, tous progiciels confondus (ERP et applications complémentaires), entre 25 et 35 %. Enfin, est la part constituée par les coûts de matériels qui varient de 20 à 30 %, en fonction des infrastructures choisies. Ces éléments ne concernent que les coûts d'acquisition.

S'ajoutent ensuite les coûts d'exploitation et de maintenance. Les mises à jour et évolutions à la demande du client dépendent des éditeurs, des constructeurs et des besoins du client. Les évolutions peuvent aller de l'intégration d'applications simples dans le système d'information, à l'interfaçage de plusieurs ERP.

Si on limitait la notion d'ERP à l'intégration d'origine (éditeur), la vision du marché ne serait que partielle. Cependant, l'utilisateur conserve son libre arbitre de n'acheter qu'une partie de l'ERP. Si on étend la notion d'ERP à tout progiciel de gestion intégré, alors, le concept d'ERP devient un concept utilisateur final et non plus un concept éditeur. La question reste de définir à partir de quel niveau d'intégration un système est considéré comme un ERP…

Il convient de distinguer plusieurs types d'intégrations :

- l'intégration à fort couplage, où seules restent les fonctionnalités du produit autrefois indépendant : elle est faite par l'éditeur pour les logiciels qu'il a acquis afin d'enrichir son ERP ;
- l'intégration à moyen couplage, où les interfaces entre produits ont la même structure ;
- l'intégration à faible couplage, où les applications échangent des données mais conservent leur complète indépendance ; elle est réalisable par la mise en œuvre de Web Services ou avec l'utilisation d'un ESB.

Figure 8.2 : L'intégration d'origine de l'éditeur ou l'intégration à façon

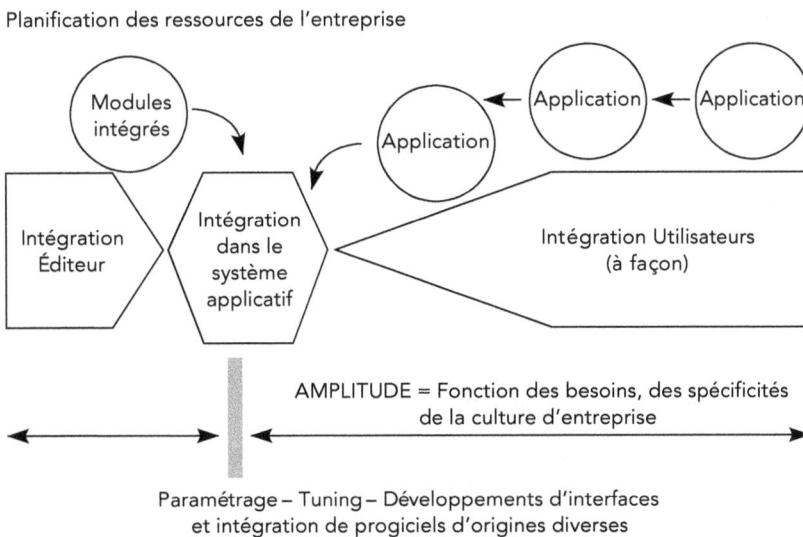

La notion de *Resource Planning*, c'est-à-dire la capacité à planifier l'ensemble des ressources de l'entreprise, ne préjuge pas de la part d'intégration à façon qu'il reste à réaliser par rapport à la part de modules déjà intégrés par l'éditeur. Les objectifs à conserver en mémoire sont :

– le raccourcissement des cycles de traitement ;
– l'homogénéisation des méthodes ;
– l'intégrité des traitements.

Fournisseurs des couches basses et d'ERP ?

Le domaine des ERP, et des progiciels qui y sont associés, est devenu l'un des enjeux les plus importants du marché informatique. Les acteurs, dans leur ensemble, se sont alors positionnés en conservant leur métier de base.

Les constructeurs et éditeurs des couches de base

Pour les constructeurs et les éditeurs de systèmes d'exploitation, le marché des ERP représente des opportunités majeures pour le renouvellement de parcs matériels considérables ; aussi, tous les constructeurs ont-ils engagé des partenariats stratégiques avec les éditeurs créant des cellules « ERP ». Ils mettent en avant leurs partenariats avec les leaders du marché.

▷ Les fournisseurs d'OS serveurs. Les serveurs d'ERP constituent un des enjeux importants et un terrain de bataille privilégié pour ces éditeurs. Microsoft est allé plus loin, en créant une division éditant Dynamics©.

▷ Les fournisseurs de SGBD. La même remarque peut être faite avec les éditeurs de bases de données. Ainsi, Oracle a-t-elle aujourd'hui deux activités majeures : l'édition de la base de données éponyme et celle d'Oracle Business Suite©.

Les éditeurs de produits horizontaux

Pour les éditeurs de progiciels horizontaux, l'éventualité d'une intégration avec un ou plusieurs ERP constitue une opportunité importante. C'est le cas des éditeurs : de suites bureautiques, de messageries, de progiciels de travail de groupe.

Les éditeurs de Web applications

Ces logiciels de base sont destinés à développer des sites marchands ou tout autre site Internet professionnel ou e-Application susceptible de gérer un besoin de transactions massives, dans un cadre d'applications critiques. Avec la progression de l'approche objet par composants progiciels, l'architecture actuelle des solutions intégrées est totalement fondée par des composants objets.

Les deux écoles d'environnement objets, JAVA/JEE succédant à CORBA d'une part et .Net succédant à COM/DCOM, de l'autre pour Microsoft, ont conduit à une dualité de cultures illustrées par les deux figures qui suivent. Cependant, toutes les applications CORBA sont loin d'avoir migré vers J2EE/EJB, et il reste beaucoup d'applications COM/DCOM malgré le lancement commercial .NET par Microsoft en 2002.

Figure 8.3 : Vers des environnements de composants objets

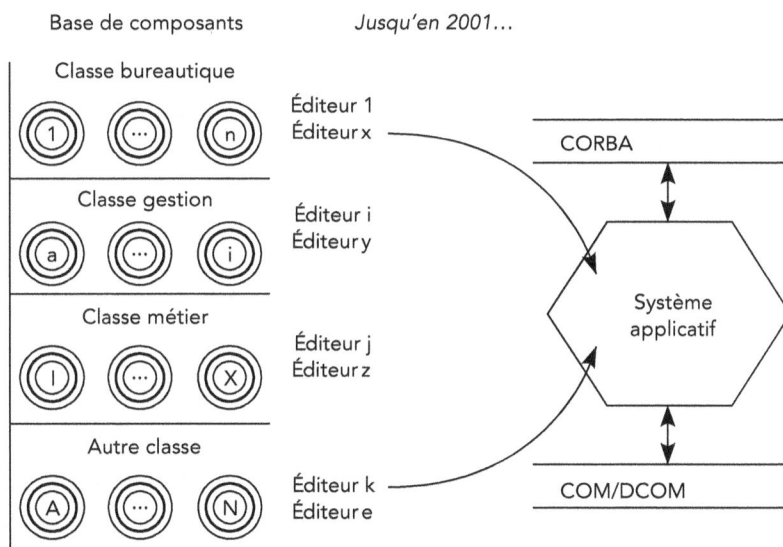

Si les approches technologiques sont analogues, les deux architectures n'ont rien de commun et la seconde utilise exclusivement des plates-formes Windows Server©, aussi bien pour les serveurs d'applications que de publications Web. La figure 8.4 explique cette divergence entre le modèle Java© et le modèle .Net©.

Remarque : dans l'architecture .Net©, Java est considéré comme un langage informatique parmi les autres ; dans l'architecture Java/JEE/EJB©, les systèmes d'exploitation Windows sont vus comme tout autre OS. Seule, une Java Virtual Machine (JVM), ou moteur logiciel Java, est requis au-dessus de Windows©.

Figure 8.4 : Évolutions JEE/EJB et .NET

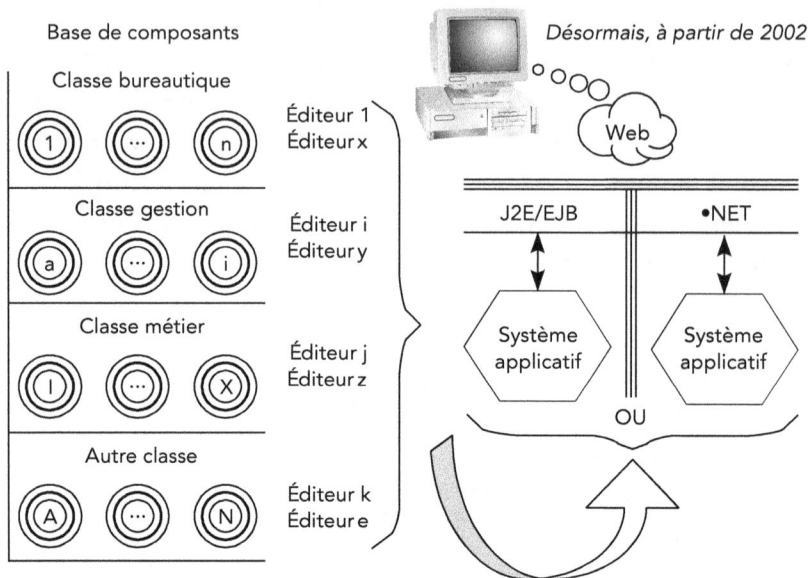

XML : un environnement technologique de passerelles

Jusqu'en 2000, il existait une double dichotomie entre les technologies pré-Internet et celles qui sont venues avec le Web :

- d'une part, entre le monde HTML, encore très attaché à ses origines « documentaires », et le monde des bases de données, où le langage de requête standard reste SQL ;

- d'autre part, entre la problématique initiale des sites Web purement passifs, et l'univers hautement transactionnel des applications critiques de gestion.

XML – *eXtensible Mark-up Language* – est la technologie qui a permis d'établir les passerelles entre ces deux mondes. Aujourd'hui, réellement stabilisé et adopté par l'ensemble de la profession informatique, XML est devenu l'une des technologies de fondement des systèmes hautement hétérogènes en architecture client-serveur n-tiers. Défini à ses débuts comme un langage, au même titre que HTML ou SGML – *Standard Generalized Markup Language* –, XML apparaît aujourd'hui comme central à la problématique d'interconnexion des applications. Il est fédérateur de plusieurs univers :

- celui des gestionnaires de file d'attente (*Message Brokers*) et gestionnaires de transactions ;

◗ celui des langages tels que HTML, JAVA ou C#, et surtout de SQL car il assure les requêtes vers des bases de données à partir de séquences HTML, Java Script, VBScript, etc. dans lesquelles le programmeur est libre d'insérer des séquences XML ;

◗ celui des protocoles de communication TCP/IP, HTTP, *File Transfer Protocol* (FTP) ;

◗ celui des méthodes d'accès aux données et objets, tels que J2EE/EJB, .NET ou encore par simple « File System » (serveur de fichier), assurant ainsi une compatibilité avec l'ensemble des environnements de développement des e-Applications.

XML devient ainsi l'une des technologies majeures utilisée par les EAI.

Figure 8.5 : XML, un environnement fédérateur

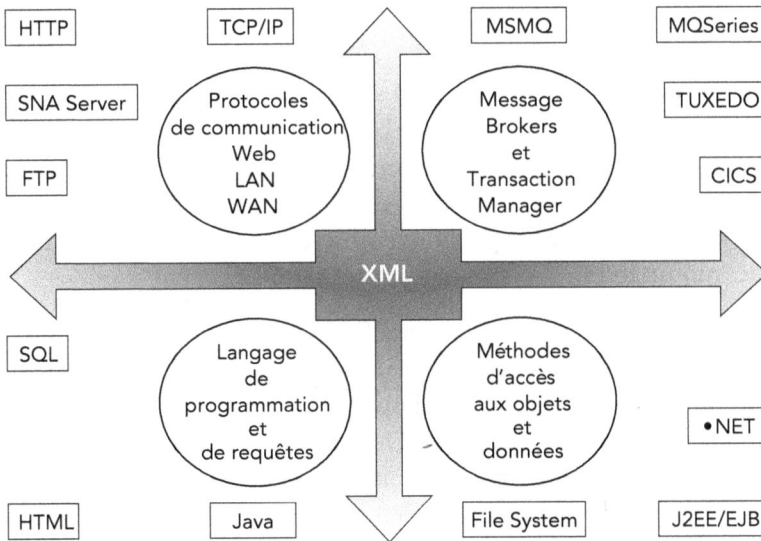

Les éditeurs d'outils pour SGBD

Le modèle le plus courant et le plus performant de système de base de données utilisé en gestion est le modèle relationnel. Ces éditeurs peuvent être répertoriés en trois catégories :

— les éditeurs de SGBD-R ;

— les éditeurs d'outils de middleware : gestionnaire de files d'attente (*File Queueing System/Message Broker*), système de gestion de transactions, etc.

— les éditeurs d'outils de construction de datacentre, datawarehouse, datamining, tels qu'extracteurs de données, générateurs de requêtes, outils de statistiques.

Figure 8.6 : Les éditeurs orientés « bases de données »

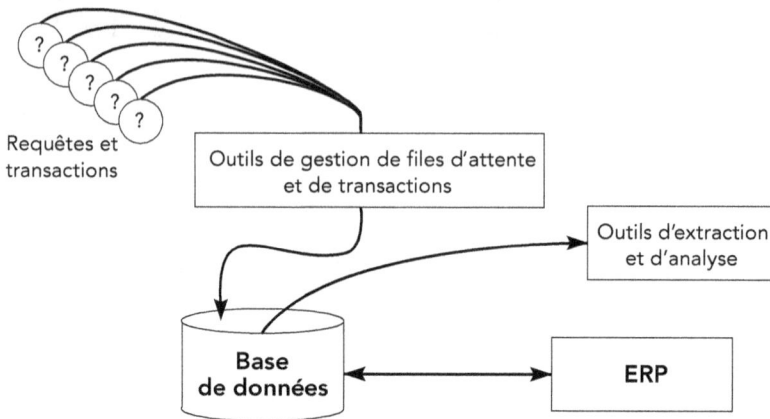

- Les éditeurs de middleware. L'homologation d'un middleware par un éditeur d'ERP est génératrice d'un volume important de vente de licences, soit en OEM – *Original Equipment Manufacturer* – (intégrées par les éditeurs), soit acquises directement par les utilisateurs. À la base de l'intercommunication entre environnements et applications différentes, les éditeurs de middleware sont incontournables.

- Les éditeurs de datacentre. Un système ERP est un outil de production, dans le domaine de la gestion. Il lui manque les outils d'aide à la décision et au pilotage. Réciproquement, l'efficacité d'un datacentre est intimement liée à l'intégrité et à la cohérence des données. Dans le domaine de la gestion, la mise en place d'un ERP est synonyme, une fois celui-ci opérationnel, de l'existence de conditions favorables pour des projets de datacentre. Les utilisateurs d'ERP sont, par conséquent, des cibles importantes de prospects. De la même façon, les éditeurs d'ERP voient en la fourniture ou l'intégration d'outils de datacentre, une plus-value fonctionnelle pour leurs produits.

Un marché de renouveau pour le développement logiciel

Les environnements ERP apportent une véritable mutation du marché du développement logiciel. On aurait pu croire que le marché du développement à façon disparaîtrait avec l'utilisation généralisée des progiciels, il n'en est rien, car les projets d'implantation d'ERP nécessitent toujours une part importante de développements complémentaires.

Les bases nouvelles de ce marché sont :

◗ des développements à façon dont une très grande partie est limitée aux inter-faces et intégration d'applications entre elles ;

◗ un cadrage de fait par les standards de middleware ;

◗ une approche objet généralisée.

Le métier des SSII a évolué, de ce fait, vers l'intégration de systèmes fondés sur des progiciels.

Un début de siècle mouvementé

Grippage et redémarrage du marché des ERP

Après un début foudroyant (1995-2000), le marché des ERP a été un peu grippé par les priorités de passage à l'An 2000 et la conversion euro (2000-2002).

Figure 8.7 : Quelques accrocs au développement du marché des ERP en France

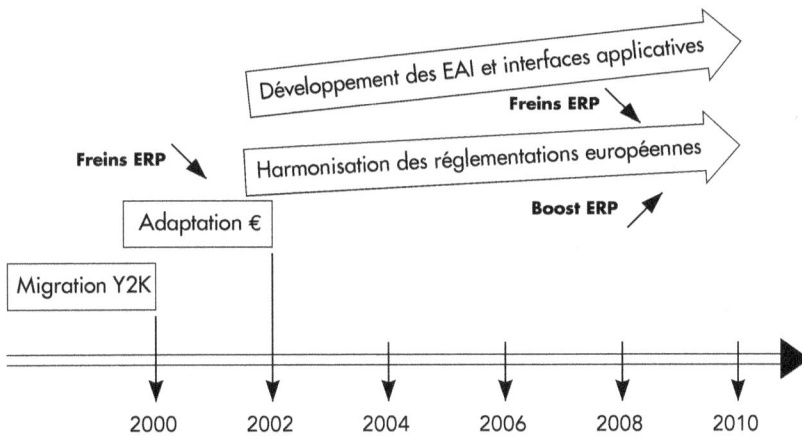

Puis le marché est reparti, pour aboutir aujourd'hui à une situation où l'ensemble des grands comptes est équipé. Les catalyseurs de ce développement sont :

◗ une harmonisation croissante des réglementations européennes qui pousse les entreprises à se doter d'outils de gestion leur permettant d'intégrer ces règles sur un modèle standard ;

◗ le développement des échanges, par l'ouverture des marchés intra-européens, qui est de nature à favoriser l'adoption d'ERP par les entreprises encore « frileuses » ;

◗ le « nouveau marché » des PME/PMI qui reste à conquérir.

Cependant, ces développements concerneront autant les ERP de type généraliste que ceux du type spécialisé. On assistera ainsi à une nécessaire communication entre plusieurs types de progiciels de gestion intégrés, afin de mieux couvrir les besoins des diverses divisions. Cette situation entraînera une progression du marché des ERP qui se développera de pair avec le développement du marché des EAI.

Les ERP sont largement utilisés dans les très grandes entreprises

L'adoption d'un ou plusieurs ERP par les grandes entreprises s'est généralisée selon les segments de marché. Sur les douze marchés ci-après, le panorama suivant peut être dressé, pour la France, qui résulte d'un ensemble d'études effectuées par l'auteur.

Figure 8.8 : Un taux élevé d'équipement ERP dans les grandes entreprises (>5 000 employés)

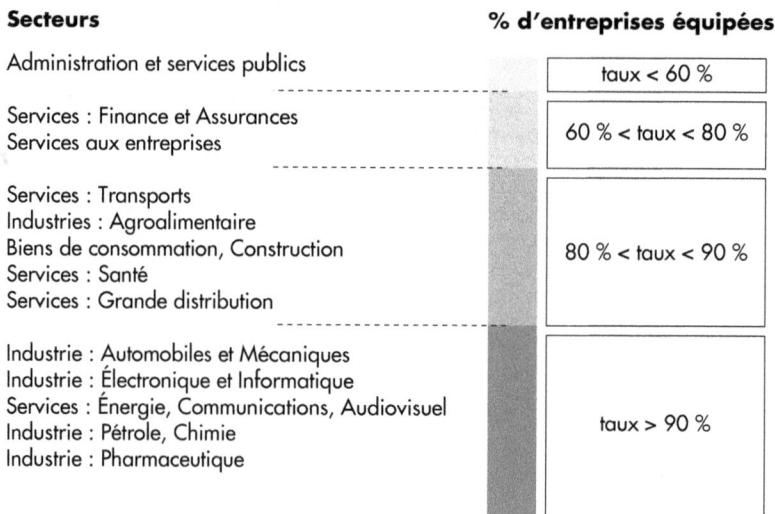

Secteurs	% d'entreprises équipées
Administration et services publics	taux < 60 %
Services : Finance et Assurances Services aux entreprises	60 % < taux < 80 %
Services : Transports Industries : Agroalimentaire Biens de consommation, Construction Services : Santé Services : Grande distribution	80 % < taux < 90 %
Industrie : Automobiles et Mécaniques Industrie : Électronique et Informatique Services : Énergie, Communications, Audiovisuel Industrie : Pétrole, Chimie Industrie : Pharmaceutique	taux > 90 %

Les PME/PMI : le grand marché à conquérir

Le prochain challenge est l'équipement des PME/PMI en ERP.

Il est difficile d'évaluer avec précision le taux d'équipement des petites et moyennes entreprises (moins de 5 000 employés) non filiales d'un grand groupe. Pour les plus petites d'entre elles, la préoccupation exclusive reste en premier lieu l'opérationnalité au jour le jour. L'intégration des systèmes d'informations ne fait pas partie des besoins primordiaux.

Il conviendrait de classer toutes les entreprises de moins de 20 employés, hors domaine d'utilisation des ERP. Cependant, on constate que lorsque de telles entreprises se dotent d'un progiciel métier… il est forcément « Progiciel de gestion intégré » ! C'est, en particulier, le cas des cabinets médicaux, des pharmacies, des laboratoires d'analyses médicales et des centres de radiologie.

Dans le créneau des entreprises ayant entre 20 et 100 employés, il convient de distinguer les entreprises commerciales des industries. Ces dernières, dès qu'elles sont confrontées à l'existence d'une activité de production, ont intérêt à raisonner en termes de progiciels intégrés à une gestion de production. Quant aux autres, nombre d'entre elles ont adopté des suites comptables intégrées disposant de modules de paie, de facturation, de gestion commerciale, d'inventaire.

Un autre facteur important qui joue en faveur de l'adoption d'un ERP est le statut de sous-traitant ou fournisseur agréé ou homologué de grands donneurs d'ordres.

Figure 8.9 : L'équipement des PME/PMI en ERP est inégal

Types d'entreprises	Nombre d'employés	
SoHo : « Small Office Home Office »	Mono employé ou < 5	Situations particulières (pharmacies, cabinets médicaux)
TPE-TP : Très petites entreprises/industries	5 < employés < 20	
PE-PI : Petites entreprises et industries	20 < employés < 50	< 15 % (hors suites progicielles)
Moyennes entreprises (ME) mono-établissement	50 < employés < 100	
Moyennes industries (MI) mono-établissement ME et MI multi-établissements	50 < employés < 100	15-25 % (+ suites progicielles)
PME/PMI autonomes	100 < employés < 1 000	
PME/MPI importantes et autonomes	1 000 < employés < 5 000	35-40 %
PME/PMI sous-traitantes d'un grand groupe	100 < employés < 5 000	40-60 %

À ces PME/PMI, il faut rajouter les filiales, départements et franchisés des grandes entreprises. Une fois équipés, le challenge sera d'assurer l'interopérabilité de ces structures avec les sites centraux des maisons mères, déjà équipées.

Microsoft Dynamics© cible exclusivement ce domaine des PME/PMI.

Projet ERP versus projet d'e-Applications dans les grandes entreprises

Il est révélateur de mettre en parallèle les données rendues publiques ou qui ont émergé de ces projets, en termes de respect des budgets et des délais, entre :

▶ d'une part, des grands projets d'ERP à objectifs très ambitieux et globaux ;

▶ d'autre part, les projets d'e-Applications à l'échelle de grandes entreprises.

De cette étude sont exclus les sites des start-up d'e-Commerce qui ont proliféré entre l'An 2000, pour aboutir au krach de la bulle Internet. Dans leurs cas, il n'y a pas d'échec technique mais des faillites de leurs « *Business Models* ». Les résultats ne sont pas ceux auxquels on s'attendait ! C'est ce que montre la figure 8.10 ci-dessous.

Figure 8.10 : Projets ERP/Projet e-Applications, des taux de succès inversés !

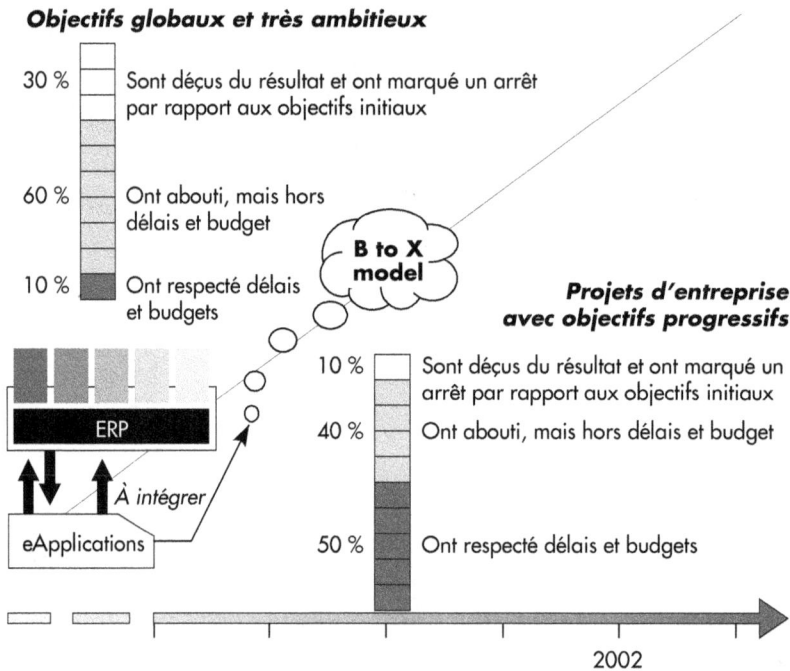

1. L'échec relatif (« ont marqué un arrêt par rapport aux objectifs initiaux ») représente 30 % des grands projets d'ERP et seulement 10 % pour les projets e-Applications ;

2. 50 % ont respecté délais et budgets pour le e-Applications et 10 % seulement pour les grands projets d'ERP ;

3. 40 % ont abouti, mais hors délais et budgets, pour les e-Applications et 60 %, côté ERP.

Les explications *a posteriori* sont les suivantes :

▶ pas de modifications profondes d'infrastructure de réseaux locaux ou distants pour les e-Applications, alors qu'elles sont nécessaires dans une architecture d'ERP classique en client/serveur [2/3] ;

▷ pour les e-Applications, il n'y avait pas d'acquis ni de système existant pour les entreprises, si ce n'est des sites Web de présentation marketing. Pour un ERP, l'existant doit être pris en compte…

▷ en revanche, les réalisations d'e-Applications ont été faites avec des outils neufs, alors que l'offre des éditeurs était en plein processus de structuration.

1/3 des e-Applications sont de nouveaux projets, 1/3 des compléments à un existant, 1/3 des rénovations d'applications existantes. Le résultat montre l'intérêt d'intégrer ces e-Applications aux ERP. Ce défi est, à la fois, relevé par les éditeurs d'ERP et par les grands intégrateurs du marché. Ces derniers ont interfacé l'accès par le Web aux *legacies*, aux applications de *back-office* ainsi qu'aux ERP.

La « coopétition » et l'écosystème ERP

Coopétition et éditeurs : concurrence et complémentarité

La tendance des relations entre éditeurs est résumée par le mot anglais *coopetition* composé des mots *cooperation* et *competition*. À l'instar de qui se passe dans les autres domaines des environnements client-serveur, les éditeurs d'ERP sont concurrents les uns les autres mais doivent faire de telle sorte que leurs applications communiquent entre elles. Cette communication est la première forme de coopétition. Les deux cas les plus remarquables de coopétition, dans le domaine des ERP sont :

▷ Microsoft et SAP d'une part ;

▷ Microsoft et Oracle d'autre part.

Dans les deux cas, des sites conjoints ont été créés (voir le blog de l'auteur : http://www.weltram.eu/jeanlouislequeux.aspx).

Une autre forme de coopétition consiste à animer des réseaux de partenariat multi-compétences tout en animant l'écosystème ainsi constitué.

Les ERP et leur écosystème

L'époque du « face-à-face » entre l'entreprise et ses clients est bel et bien révolue. Aujourd'hui, l'entreprise est tributaire d'une dizaine de familles d'acteurs qui impactent son activité. Pour gérer les relations avec chacune de ces familles, des systèmes informatiques dédiés ont été développés, soit de façon « propriétaire », soit sous la forme de progiciels de gestion (intégrés ou non).

Ces diverses familles sont :

- les autorités de l'État qui interviennent par leurs organismes de régulation ou de contrôle. Les *Authorities Relation Management* (ARM) – gestion des relations avec l'État – font désormais l'objet d'une obligation de « conformité » (voir chapitre 9) ;

- les employés dont la gestion est prise en charge par les progiciels de gestion intégrés que sont les HRM – gestion des ressources humaines. Le maintien, le développement et la capitalisation de la connaissance interne sont assurés par les systèmes de *Knowledge Management* (KM) ;

- le grand public, auprès de qui l'image de marque de l'entreprise devient une composante importante, d'autant qu'elle influence réellement l'image que l'entreprise peut avoir sur les autorités ;

- la concurrence qui constitue une famille d'acteurs dont la surveillance doit être maîtrisée par la veille technologique et des systèmes de *Market Detection* ;

- les clients dont la gestion est l'objectif des systèmes de CRM. Ils permettent de gérer la relation clients, incluant ou non les modules de SFA ;

- les partenaires, distributeurs, franchisés, revendeurs à valeur ajoutée qui sont gérés par des PACS ;

- les actionnaires et investisseurs qui doivent faire l'objet d'un suivi dédié : pages d'information, historique de la valeur de l'action, revenus des actions, bilans, appels divers au marché (par exemple, split, émission de nouvelles actions ou obligations, autres opérations : alliances stratégiques, OPA) ;

- les banques : en sus des classiques systèmes ETEBAC pour l'échange de données entre entreprise et banque qui font partie désormais des progiciels de comptabilité, des systèmes de *Cash Flow Forecast Management* (CFM) – gestion prévisionnelle de la trésorerie – assure la relation avec les banques ;

- les sous-traitants ont toujours été une composante essentielle des acteurs de la vie de l'entreprise. Ils impactent de façon importante le cycle de mise sur le marché des produits et services. Un Extranet peut leur être dédié pour le suivi des appels d'offres ;

- les fournisseurs sont traités par les systèmes SCM – gestion de la chaîne logistique – et d'e-Procurement – gestion des fournitures.

Figure 8.11 : Environnement socio-économique de l'entreprise

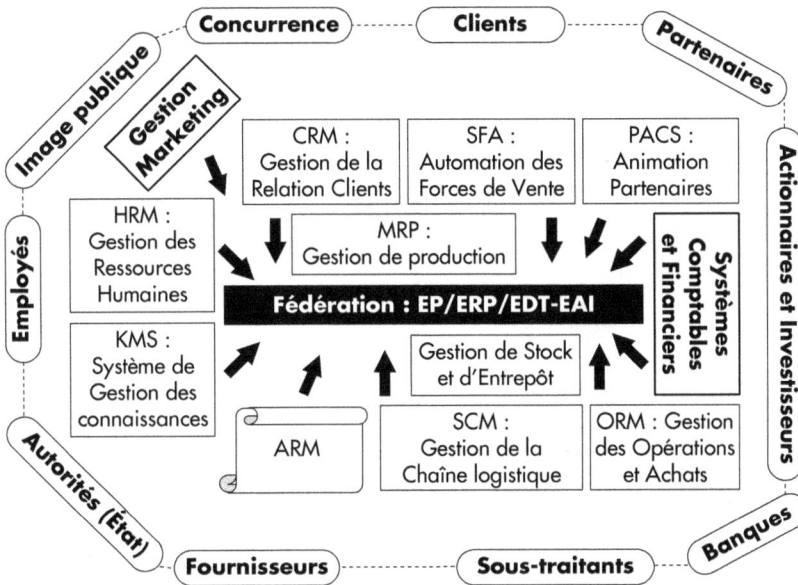

Les ERP face aux autres approches applicatives

Rappelons qu'à l'origine des systèmes d'ERP, on trouvait les « triptyques » de gestion (comptabilité, gestion commerciale, gestion de production). Avec l'avènement des ERP, l'intégration complète semblait inéluctable, à la fin des années 1990. Aujourd'hui, il apparaît que l'approche est à nouveau à la multiplication des applications spécifiques, parmi lesquelles les progiciels intégrés de CRM, HRM, SCM, GMAO et autres *Product Document Management* (PDM), MRP.

Avec l'avènement de la génération Web 2, il y a eu une propagation fulgurante d'applications Web : e-Procurement (gestion des fournitures), e-B-to-B (*e-Business-to-Business*) ou e-B-to-C (e-*Business-to-Consumer*). Or, ces applications concourent, et pour une part de plus en plus importante, aux revenus de l'entreprise.

Les éditeurs d'ERP doivent intégrer ou interfacer l'ensemble de ces applications.

L'ensemble de ces applications doit être fédéré d'une façon ou d'une autre, c'est-à-dire :

 soit par l'ERP, s'il dispose des modules adéquats ;

 soit par un *Enterprise Portal* (EP) – portail d'entreprise ;

⬧ ou par un système d'ESB, concept technologique qui a pris le relais des EAI et qui est fondé sur les Web Services, voire sur une SOA.

En général, pour les plus grandes entreprises, les trois types d'intégration cohabitent.

Figure 8.12 : Les ERP et l'émergence des autres systèmes de gestion

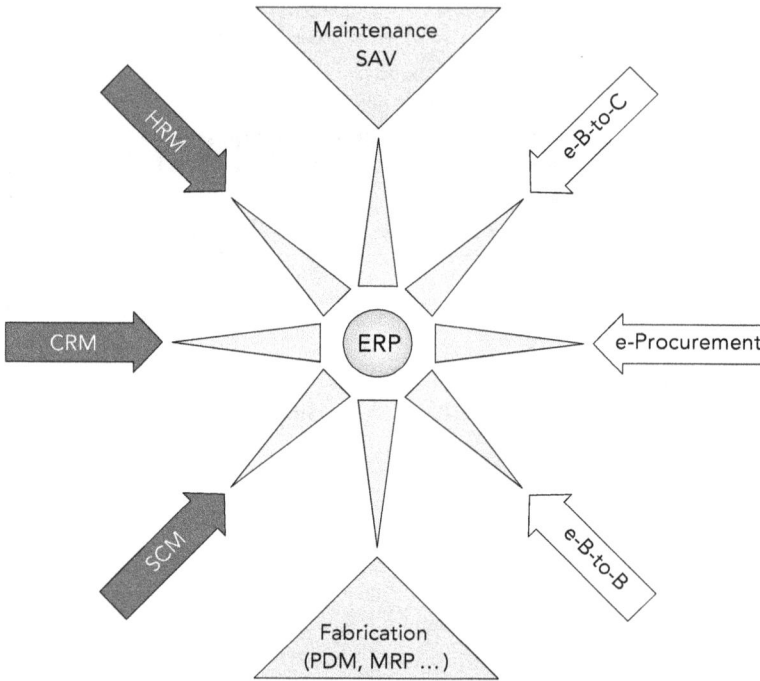

La nécessité de prévoir sur le long terme

Utilité des applications informatiques à la prévision

L'entreprise vit au rythme de son année fiscale, elle-même divisée en quatre trimestres Q1, Q2, Q3, Q4. Le positionnement des divers types de progiciels de gestion intégrés est le suivant :

⬧ les systèmes de comptabilité intégrés attestent des résultats de l'année fiscale (écoulée). C'est une source d'informations sur le vécu de l'entreprise, dont des extractions de données permettent d'alimenter les bases OLAP ;

⬧ les progiciels de gestion intégrés, ERP, HRM, CRM, MRP, SCM, etc. permettent le planning des ressources de l'entreprise et répondent à un besoin d'optimisation pour le trimestre en cours (Q), ainsi qu'une prévision sur le court et moyen terme ;

Pour la gestion de l'entreprise à la prévision, les ERP offrent des outils de maîtrise de processus, permettant ainsi une meilleure connaissance des risques sur le moyen et le long terme, en utilisant les possibilités de reporting et d'analyse. Cependant, pour que l'ERP de l'entreprise dispose des qualités d'un système de gestion des risques globaux de l'entreprise ou *Enterprise Risks Management* (ERM), il faut disposer des éléments nécessaires à la prévision des risques financiers, des risques clients, des risques humains et des risques opérationnels. L'évaluation de ces risques peut être conduite par des outils de tableau de bord prévisionnels, en s'appuyant sur l'ISO 27005 qui est la norme sur le *Risk Assessment*, indépendante des méthodologies[1] existantes telles que celles du *Committee of Sponsoring Organizations of the Treadway Commission* (COSO) ou Mehari, qui restent pertinentes et compatibles avec cette norme ISO.

Figure 8.13 : Utilité des applications pour la prévision

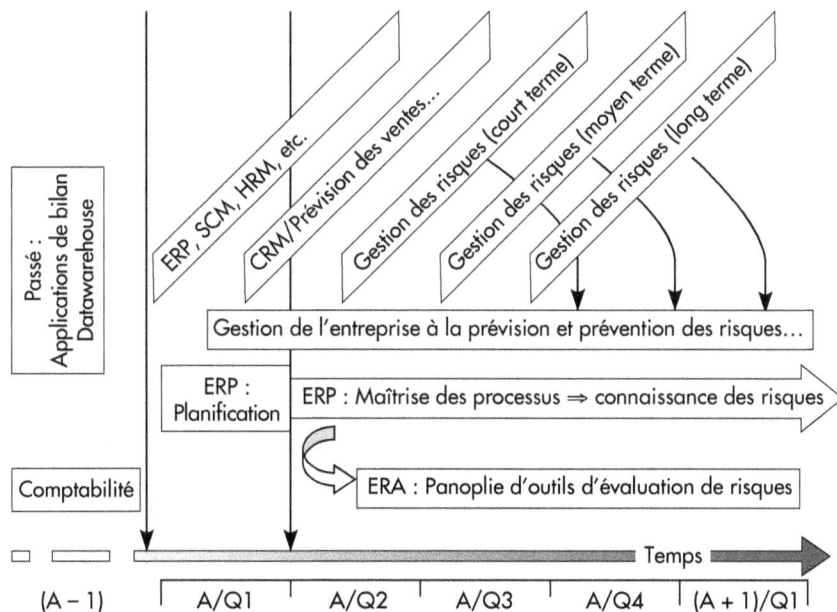

---

1. Le deuxième rapport (COSO II Report) est en très grande visibilité depuis la contrainte de conformité Sarbanes-Oxley imposée par le gouvernement américain aux sociétés faisant appel au marché des places boursières outre-Atlantique. Mehari est la méthode française la plus connue d'évaluation des risques.

Le rôle central des ERP

L'utilisation de l'ERP à la prévention des risques est possible à plusieurs niveaux.

- En ce qui concerne les consolidations :
  - pour diverses structures qui composent l'entreprise ;
  - d'un ensemble d'activités ;
  - pour certaines activités auditées.
- Au niveau des décisions d'actions. Ces décisions sont prises tant au niveau opérationnel qu'au niveau stratégique.

C'est à partir d'éléments de reporting que les consolidations peuvent être effectuées et les décisions stratégiques prises à la condition que l'éditeur ait intégré des outils d'extraction et d'analyse des données. Ces outils peuvent aussi être disponibles par intégration spécifique, à partir de logiciels standards du marché tels qu'un datawarehouse.

Figure 8.14 : Utilisation de l'ERP à la prévention des risques

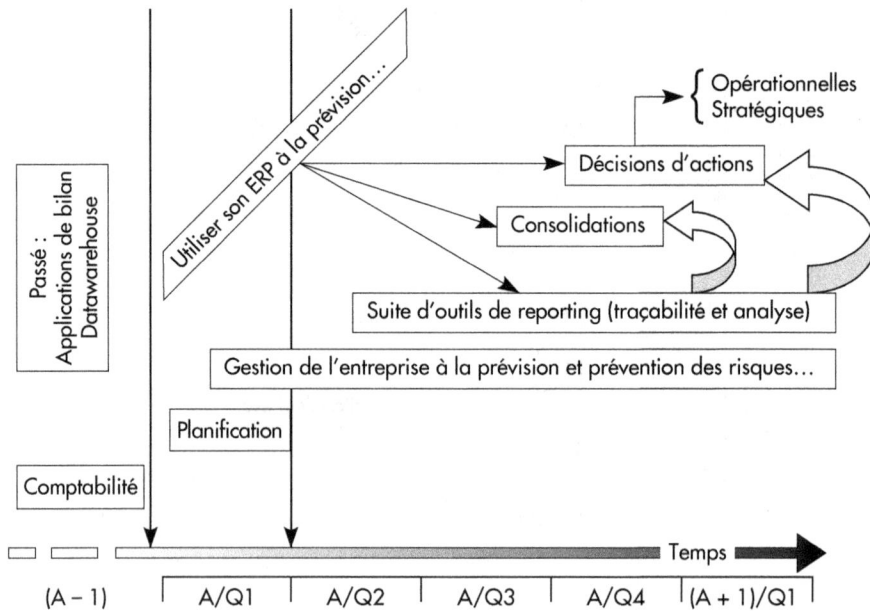

La cartographie applicative du système d'information de l'entreprise

Il est indispensable d'établir une cartographie matricielle du système applicatif, comme décrit ci-après.

◗ L'axe horizontal sur lequel il convient de reporter l'ensemble des entités de l'entreprise, qu'il est possible de séparer en trois groupes :

    – le *front office* comprenant tout ce qui est en contact avec la clientèle ;

    – le *middle office* incluant tous les services aidant le *front office* ou le *back office* ;

    – le *back office* se composant de la production, de l'administration et des services de comptabilité et finance.

◗ L'axe vertical qui liste l'ensemble des progiciels de gestion intégrés utilisés

L'objectif consiste à positionner sur cette carte, les applications utilisées par chacun des services, dans les domaines concernant les rubriques verticales. L'intégration ou non des applications entre elles ou des progiciels intégrés dépend ensuite des choix d'applications faits par l'entreprise : les applications unitaires sont-elles ou non des modules de l'ERP ou de l'un des progiciels de gestion intégrés spécialisés ?

Figure 8.15 : Base de la cartographie applicative

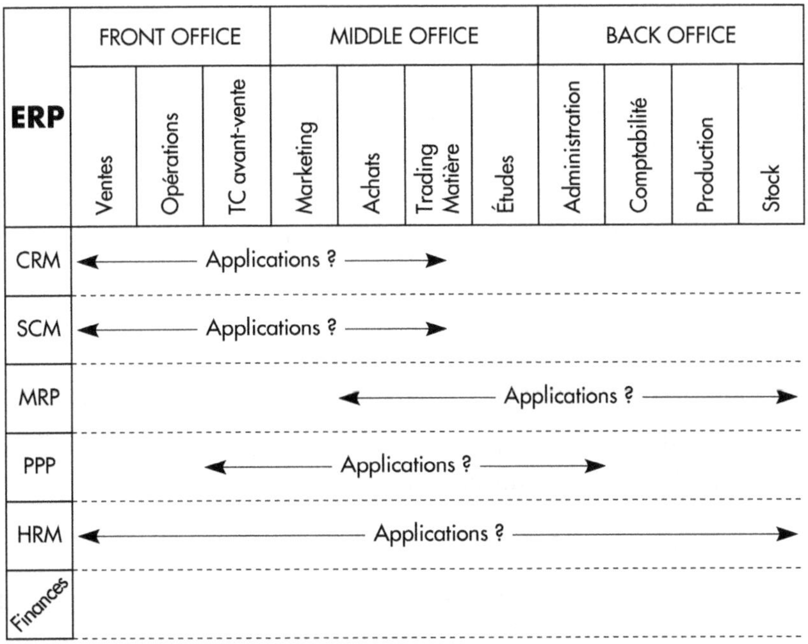

La figure 8.16 montre clairement le danger à établir des connexions ponctuelles, au cas par cas, entre une application X et une application Y.

Figure 8.16 : Utilité de la vision d'interconnexion des applications sur la cartographie applicative

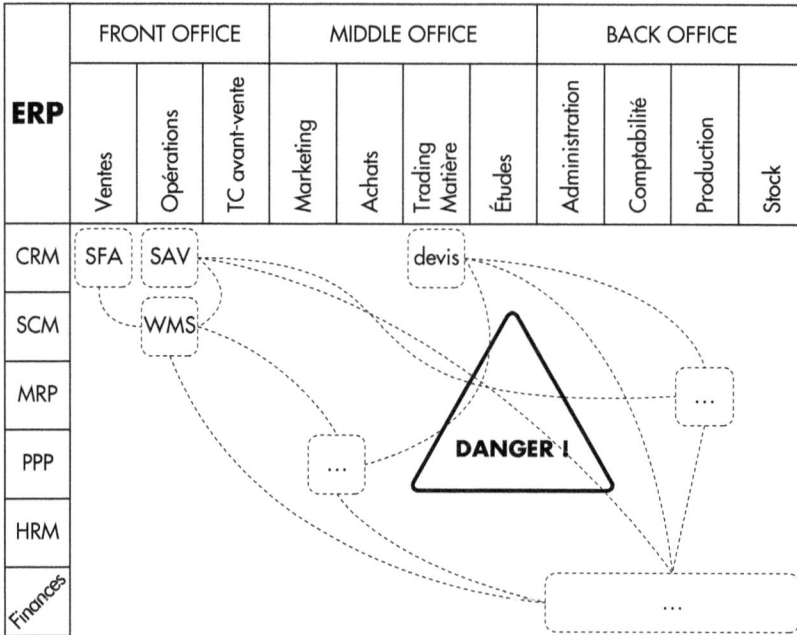

On constate que le développement de l'*Application Programming Interface* (API) au niveau de chacune des applications conduit à une situation de prolifération non gérable, génératrice de :

- conflits de communication entre les diverses interfaces ainsi créées ;
- problèmes de synchronisation de données ;
- problèmes de performances ;
- complexification constante de la maintenance de cet enchevêtrement d'API ;
- blocages pour des mises à jour des applications, car les éditeurs des divers produits applicatifs s'ignorent mutuellement…

L'intérêt de cartographier est multiple :

- permettre une vision claire des espaces fonctionnels non remplis, et doter les services qui le demandent d'applications ;

- privilégier, autant que possible, une approche par ERP spécialisé pour réduire la complexité d'interfaçage ;
- évaluer l'opportunité de se doter d'un système ESB.

ERP et modèles de la Web économie

Les modèles de portails d'échanges commerciaux

Les applications d'e-Business sont classées selon leurs cibles et objectifs. Par convention, tout part de l'entreprise et de son modèle d'affaires (*Business Model*). La mise en œuvre de ces divers modèles s'effectue au fil du temps, sachant qu'aujourd'hui, seuls les deux premiers modèles (B-to-B et B-to-C) sont largement opérationnels. Les autres modèles restent à venir, avec une mise en place qui se fera en fonction, d'une part, de la disponibilité des technologies, et d'autre part, en fonction de la création d'infrastructures Web adéquates quand les organismes de l'État sont parties prenantes.

- **B-to-B** : Business to Business. C'est le type d'application aujourd'hui le plus courant, permettant les *interchanges* entre sociétés qui commercent entre elles, ou qui ont établi des relations de coopération.
- **B-to-C** : Business to Consumer. Ce modèle permet la vente par Internet, directement de l'entreprise ou de son revendeur, au particulier. Il s'appuie sur le paiement en ligne sécurisé.
- **B-to-E** : Business to Employees. Ce modèle est totalement tourné vers les relations internes entre les employés et leur entreprise, offrant entre autres avantages :
  - de retrouver le bureau virtuel et l'espace de travail quand l'employé est en déplacement ;
  - de faciliter le télétravail, à la condition cependant que les aspects sociaux et réglementaires soient respectés ;
  - de se former par e-Training, version Internet de la téléformation ;
  - d'animer les communautés professionnelles par des forums et Wiki.
- **B-to-A** : Business to Authorities. Ce modèle concerne les domaines fortement réglementés (industrie militaire, aéronautique, pharmaceutique, navale, etc.). Le B-to-A existait avant Internet. Historiquement, l'obligation de soumettre des dossiers électroniques avec traçabilité des changements a été à l'origine de ce type de relations : voir les standards CALS de la DOD et CANDA de la FDA. Une autre déclinaison de ce modèle est la déclaration en ligne : voir le site NetEntreprise du GIP-MDS pour la déclaration en ligne de toutes les charges des entreprises : http://www.net-entreprises.fr/

Figure 8.17 : Tendances et évolutions des portails Web

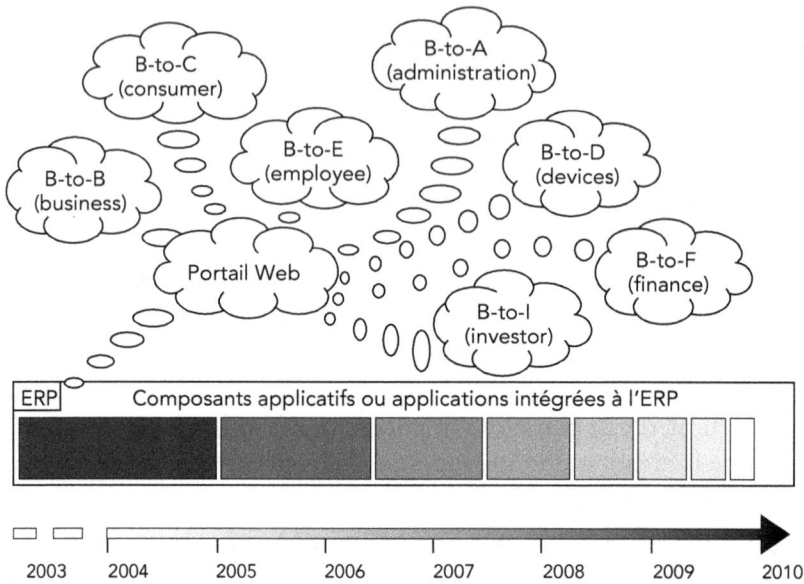

▶ **B-to-G** : Business to Government/Government to Business. Ce modèle prend aujourd'hui d'autant plus d'importance avec les contraintes de conformité, voir chapitre 9.

▶ **B-to-F** : Business to Finance. Le B-to-F permet les relations entreprises/banque par Internet. En France, ce modèle est dans la continuité de ce qui était faisable par Minitel : opérations en ligne, transferts de données entreprise/banque.

▶ **B-to-I** : Business to Investor. Le B-to-I est illustré par les pages d'information « investisseurs » des sites « corporate » des grandes entreprises.

▶ **B-to-M** : Business to Mobile ou encore B-to-D : Business to Device. Le B-to-M concerne la connexion d'utilisateurs de téléphones mobiles en mode *Wireless Access Protocol* (WAP) ou d'utilisateurs de *Personal Digital Assistant* (PDA). Le B-to-D est très dépendant de la qualité de l'infrastructure de communication Web.

> Exemple de requête d'information : demander la disponibilité d'un article.
> Exemple de transaction : occupation d'une alvéole dans un espace de stockage logistique, effectuée par un opérateur de chariot élévateur.

Le lancement du programme de satellites Galileo, pour le positionnement géographique des véhicules et aéronefs a marqué la phase de fondation des réseaux B-to-D à venir. Dans ce cas, la majorité des *devices* ou dispositifs sont embarqués, mais le système sera aussi accessible d'un téléphone portable avec écran graphique (standard UMTS), d'un PDA ou de tout ordinateur.

Les portails Web et les e-Applications

Les e-Applications gagnent à être fédérées, au niveau de leur accès dans un portail Web :

◌ le portail est un point d'entrée aux services et produits de l'entreprise. Il peut ou non présenter des applications Web utilisables par des personnes hors de l'entreprise ;

◌ les e-Applications sont destinées à être utilisées au sein de l'entreprise par ses membres, ou des utilisateurs authentifiés, hors entreprise. Elles sont en architecture n-tiers et accessibles par un butineur Web.

Une e-Application peut également accéder à des applications de *back-office* développées sur des modèles « classiques » : client-serveur deux tiers ou *legacies*.

Figure 8.18 : Les entreprises doivent ouvrir leurs applications à leur écosystème

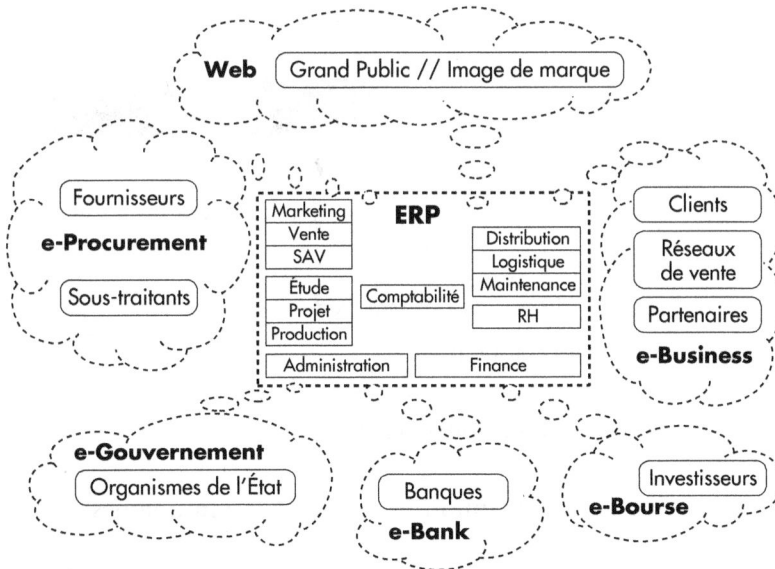

L'entreprise étant dépendante de son environnement, il existe des contraintes externes qui ont conduit les éditeurs d'ERP à ouvrir leurs progiciels au Web. Ces contraintes externes sont les développements de « Web Applications » par les partenaires en périphérie des entreprises : les sous-traitants et fournisseurs, les organismes de l'État, les banques et investisseurs, les partenaires commerciaux, voire les clients privilégiés. D'où l'absolue nécessité de communication, entre d'une part, les systèmes internes à l'entreprise, dont font partie les ERP, et d'autre part, les applications d'e-Business qui sont aussi l'image de marque de l'entreprise.

Figure 8.19 : La continuité entre portail et e-Application

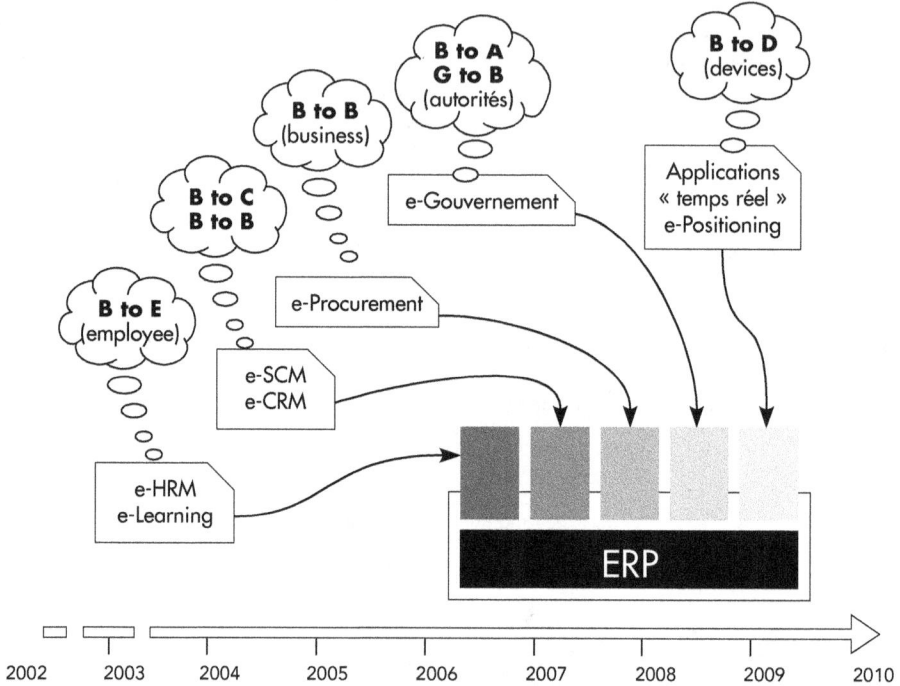

La plupart des entreprises disposent désormais de :

- sites Internet destinés au public incluant :
  - une présentation de l'entreprise, de ses produits et de ses services ;
  - un accès aux informations boursières (volet « investisseurs ») ;
  - un espace recrutement ;
  - un espace marketing et annonces pour les communiqués et revues de presse ;
  - et, de plus en plus, un site marchand de vente en ligne.
- sites Intranet à usage interne des services techniques, services commerciaux, services administratifs, services méthodes et qualité, etc.
- sites Extranet destinés à l'écosystème pour :
  - aider à la vente des produits et services par les partenaires : accès à des configurateurs, deviseurs et tout autre outil utile aux revendeurs ;

- offrir des informations techniques pour l'utilisation et la maintenance des produits ;

- présenter des catalogues et nomenclatures.

Les entreprises et les organismes tels que les banques, les administrations, les pourvoyeurs (« *providers* ») de services divers et les réseaux professionnels mettent désormais en place ces portails B-to-X : *Business to eXtended enterprise*. Dans ces portails, des e-Applications sont destinées aux utilisateurs finals ; ce sont, soit des progiciels du marché, à paramétrer et adapter, soit des développements à façon. L'intégration de ces e-Applications à l'ERP fait partie intégrante des préoccupations des responsables de systèmes d'informations. L'utilisateur accédera à l'ensemble des e-Applications mises à sa disposition par un portail d'entreprise ; mais, ceci ne représente que la vision qu'a l'utilisateur de l'intégration entre les e-Applications et l'ERP.

Le Business Model

Figure 8.20 : La génération d'un Business Model

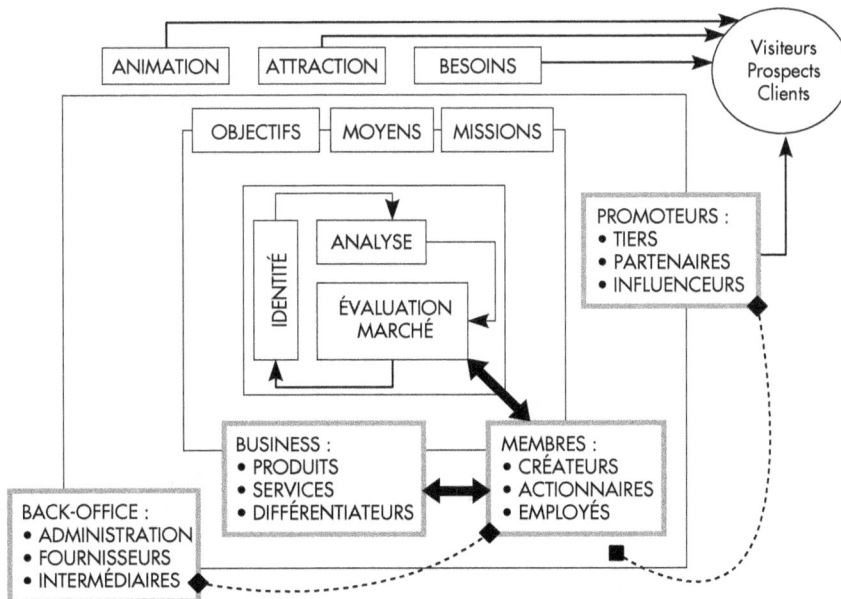

Les acteurs de la nouvelle économie ont fortement contribué à rendre célèbre l'expression *Business Model*. Face à un nouveau mode de commercialisation, il faut aller à l'avant des besoins des utilisateurs et susciter des demandes précises, à transformer en commandes. La concurrence devenant très forte, le modèle de vente d'une entreprise doit être souple et facilement modulable. On distingue ainsi trois périodes, fortement reliées à la génération Web (Web Generation[1]).

- ▷ Période 1 liée au Web0, avant 2000 : c'est l'ère des pages simples HTML sur le Web !
- ▷ Période 2 ou Web1 : l'e-commerce se développe, le Business Model Internet se précise.
- ▷ Période 3 ou Web2, à partir de 2005 : le Business Model s'étend au-delà d'Internet ; les applications doivent interopérer, on est entré dans l'ère des Web Services.

L'élaboration du Business Model est un préalable à toute ouverture sur Internet. À partir d'une évaluation du potentiel de marché offert par une entreprise, la génération des affaires est assurée par quatre groupes indissociables de tout Business Model :

- ▷ un « cœur » composé de membres (actionnaires, fondateurs, employés) qui partagent la vision d'une activité d'e-Business fondée sur leurs produits et services ;
- ▷ des produits et services, avec des différentiateurs inaliénables d'Internet ;
- ▷ un double réseau de partenaires :
  - – en amont : fournisseurs, livreurs ;
  - – en aval : revendeurs.

Par sa nature, le Business Model utilise trois types d'applications : CRM, SCM et ESB.

Modélisation des couches du modèle n-tiers vues organisationnelles

Les modèles d'échanges de données informatiques

Les modèles de communication ont considérablement évolué. Les échanges de données entre systèmes constituent l'un des enjeux majeurs de la planète. Le stan-

---

1. En 2008, nous sommes à la troisième génération du Web : Web 0 est la génération du Web statique et des simples pages HTML pour être présent sur « la toile » ; Web 1 est la génération des Web Applications où l'on peut offrir des e-Applications en ligne, mais les problèmes de performance sont importants ; Web 2 est la génération qui offre une interaction entre Web et intelligence locale du poste de travail, grâce aux technologies telles qu'AJAX. Web 2 marque la maturation de la technologie des Web Services.

dard le plus connu en la matière, EDIFACT, a été défini par l'Onu. Il a été conçu à une époque où la priorité était l'échange entre ordinateurs différents, dans un monde purement « propriétaire ». La figure 8.21 montre l'évolution de ces modèles d'échange.

Figure 8.21 : Synoptique des modèles d'échanges informatiques

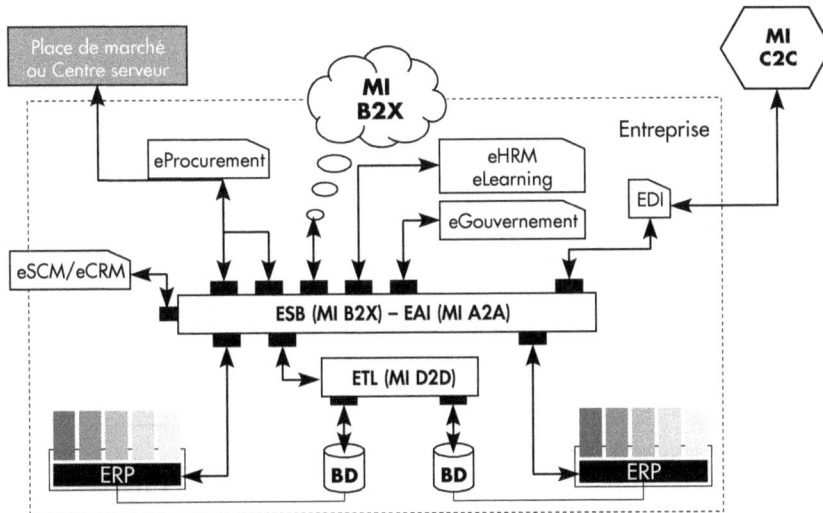

Nous appellerons ces modèles d'échange de données Modèle d'Interopération (MI).

- Première période : le MI C2C (*Computer to Computer*). Typiquement, l'EDI est un modèle *Computer to Computer*. Cette norme a été déclinée en une quantité considérable de standards professionnels tels que *Hospital Level Seven*, HL7, pour les données médicales, ODETTE pour l'industrie automobile, ou encore ETEBAC pour les standards bancaires. Il n'y a pas d'obsolescence à ce MI hautement normalisé.

- Deuxième période : le MI D2D (*Data-to-Data*) orienté base de données. Dans ce modèle, c'est un système d'ETL ou d'*Enterprise Data Transformation* (EDT) qui se charge de la réplication des données d'une base à une autre, en respectant l'intégrité des données, la conformité, la cohérence et la synchronisation. Ce MI présente beaucoup d'intérêt pour des systèmes d'information dont l'exploitation est assurée par plusieurs centres informatiques.

- Troisième période : le MI A2A (Application to Application) focalise les objectifs sur les échanges inter-applications. Il requiert la mise en œuvre de système d'EAI. L'immense avantage de ce modèle, est la possibilité de fédérer l'ensemble des applications par le développement de connecteurs spécifiques aux applications, aux standards de communication et aux formats de bases de données. Il englobe les générations antérieures de modèles, et il est idéal pour les infrastructures d'épine dorsale des systèmes d'informations avec utilisation d'ERP.

- Quatrième période : les MI B2X (*Business to eXtended enterprise*) orientés vers les relations entre l'entreprise et son environnement socio-économique, fondés sur les technologies XML, l'architecture n-tiers, JEE et .Net, et surtout, les Web Services.

EAI et ESB

Figure 8.22 : Description d'un EAI type

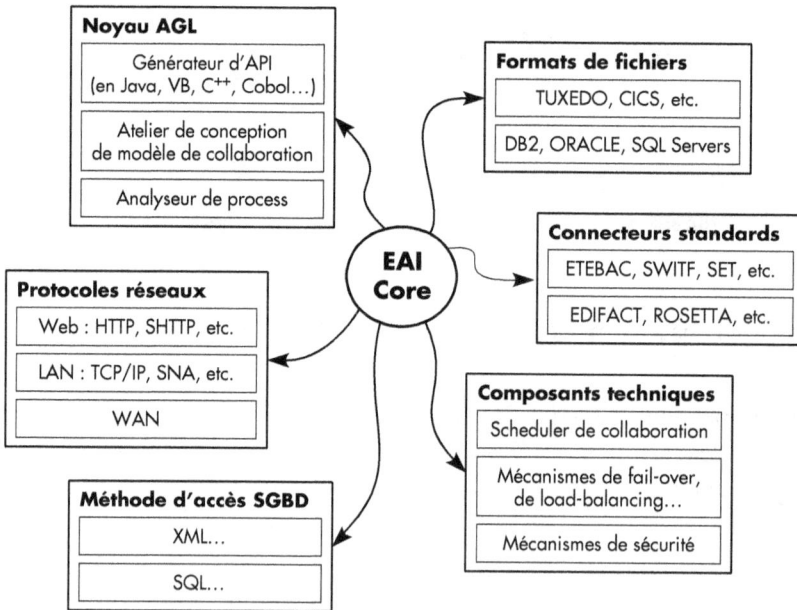

Un système EAI est un système évolué de génération d'API au sein d'un même bus applicatif. La figure 8.22 décrit l'ensemble des composants d'un EAI type. Elle montre qu'un véritable EAI est une composante maîtresse de l'intégration des applications. Tous les grands éditeurs d'ERP ont ajouté un EAI à leur offre, ou ont racheté, purement et simplement, un éditeur du marché. Un EAI comprend les ensembles suivants :

- des outils de création et conception d'interface disposant :
  - d'un analyseur de processus de gestion ;

- d'un atelier de conception de modèles de collaboration, c'est-à-dire d'échanges d'information entre diverses applications, internes à l'entreprise ou interentreprises ;
- d'un générateur d'API, en langages Java, C# ou autres.

▸ des connecteurs aux protocoles de communications : Web, LAN et WAN ;

▸ des méthodes d'accès aux données ;

▸ des moteurs techniques permettant : la planification des collaborations définies, le déclenchement de mécanismes de répartition de charges entre serveurs sollicités, l'activation des mécanismes de disponibilité et de sécurité informatiques.

▸ des connecteurs standards, tant pour les formats de fichiers du système informatique interne, que pour les formats d'échanges de données électroniques.

Définition d'un ETL

Figure 8.23 : Les fonctions principales d'un EDT

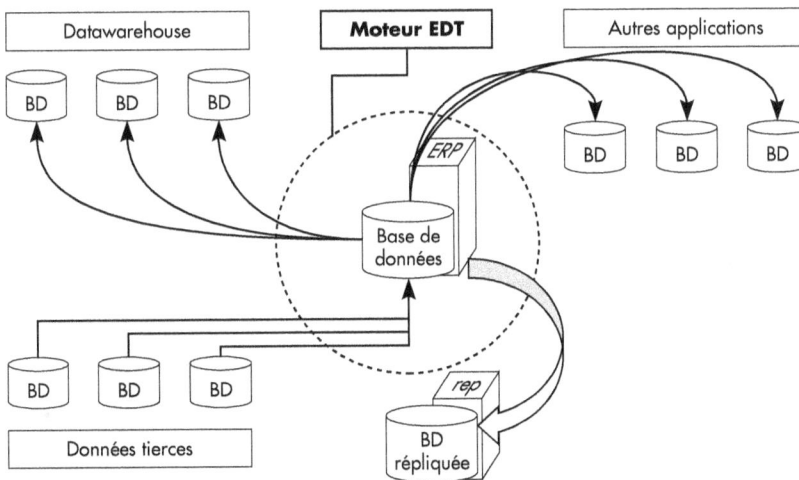

L'ETL permet l'intégration des applications par réplication de tout ou partie des données d'un format vers d'autres formats ; ceci, tout en assurant des mécanismes de vérification d'intégrité des données transformées, de synchronisation des transformations et de contrôle de conformité, par rapport aux standards de structuration des bases cibles dont la finalité est différente et répond à des objectifs spécifiques. Les types de transformations sont les suivants :

▸ de bases de données ERP vers les applications locales et réciproquement ;

▸ de bases de données vers les systèmes de datamining ou de datwarehouse ;

▶ de bases de données vers une réplication à l'identique à des fins de sauvegarde pour un PRA, dans le but d'assurer la continuité de service.

Figure 8.24 : Sites Web et interactions applicatives

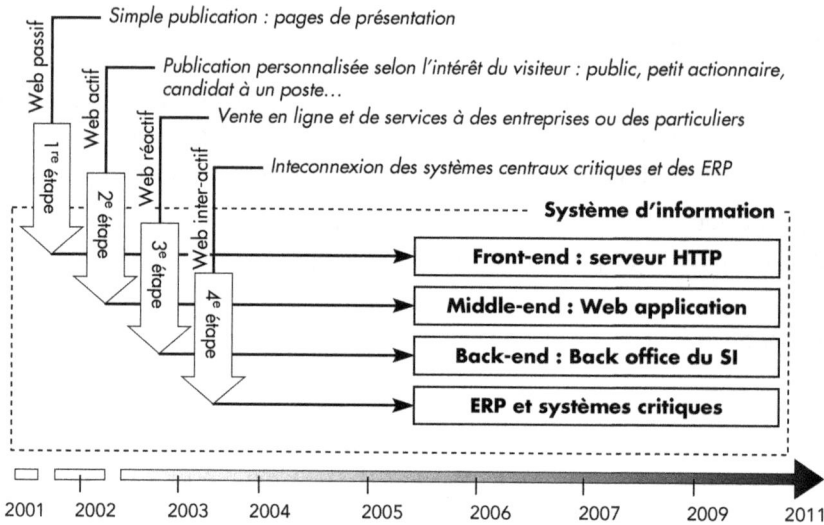

L'ESB : du Web aux legacies

Comme le montre la figure 8.24, les diverses générations de Web nous ont conduit à plus d'interactions. Désormais, les Web Services permettent un couplage très faible entre applications. Il s'agit simplement d'aller chercher tout type de Services Web publié par un système tiers afin de pouvoir le « consommer », c'est-à-dire traiter l'information ainsi obtenue. Le résultat du traitement est publiable pour une autre réutilisation.

Ceci ne peut se faire qu'à des conditions de sécurité et de définition des contrats de services entre entités publiant et consommant des services, idéalement dans le cadre d'une SOA (voir chapitre 9). Il est nécessaire de passer à une nouvelle génération d'EAI, appelée ESB qui, tout en disposant de l'intégralité des fonctions EAI, offre également des possibilités de gouvernances de cette architecture SOA.

Les niveaux de couplage et d'interfaçage des applications

Les échanges de données entre applications existent à tous les niveaux, internes ou externes à l'entreprise. La figure 8.25 schématise les interfaces correspondantes.

Figure 8.25 : Niveaux d'interfaçage (schématisés)

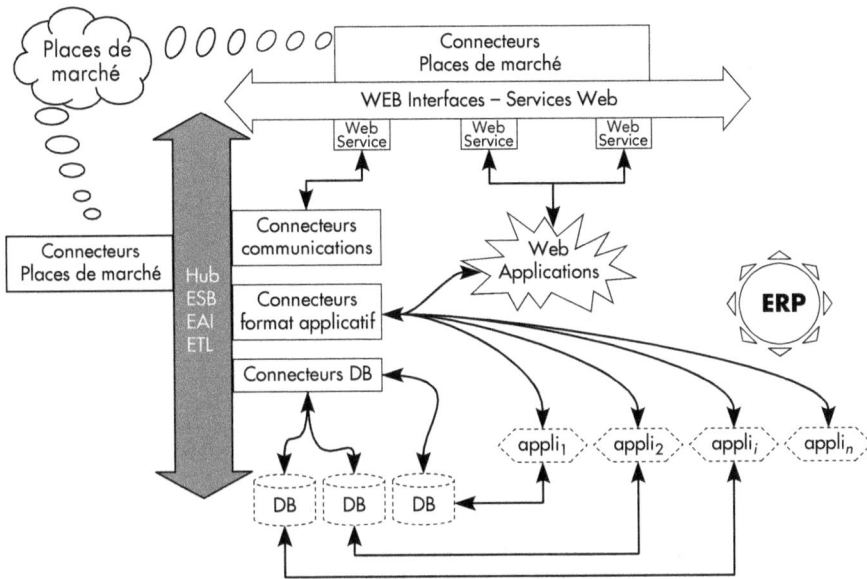

L'interfaçage des applications peut se faire dans différentes couches :

– dans une couche externe à l'entreprise, que l'on peut appeler « couche de place de marché » ;

– au niveau d'une couche frontale Web ;

– entre applications par échange d'informations structurées selon des formats standards, et en utilisant des protocoles de réseaux locaux ou distants normalisés ;

– dans un contexte « dorsal » de transformation des données d'entreprise.

▷ Le niveau place de marché : l'interfaçage, à travers ces couches, concerne essentiellement les échanges interentreprises. Les EDI étaient les « ancêtres » de ces « places de marché » privées.

▷ La couche Web : les interfaces par la couche Web sont supportées par les protocoles HTTP et sHTTP (HTTP sécurisé). Ce modèle d'interface s'appuie sur les outils de l'Internet. Désormais, cet interfaçage peut s'appuyer sur les technologies XML qui permettent la prise en compte des requêtes aux bases de données, à partir de fenêtres client utilisant un butineur Internet.

▷ Les couches applicatives : leur intégration doit s'appuyer sur un ESB et sur une standardisation des standards de connecteurs.

Intégration faciale

L'intégration par le Web ne doit pas être une simple standardisation des écrans de saisie activés par un butineur Internet. Les mécanismes techniques demandés par les applications à intégrer doivent être pris en compte. Comme le montre la figure 8.26, les fonctions d'intégration faciale par le Web se répartissent sur plusieurs niveaux.

Figure 8.26 : Principales fonctions d'une intégration par Portail-Hub

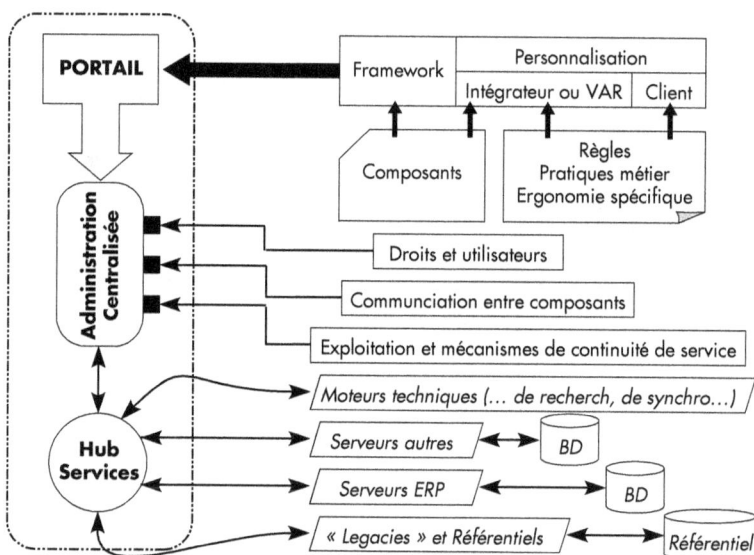

Les environnements d'intégration Web doivent présenter trois groupes de fonctions :

1. Les fonctions « Portail » qui comprennent :
   - un *framework* ou cadre d'outils de développement et de génération de fenêtres Web destinées à des sites marchands ;
   - des outils de personnalisation qui sont, soit apportés par le maître d'œuvre, soit apportés par l'intégrateur ou le revendeur à valeur ajoutée (VAR).

   Ce premier ensemble repose sur des composants et des règles « métiers » ou d'ergonomie spécifique.

2. Les fonctions d'administration centralisée qui permettent :
   - la gestion des droits utilisateurs ;
   - la synchronisation des communications entre composants ;
   - le pilotage de l'exploitation de l'ensemble du système Web ;

- le maintien de qualité de service par des mécanismes de répartition de charges ;
- la garantie de la continuité de service par les mécanismes de clusterisation (processus de couplage, en grappe de machines, pour l'utilisation de grappe de serveurs).

3. Un hub de services incluant des moteurs techniques, de recherche, de synchronisation, de gestion de règles.

Intégration dorsale

Figure 8.27 : Les choix possibles pour une intégration dorsale

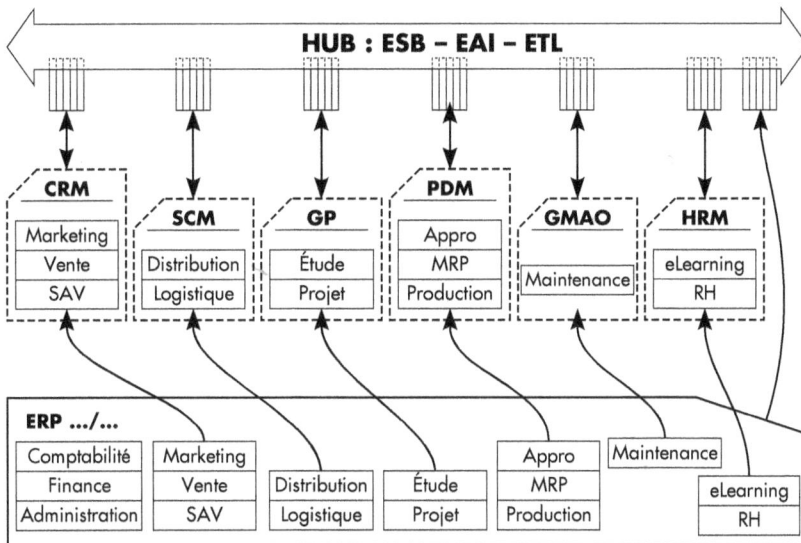

Un choix est à faire : utiliserons-nous des modules spécifiques intégrés à l'ERP ou applications externes interfacées ? Passerons-nous par un EAI ou par les fonctions d'API des ERP, ou par le module EAI de l'ERP ? Les entreprises, aujourd'hui, sont confrontées, pour chaque domaine d'activité, à un choix complexe :

▷ opter pour des progiciels de gestion intégrés spécifiques : l'utilisation d'un hub (ETL ou EAI, ou mieux ESB) est une nécessité ;

▷ ou opter pour des modules complémentaires de l'ERP choisi : la stratégie de l'entreprise consiste à investir encore plus sur l'ERP.

Le choix dépend très largement :

- du nombre d'applications autonomes à interfacer ;
- de la richesse fonctionnelle des API de l'ERP ;

— de la taille de l'entreprise ;

— du périmètre des besoins à prendre en considération ;

— des délais de mise en œuvre des solutions examinées ;

— des évolutions prévisionnelles des applications utilisées ;

— du coût.

Renouvellement des pratiques et standards émergents

Des technologies renouvelées

Le renouvellement très rapide des technologies qui sont à la base des Web Services et des e-Applications conduisent à mettre à jour, de façon régulière, les meilleures pratiques et à surveiller l'émergence de nouveaux standards. La mise à jour de ces *Best Practices*, ne doit pas entraîner de mutations méthodologiques en profondeur si la démarche est rationnelle et les fondamentaux du SI respectés : qualité, sécurité, conformité.

Avant de mettre en œuvre une infrastructure d'entreprise étendue, il est indispensable de s'assurer de la maturité de l'entreprise aux technologies indispensables à la gestion d'un contexte *eXtended Enterprise*.

Figure 8.28 : Les technologies à divers niveaux

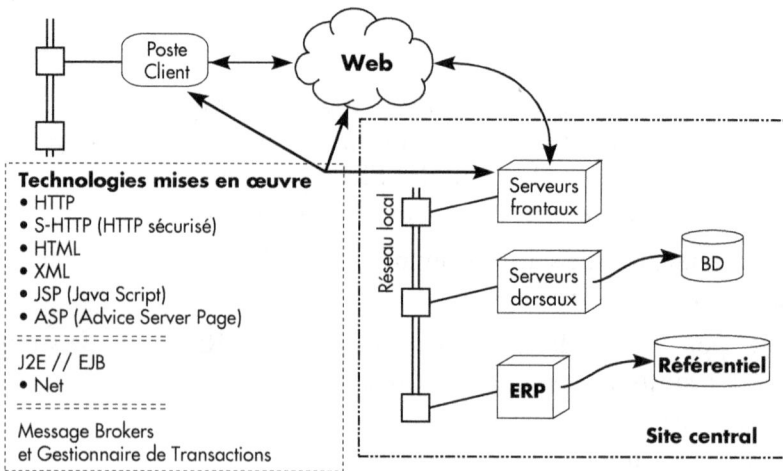

Étendre le périmètre de l'espace d'entreprise

La technologie VPN permet d'étendre les réseaux LAN et WAN à des sites distants reliés entre eux par le Web et par un tunnel. Ce dernier est caractérisé par le fait que la communication échangée est cryptée. Cette extension de l'espace d'entreprise est faite sans avoir à rajouter une infrastructure de réseau coûteuse, avec d'importants avantages de connexion :

- d'établissements différents d'une même entreprise ;

- de groupes de travail coopératifs à distance ;

- d'équipes mixtes entreprise-partenaires ;

- de structures nouvellement intégrées au groupe ;

- d'employés, en télétravail, en déplacement ;

- de prestataires informatiques pour la maintenance ou l'administration de certaines parties du système d'information.

Figure 8.29 : Vers une intégration inter-établissement par VPN

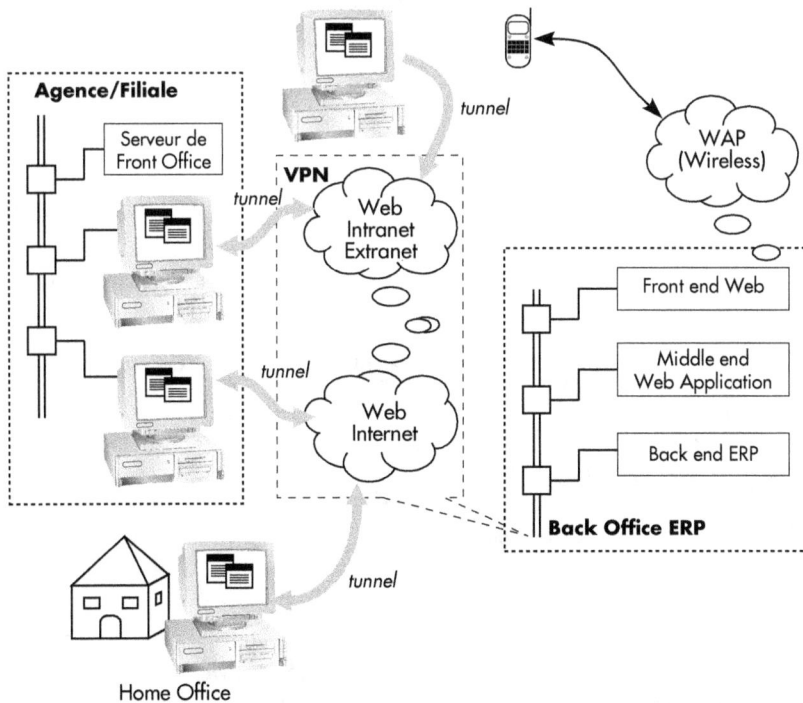

Vision multiple d'une même réalité composite

La fédération des diverses applications, ERP et e-Applications se réalise simultanément à trois niveaux :

1. au niveau du portail d'entreprise offrant une vision utilisateur homogénéisée et incluant : une méthode d'accès unique, une ergonomie facilement normalisable ;

2. au niveau des moteurs des *Enterprise Web Applications Servers* (EWAS), socle d'hébergement et de publication des applications Web permettant de :

   – véhiculer des requêtes et transactions (principalement en XML) encapsulées dans des flux HTML sur HTTP ;

   – personnaliser des présentations frontales ;

   – relayer requêtes et transactions vers les bases de données du système d'information ;

   – traiter clients et visiteurs des sites dans un mode « One-to-One » où ses paramètres personnels sont reconnus et traités en conséquence ;

   – restituer les résultats des requêtes et transactions obtenus des systèmes centraux, de *back office* et ERP à l'utilisateur, dans un mode graphique aux standards Internet.

3. au niveau du hub dorsal ESB offrant l'ensemble des avantages liés à la présence de l'ESB, y compris les fonctions de gouvernance de l'interopérabilité au sein du système.

Figure 8.30 : Diverses visions de l'intégration

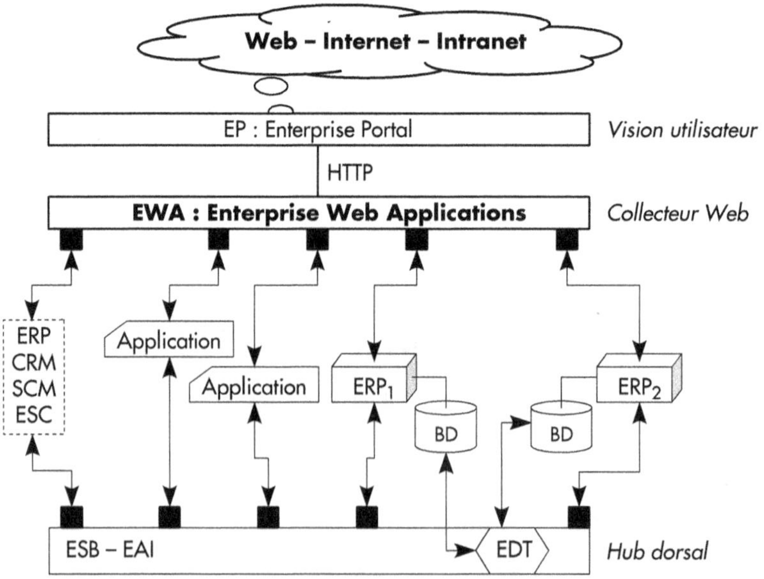

L'intégration interétablissements ou interentreprises

Figure 8.31 : L'interconnexion des entreprises

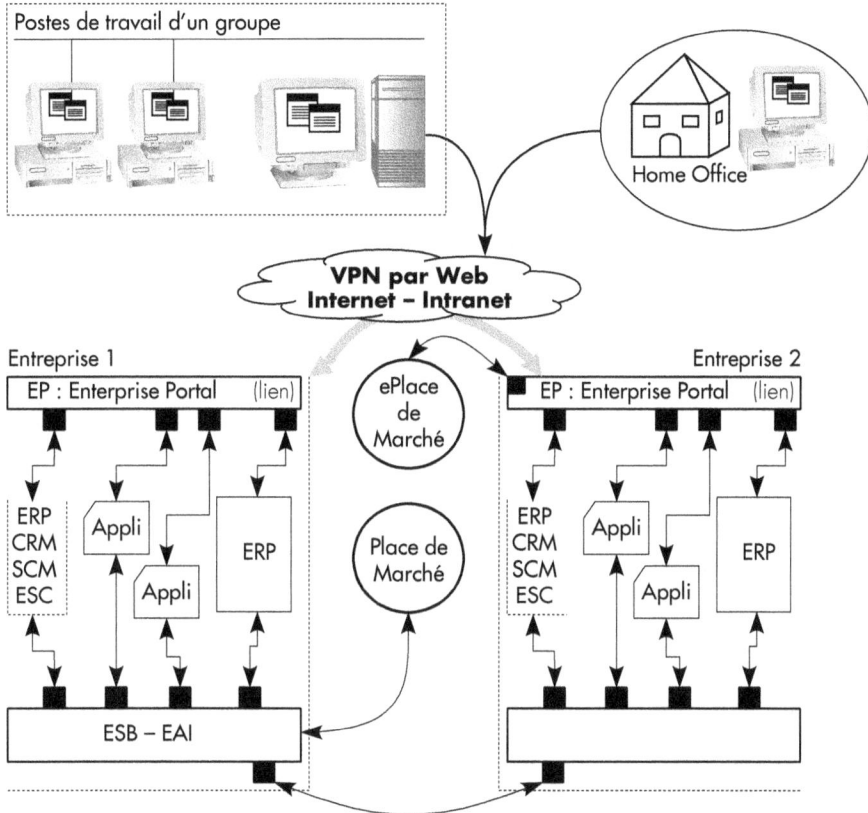

Cette intégration demande la mise en œuvre d'un ensemble de moyens, parmi lesquels :

▷ des murs de protections : pare-feu et murs antivirus ;

▷ des dispositifs logiciels et matériels de détection d'intrusion ;

▷ des postes de contrôle et de commandes centralisées de la sécurité ;

▷ des dispositifs de switches, hubs et routeurs ;

▷ des dispositifs de passerelles pour le cloisonnement des réseaux ;

▷ un dispositif d'analyse et de gestion de contenu des trames circulant sur les réseaux ;

▷ un serveur de messagerie avec serveur d'annuaire centralisé ;

 ▶ un dispositif d'émission et de gestion de certificats de serveurs de *Public Key Infrastructure* (PKI) ;

 ▶ des serveurs *Domain Name System* (DNS), Serveurs HTTP, autres serveurs (DHCP, etc.) ;

On peut « faire et défaire » facilement : connecter de nouveaux sites et déconnecter des sites qui ferment.

Le caractère des applications de gestion

Les traitements de gestion sont, le plus souvent linéaires. C'est, entre autres, le cas du traitement classique de la chaîne client qui est linéaire, avec ou sans utilisation d'un ERP. Quel que soit le mode de vente, direct, par téléphone ou par Internet, le traitement qui s'ensuit est linéaire, dans un contexte classique.

Les étapes suivantes sont déroulées : « enregistrement de la commande à approvisionnement éventuel du magasin à préparation de la commande à packaging à envoi à facturation à livraison et paiement par le client à traitement comptable ».

Ensuite, le cycle se poursuit en bouclant : « éventuellement retour SAV à suivi du compte client à actions commerciales à autres commandes ».

Dans ce type de fonctionnement classique, les ERP font surtout gagner en temps de traitement, en rigueur de suivi, et permettent un *workflow* natif au système d'ERP.

Figure 8.32 : Exemple de chaîne linéaire de traitement des commandes

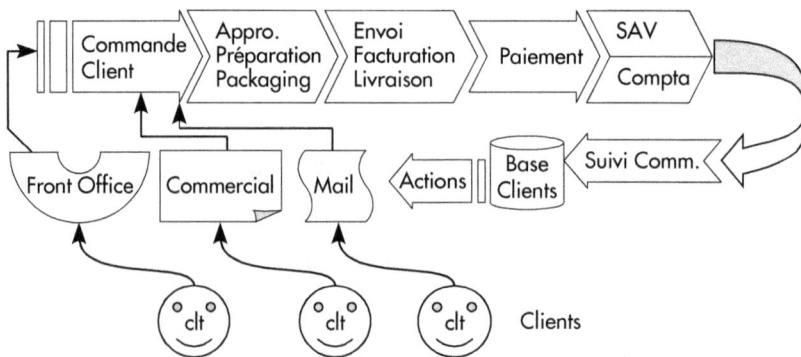

Le contournement de la linéarité applicative par le Web

De façon simplifiée, le dispositif de traitement d'une demande client auprès d'une entreprise comprend :

 ▶ l'entreprise elle-même ;

- le client, direct ou indirect, particulier ou entreprise ;

- les partenaires de commercialisation du produit : revendeur, franchisé, commercial ;

- le ou les fournisseurs, sous-traitants et autres intervenants en amont du couple {entreprise, client direct ou indirect}.

Le Web permet de « casser » la linéarité du traitement classique. Les avantages de tels modèles sont une quasi-synchronisation des chaînes de traitement et, corrélativement, une parallélisation de ces traitements.

Figure 8.33 : Exemple de relations non linéaires par le Web

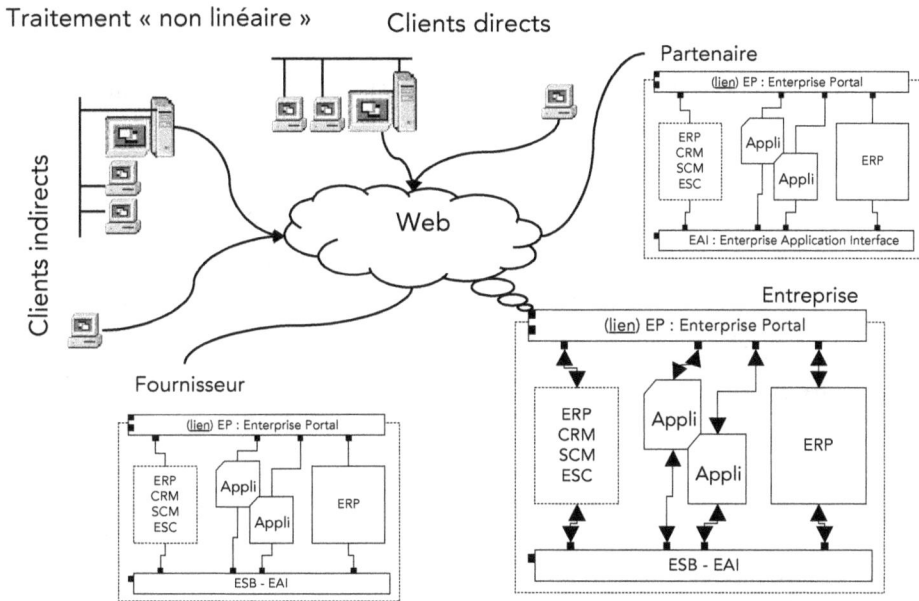

Le caractère multi-transactionnel des applications Web

Le Web parallélise les transactions en permettant plusieurs traitements transactionnels sur une requête client. La figure 8.34 illustre un cas de passage de commande. Les commandes Web effectuées par les clients, dans un contexte d'e-Commerce sont traitées dans cinq « Centres virtuels de gestion de la commande » :

1. Prise de commande : c'est le site marchand qui est en charge de cette chaîne qui inclut : « capture du client à enregistrement de la commande à confirmation de l'autorisation de paiement à gestion du carnet des commandes ».

2. Paiement : le circuit de paiement passe par le « réseau » Carte Bancaire local. Il est spécifique aux moyens de paiement du client acceptés par le site marchand et comprend : « délivrance d'autorisation par la banque « acquéreur » à traitement par le réseau Carte Bancaire à traitement par la banque émettrice ».

3. Expédition une fois l'autorisation acquise, c'est le *back-office* du site marchand qui procède au traitement : « préparation de la commande à approvisionnement à packaging à envoi ».

4. La quatrième chaîne est multiple : elle concerne les *back-office* de comptabilité de toutes les parties concernées : site marchand, *back-office* interne ou externe pour le dénouement : « facturation à traitement du paiement à traitement comptable ».

5. En final, le « bouclage » est réalisé par le circuit de suivi client. Il est effectué par l'informatique du site marchand par : « traitement après-vente : mise à jour liste client à éventuellement retour SAV à mesure de l'indice de satisfaction à relance du client pour autres produits et services à campagnes promotionnelles ».

Figure 8.34 : Les traitements Web peuvent être multi-transactionnels

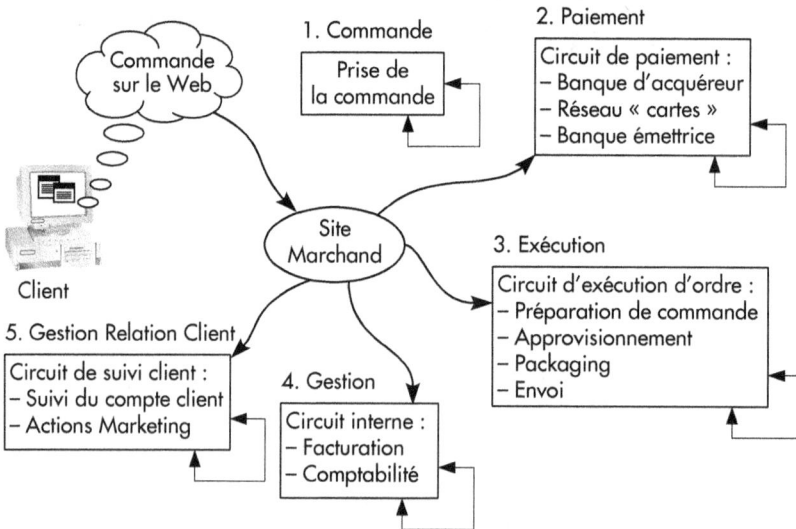

Recouvrement des modèles de relation d'entreprise

La simultanéité des transactions et des traitements est favorisée, dans les applications Web par le recouvrement des modèles de relations d'entreprise comme le montre la figure 8.35. Dans la pratique, les modèles de relation d'entreprise se recouvrent, en particulier les modèles Business-to-Business et Business-to-Consumer. Le modèle

Application-to-Application (A-to-A) est sous-jacent et ne recouvre que ceux des modèles où un système d'information-tiers doit recevoir ou envoyer des données. Par ailleurs, dans la relation A-to-A, il n'y a pas une entité « personne physique », en correspondance avec l'entreprise.

Dans les modèles B-to-B et B-to-G (comme tout autre modèle B-to-X où X est une entreprise ou un organisme opérant un système d'information), la nécessité d'établir un mode One-to-One apparaît. Ce mode correspond :

▷ à une personnalisation en fonction de l'interlocuteur humain pour qu'il puisse accéder directement, et uniquement, à ses domaines d'intérêt ;

▷ à un raccourcissement encore plus important des cycles de traitement, en permettant à l'utilisateur client, contrôleur, agent ou intermédiaire de gagner en délai.

Figure 8.35 : Intersection de modèles B-to-X

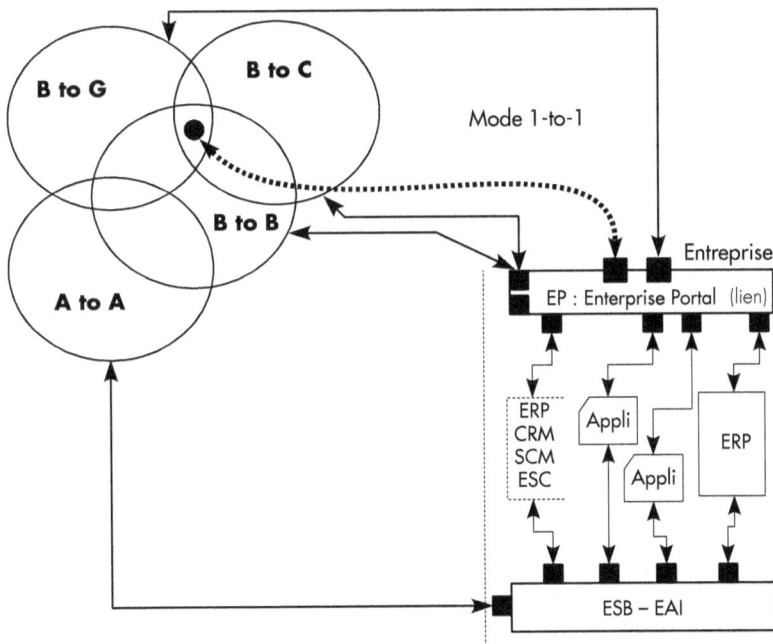

Passer de la Web Application à la Web économie

L'utilisation d'e-Application ne signifie aucunement la nécessité de passer à la Web économie. La figure 8.36 illustre les aspects rationnels de cette double migration. Quand une entreprise utilise de façon opérationnelle un ERP, elle peut disposer, de fait, selon la version de l'ERP :

- soit d'un système d'information de type *legacies*, c'est-à-dire fondé sur une base centralisée, des accès par des postes de travail en réseau local dotés d'émulation de terminaux en mode texte ;

- soit d'un système d'information, en modèle client-serveur deux tiers, avec des serveurs de données, des serveurs d'information, des serveurs d'applications et des postes de travail lourds ;

- ou d'un système n-tiers.

Figure 8.36 : Exemples de modes de passage

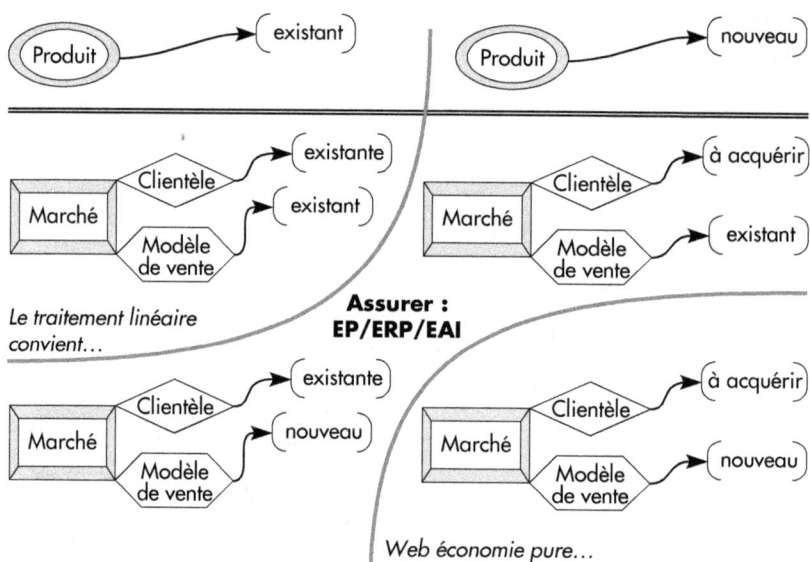

Quel que soit le cas, l'utilisation d'un ou plusieurs ERP assure une intégration réelle des processus. Le mode de traitement est linéaire (voir figure ci-dessus). Presque toujours, l'entreprise a déjà un marché, c'est-à-dire une clientèle existante, et utilise un modèle de vente existant, donnant satisfaction ou à améliorer. Le maintien de la situation s'impose. La mise en place d'e-Applications ne devrait être envisagée que :

- pour les clients de l'entreprise ou prospects souhaitant passer par Internet. La mise en œuvre de tels sites marchands permet de donner une nouvelle image de marque ;

- pour les employés, par utilisation d'e-Applications Intranet ;

- pour les partenaires de l'entreprise par l'utilisation d'e-Applications Extranet.

On garantit donc la continuité commerciale et technique avec la situation existante en s'assurant d'une intégration entre ERP et e-Applications, tant au niveau EP, ERP ou EAI.

Quant au modèle de la « Web économie pure », le modèle de vente est nouveau pour une clientèle restant entièrement à acquérir.

L'ère des providers : des ASP au SaaS[1]

La location de temps machine, soit d'utilisation à distance d'applications informatiques, n'est pas nouvelle. Cette activité s'appelait « Service Bureau » et semblait révolue dès les années 1990. Elle n'avait de justification qu'à une époque où le prix des équipements était tellement élevé qu'une location de temps machine avait un avantage économique certain. Puis, avec la chute des prix du MIPS et du MFLOPS d'une part, et la nécessité de fonctionner en mode graphique client-serveur deux tiers de l'autre, le Service Bureau a disparu…

Figure 8.37 : Évolutions du métier de provider de ressources informatiques

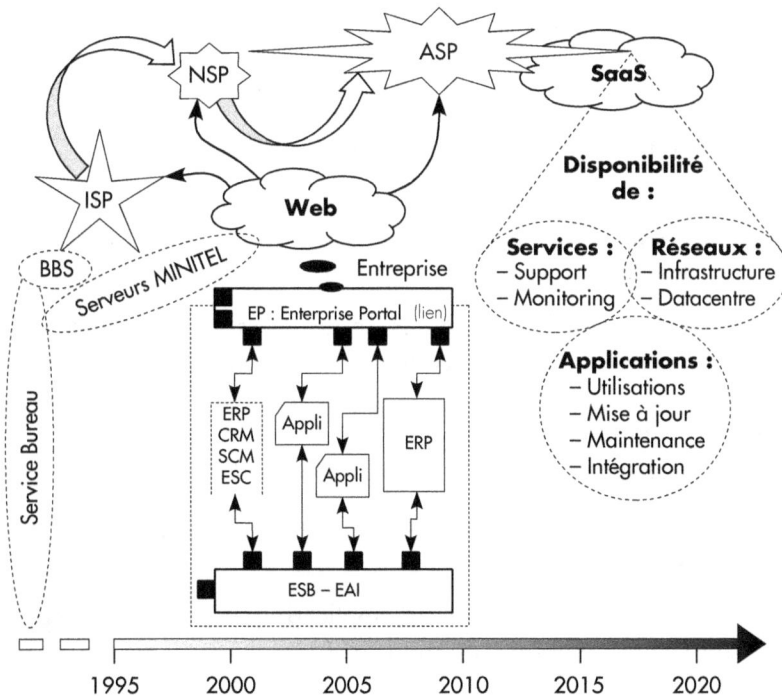

---

1. Service lancé par de nombreux éditeurs, dont Google et Microsoft, consistant à mettre à disposition, sur le mode Web Services, des applications hébergées par des providers.

Le métier d'*Internet Service Provider* (ISP) – pourvoyeur de services Internet –, apparaît dans les années 1990 en apportant des services et des nouveautés que les centres serveurs MINITEL ne pouvaient pas offrir, pour cause de limitation de technologie et de coûts prohibitifs. Le métier d'ISP a évolué vers celle d'*Application Service Provider* (ASP). La facilité actuelle d'accéder à des applications de *back-office* ou à des ERP par des interfaces Web avec un simple butineur rend de nouveau intéressante la notion de location d'applications. Cette utilisation des services des ASP est d'autant plus souple que certains grands groupes vivent au rythme des achats et reventes de filiales. Il devient ainsi beaucoup plus aisé de revendre une filiale qui utilise simplement des applications en location.

Les ASP offrent ainsi :

- des services : le support d'utilisation des applications, le monitoring des utilisateurs et des administrateurs fonctionnels ;

- des accès réseaux distants, dans le cadre d'une connexion sécurisée, à des datacentres mis à disposition des divers établissements utilisateurs d'une même entreprise ;

- des accès aux applications, avec interconnexion des applications aux spécifiques du client, accompagnés de maintenance applicative et bénéficiant de mises à jour des produits ;

- le pilotage de l'utilisation optimisée des applications.

Les services ASP fonctionnent alors sur un mode partagé entre plusieurs entreprises. Les conséquences en sont très importantes au niveau de la sécurité et du cloisonnement des clients utilisant les mêmes applications, ainsi que des données.

Ces impératifs sécuritaires entraînent la réelle nécessité d'une « certification » sécurité de l'ASP au sens de l'ISO. Pour cela, la norme ISO 17799 est une base que les utilisateurs exigent de plus en plus de leurs providers. Elle commence cependant à être remplacée par la norme ISO 27001 qui a l'avantage de certifier un modèle de processus de sécurité, et non l'existence de procédures.

La prochaine évolution du métier des ASP se fera vers celui de Software as a Service (SaaS) Provider.

Ce SaaS permet de présenter l'accès aux applications comme des Web Services, concourant ainsi à l'élaboration d'un modèle SOA.

Figure 8.38 : Impacts du partage de ressources entre entreprises, chez les ASP

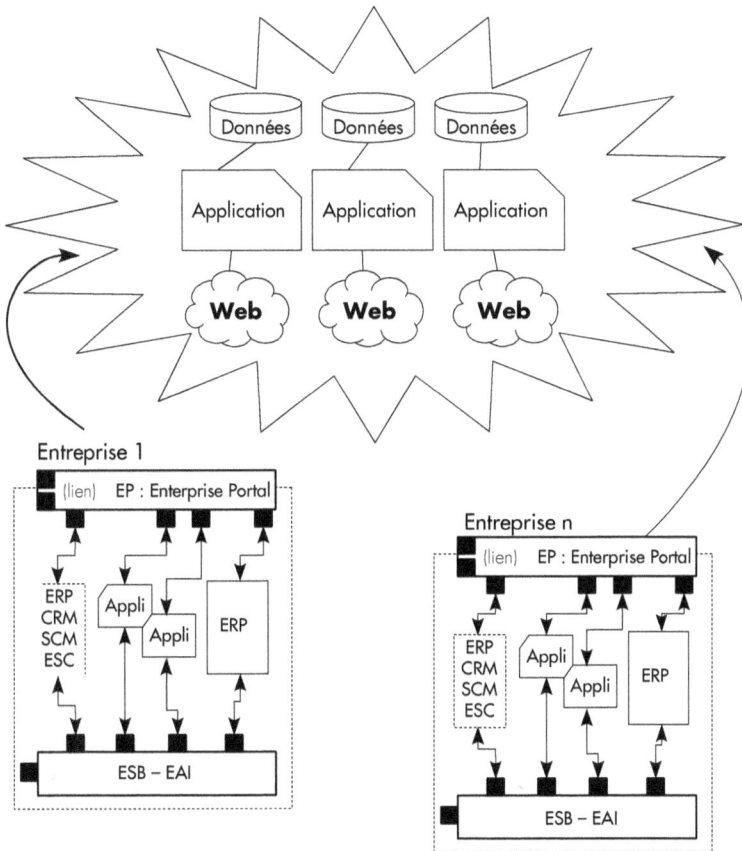

La généralisation du Knowledge Management

Afin de pouvoir capitaliser par les connaissances acquises, les dirigeants des entreprises sont de plus en plus demandeurs de système de gestion de la connaissance ou *Knowledge Management System* (KMS). En effet, la profusion des systèmes applicatifs intégrés, comme nous le décrivons tout au long de cet ouvrage, conduit à l'augmentation considérable de la quantité d'information produite que les KMS doivent consolider. La première phase de cette consolidation consiste en *Content Management* ou traitement du contenu avec :

- le filtrage de contenu : seuls les contenus valorisés ou à valoriser peuvent passer le filtre paramétrable selon des critères à définir ;

- le routage des contenus : les éléments filtrés sont routés vers des adresses différentes, car susceptibles d'appartenir à des contenants différents, pour une autre finalité ;

▶ la répartition des contenus : un même contenant logique peut reposer sur plusieurs serveurs physiques, et la répartition des contenus a pour rôle essentiel d'assurer un éventuel équilibrage de charge ;

▶ la livraison d'un contenu : il s'agit de fournir des contenus sur requêtes des utilisateurs, en assurant une gestion de file d'attente, la garantie de traitement de requête et la garantie de fourniture ;

▶ la gestion de contenu : elle comprend la vérification de validité, le classement du contenu, l'alimentation des thesaurus, l'attribution des droits sur l'information ainsi que sa mise à jour, et la déclaration de son obsolescence.

Figure 8.39 : Les systèmes de gestion de la connaissance sont tributaires des autres applications.

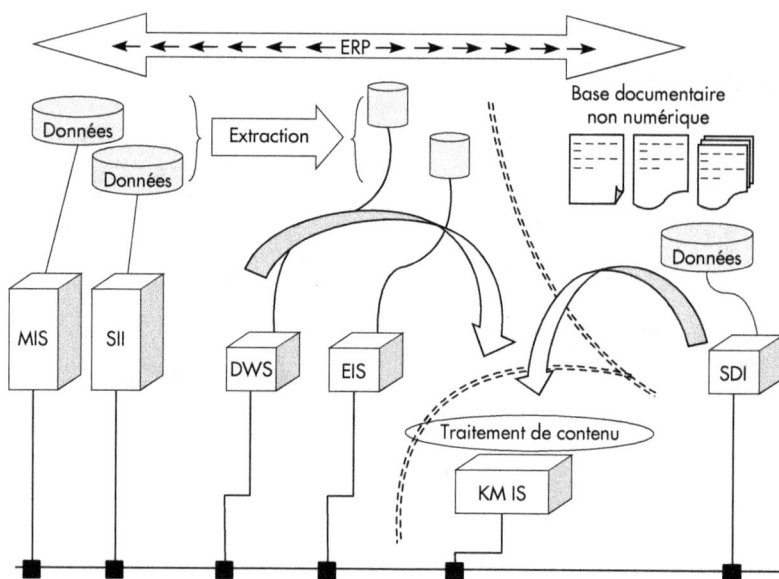

Les nouvelles notions de référentiels

Aujourd'hui, l'idée d'un référentiel unique ne peut répondre aux besoins du marché, car plusieurs types de référentiels sont utilisés. Dans les architectures classiques d'ERP, le référentiel concentre, de façon unique les informations et données nécessaires à la gestion de l'entreprise. Nous assistons à un éclatement de cette notion de référentiel unique, parce que les besoins du gestionnaire sont de plusieurs natures :

▶ un besoin fonctionnel qui exige la mise à disposition d'informations relatives à la gestion de l'entreprise ;

- un besoin technique pour la définition des règles de fonctionnement ;
- un besoin de classification des utilisateurs : simples visiteurs, utilisateurs internes à l'entreprise ou utilisateurs externes, et de gestion de leurs droits ;
- un besoin, de type « expert » où les informations doivent être classées par thème ou sujet traité.

Figure 8.40 : Les types de référentiels utilisés

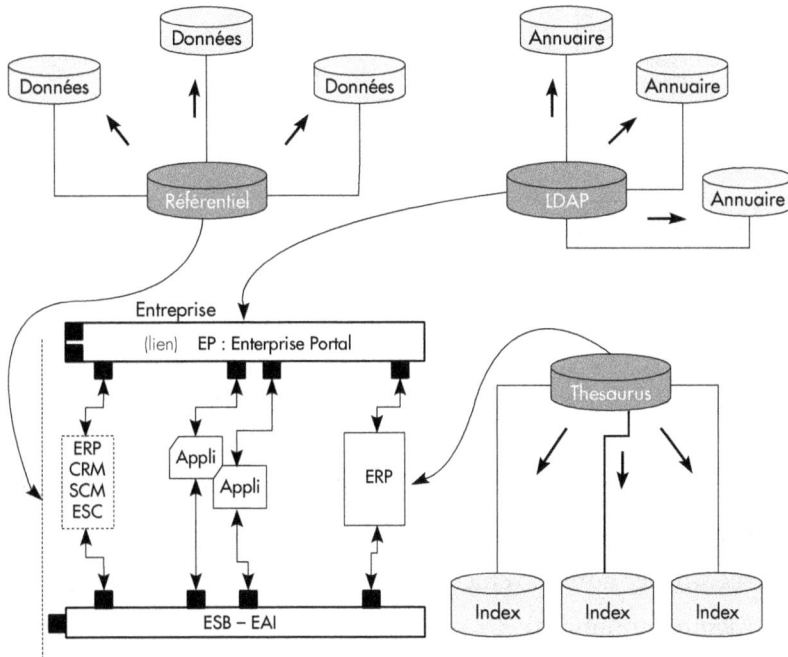

Les réponses à ces besoins sont techniquement couvertes par des bases différentes :

- des référentiels, au sens classique des bases de données relationnelles ; cependant, la spécialisation actuelle des ERP en CRM, SCM, HRM, etc. conduit à un éclatement de ce type, de référentiel ;
- un LDAP ou annuaire centralisé léger au sens X500. Les progiciels intégrés pouvant utiliser chacun un annuaire d'origine différente, la convergence vers un référentiel annuaire central est nécessaire.

Figure 8.41 : L'éclatement du référentiel unique

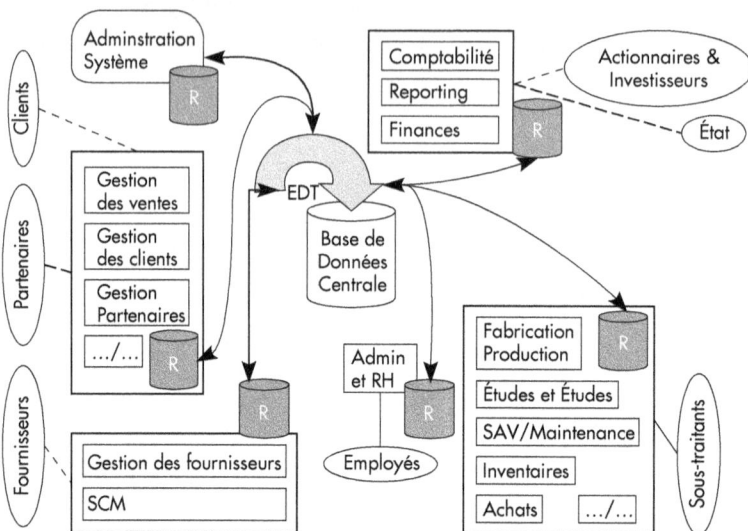

Émergence de nouveaux besoins en ERP spécialisés

L'ensemble des applications utilisées multiplie les infrastructures du SI :

- l'infrastructure informatique constituée des réseaux, logiciels et matériels ;
- l'infrastructure de télécommunication ;
- l'infrastructure des flottes : véhicules et tous moyens de livraisons ;
- l'infrastructure immobilière des agences, bureaux, points de vente, etc.
- l'infrastructure des outils et moyens de production ;
- etc.

D'où la nécessité des *Infrastructure Resource Management* (IRM) ou *Enterprise Infrastructure Management* (EIM), décrits dans la figure 8.42. L'EIM est partie intégrante de l'approche ER comprenant :

- un volet de gestion des données techniques, *Technical Data Management System* (TDMS) ;
- un volet spécifiquement « gestion » qui vient alimenter les ERP.

Les interactions entre ERP et SGDT ont déjà été traitées dans cet ouvrage.

De même, les SCM sont des ERP spécialisés qui sont au centre des besoins, surtout dans le contexte actuel où de nombreuses entreprises privilégient un modèle de vente indirecte par réseaux de distributeurs.

La généralisation du *Business Model* de vente indirecte a conduit à la multiplication d'acteurs qui participent à la fourniture d'un produit ou d'un service à un utilisateur final, rendant ainsi indispensables les SCM.

Dans ce modèle, les services peuvent être fournis sous la forme de produits. C'est le cas notamment de la formation, de l'installation de matériels standards ou encore, de l'intervention sur site pour maintenance. Cette approche « produits » appliquée à certains services contribue :

▷ à une plus grande standardisation et normalisation de la fourniture complète « Produits/Services » ;

▷ au caractère mesurable des fournitures de service ;

▷ et, par conséquent, à une amélioration de la qualité générale de la prestation de vente.

Les rôles de ces acteurs sont bien définis :
« les fournisseurs vendent à un intermédiaire des produits ou items bruts ou de base à les sous-traitants soit, transforment des produits de base, soit fournissent des services à le fabricant reste propriétaire de la conception des produits et services même s'il sous-traite la totalité de la production à le grossiste, *Master Distributor*, constitue l'un des points de concentration des produits et services packagés en produits à le détaillant chez qui le client final s'est adressé et peut être : un revendeur occasionnel ou agréé, un revendeur à valeur ajoutée, un magasin ou encore un site marchand. »

La quasi-généralisation de ce *Business Model* a conduit à une plus grande diffusion des logiciels de SCM, soit en tant que module d'un ERP, soit en tant qu'ERP spécialisé.

Figure 8.42 : Description des concepts d'IRM

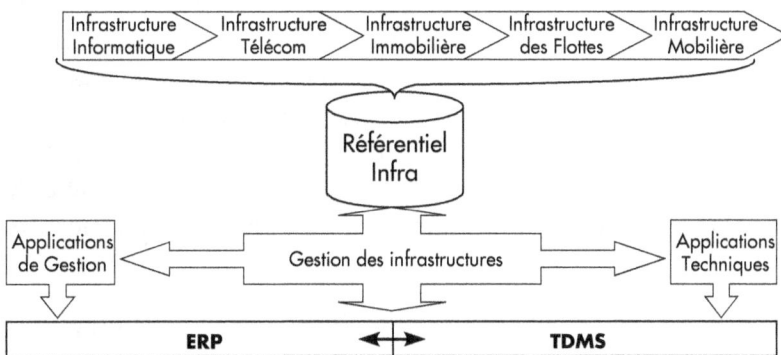

Figure 8.43 : Les modèles de vente indirecte
et les progiciels de gestion intégrés de type SCM

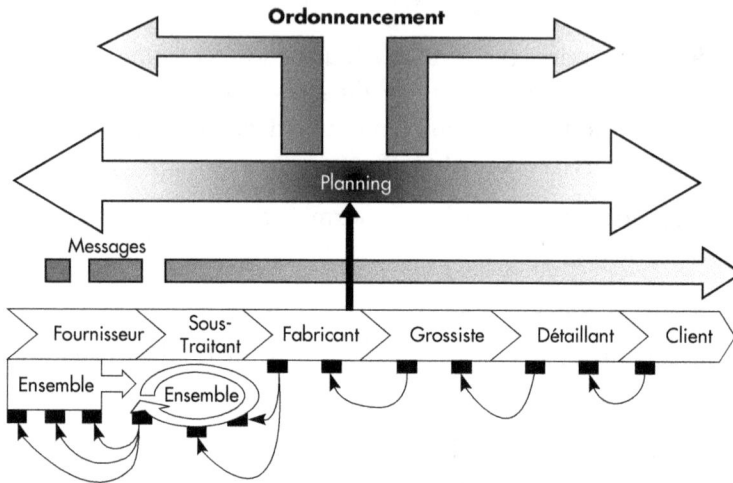

Conclusion

Finalement toutes les activités de gestion d'une entreprise ne sont qu'une vision des processus qui concourent au cycle élémentaire « Acheter-Revendre », seule dynamique et moteur fondamental de l'entreprise de droit commercial.

Le SCM est destiné au management logistique des phases :

◗ amont (acheter) : approvisionner, réceptionner, entreposer ;

◗ aval (revendre) : vendre, transporter, livrer.

De même que le CRM est destiné au management commercial de la partie aval (revendre), mais du point de vue de la prise en considération de la relation client, le *Procurement & Suppliers Management* (PSM) est destiné au management de la partie amont (acheter). Complémentant cet axe « Acheter-Revendre », les applications de gestion des ressources humaines, de la production, de la conception, des finances, etc. ne sont pas spécifiques des entreprises de droit commercial, quand bien même les règles applicables aux divers types d'organisation seraient très différentes.

Il est nécessaire que tout le dispositif applicatif intégré puisse remonter toutes les informations jugées indispensables au management de l'entreprise.

Figure 8.44 : Le cycle « Acheter-Revendre »

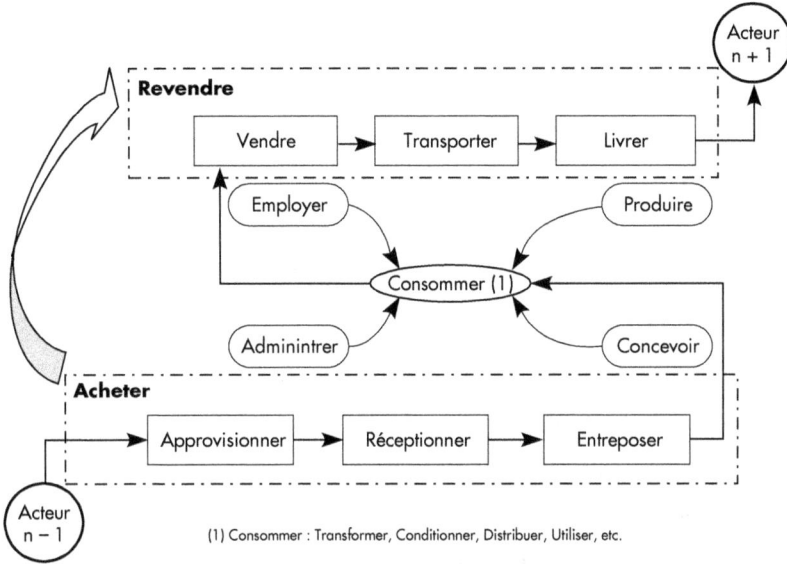

(1) Consommer : Transformer, Conditionner, Distribuer, Utiliser, etc.

Figure 8.45 : Les informations nécessaires au management

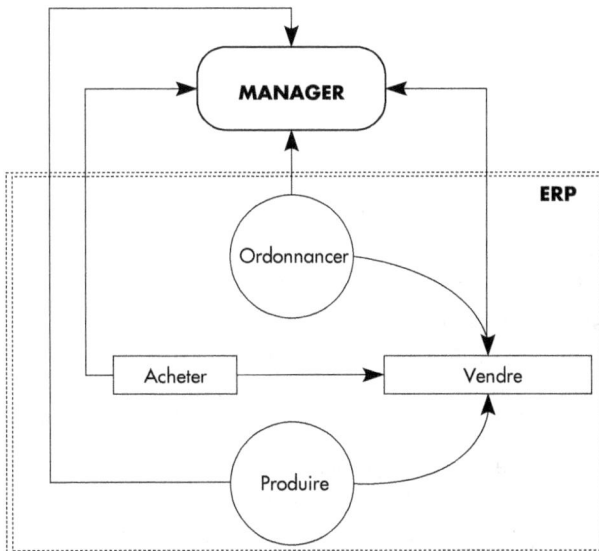

Étude de cas

Cette étude de cas, présentée dès la première édition de cet ouvrage concernait une entreprise industrielle ayant adopté un ERP dès la fin des années 1990 (exemple 8.1). Nous suivons son évolution une décennie plus tard (exemple 8.2).

Exemple 8.1 : Adoption d'un ERP par un fabricant de pièces détachées automobiles en 1998

Un équipementier automobile régional pour pièces détachées de rechange, que nous appelons S[9], décide d'évoluer vers un système progiciel de gestion intégré pour la gestion de son entreprise. Cette PME française de technologie automobile comprend les entités suivantes : des magasins filiales dans la région d'origine, des points de partenariat (de type dépôt-vente), des comptoirs d'achat en Italie, une clientèle de trois types : distribution (grandes surfaces), grands garages, vente au détail.

Ci-après les étapes de la mutation de cette entreprise :

Point de départ

L'entreprise a environ 300 employés : une usine (150 personnes), un siège social (100 personnes dont un bureau d'études avec 15 employés), quatre magasins filiales (total : 30 employés), deux comptoirs d'achat (6 personnes), des commerciaux mobiles (14 personnes) qui visitent la clientèle et les « points partenaires ». Synthétiquement, l'entreprise comprend un *back office*, un *front office* ayant deux fonctions (achat et vente) et des partenaires. Le système d'information est bâti ainsi :

- des serveurs Unix© ont été adoptés, mais de constructeurs différents, chaque département ayant été autonome dans le choix de ses applications ;
- le catalogue électronique des produits a été créé sur micro ;
- la gestion du laboratoire d'électronique est sur serveur Unix© ;
- la CAO est sur station de travail Unix© ;
- la gestion comptable et administrative est sur mini propriétaire ;
- la gestion financière est sur micro-ordinateur ;
- Il n'y a pas de GPAO à proprement parler mais la gestion d'un plan directeur de production sur papier et micro. On constate une forte circulation de papiers. La gestion de la production se fait à la commande.

La direction de l'entreprise décide d'entreprendre la réingénierie des processus globaux de l'entreprise en trois étapes, sur 18 mois.

– Première étape : raccourcir les cycles de conception et s'assurer de l'intégrité référentielle au niveau des produits

La CAO reste sur poste de travail Unix©, les composants et les produits conçus sont gérés par un même référentiel (base de données relationnelle). La gestion des stocks de composants s'appuie sur le même référentiel. Le choix de l'application de gestion de laboratoire est piloté par le référentiel : le progiciel de gestion choisi, en architecture client-serveur deux tiers (serveur Unix© et client MS-Windows©).

– Deuxième demi-étape horizontale : mise en place des outils de travail de groupe

Les outils communs de bureautique sont mis en place dans toutes les unités sur des réseaux locaux de micro-ordinateurs. Les employés itinérants sont équipés de postes portables. La direction décide de mettre en place une infrastructure Web composés des éléments suivants :

- un serveur grand public d'accès libre avec présentation des produits et les, carnets d'adresses des points de vente filiales et partenaires ;
- un serveur Extranet pour les partenaires qui peuvent y consulter le catalogue produit et passer leurs commandes ;
- plusieurs serveurs Intranet : un serveur de messagerie interne à usage du personnel, un serveur de documents techniques accessibles par les services techniques de l'entreprise et certains partenaires qui disposent d'un service technique.

– Deuxième demi-étape verticale : gestion comptable, financière et gestion des ressources humaines

La direction de l'entreprise choisit un ERP qui prend en charge ces trois fonctions.

– Troisième étape : les progiciels de gestion métier

Les différentes entités opérationnelles de l'entreprise s'équipent de progiciels de gestion dédiés à leur métier. Les contraintes sont les suivantes : interface ou intégration avec l'ERP choisi, support du référentiel de composants pour les applications techniques, interface avec les outils horizontaux de bureautique et de travail de groupe, ainsi que l'acceptation de l'infrastructure de réseau local de l'entreprise. Les progiciels métiers comprennent :

- la gestion commerciale : c'est le module de gestion commerciale de l'ERP qui est choisi ;
- la gestion des forces de vente et de la clientèle : une solution indépendante et intégrant les outils bureautiques de l'entreprise est adoptée ;
- la gestion logistique et la GPAO : l'intégration du référentiel composants et stock pilote le choix des progiciels, de même que l'acceptation par l'éditeur de la méthode de gestion de la production à la commande et le respect des standards d'échange de données par l'informatique en vigueur dans les métiers de l'entreprise. Un progiciel de gestion industrielle intégré est choisi, qui s'interface avec les modules de l'ERP.

Point d'arrivée

L'entreprise constate :

- qu'après la mise en place d'une démarche de conduite du changement, l'ensemble des collaborateurs a acquis de nouvelles habitudes de productivité ;

- que la communication s'est accrue entre toutes les entités de l'entreprise, avec un raccourcissement très important du temps de réaction des intervenants ;
- qu'il y a un accroissement très important de la qualité de l'ensemble des documents produits, commerciaux, techniques et administratifs ;
- que l'accueil des nouveaux outils informatiques par les utilisateurs est très favorable.

La direction de l'entreprise S⁹ pensait être dans une situation extrêmement stable, avec une société dotée d'outils informatiques « à la pointe » de la technologie, massivement adoptés par les utilisateurs et qui leur permettraient de piloter « tranquillement » leur entreprise techniquement reconnue sur leur secteur d'activité.

Les évolutions du marché leur donneront tord.

Exemple 8.2 : Évolutions du *Business Model* de la société S⁹
et mise à niveau de son ERP

Les années passent et cette entreprise S⁹ subit le même type de concurrence et de contraintes du marché que l'entreprise S de l'exemple 2.7 du chapitre 2 de cet ouvrage.

L'an 2003 est la cinquième année d'utilisation de son ERP ; il n'y a pas eu, entre-temps, de mise à jour de versions des outils informatiques.

La même année, la direction se décide, afin de permettre la survie de l'entreprise, à changer profondément son *Business Model*. Contrairement à la société S de l'exemple 2.7, et par leur culture industrielle, les membres de la direction de S⁹, ne prennent pas le risque de diversifier leur activité par la distribution de nouveaux produits mais préfèrent arrêter la production des équipements standards en France et répondre à la concurrence des fabricants d'Europe du Sud, en se mettant en situation de pouvoir vendre au même prix, voire moins cher. La seule issue est de transférer *off shore* la production par la création d'une usine, de l'autre côté de la Méditerranée. À l'issue de cette difficile mutation, en fin 2005, l'entreprise S⁹ a la configuration suivante :

- En France, 270 employés se répartissent ainsi :
  - le siège social : 45 employés administratifs aux compétences renouvelées compte tenue de l'activité *off shore* ; une équipe informatique interne qui dépend du siège social est créée pour piloter la mise à niveau de l'informatique du groupe dans un premier temps et permettre son exploitation et ses évolutions rationnelles ; de même une équipe qualité pilote la démarche qualité pour aider l'ensemble des établissements à obtenir le label ISO 9001 ou ISO 9002 nécessaire à ses activités ;
  - le bureau d'études qui a été filialisé, travaillant à la fois pour l'usine française et l'usine *off shore*, et susceptible d'offrir des prestations à des clients externes au groupe : 45 employés ;

- l'usine, historique, créée par l'arrière-grand-père fondateur, qui doit se dédier dorénavant exclusivement à la production d'équipements spéciaux fabriqués à la commande : 45 employés suffisent à cette nouvelle mission, dans une structure désormais filialisée ;
- le GIE achats dont la fonction unique est d'être la centrale d'achats pour tout le groupe : 9 employés ;
- le site logistique desservant les magasins et les partenaires revendeurs : 9 employés ;
- le réseau de magasins pour la clientèle directe : les quatre magasins filialisés existants continuent leurs activités ; quatre autres magasins filialisés ont été ouverts dans le département ; près de 70 employés travaillent dans ce réseau ;
- le réseau de VRP : 45 commerciaux développent la clientèle indirecte en « recrutant » des partenaires dans la France entière ;
- en Tunisie, 250 employés sont dans une entreprise filiale dont la fonction unique est de produire en *off shore* pour le groupe.

— La mise à niveau de l'informatique est un challenge vital. La situation est la suivante :

- l'architecture client-serveur deux tiers a vieilli ; les logiciels n'ont pas été mis à jour et le retard de plusieurs versions est un handicap supplémentaire pour une évolution rapide ;
- les besoins des nouvelles structures, le bureau d'études (BE), le site logistique, le GIE achats, ne sont pas couverts par l'ERP utilisé ; le BE, par ailleurs, a dû s'équiper de nouveaux outils, sur micro-ordinateurs Windows© ;
- la structure *off shore* a ses propres besoins et contraintes au niveau de la gestion, qui ne peuvent être pris en charge par les applications existantes.

— Après audit de l'existant et spécifications des besoins, la remise à niveau de l'informatique a été conduite ainsi :

- l'ERP existant, qui donne satisfaction et qui répond aux besoins du noyau historique de l'entreprise comprenant le siège social, l'usine française rénovée, une partie des achats et la gestion des forces de vente est remise à niveau, avec les dernières versions des applications, cependant, sur des plates-formes Windows Server© qui ont été choisies comme standards pour les serveurs ; cette mise à jour permet au groupe de fonder son nouveau système d'information sur une architecture n-tiers ;
- le BE, dont l'activité est complètement liée aux projets, est équipé d'EPM© de Microsoft ;
- la filiale tunisienne, qui dispose d'une indépendance de gestion quasi complète est équipée de l'ERP DYNAMICS AX© de Microsoft ; seules certaines données sont remontées en central au niveau groupe, pour consolidation ;
- l'informatique du siège s'enrichit de Microsoft BIZTALK©, la solution d'ESB de Microsoft qui orchestrera les échanges entre les systèmes précédents, en mode Web Services.

Il reste un grand chantier : l'adoption d'une CRM pour le groupe.

Chapitre 9

Les nouveaux challenges ERP

Comme nous avons pu le constater à travers les huit chapitres précédents de cet ouvrage, la maturité des technologies Web, et plus particulièrement des Web Services, a permis de généraliser l'intégration des ERP dans une architecture n-tiers fondée sur Internet. Les prochains challenges pour les utilisateurs d'ERP sont :

- d'urbaniser le SI pour continuer la réorganisation du système applicatif entreprise avec le projet ERP ;

- de s'assurer de la conformité aux nouvelles contraintes réglementaires apparues depuis ;

- d'élaborer un modèle SOA ;

- de maîtriser la gouvernance des systèmes applicatifs.

Urbaniser le système d'information

Certes, quand on a opté pour un ERP qui prend en charge la plus grande partie des besoins applicatifs, mais jamais la totalité, on a fait un pas dans l'urbanisation de fait du système d'information. Mais, dans la plupart des cas, on n'a pas forcément progressé dans l'urbanisation de son SI ! En particulier, qu'en est-il de l'existant, avant l'intégration de l'ERP ? Si l'ensemble du SI n'est pas urbanisé, à lui seul, l'ERP n'apportera pas les avantages attendus d'une urbanisation du système d'information de l'entreprise.

Définition de l'urbanisation

Il y a plusieurs définitions possibles au mot urbanisation. L'équivalent en anglais serait *Block Building*, mais ces termes ne contiennent pas toute la portée du terme français. Pour nous, urbaniser un SI, c'est :

▸ construire le SI par une fondation de blocs ;

▸ réutiliser ces blocs chaque fois que cela est faisable ;

▸ optimiser l'architecture ainsi définie en évitant tout doublonnage et en tirant le meilleur parti possible des performances de l'ensemble.

La plus grande partie d'une urbanisation est logique ; à ce modèle logique, on doit faire correspondre un modèle physique.

L'urbanisation logique

Pour les fondations de l'urbanisation logique, les blocs peuvent être divisés en quatre catégories :

1. Les blocs de services qui offrent des services de messagerie, de résolution de règles métiers, de recherche, d'annuaire.

2. Les blocs métier qui fournissent des fonctions de calculs, de gestion, de graphes.

3. Les blocs de ressources qui procurent données, documents et outils tels que les agendas.

4. Les blocs de présentation qui comprennent les écrans, les saisies, les formulaires et tout objet de type « Control ».

Les blocs de services, de ressources et de présentation sont utilisables par toute application. Les blocs métier sont spécifiques, mais ils peuvent également être appelés par des applications différentes.

Les applications urbanisées seront alors fondées sur cet ensemble de blocs. Elles font appel, directement, chaque fois que cela est possible, aux services ou fonctions des blocs de fondation ; elles peuvent aussi utiliser ces blocs en passant par un ESB qui permet connexions et synchronisation des appels, (voir figure 9.2). La fonction de l'ESB est, par conséquent, très importante dans un contexte de système urbanisé.

Dans ce contexte, l'ERP est un quartier déjà urbanisé, susceptible d'utiliser les blocs de fondation du système applicatif. Son couplage avec l'ESB jouera un rôle décisif dans la réussite de l'urbanisation (voir figure 9.3).

Figure 9.1 : Une vue fondatrice de l'urbanisation logique

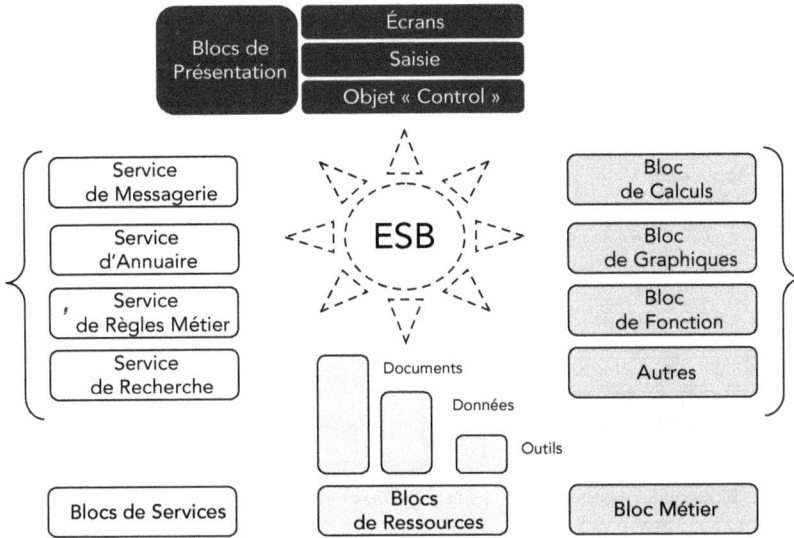

Figure 9.2 : Un quartier d'applications urbanisées

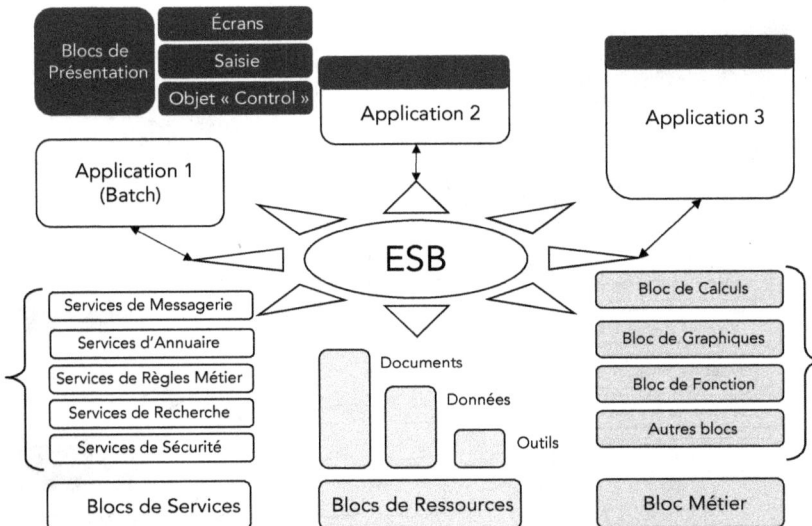

Figure 9.3 : ERP, un quartier déjà urbanisé

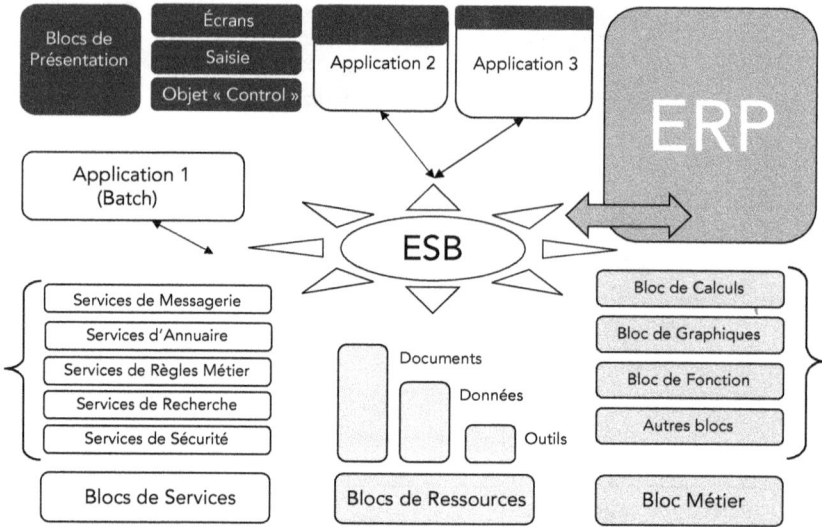

Figure 9.4 : Urbanisation physique

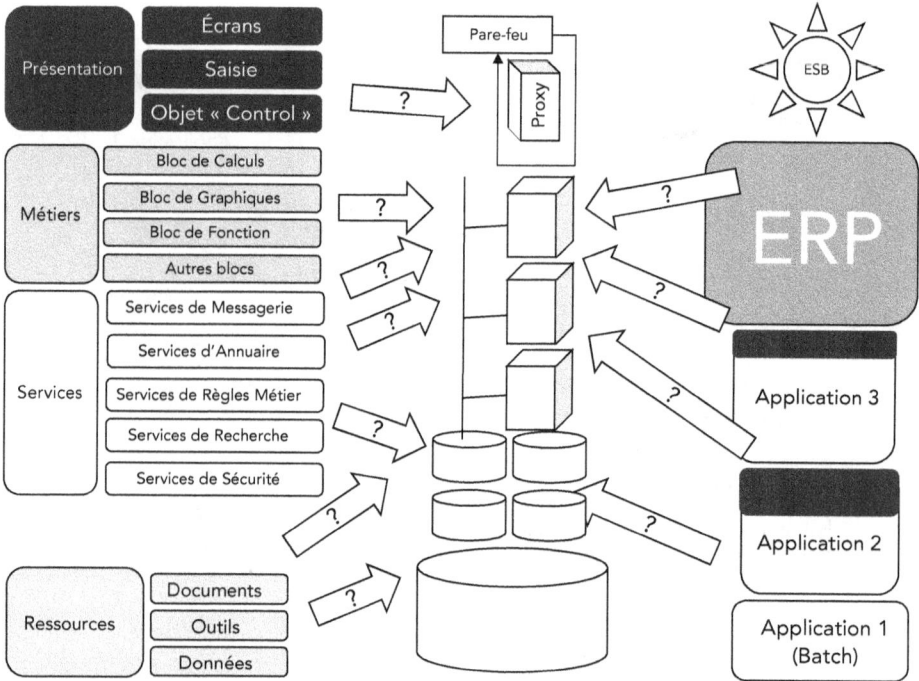

L'urbanisation physique

L'urbanisation physique consiste à répartir sur des machines l'ensemble logique urbanisé, en tenant compte des contraintes d'architecture physique en termes de performance et de sécurité.

S'assurer de la conformité

On a, de tout temps, demandé aux systèmes d'information d'être conformes ! Il s'agissait, et il s'agit toujours, de conformité par rapport à :

- un cahier des charges ;
- des normes ;
- des réglementations.

On ne parlait pas de « Domaine de la conformité ».

Qu'est-ce que le domaine de la conformité ?

Avec les faillites retentissantes[1] des débuts du XXIe siècle, les gouvernements et les organismes intergouvernementaux, telle la Commission européenne, ont mis en place des législations pour forcer les entreprises à plus de transparence dans la manière dont elles sont gouvernées. La nouveauté réside dans les contraintes :

- il ne s'agit pas d'une mesure de la qualité ou de l'obtention d'un label : soit, l'entreprise est conforme et elle peut « opérer », soit, elle ne l'est pas et elle n'est plus autorisée à le faire ! C'est le cas de la réglementation Sarbanes-Oxley (voir glossaire) : le non-respect de la réglementation interdit la cotation de l'entreprise sur les Bourses américaines. C'est aussi le cas de Bâle 2 pour les établissements financiers et bancaires : le non-respect entraîne l'arrêt de l'activité de l'entreprise ;
- pour certaines réglementations comme Sarbanes-Oxley, les dirigeants sont personnellement responsables d'un manquement à la réglementation.

Ces exigences de conformité ne s'appliquent pas à l'intégralité du système d'information, mais uniquement aux domaines qui présentent le plus de risques : à la gestion financière de toutes les entreprises cotées sur les places boursières américaines pour Sarbanes-Oxley, à la maîtrise des risques, pour les établissements financiers et bancaires soumis à Bâle 2.

---

1. Nous ne citons que l'affaire Enron, mais il y en a eu beaucoup d'autres.

Il est donc plus aisé de s'assurer de la conformité d'un système urbanisé, que d'avoir à extraire les informations pertinentes et en contrôler la maîtrise au sein d'un ensemble où ces informations sont enchevêtrées.

Capitaliser sur les approches d'homologation

Les normes de qualité, de sécurité et de bonne pratique d'exploitation des systèmes d'information restent des contraintes, mais de type « homologation » ; c'est le cas de l'ISO 900X pour la qualité, des ISO 17799 et 27001 pour la sécurité, et d'*Information Technology Infrastructure Library* (ITIL) pour l'exploitation du système d'information. Nous nous trouvons face à trois groupes de contraintes auxquelles il faut se conformer :

1. le cahier des charges et les spécifications d'évolutions qui viendront dans le cours du cycle de vie des applications ;
2. les contraintes d'homologation citées ci-dessus ;
3. les contraintes dites de « conformité ».

Une sommation brutale de ces contraintes serait ingérable, voire impossible à mettre en œuvre. Il convient, d'une part, de s'assurer que les spécifications d'évolution du système applicatif ne viennent pas mettre en péril le respect aux conformités et, d'autre part, d'essayer, dans la mesure du possible, d'utiliser les évaluations et audits effectués dans le cadre des démarches des homologations ISO.

Gestion des exigences

La complexification de ces aspects de conformité pousse à l'utilisation d'outils, appelés « gestion des exigences ». Ils se présentent sous la forme de logiciels autonomes ou de *plugins* à des ateliers de conception ou de spécification de logiciel. Ils permettent de tenir à jour un « carnet des exigences » afin de vérifier que l'ensemble des contraintes demandées au système applicatif est bien respecté, et ceci pendant tout le cycle de vie du système applicatif.

> Exemples d'outils :
> - CALIBER© de Borland, qui existe en édition « stand alone », c'est-à-dire autonome, sous forme de *plugin* à ECLIPSE© dans les environnements JEE© et à VISUAL STUDIO© en environnement .Net© de Microsoft ;
> - OPTIMAL TRACE© de Compuware, outil autonome dont les résultats sont intégrables dans VISUAL STUDIO© ;
> - REQUISITE PRO© fait partie de la panoplie d'outils de gestion des exigences d'IBM.
>
> Ces outils ont tous la capacité d'intégrer un traitement de texte servant aux utilisateurs à écrire leurs spécifications.

Figure 9.5 : De l'assurance de conformité à la gestion des exigences

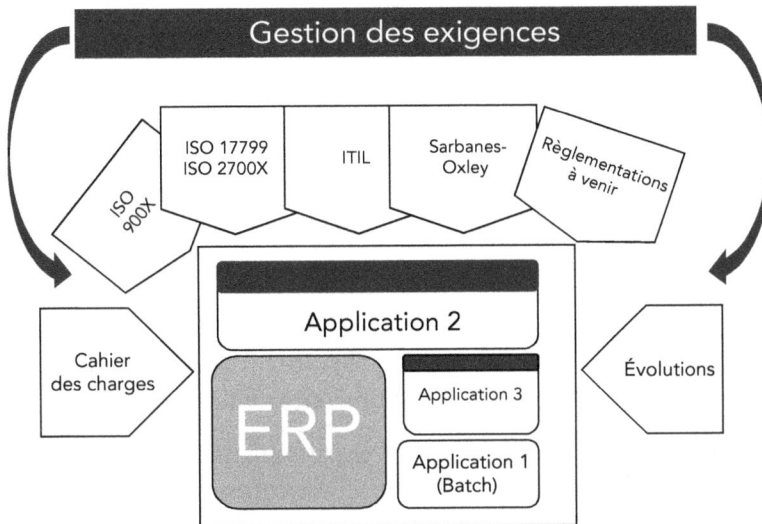

Élaborer un modèle SOA

Des Web services vers la SOA ?

L'intérêt des Web Services est d'offrir une possibilité d'intégration à couplage extrêmement faible entre les systèmes. Avant le Web, la notion de « service » existait : il y avait des services CORBA©, des services COM©, des services de middleware, tel Tuxedo©. Mais la mise en œuvre de ces services était complexe, il n'y avait pas de normalisation entre les services d'éditeurs différents et, en environnement hétérogène, il était difficile d'obtenir de bonnes performances. Avec les Web Services, la situation a changé, car il y a une réelle interopérabilité dans ces environnements. Leur mise en œuvre est simplifiée, parce qu'il suffit de :

- créer un Web Services ;
- le publier en s'appuyant sur les services d'un serveur Proxy ;
- le faire connaître aux consommateurs potentiels de Web Services ;
- ces derniers, de leur côté, peuvent chercher des Web Services, *via* les Proxy ;
- ils peuvent, ensuite, les récupérer et les « consommer », c'est-à-dire traiter les informations et données ainsi obtenues ;
- ils peuvent, après consommation, les publier ;
- le cycle recommence…

Procéder de cette façon, c'est ouvrir la porte à une prolifération de Web Services et à un ensemble qui n'aura rien à voir avec une architecture informatique.

Construire l'approche SOA

La mise en œuvre d'une architecture orientée services est, avant tout, une affaire de méthodologie. Certes, les technologies et, en particulier, celles des Web Services, sont suffisamment stabilisées pour adopter ce modèle (voir figure 9.6). Encore faut-il :

▶ qu'un tel modèle soit justifié par les besoins de l'entreprise. C'est pourquoi, l'étude d'opportunité doit analyser le *Business Model*, et évaluer l'intérêt à mettre en œuvre ce modèle d'architecture à très faible couplage ;

▶ que l'ensemble des technologies du SI, et pas seulement la partie ERP, dispose du niveau technologique requis par une telle architecture. Il faut commencer le projet effectif par une analyse de la maturité de l'entreprise à l'adoption de ces technologies.

Figure 9.6 : SOA, les bases de l'approche

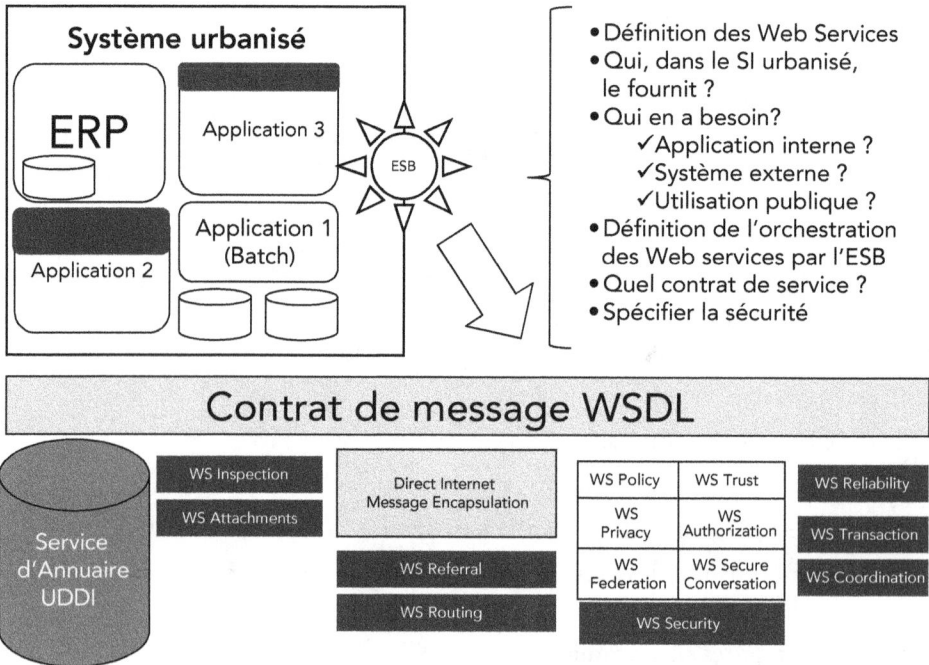

De ce fait, on peut engager le reste de la démarche méthodologique, comme le montre la figure 9.7, jusqu'à la cible qui est le projet SOA, en s'appuyant sur des outils de conception, de spécification et de test. La « transformation SOA complète » du SI urbanisé (nous l'appellerons « SOArisation ») ne pourra se faire en une seule fois.

C'est en désignant des cibles atteignables qu'on enrichira la vue SOA du système applicatif urbanisé.

Figure 9.7 : Démarche méthodologique vers une architecture SOA

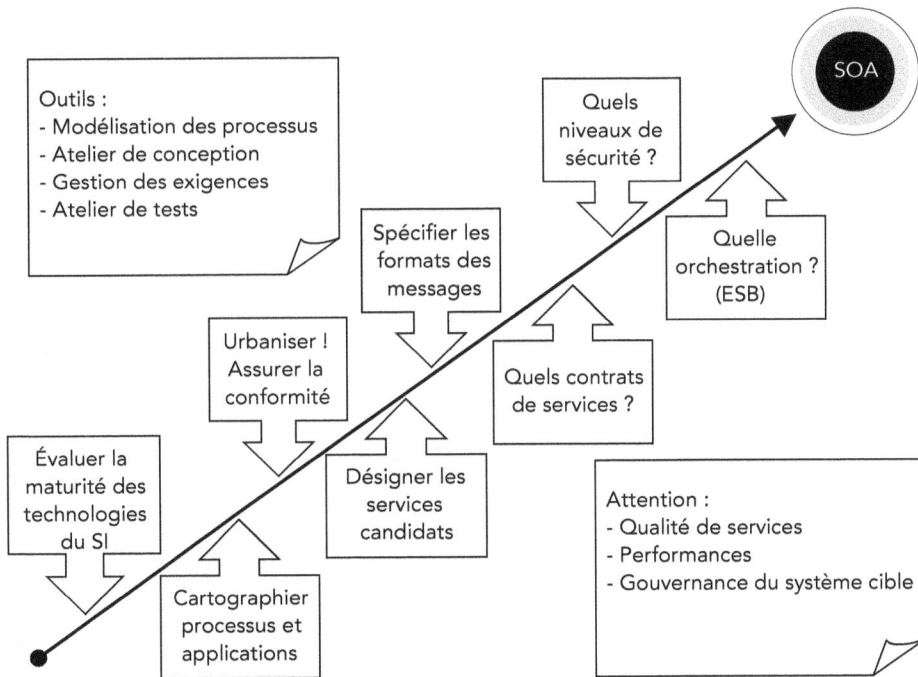

Figure 9.8 : La SOA par étape

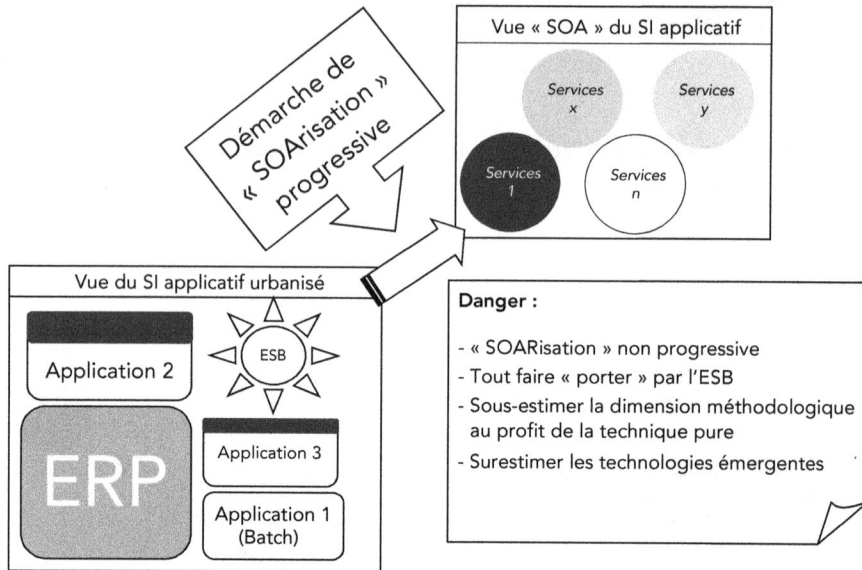

Maîtriser la gouvernance des systèmes applicatifs

L'exploitant et le manager d'un SI, même urbanisé, conforme, en architecture orienté service, doit pouvoir en maîtriser sa gouvernance.

La multiplication des couches du modèle n-tiers

Le modèle n-tiers étant généralisé, les tiers ou couches, ont tendance à se multiplier. Exemple : les éditeurs vont progressivement isoler les bases de règles, s'ils ne l'ont pas encore fait, pour utiliser un *Business Rules Management System* (BRMS[1]) – Système de gestion des règles métier. La figure 9.9 classifie les tiers en quatre

---

1. Terme d'origine ILOG pour désigner un système de gestion de règles métier comprenant les sous-systèmes suivants :
   – à un moteur d'inférence de règles ;
   – à un atelier de conception de règles, de préférence sous la forme d'un plugin à des systèmes de conception tels qu'ECLIPSE© ou VISUAL STUDIO© ;
   – à une table et un arbre de décision ;
   – à un atelier de test des règles ;
   – à un environnement de définition et de modification des règles métier destiné aux administrateurs de règles et fondé sur des outils bureautiques et des pages Web.

familles. À ces tiers, spécifiques à une problématique purement applicative, il conviendra de rajouter les couches techniques qui peuvent être classifiées selon le *stack* technique mis en œuvre (voir figure 9.10).

L'architecture n-tiers ne précise pas le nombre optimal de couches. Il appartient aux utilisateurs de spécifier clairement, dès la modélisation, les couches qui sont susceptibles d'exister au sein de leur système applicatif. Ils peuvent, par exemple, définir ces couches par domaine professionnel : vente, achats, fabrication, etc. Cependant, il est impératif de disposer de tiers suivants utilisables par les modules de l'ERP :

▷ les tiers « Fonctionnels » déclinent tous les aspects applicatifs pertinents à un ERP général ou spécifique. Ils sont définis par l'éditeur du produit, et adaptables ou personnalisables par les utilisateurs ;

▷ les tiers « Administration » sont destinés à la gestion technique du système : droits des utilisateurs, droits administrateurs, accès aux bases de données, accès aux applications ;

▷ les tiers « Méthodes » qui définissent les diverses méthodes de gestion et de décisions adoptées ;

▷ les tiers « Réglementaires » sont des générateurs de bases de règles (légales, métiers, internes) et doivent comprendre les possibilités de transcodage de règles.

Dans la pratique, il conviendra de définir ces couches hors ERP qui devra pouvoir communiquer entre elles, *via* un ESB. En effet, si ce sont les modules de l'ERP qui dictent la structure de couches, l'utilisateur aura d'autant plus de chances de rester captif du même éditeur.

Figure 9.9 : Multiplication des couches dans l'architecture n tiers des ERP

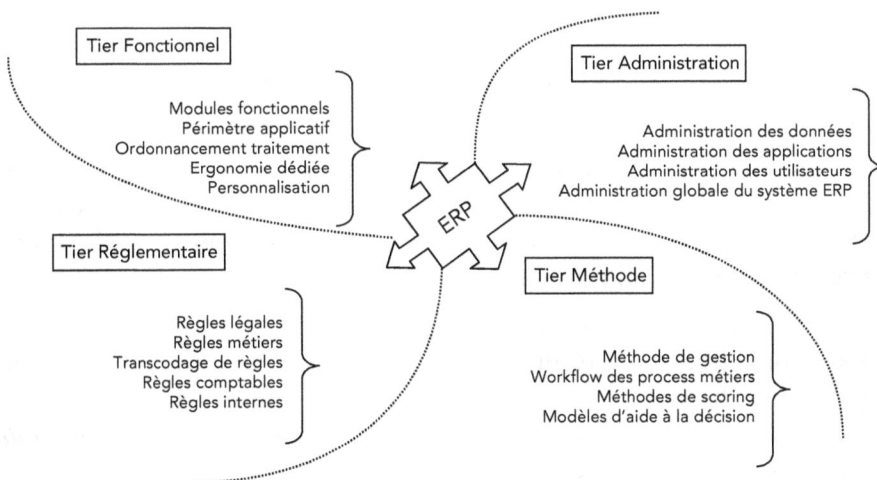

La supervision centralisée des systèmes applicatifs

L'un des challenges essentiels de l'architecture en mille-feuille, c'est-à-dire organisée en couches, de façon extrême, est plus que jamais la possibilité d'administrer cet ensemble de façon centralisée. Qualité que l'on pourrait appeler « administrabilité ».

Figure 9.10 : Le challenge de la supervision centralisée des systèmes à multi-tiers

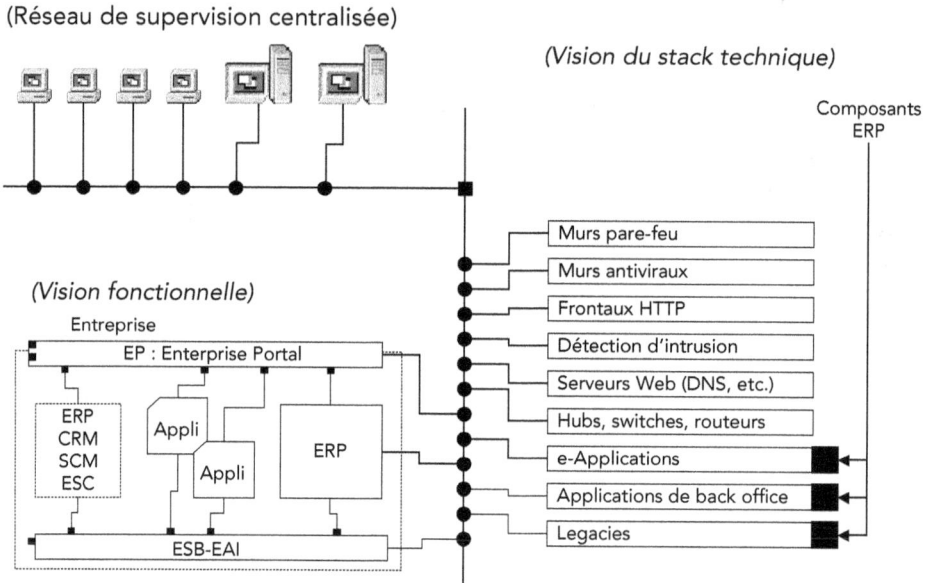

À la vision fonctionnelle, se rajoute la nécessaire vision du *stack* technique qui décline exhaustivement une dizaine de « couches » de serveurs logiques différents que l'on peut classer en quelques familles :

▸ une famille destinée à la sécurité informatique : murs pare-feu, murs antiviraux, sonde de détection d'intrusion, serveurs de certificats de PKI, etc.

▸ une famille de gestion et de segmentation de réseaux locaux (routeurs, *switches*, etc.) dont les fonctionnalités s'enrichissent de plus en plus (aujourd'hui certains systèmes permettent de faire du « Content management », que l'auteur préfère traduire par « Traitement des contenus ») ;

▸ une famille dédiée aux applications Web et outils serveurs d'Internet, tels que les serveurs HTTP, le serveur de nom de domaine, et tous les serveurs d'e-Applications horizontales (exemples : messagerie e-mail) ou verticales. Ces serveurs constituent, ce qui est appelé communément, les *front end* et *middle end* du système d'information.

▷ les applications classiques, progiciels intégrés ou non, ainsi que les *legacies* qui sont le plus souvent qualifiés de *back end* du système d'information.

L'ensemble des informations relatives au pilotage de ces serveurs logiques et physiques doit être routé vers le réseau de supervision centralisé. Mais la supervision centralisée risque fort de demeurer un vœu pieux de l'utilisateur, s'il n'a pas spécifié au préalable ses standards du marché. En particulier, il est recommandé de s'appuyer sur un environnement de supervision, et d'exiger des éditeurs d'applications une conformité par rapport aux standards choisis. Des environnements tels que HP/OpenView©, IBM/Tivoli© permettent de réaliser ce type d'intégration et de supervision centralisée. Il appartient aux utilisateurs de s'assurer que les protocoles utilisés par ces produits sont compatibles avec les diverses couches mises en œuvre.

Les objectifs de la gouvernance

Un nombre important de paramètres fluctue dans le temps. Une liste non exhaustive est décrite dans la figure 9.11, à laquelle on peut rajouter : les niveaux de qualité, de sécurité, le respect des conformités, le nombre de dysfonctionnements, d'incidents de fonctionnement et d'alertes.

Gouverner le SI, c'est :

▷ avoir conscience des risques, c'est-à-dire :
  – les connaître ;
  – en connaître les conséquences opérationnelles, financières, de perte de notoriété ;
  – avoir validé le niveau d'acceptation de certains d'entre eux ;
  – disposer des moyens pour les éliminer, les résoudre ou les contourner ;
  – disposer d'une liste à jour de ceux résiduels ;

▷ fixer des objectifs d'amélioration des axes : qualité, sécurité, respect de process, niveau de service ;

▷ être en mesure de définir les KPI ou indicateurs clés dans les termes suivants :
  – quelles informations concourent à l'élaboration d'un KPI ?
  – comment remonter ces informations pour pouvoir les traiter ?
  – quelle est la méthode de calcul de chaque KPI ?
    Ces indicateurs étant en fait, des notations :
  – quelle est la base de référence d'une note : excellente, bonne, acceptable, insuffisante ?

▶ connaître quasiment en temps réel les évolutions des divers paramètres, et plus précisément leur tendance ;

▶ pouvoir prédire ou pressentir ce qui se passerait si on laisse dériver le système ;

▶ prendre les mesures adéquates ;

▶ et… gérer les crises ! Le dispositif de gestion des crises fait partie intégrante de la gouvernance.

La profusion des indicateurs, des paramètres et des éléments à contrôler rend de plus en plus difficile une gouvernance faite avec des outils bureautiques. Des systèmes de gestion de la gouvernance existent, tels que Changepoint© de Compuware. Comme le nom de cet outil l'indique, ils sont utiles pour piloter la gestion du changement.

Figure 9.11 : Les paramètres de la gouvernance

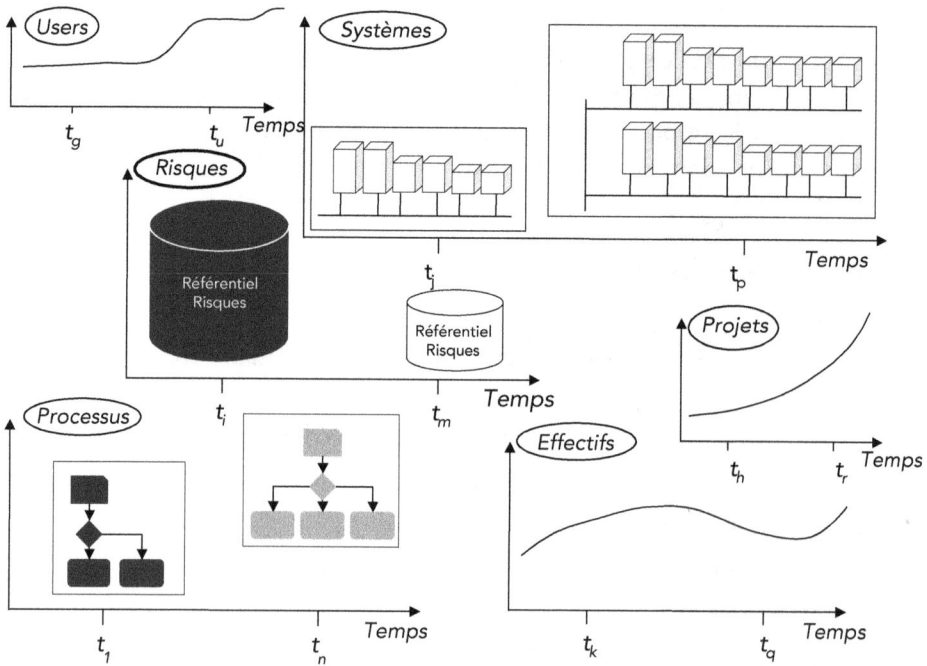

Vision offerte aux managers

On ne doit pas oublier que l'un des intérêts d'intégrer des applications est de permettre aux managers de l'entreprise de pouvoir prendre plus rapidement des décisions. Il faut créer une « vision managériale » des informations gérées.

Figure 9.12 : La vision managériale des informations gérées

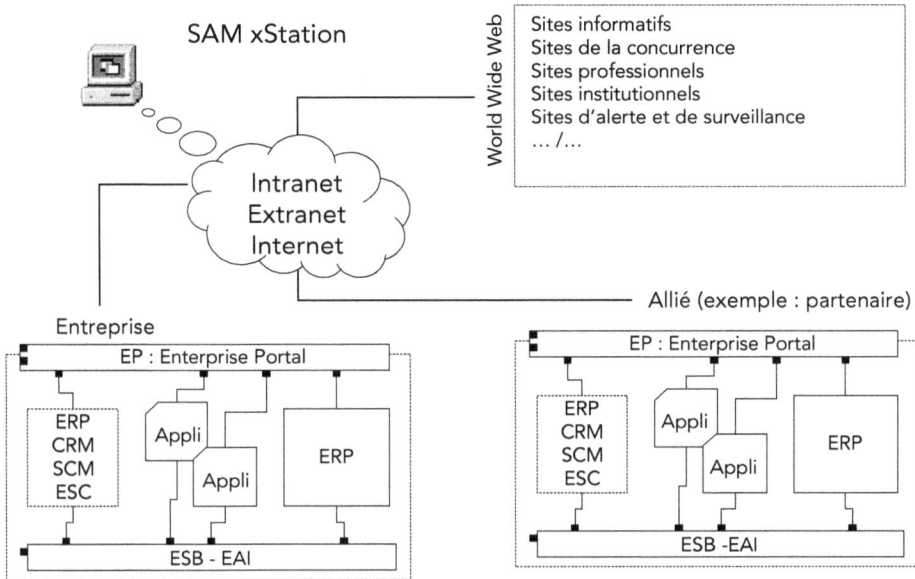

La vision fonctionnelle complète ne donne pas une vue suffisamment synthétique pour les managers. Les interfaces Web permettent désormais de consolider vers une *Stand Alone Manager's Executive Workstation* (SAMxStation), des informations d'aide à la décision, en provenance de trois grands environnements :

◗ par accès Intranet, ce sont les informations concernant la gestion et le pilotage de l'entreprise qui peuvent être extraites, transformées et présentées au manager sous la forme d'évolution d'indicateurs clés ;

◗ par Extranet pour des informations en mode *push* ou *pull* de sites « alliés » (fournisseurs, sous-traitants, partenaires) ;

◗ par Internet pour des informations de sites tiers : professionnels, institutionnels, de place de marché.

La SAMxStation doit, par ailleurs, disposer des éléments nécessaires à la prise de décisions :

◗ référentiel des risques, avec un système ERM[1], destiné à éliminer ou contourner les risques et à maîtriser les risques résiduels ;

---

1. La gestion des risques globaux de l'entreprise devient primordiale dans un contexte « d'assurance conformité ».

- systèmes de *scoring* dédiés, remontant des indicateurs clés et leur évolution dans le temps ;
- règles dictées par les *best practices* managériales de l'entreprise ;
- mécanismes de simulation des conséquences des décisions à prendre.

La vision managériale doit offrir différents volets décisionnaires, avec déclenchement d'un *workflow* adapté à chacun des niveaux :

- décisions immédiates au niveau de la direction des opérations ;
- décisions tactiques pour la haute hiérarchie ;
- décisions stratégiques pour la direction générale.

Annexes

Glossaire

.Net : architecture n-tiers de Microsoft.

AAO : Aide Assistée par Ordinateur.

AGL : Atelier de Génie Logiciel.

AFNOR : Association Française de Normalisation.

AJAX : *Asynchronous JavaScript and XML.*

ANSI : *American National Standard Institute*, organisme de normalisation américain.

API : *Application Programming Interface*, ensemble de règles et conventions définissant l'interfaçage de deux systèmes différents.

Architecture client-serveur : architecture du système d'information qui s'appuie sur une répartition des traitements, des données et de la gestion de l'IHM (voir IHM), appelé aujourd'hui architecture deux tiers et souvent notée, par abus de langage « client-serveur $^2/_3$ », bien que le mot « tiers » soit le pluriel de l'anglicisme « tier », c'est-à-dire « couche ». Cette notion reste d'actualité car, d'une façon générale, dans l'architecture n-tiers, chaque couche peut être cliente ou serveur ou les deux d'un ou plusieurs services.

Architecture n-tiers : architecture informatique répartie sur plusieurs couches.

Architecture orientée services : voir SOA.

ARM : *Authorities Relation Management*, gestion de la relation avec les organismes gouvernementaux et assimilés.

ASP : Application Service Provider, fournisseurs d'accès à des applications.

AT & T : American Telegraph & Telephone, société américaine de télécommunication.

A-to-A : *Application-to-Application.*

AV : Analyse de la Valeur.

Back Office : littéralement, l'arrière-boutique. Ce terme désigne tout système ou toute application utilisée, soit sur ordinateur central, soit sur ordinateur départemental.

Bâle 2 : réglementation internationale obligeant toute entreprise du secteur banque finances à maîtriser leurs risques, dont les risques opérationnels.

Base de données : système informatique qui range les données selon une logique et une structure prédéterminées, et qui offre les outils d'interrogation et d'extraction nécessaires à l'utilisateur.

BE : Bureau d'Études.

BI : *Business Intelligence*, connaissance approfondie des faits réels, voire cachés, de la vie de l'entreprise, alliée à une analyse de la situation et à la prise de décision.

BPR : *Business Process Reengineering* ou Réingénierie des Processus d'Affaires.

BRMS : *Business Rules Management System*. Ce sigle a été introduit par ILOG ; il est largement utilisé, son équivalent SGRM – Système de Gestion des Règles Métier – l'est beaucoup moins.

Bureautique : technique d'automatisation du travail de bureau (voir Office Automation).

Business Model : modèle économique sur lequel se fonde l'activité de l'entreprise, qui inclut le type de commercialisation, les circuits de vente, les profils de clientèle, tout processus lié à l'activité économique de l'entreprise.

B-to-A : *Business to Authorities.*

B-to-C : *Business to Consumer.*

B-to-D : *Business to Device.*

B-to-E : *Business to Employees.*

B-to-F : *Business to Finance.*

B-to-G : *Business to Government/Government to Business.*

B-to-I : *Business to Investor.*

B-to-M : *Business to Mobile.*

B-to-X : *Business to eXtended enterprise.*

CALS : *Computer Aided Logistics Support* programme de la DOD destiné aux fournisseurs des armées des États-Unis, qui rend obligatoires l'interopérabilité des bases de données ainsi que le respect d'une liste de normes et standards informatiques.

CAM : *Customer Assets Management*, système de traitement de la clientèle (prise d'appel, routage des demandes, prise en compte des tendances, des besoins, etc.)

CANDA : *Computer Aided New Drug Admission*, standard de conformité américain pour l'autorisation de mise sur le marché des médicaments.

CASE Tools : *Computer Aided System Engineering* Tools, voir AGL.

CAO : Conception Assistée par Ordinateur.

CCITT : Comité Consultatif International de Téléphonie et Télégraphie, organisme de normalisation, œuvrant depuis l'origine des techniques de télécommunications pour la normalisation des transmissions analogiques et numériques. Le CCITT émet des avis et des recommandations, à la base des échanges de données actuelles.

CE : *Concurrent Engineering*, méthode et technique de conception mettant en œuvre travail de groupe et outils techniques de conception et de fabrication.

CFM : *Cash Flow Forecast Management*, gestion prévisionnelle de la trésorerie.

CFONB : Comité Français d'Organisation et de Normalisation Bancaires.

CGSC : Charte Graphique des Services de Communication.

CHSCT : Comité d'Hygiène, de Sécurité et des Conditions de Travail.

CI : Contrat Interne.

CIM : *Computer Integrated Manufacturing*, système de progiciels intégrés pour la gestion de la fabrication industrielle.

Client : poste de travail de l'utilisateur (voir architecture client-serveur).

CM : *Content Management*, gestion de contenu.

CNIH : Centre National d'Informatique Hospitalière.

CNS : Charte des Normes et Standards.

Codiel : néologisme de l'auteur, code informationnel élémentaire ; c'est l'unité la plus élémentaire d'information, dans un domaine donné. Une concaténation de codiels et une règle de structure donnent une information intelligible.

COM/DCOM : spécification de Microsoft d'interface d'échange d'objet qui est l'un des standards de fait dans ce domaine, l'autre étant CORBA.

Composant progiciel : objet évolué entrant dans la constitution de certaines applications (voir objet).

CORBA : *Common Object Request Broker Architecture*, spécification des fournisseurs membres de l'OMG pour l'interface entre environnements objets différents.

COSO : *Committee of Sponsoring Organizations of the Treadway Commission*, dont le COSO II Report est très souvent utilisé pour l'évaluation des risques dans les projets Sarbanes-Oxley.

CRC : *Customer Relation Care* ou Gestion de la Relation Client (GRC).

CRIH : Centre Régional d'Informatique Hospitalière.

CRM : *Customer Relation Management*, gestion de la relation client.

CSG : Cotisation Sociale Généralisée.

CTI : *Computer Telephony Integration,* technique intégrant téléphonie et système d'information.

DAO : Dessin Assisté par Ordinateur.

Datawarehouse : littéralement, entrepôt de données ; technique permettant l'étude et la compréhension des événements dans la vie d'une base de données.

Datacentre : néologisme de l'auteur regroupant l'ensemble des notions de Datawarehouse, Datamining, Dataweb, Datamart plus la notion d'infocentre.

Datamart : variante du terme précédent s'appliquant à une organisation des données analysées par sujet de préoccupation ou par expertise métier.

Datamining : variante du terme précédent relatif à la détermination et l'explication des conséquences de certains événements dont la traçabilité est assurée par un SGBD-R.

Dataweb : variante de l'ensemble des termes qui précèdent, les données étant accessibles par le Web.

DBCG : Description de la Bibliothèque des Composants de Gestion.

DBOC : Description de la Bibliothèque des Objets de Conception.

DMU : Dossier Médical Unique.

DMZ : *Demilitarized Zone*, sas créé par un pare-feu permettant de définir une zone d'hébergement des serveurs proxy et d'isoler le réseau local et les autres serveurs dans une zone de confiance.

DNS : *Domain Name System* système de nommage des domaines Internet.

DOD : *Department Of Defense*, le ministère américain de la Défense.

Down Sizing : voir Sizing.

DP : Documentation Particulière.

DPM : Direction de la Maîtrise d'Ouvrage.

DPM : Directeur de Projet Maîtrise d'Ouvrage.

DPMA : Directeur de Projet Maîtrise d'ouvrage interne.

DPMOI : Directeur de Projet MOI.

DRG : *Diagnosis Related Group*, méthode de détermination et de répartition des revenus et des dépenses par type de maladie, utilisée par les Systèmes d'Information Hospitaliers.

DRH : Direction du Personnel et des Ressources Humaines.

DSL : *Domain Specific Language* méthodologie de conceptualisation et de spécification.

DRP : *Distribution Resource Planning*, progiciel de gestion intégré pour l'ordonnancement logistique global de l'entreprise.

e-commerce : voir e-X.

EAI : *Enterprise Application Integration*, système d'interfaçage d'applications.

EAL : *Evaluation Assessment Level*, évaluation du niveau de sécurité des logiciels et matériels informatiques.

EAO : Enseignement Assisté par Ordinateur.

EDI : Échange de Données par l'Informatique, ou *Electronic Data Interchange*. Ensemble de normes définissant les échanges de données commerciales, administratives, et aujourd'hui techniques, entre entreprises, en toute indépendance des équipements terminaux choisis.

EDIFACT : *Electronic Data Interchange for Finance, Administration, Commerce and Travel*, historiquement, le premier des standards EDI.

EIS : *Executive Information System,* voir SIAD.

EDT : *Enterprise Data Transformation*, système d'échange et de transformation de données entre bases de données

e-mail : voir e-X.

Entreprise globale : terme désignant l'entreprise étendue à l'ensemble des entités, des organismes, et des individus nécessaires au fonctionnement de l'entreprise (clients, fournisseurs, partenaires, membres des organismes administratifs en liaison avec l'entreprise).

EP : *Enterprise Portal*, portail d'entreprise.

ERM : *Enterprise Risks Management*, système de gestion des risques globaux de l'entreprise dont la nécessité augmente avec les contraintes réglementaires.

ERP : *Enterprise Resource Planning*.

ESB : *Enterprise Service Bus*, système d'échange de services entre systems informatiques

ETEBAC : Échanges Télématiques entre les Banques et leurs Clients.

Ethernet : standards de fait, pour les couches 1 et 2 du modèle OSI.

ETL : *Extract Transform Load*, système EDT avec des possibilités de traitement des données.

EWAS : *Enterprise Web Applications Servers*, serveurs d'applications Web.

e-X : tout service passant par le Web se voit attribuer un nom, dont certains ont été adoptés de longue date (e-mail pour la messagerie électronique, utilisé par la communauté Internet depuis une vingtaine d'années ; e-commerce pour la vente par le Web, plus récemment adopté ; on trouve aussi e-work pour le travail de groupe, etc.). Les portes sont grandes ouvertes pour les néologismes et les dépôts de marques. L'auteur se réserve « e-mall », en anglais, et « e-permaché », en français, pour les galeries marchandes à rayons virtuels multiples !

Extranet : réseaux Internet dont l'accès est réservé aux membres d'une communauté de partenaires externes d'une entreprise.

FDA : *Foods and Drug Agency*, département du gouvernement américain en charge de la certification des médicaments et des aliments.

Front Office : littéralement, le comptoir, en opposition au back office. Ce terme désigne toute application ou tout système d'information destinée à des points d'accueil ou de réception de la clientèle, ou plus généralement quand l'objet traité a un rapport direct avec les clients de l'entreprise.

FTP : *File Transfer Protocol*, protocole de transfert de fichier de la couche 7 du modèle OSI.

GDT : Gestion des Données Techniques.

GENCOD : Groupement d'Étude de Normalisation et de Codification.

GMAO : Gestion de Maintenance Assistée par Ordinateur.

GPAO : Gestion de Production Assistée par Ordinateur.

GP-GCCF-GA : Gestion de Production-Gestion Commerciale Comptable et Financière-Gestion Administrative.

GRH : Gestion des Ressources Humaines.

Groupware : voir travail de groupe.

GUI : *Graphic User Interface*, voir IHM.

HIS : *Hospital Information System* ou Système d'Information Hospitalier.

HL7 : *Hospital Level Seven*, protocole EDI hospitalier.

HRM : *Human Resource Management* ou GRH, système de Gestion des Ressources Humaines.

HTML : *Hyper Text Mark-up Language*, langage de description de page structurée, avec hyperliens et format de données des pages utilisées par Internet.

HTTP : *Hyper Text Transfer Protocol*, sous-protocole de transfert de fichiers, utilisé par Internet.

IAS : *International Accounting Standards*, normes comptables internationales.

IEEE : *Institute for Electrical and Electronic Engineer*, institut de normalisation et standardisation à l'origine de POSIX.

IHM : Interface Homme-Machine.

Ingénierie simultanée : voir CE.

Internet : réseau mondial de serveurs fondé sur TCP/IP.

Intranet : Intranet restreint aux seuls membres de l'entreprise.

IA : Intelligence Artificielle.

IMAP : *Internet Messenger Access Protocol*, protocole de messagerie.

IP : voir TCP/IP.

IPX/SPX : protocole de réseau local propriétaire de NOVEL.

IRM : *Infrastructure Resource Management*, ou EIM (*Enterprise Infrastructure Management*), système de gestion des moyens de l'infrastructure.

ISDN : *Integrated Services Digital Network*, voir RNIS.

ISO : Interconnexion des Systèmes Ouverts (voir OSI). Autre sens en anglais, *International Standard Organization*, organisme indépendant de validation des standards.

ISO 9000 : normes concernant la qualité des services et des produits. Certains clients demandent à leurs fournisseurs une homologation. Cette dernière est attribuable établissement par établissement. Elle atteste la qualité des processus internes du certifié.

ISO 17799 : normes sécurité. Elles donnent également lieu à une homologation attestant que les procédures de sécurité existent et sont appliquées.

ISO 27000 : nouvelle série de normes sécurité dont ISO 27001 est le fondement. Elles prennent le relais de ISO 17799. L'homologation se fait établissement par établissement et atteste que les processus de sécurité sur le périmètre choisi pour la certification sont conformes.

ISP : *Internet Service Provider*, fournisseur de services Internet.

ITIL : *Information Technology Infrastructure Library*, consignes de bonne pratique pour l'exploitation des systèmes d'information.

J2EE : ancienne dénomination de JEE.

Java : langage orienté objet d'origine SUN, origine d'un environnement de composants objets, par dérivation de technologies liées aux développements en Java.

JEE : *Java Enterprise Edition*, modèle d'architecture n-tiers.

JVM : *Java Virtual Machine*, moteur logiciel Java.

KM : *Knowlege Management*, gestion de la connaissance et capitalisation.

KMS : *Knowledge Management System*, système de gestion de la connaissance.

KPI : *Key Performance Indicator*, indicateur de performance de tout ou partie d'une entreprise, dont le système d'information.

LAN : *Local Area Network*, réseau local.

LDAP : *Lightweight Directory Access Protocol*, norme d'annuaire de réseau et de télécommunication.

MA : Maîtrise d'ouvrage interne.

Mainframe : ordinateur central.

MAQ : Manuel d'Assurance Qualité.

MAQSI : Manuel Assurance Qualité du Système d'Information.

MCC : Modèle Conceptuel de Communication.

MCD : Modèle Conceptuel de Distribution.

MCS : Modèle en Couches de Services ou architecture n-tiers. Autrefois : modèle conceptuel de client-serveur où il n'y avait que deux tiers, la couche « client » et la couche « serveur ».

MERISE : méthodologie de modélisation des besoins et d'organisation, utilisée et standardisée en France.

MG : Modèle Global.

MI : Modèle d'Interopération.

MI A2A : Modèle d'Interopération Application to Application.

MI B2X : Modèle d'Interopération B-to-X.

MI C2C : Modèle d'Interopération Computer to Computer.

MI D2D : Modèle d'Interopération Data-to-Data.

Middle Office : qui procède à la fois du front office et du back office ou qui s'intercale entre eux.

Middleware : système logiciel qui permet l'intégration d'environnements de systèmes informatiques différents.

Mini : catégorie d'ordinateur, précurseurs des serveurs Unix qui permettent d'équiper des départements et services de façon autonome.

MIS : *Management Information System*, système d'informatique de gestion.

MMS : *Marketing Management System*, système de Gestion de Marketing Intégré (GMI).

MOA : Modèle Organisationnel Applicatif.

MOE : Maîtrise d'Œuvre Externe.

MOG : Modèle Organisationnel Général.

MOI : Maîtrise d'Œuvre Interne.

MOLAP : voir OLAP.

MRP : *Manufacturing Resource Planning*, voir GPAO.

n-Tiers : appellation d'un modèle d'architecture répartie sur plus de deux couches, voir « Tier ».

NFS : *Network File System*, système d'échange de fichiers de la couche 7 du modèle OSI, d'origine SUN MICROSYSTEMS et rendu public.

OACS : Organisation des Applications Clients et Serveurs.

OAG : *Open Application Group*, comité professionnel réunissant de nombreux éditeurs pour la standardisation du développement des progiciels applicatifs.

OASIS : *Organization for the Advancement of Structured Information Standards*, organisme de standardisation de l'architecture applicative.

Objet : tout n-uplet de {données, règles, méthodes d'accès} stable dans le périmètre d'un système d'information. Les objets peuvent être des tableaux, des calendriers, des séquences de calculs (par exemple, la TVA), des convertisseurs, des fiches individuelles, des bons de commande, d'achat, de livraison, etc.

ODBC : *Open Data Base Connection*, standard de middleware de Microsoft pour accéder à des bases de données serveurs à partir d'un micro-ordinateur (client ou serveur).

OEM : *Original Equipment Manufacturer*, fabricant de matériel sous licence.

Office Automation : terme anglais pour bureautique.

Off shore : production et/ou service assuré hors du territoire national pour des prix de revient extrêmement réduit. L'off shore ne s'applique donc qu'aux pays émergents. Par extension, en informatique on appellera *on shore* les centres de production ou de service restant en local et *near shore* ceux des pays limitrophes.

OLAP : *On-Line Analytical Processing*, critères définis par E. F. Codd pour considérer qu'une base de données permet des processus de type décisionnel. Deux variantes existent : MOLAP (*Multidimensional OLAP*) et ROLAP (*Relational OLAP*).

OLE : *Object Linking and Embedding*, standard de partage et d'échange de données de Microsoft.

OLTP : *On Line Transaction Processing*, traitement des transactions en ligne.

OMG : *Object Management Group*, comité de standardisation à l'origine de CORBA et d'ORB.

ONU : Organisation des Nations Unies.

ORB : *Object Request Broker*, middleware pour l'échange d'objets, voir CORBA.

OS : *Operating System*, voir système d'exploitation.

OSI : *Open System Interconnection*, modèle d'architecture de communication en réseau local ou par télécommunication définissant sept couches, chacune se voyant affecter un rôle ou un service particulier.

PACS : *Partners Animation and Care System,* système de Gestion des Partenaires Commerciaux (GPC).

PAQ : Plan d'Assurance Qualité.

PDA : *Personal Digital Assistant.*

PDF : Plan Directeur de Fabrication.

PDM : *Product Document Management*, système de gestion de la documentation de produit.

PGI : Progiciel de Gestion Intégrée.

PKI : *Public Key Infrastructure*, système de sécurité permettant une authentification forte des utilisateurs et de ses droits, avec émission d'un certificat et gestion de son cycle de vie.

PMSI : Programme de Médicalisation des Systèmes d'Information.

POP 3 : *Post Office Protocol*, protocole de messagerie.

POSIX : ensemble de spécifications de l'IEEE permettant l'interopérabilité des systèmes d'information à plusieurs niveaux (système d'exploitation, interface homme-machine, etc.).

PRA : Plan de Reprise d'Activité, dispositif mis en œuvre en cas de désastre, pour pouvoir continuer à fonctionner.

PRÉAO : PRÉsentation Assistée par Ordinateur.

Provider : opérateur commercial de services Internet offrant l'accès au Web par un abonnement e connexion à son centre serveur.

Proxy : serveur de publication et de connexion au Web. Le mot *Proxy*, aux États-Unis signifie « homme de paille ». Le Proxy présente sur Internet, les services de serveurs applicatifs qui se trouvent dans la zone de confiance de l'entreprise, protégée par un pare-feu. Le Proxy, lui, se trouve dans la DMZ.

PSM : *Procurement and Suppliers Management*, système de gestion des fournitures.

PTC : Protocole de Transfert de Compétence.

QBE : *Query by Example*, système de requêtes.

Queue : en anglais, file d'attente. Le *Message Queuing* ou le *Queuing Management* est la gestion des files d'attente garantissant qu'il n'y a pas de perte de transaction.

QNL : *Query by Natural Language*, système de requête en langage naturel.

RAD : *Rapid Development Application*, atelier de développement d'applications.

RAID : *Redundant Array of Inexpensive Disks*, batteries de disques sécurisés.

RDBS : *Relational Data Base System*, voir SGBDR.

RDG : Représentant de la Direction Générale.

Réseau local : ensemble de machines (ordinateurs, périphériques, machines de télécommunication) interconnectées et communiquant entre elles sur la base d'un (ou de plusieurs) protocole(s).

RG : Revue Générale.

RI : Retour sur Investissement.

RNIS : Réseau Numérique à Intégration de Services, plus communément appelé, en France, par le nom commercial NUMÉRIS (de France Télécom).

ROI : *Return on Investment*, retour sur investissement, en français.

ROLAP : voir OLAP.

RPV : Réseau Privé Virtuel.

RQDL : Revue Qualité Développements Logiciels.

RQM : Revue Qualité Matériel.

RQP : Revue Qualité Progiciel.

SaaS : *Software as a Service*, est un service d'accès en client léger, à des applications hébergées par un centre informatique qui vend le temps d'accès à ses applications.

Sarbanes-Oxley : amendement du gouvernement américain imposant à toute entreprise qui fait appel aux capitaux publics de places de Bourse américaine.

SAV : Service Après-Vente.

SAMxStation : *Stand Alone Manager's Executive Workstation*, station de pilotage de la direction.

SCM : *Supply Chain Management*, système de gestion de logistique intégré.

Serveur : partie serveur d'un système client-serveur.

SFA : *Sales Forces Automation*, système d'Animation des Forces de Ventes (AFV).

SGBD : Système de Gestion de Base de Données. Il peut être sur le modèle relationnel (SGBDR) ou orienté objet (SGBDOO).

SGDT : Système de Gestion de Données Techniques.

SGML : *Standard Generalized Mark-up Language*, langage de description de pages pour les documents structurés avec hyperliens.

SIAD : Système Informatique d'Aide à la Décision.

SI : Système d'Information.

SIA : Système d'Information Applicatif.

SIC : Service Informatique Central.

SIH : Système d'Information Hospitalier ou *Hospital Information System* (HIS).

Sizing : action de configurer les tailles des UC de façon la plus optimisée possible. Les variantes sont : down-sizing quand la tendance est à la réduction des capacités UC, up-sizing quand la tendance est inverse et right-sizing pour une adéquation entre performances des UC et besoins utilisateurs.

SOA : *Services Oriented Architecture*, architecture orientée services.

SOAP : *Simple Object Access Protocol*, protocole utilisant XML *via* HTTP pour accéder aux services Web.

SOHO : *Small Office Home Office*, désigne le secteur de marché qui concerne les systèmes professionnels de très petite taille (pour professions libérales, les artisans, les commerçants). En français, TPME.

SQL : *Structured Query Language*, langage normalisé d'interrogation des bases de données relationnelles, normalisé par l'ANSI.

SSII : Société de Services en Ingénierie Informatique.

Stack : anglicisme désignant un empilement de couches logiques ou physiques.

Station de travail : terme désignant un poste de travail individuel, connecté en réseau local ou non.

STP : Standards Techniques Progiciels.

Système d'exploitation : ensemble des programmes et des codes de commande d'une UC.

TBMS : *Technical Data Management System*, système de gestion des données techniques.

TEDIS : *Trade EDI Systems*, protocole EDI pour le commerce.

TCO : *Total Cost of Ownership*, notion définie par le groupe Gartner, aujourd'hui largement utilisé qui désigne le coût total d'appropriation, c'est-à-dire, la totalité des coûts, y compris l'accompagnement au changement, pour acquérir, rendre opérationnel et utiliser couramment un système informatique.

TCP/IP : *Transfer Control Protocol/Internet Protocol*, protocoles de communication de la DOD sur lesquels se fondent Internet et le Web.

Tier : anglicisme, un *tier*, en anglais, est un étage ou une couche dans une architecture informatique. Il n'y a aucune limitation pour le nombre de « tiers ». Par abus de langage, on écrit parfois client-serveur $^2/_3$ et architecture répartie en $^3/_3$.

Token Ring : ou anneau à jeton, technique de base de certains réseaux locaux, équivalent aux couches 1 et 2, utilisant un jeton électronique circulant qui régularise le trafic. Token Ring est un standard IBM. L'autre standard de couche de base est ETHERNET.

TPC : *Transaction Processing Council*, organisme indépendant qui évalue, sur demande des éditeurs et des constructeurs, les performances de trios {système d'exploitation/base de données/modèle d'UC}. Les résultats des bancs de tests réalisés sont une première évaluation fiable pour la comparaison des performances intrinsèques des systèmes testés.

TPME : voir SOHO.

TPV : Terminal de Point de Vente.

Transaction : séquence de traitements élémentaires non séparables.

Travail de groupe : technique et méthode de travail de groupe de personnes reliées par un réseau local ou par le Web et disposant d'applications informatiques.

Right Sizing : voir Sizing.

UC : Unité Centrale, désigne tout ordinateur.

UML : *Unified Modeling Language*, méthode de spécification.

Up Sizing : voir Sizing.

VAR : *Value Added Resellers*, revendeurs à valeur ajoutée.

VPN : *Virtual Private Network*, littéralement réseau privé virtuel ou ensemble de serveurs Web mis en opération par une société pour relier tous les membres de son entreprise globale (collaborateurs, clients, partenaires, membres des administrations de contrôle et de régulation légale, fiscale et sociale des activités commerciales, industrielles et techniques).

WAN : *Wide Area Network*, réseau distant.

WAP : *Wireless Access Protocol*, protocole de communication sans fil.

WAS : *Web Application Server*, serveur d'applications Web.

Web : en anglais, *Web* veut dire toile, il s'agit, en l'occurrence, de *Spider Web*, toile d'araignée, qui désigne l'ensemble du réseau mondial, ou WWW, tissée par Internet et ses variantes Extranet et Intranet.

WebAN : *Web Area network*, réseau assuré par le Web.

Web Office : accès à la clientèle, aux fournisseurs et aux partenaires par le Web (néologisme de l'auteur).

Web Services : technologie permettant à un système d'aller chercher des « services » d'information, de données, de calcul, en bref, de tout type, exposés sur le Web par un autre système d'information.

Web-TV : accès au Web par un boîtier connecté à une télévision.

Workflow : voir travail de groupe.

WWW : World Wide Web, voir Web.

XML : *eXtensible Mark-up Language*, langage de programmation à balises.

Copyrights

Les entreprises suivantes sont propriétaires des marques indiquées par © dans l'ouvrage.

Aucune des listes suivantes n'est exhaustive.

AT&T

UNIX

IBM et IBM/LOTUS

ZOs

AS/400

AIX

DB2 UNIVERSAL DATA BASE

MICROSOFT

.NET

ACTIVE X

AXAPTA

BIZTALK

EPM

GREAT PLAINS

MS-EXCHANGE

MS-EXPLORER

MS-OFFICE

MS-PROJECT

VISUAL BASIC

VISUAL C#

VISUAL C++

VISUAL STUDIO

DYNAMICS

NAVISION

SOLOMON

WINDOWS

WINDOWS SERVER

WINDOWS TERMINAL SERVER

LOTUS DOMINO

Copyrights des communautés Open Source

LINUX

ECLIPSE

JEE

FIREFOX

ORACLE

JD EDWARDS

ORACLE Application Server

ORACLE Business Suite

PEOPLESOFT

SIEBEL

SAP

R/2

R/3

SUN MICROSYSTEMS

SOLARIS

SPARC

JAVA

NFS

Les autres éditeurs

D'une façon générale, tous les produits cités dans l'ouvrage concernant un acteur du marché font l'objet d'un copyright par leurs éditeurs respectifs.

Autres

BRMS : Business Rules Management System, ce sigle a été créé par ILOG, éditeur des produits JRules© et Rules for Net©.

Bibliographie

ANDRIEU O., *Créer du trafic sur son site web*, Eyrolles, 2000.

ASQUIN A., FALCOZ C., PICQ T., *Ce que manager par projet veut dire*, Éditions d'Organisation, 2005.

BÉNARD JL. & MÉRAND F., *Approches pragmatiques pour industrialiser le développement d'applications*, Brainsonic Éditions, 2005.

BENNASAR M., CHAMPENOIS A., ARNOULD P., RIVAT T., *Plan de continuité d'activité*, Dunod, 2006. *(Prix AFISI 2006)*

BOUNFOUR A., *Le management des ressources immatérielles*, Dunod, 1998.

CHAUVET J.M., ANDRO T., *Objets métier*, Eyrolles, 1998.

CHAUVET J.M., *Corba, ActiveX et Java Beans*, Eyrolles, 1997.

CINQUIN L., LALANDE PA., MOREAU N., *Le projet eCRM –Relation client et Internet*, Eyrolles, 2002.

COAD P., YOURDON E., *Analyse orientée objets*, Masson & Prentice Hall, 2007.

COHEN R., *Concevoir et lancer un projet*, Éditions d'Organisation, 2006.

DELACROIX J., *Les Wikis,* M2 Éditions, 2005.

DUMONT C., *ITIL pour un service informatique optimal*, Eyrolles, 2006.

FILION J. M., COLBERT F., DESORMEAUX R., GENDREAU R., *Gestion du marketing*, Gaëtan Morin Éditeur, 1990.

FRANCO J. M., *Le datawarehouse*, Eyrolles, 1997. *(Prix AFISI 1997)*.

GARDARIN G., *Maîtriser les bases de données*, Eyrolles, 1997. *(Prix AFISI 1993)*.

GEORGEL F., *IT Gouvernance*, Dunod, 2006.

HOWARD M., LeBLANC D., *Writing Secure Code*, Microsoft Press, 2002.

IFACI, PRICEWATERHOUSECOOPERS, LANDWELL ET ASSOCIÉS, *Le management des risques de l'entreprise*, Éditions d'Organisation, 2005.

JENSEN P. B., *Guide d'interprétation des normes ISO 9000*, Éditions AFNOR, 1993.

KAPLAN R. S., Norton D. P., *Comment utiliser le tableau de bord prospectif*, Éditions d'Organisation, 2001.

KETTANI N., MIGNET D., PARÉ P., ROSENTHAL-SABROUX C., *De Merise à UML*, Eyrolles, 2001.

LACRAMPE S., MACQUIN A., *La logistique commerciale, informatique et force de vente*, Éditions d'Organisation, 1989.

LANTIM D., *.Net*, Eyrolles, 2003.

LEFÉBURE R., VENTURI G., *Le Data Mining*, Eyrolles, 2001.

LONGÉPÉ C., *Le projet d'urbanisation du système d'information*, Dunod, 2004.

MATHIEU P., *Des bases de données à l'Internet*, Vuibert, 2000.

MOISAND D., CRM *Gestion de la relation client*, Hermès Lavoisier, 2002.

MOLIÈRE J., *J2EE*, Eyrolles, 2005.

MULLER P.-A., GAERTNER N., *Modélisation objet avec UML*, Eyrolles, 2003.

OMNES L., « Hôpital : An 2000 ? », in *Biomédecine 2000* sous la direction du Dr Henri Joly, Technique & Documentation Lavoisier, 2000.

PÉRIGORD M., *Les parcours de la qualité. Démarches et outils*, Éditions AFNOR, 1993.

PETITJEAN M., LONCLE R., *La dynamique de gestion de la trésorerie (prévision, prévention, alerte)*, Éditions Experted, 1994.

PHAM T. Q., JOSKOWICZ J., *Cas pratiques de conduite de projets*, Eyrolles, 1993.

PUJOLLE G., *Les réseaux,* Eyrolles, 2007 *(prix Roberval 1995)*.

RENNARD J.-P., *Réseaux neuronaux*, Vuibert, 2006.

RENAUD-SALIS J.-L., « Le management des activités de santé fondé sur une information distribuée en réseau », in *Biomédecine 2000* sous la direction du Dr Henri Joly, Technique & Documentation Lavoisier, 2000.

RICHTER J., *Programmer Microsoft .Net Framework*, Microsoft Press, 2002.

RIVARD F., *L'EAI par la pratique*, Eyrolles, 2002.

SAADOUN M., *Le projet Groupware*, Eyrolles, 1996.

Index

A

AFNOR, 89, 95, 247
API, 302, 310, 315

B

Business Intelligence, 12, 259, 279
Business Model, 79, 119, 303, 331, 336, 346

C

COM, 168, 287, 345
CORBA, 168, 287, 345

D

datacentre, 12, 176, 264
datamining, 12, 59, 267
datawarehouse, 12, 59, 264, 266, 289, 300

E

EAI, 200, 240, 278, 289, 292, 298, 309–310, 315, 325
EDI, 52, 134, 239, 245–246, 275, 309
EIS, 59, 263
ESB, 200, 240, 285, 298, 303, 308, 318, 337, 340
Extranet, 34, 36, 60, 164, 175, 248, 296, 324, 335, 353

G

GPAO, 34, 53, 111, 135, 203, 223, 335
groupware, 29, 183, 245

I

IHM, 35, 43, 71, 74–75, 90, 98, 106, 134, 138, 146, 151, 169, 175, 180, 212, 236
Internet, 11, 36, 60, 77, 90, 134, 140, 164, 175, 182, 186, 189, 205, 230, 245, 248, 261, 269, 288, 294, 303, 306, 313, 318, 320, 324, 339, 350, 353
Intranet, 36, 60, 140, 164, 175, 242, 248, 269, 335, 353
ISO, 39, 71, 222, 226, 233, 249, 299, 326, 336, 344

K

KPI, 59, 351

M

middleware, 36, 62, 151, 166, 212, 229, 231–232, 237, 262, 290

N

n-tiers, 9, 35, 70, 75, 121, 127, 151, 166, 186, 212, 241, 288, 305, 310, 324, 337, 348

O

OLAP, 254, 262, 264, 298
OLTP, 140, 167
OSI, 71, 163, 198, 232, 247

P

PKI, 320, 350
PME/PMI, 124, 284, 291
PRA, 179, 312
provider, 77, 282, 307, 325–326

Proxy, 187, 345

R
ROI, 42, 118

S
Sarbanes-Oxley, 222, 343
SGBD, 53, 81, 158, 166, 179, 212, 218,
    231, 234, 262, 286, 289
SOA, 79, 298, 312, 339
SQL, 45, 189, 232, 259, 288
stack, 11, 113, 160, 349

T
TCO, 42, 188, 242

W
Web, 9, 36, 41, 44, 54, 60, 62, 77, 79, 108,
    119, 125, 140, 164, 175, 183, 186,
    234, 245, 248, 257, 260, 273, 278,
    285, 295, 297, 303, 305, 308, 316,
    321, 335, 337, 339, 345, 350, 353

workflow, 29, 183, 185, 245, 320

www.ingramcontent.com/pod-product-compliance
Lightning Source LLC
Chambersburg PA
CBHW080711220326
41598CB00033B/5386